中国公共管理学科前沿报告
总主编：赵景华

经济管理学科前沿研究报告系列丛书

THE FRONTIER RESEARCH REPORT ON
DISCIPLINE OF
PUBLIC ADMINISTRATION

何艳玲 李 丹 主编

行政管理学学科前沿研究报告

经济管理出版社
ECONOMY & MANAGEMENT PUBLISHING HOUSE

图书在版编目（CIP）数据

行政管理学学科前沿研究报告/何艳玲，李丹主编 . —北京：经济管理出版社，2020.8
ISBN 978-7-5096-7521-2

Ⅰ.①行…　Ⅱ.①何…②李…　Ⅲ.①行政管理—管理学—学科发展—研究报告　Ⅳ.①D035-12

中国版本图书馆 CIP 数据核字（2020）第 164461 号

责任编辑：胡　茜　钱雨荷
责任印制：黄章平
责任校对：陈　颖

出版发行：经济管理出版社
　　　　（北京市海淀区北蜂窝 8 号中雅大厦 A 座 11 层　100038）
网　　址：www.E-mp.com.cn
电　　话：(010) 51915602
印　　刷：北京晨旭印刷厂
经　　销：新华书店
开　　本：787mm×1092mm/16
印　　张：21.5
字　　数：483 千字
版　　次：2020 年 11 月第 1 版　2020 年 11 月第 1 次印刷
书　　号：ISBN 978-7-5096-7521-2
定　　价：89.00 元

·版权所有　翻印必究·
凡购本社图书，如有印装错误，由本社读者服务部负责调换。
联系地址：北京阜外月坛北小街 2 号
电话：(010) 68022974　邮编：100836

《中国公共管理学科前沿报告》专家委员会

主 任 委 员：李京文　高小平　李俊生

副主任委员：薛　澜　董克用　鲍　静　赵景华　杨世伟

专家委员会（按姓氏笔画排列）：

马　骏　马庆钰　马启智　王　健　王浦劬　石亚军　包国宪　吕　丽
朱正威　朱立言　朱光磊　刘丽军　江　涛　许光建　苏　竣　李　群
李兆前　李松玉　李国平　李京文　李京生　李俊生　李俊清　杨开忠
杨世伟　何艳玲　沈志渔　张占斌　张吉福　张国庆　张定安　陈　耀
陈庆云　陈振明　周志忍　郑俊田　赵丽芬　赵景华　赵新峰　胡　伟
胡乃武　胡象明　姜晓萍　娄成武　姚先国　秦惠民　袁　东　倪海东
高小平　唐任伍　黄　萃　葛　荃　董克用　蓝志勇　鲍　静　解亚红
薛　澜　薄贵利　Jon S. T. Quah　Meredith Newman　Allan Rosenbaum

编辑委员会

总 主 编： 赵景华

主编助理： 崔 晶　李宇环　张 剑

编写人员（按姓氏笔画排列）：

于 鹏　王 伟　白云真　邢 华　刘庆乐　李 丹　李海明　杨燕绥
何艳玲　宋魏巍　张 剑　范世炜　罗海元　侯卫真　施青军　赵景华
祝 哲　崔 晶　谭善勇

总　序

公共管理学科以公共事务及其管理为对象，研究公共部门特别是政府组织的体制、结构、运行、功能和过程及其环节，注重如何应用各种科学知识及方法来解决公共事务问题，目的是促进公共组织更有效地提供公共物品或公共服务，从而促进公共价值的实现。公共管理学科经历了"传统公共行政""新公共行政""新公共管理"以及后新公共管理时代的新治理、网络治理和公共价值等范式的竞争与更迭。例如，韦伯官僚制理想类型模型提供了工业化时代各国政府组织的基本形式，新公共管理理论则为20世纪70年代末期以来的"新公共管理运动"和"重塑政府"运动提供了坚实的理论基础和实践指南。

中国历史上曾经创造了丰富的物质文明，也创造了举世公认的政治文明和政府管理文明，根植于儒家文化中的科举制、内阁制等制度对西方政府制度的设计有着举足轻重的作用。中华人民共和国成立后，中国走上了一条探索具有中国特色的政府管理模式的漫长道路。改革开放40年以来，中国的道路、理论、制度、文化在全球的影响力不断扩大和加深，为解决人类问题贡献了中国智慧和中国方案。中国公共管理学科在学者们辛勤的耕耘中成长，也在学者们不断的反思中壮大，当今中国的发展已日益呈现出国际化、本土化、跨域性等特征，回应与解决了一些重大的理论与现实问题。

新时代，中国公共管理学科迎来了前所未有的历史性机遇。党的十九大吹响了决胜全面建成小康社会、夺取新时代中国特色社会主义伟大胜利的号角，明确了中国特色社会主义新的历史方位、总任务和总体布局，提出了新时代我国社会主要矛盾发生转变的重要论断，制定了全面深化改革的战略目标和实施方案。新时代全面深化改革和社会主义现代化建设产生了大量亟待公共管理学科解决的重大理论与实践问题。植根于其土壤的西方公共管理理论无法真正解释和解决我国公共管理的实践问题。因此，中国公共管理学科必须回应新时代国家重大需求，顺应当代哲学社会科学及管理科学的发展趋势，加强话语、理论和学科建构，提升学科影响力，为国家和地方创新发展提供强有力的智力支持。

为此，我们组织编写了《中国公共管理学科前沿报告》。这套丛书集研究性、资料性、权威性、前沿性和代表性为一体，以年度中国公共管理改革与发展为主线，力图系统、全面地反映公共管理最新理论前沿和重大实践成果，图景式地勾勒中国公共管理理论成长足迹和实践创新经验，为理论工作者提供一份视野宽广、脉络清晰的思想"沙盘"；为实务工作者提供一份实用有效、生动活泼的经验总结；为学习研究者提供一份简明清晰、取舍得当的选题指南。丛书共10本，分别针对公共部门战略管理、公共政策、行政管理、政治学、政府绩效管理、城市管理学、电子政务、公共经济学、社会保障、公共危机管理等重点领域，客观记录年度最新理论前沿和重大实践成果，并展望学科领域未来发展趋势。

这套丛书的主编和作者均是相关领域的专家，也是我国新时代改革发展的见证者。这套丛书集结了他们长期对公共管理学科的跟踪和研究，特别是对年度研究热点的深入思考和把握。经济管理出版社对这套丛书的出版给予了全力支持；作为以推进学科发展、直谏政府改革为己任的战略智库，中国管理现代化研究会政府战略与公共政策研究专业委员会为此书的策划、出版做出了重要贡献。作为丛书的总主编，我对付出艰辛努力的各位编委会成员、作者，对出版社的领导、编辑表示由衷的感谢！

这套丛书力图客观反映公共管理领域的重大进展、理论创新和代表性成果，聚焦我国公共管理理论的重点、热点与焦点问题，展现中国政府改革的时代轨迹，意义重大且任务艰巨，难免有不足之处，欢迎读者批评指正。

赵景华

2018 年 10 月

目 录

第一章 行政管理学科 2013 年国内外研究综述 ······ 1
    第一节 行政管理理论结构 ······ 1
    第二节 行政管理理论 2013 年国内外研究综述 ······ 5
    第三节 行政管理理论 2013 年国内外研究述评 ······ 12
    第四节 行政管理理论研究建议与展望 ······ 13

第二章 行政管理学科 2013 年期刊论文精选 ······ 15
    第一节 中文期刊论文精选 ······ 15
    第二节 英文期刊论文精选 ······ 249

第三章 行政管理学科 2013 年出版图书精选 ······ 271
    第一节 中文图书精选 ······ 271
    第二节 英文图书精选 ······ 287

第四章 行政管理学科 2013 年会议综述 ······ 303
    第一节 国内行政管理会议纪要 ······ 303
    第二节 国际行政管理会议纪要 ······ 308

第五章 行政管理学科 2013 年文献索引 ······ 313
    第一节 中文期刊索引 ······ 313
    第二节 英文期刊索引 ······ 320

第一章 行政管理学科2013年国内外研究综述

第一节 行政管理理论结构

行政管理实践问题是国家形成与发展现象的一个伴生物，可以说，国家的历史有多久远，行政管理实践方面的探索便有多悠久。尽管东西方国家在行政管理实践问题方面都具有长期的历史性探索和发展，甚至形成了诸多富有思想性的行政管理方面的著作，如古代中国的《贞观政要》和《资治通鉴》、意大利政治学家马基雅维利的《君主论》等，但行政管理学科的真正形成却只是晚近才发生的，尤其是行政管理理论的真正成熟更是建立在对其他诸多学科知识的吸收和消化基础上的。

正如本书书名所示，行政管理成为了本书内容的核心概念，并将为本书所要探讨的问题奠定基本理论基础和框定一个基本范围。但在真正涉及行政管理基本理论内容之前，我们首先面对的一个困难，便是行政管理概念在学术界存在着很大的不确定性，或者呈现出使用上的混乱现象，尤其是将行政管理与公共行政、公共管理等概念进行比较时。一些学者也试图对该类问题进行讨论和厘清，但从学术史的角度来看，相关概念上的含糊性自有其特殊的历史背景，我们不打算对行政管理与其他概念间的区别进行过多讨论。一般而言，从行政管理的研究范围和对象方面看，行政管理存在广义和狭义上的区分：从广义的角度说，行政管理是指包括政府、社会组织、企业等市场行为主体及其他各类组织对有关事务所进行的管理、执行或治理的活动过程；从狭义的角度来看，行政管理是指政府等公共部门或组织（尤其行政机关）运用国家权力对社会公共事务所进行的管理活动，又可被称为公共行政。在本书中，我们更多的是从狭义的角度来理解和讨论行政管理问题。

行政管理是一门理论性和实践性均特别强的学科，其实践导向和问题导向常常使行政管理的学科知识结构呈现出一种多学科交叉的特征。行政管理的实践发展状况常常超越理论上的研究进展，导致行政管理的理论滞后性比较突出；但尽管如此，在实际行政管理过程中，由于政府等公共部门或组织面临了一个更加变动不定的外部环境，许多新的管理问题常常不得不需要求助于已有的行政管理方法或理论。因此，既有的行政管理理论具有很重要的价值，而这也将是本节给予关注的。毫无疑问，19世纪末20世纪初以来，有关行政管理方面的理论知识积累一直持续着，形成了诸多行政管理理论，并且在理论发展脉络上也呈现出一些阶段性特征。对此，一些学者也提出了多种阶段划分方法。丹尼尔·雷恩将行政管理学划分为19世纪末20世纪初的科学管理时期、20世纪20年代的社会人时期和"二战"后的当前时期。中国台湾一些学者将行政管理学划分为传统理论时期（1900~1930年）、行为科学时期（1930~1960年）和系统理论时期（1960年以后）。国内著名学者夏书章先生将行政学或行政管理学划分为19世纪末到20世纪20年代的形成阶段、20世纪20年代到40年代的成长阶段（科学管理时期）和20世纪40年代以后的科学化时期。另一位国内学者丁煌则在参考了众多学者的划分方法之后，提出了六阶段的划分思路，认为行政学或行政管理学的发展可以包括：提出与创立时期（1887~1918年）、正统时期（1919~1941年）、批评与转变时期（1941~1959年）、发展与应用时期（20世纪60年代）、挑战与创新时期（20世纪70年代）和总结与探索时期（20世纪80年代及以后）。为了便于对行政管理学相关理论发展脉络有较为细致的了解，本书拟将沿用丁煌的阶段划分方法，对相关知识进行简要的介绍。按照上文提及的阶段划分方法，行政学或行政管理学理论发展可被划分为六个阶段：

（1）提出与创立时期（1887~1918年）。在19世纪末到20世纪初的这段时期里，西方许多资本主义国家进入了快速的工业化和城市化阶段，以各类企业和城市政府等为主的现代组织开始迅速发展，同时各种社会、经济和政治问题开始更加凸显，由此对当时很多西方国家的政府行政管理模式和技术提出了巨大挑战，促使相关学者和政府管理者对行政管理中的实践问题进行探索和思考，并逐渐累积起行政管理方面的初步知识和理论。在这一时期里，行政学思想的代表人物主要包括：美国行政学专家伍德罗·威尔逊，他发表的《行政学研究》主张政治与行政分离，并成为了现代行政学的开山之作；在威尔逊的研究基础上，古德诺对政治与行政二分理论进行了更进一步的研究，对政治—行政二分法进行了进一步的阐释；美国管理科学家泰勒倡导了科学管理运动，促进了政府行政与管理的科学化相互融合，对西方行政学发展产生了重要的影响。此外，法国行政管理学家法约尔提出了一般管理理论，围绕管理的内涵实质、管理的14条原则等对管理理论做出了重要贡献，并被誉为"管理过程学派"的奠基人。

（2）正统时期（1919~1941年）。西方行政学发展历史的"正统时期"是指从20世纪20年代到30年代这段时间。之所以将这一时期称为"正统时期"，是因为这段时期里的行政学家们秉持了早期行政学的基本观念——真正的民主和真正的效率是统一的，而效率则是行政管理的准则。在这一时期里，相关研究者的主要目标是通过对行政现象中的组织和管理问题进行分析，以便发现和总结行政管理方面的诸种规律，为行政学确立基本的理论模式。在西方行政学的正统时期，诸多行政学说和代表人物产生，包括德国社会学家韦伯，他的著作《论官僚制》成为西方官僚制研究的理论基石，在对官僚制所进行的研究中，韦伯对于官僚制的分析基本奠定了西方现代官僚制理论的基础；美国行政学家古利克通过相关研究，发现了分工的局限性和工作协调的重要意义；美国行政学家怀特完成了美国第一本行政学教科书《行政学导论》,并且在理论行政学方面有很高建树,促进了行政学的学科发展;美国政治哲学家和管理学家福莱特创立了动态行政管理理论,其行政管理思想涉及"群体原则"与建设性冲突问题、"权力、权威、控制与协调"问题等,并为正统行政学向行为主义行政学的过渡架起了桥梁。

(3) 批评与转变时期 (1941~1959年)。20世纪上半叶所暴发的世界性经济危机和战争,不仅促使了各个国家在行政管理实践方面的诸多变化,而且更驱动诸多行政实践者和研究人员对传统行政学理论的有效性进行反思,从而促使相关研究学者提出并形成了很多新的行政学观点或理论,最终形成了西方行政学的批评与转变时期。该时期的行政学说和主要代表人物包括:美国行为主义行政学家西蒙将行为主义研究方法和决策概念引入行政管理研究之中,并建立起了比较完整的决策理论体系;美国行政管理学家巴纳德运用系统的观点对行政组织进行了深入分析,并建立了一套行政组织学说,在其研究中,巴纳德对组织的本质、组织三要素、非正式组织、组织平衡论、权威接受论、组织决策论等方面的内容进行了比较深入的讨论;美国行政学家沃尔多主要是对行政学的历史发展和内容范围进行了较为全面的讨论;美国行政理论家帕金森对官僚组织的问题进行了非常深刻的讨论和分析,并提出了帕金森定律;美国管理学家麦格雷戈提出了人事管理理论中的Y理论;美国政治学家林德布洛姆基于对行政决策的过程和方法所进行的深入分析,提出并建立了渐进决策模式这样一种新的决策模式。

(4) 发展与应用时期 (20世纪60年代)。西方行政学的应用和发展时期主要是20世纪60年代,在这一时期里,伴随着第三次科技革命的发展,系统论、信息论和控制论在实践应用方面也获得了极大的推动。借助现代的多学科理论知识和方法等,行政学得以成为一门更为综合性的学科,并从纯理论研究转向了应用研究,且有力地促进了政府行政管理实践中所遇到的各种政策制定与执行方面的问题解决。在这一时期里,一些有代表性的行政学家的研究包括:以色列政策科学家德罗尔对政策科学做出了巨大贡献,在政策科学诸多方面有所建树,尤其对逆境中的政策制定、宏观政策分析领域进行了深入的研究,他同时也是现代政策科学的创始人之一;美国行政学家彼得在"帕金森定律"等知识的基础上,对官僚制进行了进一步研究,并提出"彼得原理";美国行政学家里格斯通过生态系统的模拟来探讨行政生态系统,提出了三大行政模式分类,包括农业社会的行政模式(也称为融合型行政模式)、工业社会的行政模式(也称为衍射型行政模式)、过渡社会的行政模式(也称为棱柱型行政模式)。

(5) 挑战与创新时期 (20世纪70年代)。西方行政学的挑战与创新时期处于20世纪70年代,也是西方很多国家出现经济"滞胀"的时期,同时产生了很多其他社会政治问题,这些因素共同使社会大众对政府的信任或信心程度开始下降。值此危机时刻,诸种现实问题对以往的行政学理论和观念提出了挑战,并促使很多研究者进行了大量的理论创新。其中比较典型的例子便是,美国行政学者发起了"新公共行政学"运动和英国学者提出的"社区服务模式"。另外,系统论、控制论等理论学说在行政管理实践之中获得广泛应用,为西方行政学的进一步创新打下了方法论基础。以上背景奠定了西方行政学挑战与创新时期的基础。在这一时期里，相关研究领域的代表人物包括：美国行政学家弗雷德里克森等对传统的公共行政学理论进行了反思，并从新的研究路径对公共行政相关领域进行了新的讨论和研究，形成了"新公共行政学"，在对传统公共行政学"效率至上"观进行反思和批判的基础上，新公共行政学对社会公平价值观进行大力提倡，并对传统的政治—行政二分法实现了突破；美国学者德鲁克对企业组织和社会公共服务机构进行深入研究并提出了目标管理理论，而目标管理理论在公共行政管理中的一个重要应用便是公共服务机构管理理论。

（6）总结与探索时期（20世纪80年代及以后）。西方行政学的总结与探索时期是在20世纪80年代至今。自20世纪80年代以来，行政学理论研究的主要内容包括：①对本学科的历史发展进行了回顾和反思。②相关学者推动了"企业家政府"理论的发展，即在政府行政管理过程中引进企业管理中的实践经验和理念，促进提升政府行政管理的效率。③政策科学获得大大发展。政策科学的一大特点便是它特别注重利用现代技术和跨学科知识并将之与政治和行政实践相互结合，并在20世纪80年代逐渐成为政治学和行政学研究的主流之一。④在这一时期里，由以美国经济学家布坎南为代表的"公共选择学派"所倡导的公共选择理论对西方行政学发展产生了更加深远的影响。此外，行政文化、政府间关系等方面也在该时期获得进一步发展。在该时期里，具有代表性的学者包括：公共选择理论的创始人、美国经济学家布坎南；美国政策分析家奎德，他对政策分析的理论与方法进行了系统的阐述；美国学者奥斯本和盖布勒，倡导用"企业家精神"来改革政府，奥斯本提出了企业家政府的基本特征与改革政府的十项原则，即"掌舵而不是划桨""重妥善授权而非事必躬亲""注重引入竞争机制""注重目标使命而非繁文缛节""重产出而非投入""具备'顾客意识'""有收益而不浪费""重预防而不是治疗""重参与协作的分权模式而非层级节制的集权模式"和"重市场机制调节而非仅靠行政指令控制"。另外，登哈特提出了新公共服务理论，罗森布鲁姆提出了多元公共行政观。

通过对行政管理理论发展历史的介绍，我们可以大致对行政管理理论的发展脉络有更全面的了解和认识，对行政管理领域当中的一些主要理论有了宏观性的把握。但实际上，正如我们反复提到的，行政管理作为一种实践性、问题导向型的研究领域，其交叉性和综合性的知识结构使行政管理理论呈现出十分驳杂的面貌，来自不同学科的理论知识被不断引入行政管理领域，以促进对现实行政管理问题的分析和解决。因此，行政管理理论的整个知识系统呈现出了极富变动性的特征，并随着实践问题需要和理论研究视野的拓展而不断走向更丰富的状态。基于对行政管理理论历史发展脉络的观察和思考，我们认为，行政管理理论正在走向一种更具开放性特征的阶段，表现在：①从理论内容及其来源来看，行政管理理论的内容和源泉更加多样，既有来自对现实行政管理实践问题的思考，也有来自其他学科理论思维的浇注。②理论内在的行为主体更加多元。传统上，行政管理实践和学术研究更多的是以政府作为主要的行为主体来看待，政府是行政管理过程中最主要的行为主体，并且垄断了几乎全部的行政管理活动。但是，随着国家与社会的不断发展，市场中的企业行为主体、社会中的各类行为主体均开始不断被引入行政管理过程之中，参与行政管理事务，共同解决国家或社会问题。针对这一方面，一个典型的表现便是，行政管理理论的发展由传统公共行政模式逐步走入治理模式，并产生了形形色色的治理理论。③正是因为行政管理问题的复杂性，行政管理理论的研究并不排斥来自其他不同领域学者的进入，行政管理理论研究的主体也呈现出一种多元性。

第二节 行政管理理论2013年国内外研究综述

一、国内外期刊论文综述

在2013年行政管理学科的学术论文中，学者对本学科进行了多领域、多视角的探究。我们可以从多个角度来考察和评估该年度的行政管理学科学术论文成果。从研究主题或内容来看，相关学术论文的涵盖范围很广：首先，相关研究涉及行政管理学科发展史、基本概念、价值取向、研究范式、理论脉络和逻辑基础，这些研究围绕行政管理学科的一些基本理论问题进行了讨论，并奠定了学科进一步发展的基础；其次，一些研究从更加具体化的政府组织结构和制度规范入手，开始讨论行政管理中一些重大的现实性问题，这些问题主要涉及政府组织或机构改革、政府职能转变、政府组织内部及部门间关系问题、政府基本体制和制度方面的问题、政府行政或治理模式等；最后，其他一些研究则对行政管理领域中的一些更为具体的、微观的、分支性的问题给予了探讨，这类研究的特点便是在特定情境下和制度约束条件下，通过对某些具体行政管理过程中的行为者、制度规范等各要素间互动机制的挖掘和讨论，揭示行政管理中一些现实问题的深层逻辑，富有启发意义，并有助于推动建构行政管理理论的发展。除了从研究主题或内容来观察2013年的学术论文成果以外，我们还可以从研究路径和方法角度来进行观察。从2013年的行政管理学科学术论文所采用的研究方法来看，尤其是与过去的研究方法进行比较时，我们发现，该年度的学术论文研究在研究路径和方法方面仍然呈现出多样性，体现在以下方面：①就行政管理学科一些基本理论问题的讨论，大部分研究仍然多采用规范性的研究路径；②针对一些行政管理的现实问题，大量研究从实证研究路径对相关问题进行讨论。更具体地，在这些实证研究中，其中一部分研究采用定性的研究方法，通过典型性的案例分析来深入揭示具体行政管理问题的内在机制、来龙去脉，可谓入木三分，有助于人们对相关行政管理问题有更透彻的理解。另一部分研究则开始更多地采用定量的研究方法，通过大规模抽样调查和数据分析，或结合其他数据挖掘手段等，对相关行政管理问题进行分析，或对相关基本理论进行检验，表明行政管理研究走向了更为规范和科学的发展道路。

在本书中，为了对相关行政管理学科学术论文研究状况有更贴切的了解和把握，我们筛选并整理出19篇国内学术论文。这19篇国内学术论文主要选自如下期刊：《中国社会科学》《公共管理学报》《中国行政管理》《公共行政评论》和《开放时代》等刊物。相关研究主要涉及了行政管理学科的基本理论问题，如对基本概念、基本理论的讨论；同时涉及对一些基本的行政管理现实问题进行分析或总结，如官僚制问题、组织目标偏离问题等；也涉及对一些特定研究领域的探讨，如基层治理问题、绩效评估问题、教育问题、气候或环境治理问题等；另外还涉及对行政管理研究方法方面的讨论。

更具体来看，主要有4篇文章针对行政管理学科最基本问题进行了探讨。张康之从历史发展角度，对行政管理的相关基本概念进行了讨论和分析，促进了人们对行政管理基本知识的了解，有助于行政管理学科学术研究的进一步巩固。何艳玲则从更宏阔的视野，围绕"中国公共行政学的中国性与公共性"讨论了中国行政管理学科的建构等未来发展问题，富有重要的启发和指引作用。竺乾威则在回顾和总结行政学发展历史的基础上，进一步就行政学研究的中国化提出了一些建设性的意见。周雪光从中国官僚体制问题对中国国家治理的逻辑进行了深入的讨论。这些涉及行政管理学科基本问题的分析和讨论是十分必要的，它对于廓清该学科的相关基本问题、学科发展方向等具有重要意义。

有6篇学术论文围绕行政管理学科的主要理论问题进行了讨论。这些论文是《"回归社会"：中国社会建设与国家治理结构调适》《公共价值的研究路径与前沿问题》《废除官僚制：后现代公共行政理论述评》《有限政府与分权管理——美国公共管理模式探析》《论中国转型中的内生性政治约束——一种演化论的视角》和《不同理论视角下的目标偏差及影响因素研究述评》。这些文章或侧重价值取向上的定位，或侧重公共行政理论的最新发展趋向，或涉及国外行政管理模式的讨论，或聚焦行政管理的具体理论问题等。

另外，本书中有8篇学术论文主要围绕具体的行政管理问题进行探究。这些论文是《西方国家政府绩效评估：特征、缺陷及启示》《应对气候变化问题的多中心治理体制》《政府质量：国家治理结构性指标研究的兴起》《"扩权强镇"改革的绩效研究——基于对绍兴市28个中心镇的实证调查》《网络围观下的政府效率：从"睡狗行政"到非满意——基于50个网络焦点案例的探索》《构建城乡基础教育均衡发展的制度体系：以成都试验区为例》《测量乡镇治理——基于10省市20个乡镇的实证分析》和《多重逻辑下的社区变迁——武汉市千里马社区治理模式研究》。可以说，这些论文涉及的具体研究主题仅是行政管理学科中很小的一部分，但它们却又是当前行政管理学科研究中比较热点的问题，因而具有一定的代表性。

此外，还有1篇文章《我国公共管理研究方法的统计分析及演进路径研究》，集中讨论了我国行政管理学科相关研究在研究方法方面的一些历史发展特征，对于发现我国行政管理学科研究方法的薄弱环节、指明未来行政管理学科在研究方法方面需要努力的方向等问题具有启示作用。

除了对2013年行政管理学科国内学术论文进行筛选和考察以外，本书也针对相关领域的国外学术论文进行筛选和考察，共选出19篇国外学术论文，而这19篇国外学术论文主要选自如下期刊：*Public Administration Review*，*Public Administration And Development*，*Public Management Review*，*Public Administration*，*Canadian Public Administration*，*Interna-*

行政管理学学科前沿研究报告

tional Review of Administrative Sciences，Local Government Studies 等。具体来看，这些国外学术论文的关注主题或内容十分广泛，涉及行政管理中的参与者角色或功能问题，公共价值问题，绩效测量问题，行政改革、公共服务、公共组织中的领导力问题，公共治理、官僚制问题等。当然，对应于这些具体的研究内容或问题，不同研究的研究对象也呈现出很大的差异：有些研究聚焦于特定国家，如中国、美国或印度尼西亚等；有些研究的对象和范围则扩大到区域，如亚洲。

二、国内外图书综述

本书从 2013 年出版的行政管理学科图书中筛选出了 14 本有代表性的国内出版图书和 15 本具有前沿性的国外出版图书，并且从书名、作者、出版社、出版时间、内容简介等多个方面对每一本入选书籍进行了信息整理，以方便读者能够迅速了解和把握相关研究成果。

2013 年行政管理学科领域国内出版的 14 本有代表性的图书包括：

（1）《中国公共管理年鉴（2013）》。该书是中国第一部行政管理相关领域的综合性大型工具书。该书就近年我国在公共管理或行政管理领域的实践发展状况和学术研究成果进行了一次比较综合性的总结和呈现，便于实务工作者和学术研究者对中国最近的行政管理问题有一个迅速、全面的了解和认识。

（2）《社会管理》。该书立足于我国社会管理的实践，系统阐述了社会管理的基本概念与理论，尝试建立起社会管理研究的基本框架，深刻、多视角地研究社会管理的一些理论和前沿发展趋势，力求凸显中国特色，突出重难点，形成自己的学科特色体系。

（3）《国家与社会之间：转型期的中国社会中介组织》。在对社会中介组织研究方面的主要概念和理论进行梳理和分析的基础上，该书从国际视野对中介组织的发展进行了回顾，并进一步研究政府转型过程中中国社会中介组织的功能问题，主要探讨社会中介组织在中国政府转型过程中的功能定位，以及相关中介组织的问题与发展策略。

（4）《公共行政的精神》。该书从公共行政的本源——"公共性"谈起，对涉及公共行政领域的公正、公平、公民精神、行政自由裁量权等问题进行了深入细致的分析，指出当代公共行政在动荡的变革环境下，必须在政治、价值与伦理方面进行恰当的定位，从而构建公共行政官员所应遵循的价值规范与伦理准则，以建立现代民主政府，并确保政府治理的有效性。

（5）《政府未来的治理模式》。该书系统评价了席卷全球的行政改革运动，并把各国政府的改革尝试和各种治理的观点有机地结合在一起，是一部行政改革的理论力作，被誉为对全球治理变革进行综合分析的杰出著作。

（6）《公民治理：引领 21 世纪的美国社区》。该书围绕社区公民治理这一议题，对公民治理的发展历程做了回顾，并概括了其价值基础、实践原则和不同类型政策导向等环境性因素，在此基础上，淋漓尽致地阐释了公民治理中的公民、代议者和公共服务职业者这三个关键角色的功能、地位及其相互关系,最后给出了地方公民治理的制度创设实施步骤。

(7)《后现代公共行政:话语指向》。该书被称为美国后现代公共行政理论里程碑式的著作,作者在对美国现代和后现代公共行政的现状和理论进行批评性反思的基础上,通过吸收西方现代哲学尤其是现象学与现代物理学的基本概念,以话语理论为立足点,对后现代状况下公共行政的问题逐一进行了分析,并提出要以开发性的对话模式来激发公众的参与意识,以确保公共行政的有效实施。

(8)《公共行政学新论:行政过程的政治》。该书立足于当代西方特别是美国政府管理的实践,用大量现实资料及案例对公共行政学的原理进行深刻的阐述和剖析。书中涉及公共行政学的研究范围、政府的角色、公共组织理论、文官制度、公共政策的制定和执行、民主制中的行政等主题,尤其是强调了政治与行政的密不可分以及民主社会中立法和司法机关对行政机关监控的重要性。

(9)《21世纪非营利组织管理》。该书是当代非营利组织管理方面的经典之作,它不仅揭示了非营利组织管理的精髓,而且针对非营利组织管理过程中所面临的各种问题进行了剖析,不仅指出了21世纪非营利组织所面临的挑战,而且针对这些挑战提出了应对之策。

(10)《城市管理学》。该书以中国政府治理转型为背景,以公共管理和公共经济理论为基础,致力于完善城市管理学的理论框架和知识体系,侧重于研究城市公共产品和服务供给的多元化机制,以及城市政府管理体制和职能定位。同时,它注重对国外城市管理实践进行比较研究,力求展现发达国家城市管理模式和公共政策的多样性,尽可能提供多元化的观察和分析视角。

(11)《国有资产与预算管理结合的效率模式》。该书从我国行政事业单位预算管理与国有资产管理历史状况、发展变化及变革着手研究,分析了国有资产管理与预算管理相结合的理论、现实根源以及目标要求,剖析了资产管理与预算管理存在的问题,介绍和借鉴了国外发达国家在这方面的经验和做法,并选取某水利单位进行"以效率为核心的资产管理与预算管理相结合的现实应用"案例分析,创新地提出了我国实行国有资产管理与预算管理相结合的改革路径、方案及具体措施办法等。

(12)《绩效导向型公共预算管理研究》。该书从研究财政问题开始,探讨了公共预算绩效的新的管理理论、新的管理体系,系统地论述了公共预算绩效预算原理和方法,并且对公共预算绩效评价的指标体系在实际中的应用进行了阐述和实证研究。

(13)《政府机构成本管理》。虽然政府组织在现代国家和社会运行中的功能地位不断抬升,政府组织不断扩张,有关于政府机构成本管理的研究应运而生,并且具有很强的现实实践意义。该书针对这类问题,对政府机构成本管理的理论基础、实践探索和主要思路进行了非常细致的讨论。

(14)《区别性公共预算模式及其适用性研究》。该书针对我国财政收支的预决算偏离度扩大现象及其背后问题进行了深入讨论,作者认为法治基础上的预算程序和规则并非确保预算绩效的充分条件。任何预算管理模式与技术总是与特定的组织环境相配，不存在所谓"通用"的预算管理模式和技术，一切以时间、地点、条件为转移。因此，交易成本理论的"区别性匹配"观点应得到重视。但是，与威廉姆森强调事后治理不同的是，作者认为，对公共官僚组织而言，事前治理更重要，若不如此，事后的治理不仅代价高昂且成效甚微。

2013年行政管理学科领域国外出版的15本有代表性的图书包括：

（1） *Local Government And Strategic Choice：An Operational Research Approach To The Processes Of Public Planning*。该书主要关注地方政府的政策制定和规划过程。作者试图在民主制当中探究规划的基本挑战：我们选举出来的那些人是如何保存和拓展他们进行区别选择能力的，尤其是他们所面对的一些具有纯粹复杂性的问题使他们不得不去更加依赖他们的专业咨询人员的技能和判断时。同时，也关注了这样一个重要问题：地方政府如何调整它们的内部组织以适应和迎接战略选择的挑战，特别是当考虑到由英国创生的变迁机会。

（2） *Can Russia Modernise?：Sistema，Power Networks And Informal Governance*。该书的一个核心目标便是试图以当代俄罗斯为背景来揭示非正式权力是如何运作的。聚焦于弗拉基米尔·普京的治理体制，作者辨识了四种关键的网络类型：核心集团、有用处的朋友、核心联系人、更加弥散的纽带或联系。这些网络服务于整个体系，但是也服务于他们自身。对网络的依靠和信赖使领导者们能够去动员和控制，而且这些网络也将政治家们、官僚们和商人们困于非正式的交易、被调解的利益和个人化的效忠之中。

（3） *The Limits Of Institutional Reform In Development：Changing Rules For Realistic Solutions*。为什么在许多发展中国家里，许多的制度改革至今只是取得了有限的成功？针对该问题，该书认为，诸多改革之所以常常未能使政府变得更好，是因为这些被介绍或引进的改革是作为获得短期支持这一动机而被推行的。这些动机引入了各种不切实际的、最好的实践方案，而这些方案其实与发展中国家的国情并不匹配。但是，基于一些发展中国家的经验，改革的限度确实可以通过以下方法而被克服，即通过一个涉及多重代理的渐进过程，而将变化聚焦于问题解决方面。

（4） *The Challenge Of Local Government Size：Theoretical Perspectives，International Experience And Policy Reform*。该书及时地对用于解决地方政府碎片化及其后果的诸多不同策略进行了检验和思考。在经济学和政治科学领域中具备专家级水平的参编者对地方管辖权碎片化问题进行了一个复杂的分解，同时为成功的政策改革提供了很多建议。

（5） *Project Management In Health And Community Services：Getting Good Idea To Work*。该书针对项目管理方面的方法理论进行了批判性的反思。此外，它还从项目管理角度，针对健康和社区服务背景中成功实施好的想法而提供了一些工具和技术。该书利用案例研究和来自现实中的例子去说明诸如项目生命周期、项目规划、执行和评估、风险管理、变化和有效团队等主题。

（6） *Understanding Regulation：Theory，Strategy，And Practice*。该书为读者提供了来自

诸多学科的、有关规制方面的关键分歧和讨论的介绍，内容包括关于规制的一些基础性问题、不同类型的规制策略、规则和执行、质量和评估、不同政府层级中的规制、网络问题、最后的思考或结语。

（7）*Recognizing Public Value*。该书向公共管理者提供了关于如何创造公共价值的建议。但是，这本书也遗留了一个关键性的未被解决的问题：一个人是如何能够意识到公共价值在什么时候被创造的？通过结合案例研究和相关理论，作者认为，建立在客户满意度和底线基础上的私人部门模型不能被转移到政府机构。公共价值解释被作者发展成为一种替代选择，它概括了公民们想要通过机构运作所生产和反映出来的价值。

（8）*Growing The Productivity Of Government Services*。该书表明了政府组织中那些影响生产率提高的因素是非常复杂的，特别是管理实践、信息技术应用、组织文化、战略的错误决策和政治与政策变动等方面。在许多国家里，随着政府预算面临着压力，在政府服务效率方面，该书向专业学者、分析家和官员们展示了如何在细节上测量产出和生产率，如何处理质量差异问题，如何取得同比的、可持续的改善。

（9）*A Country Of Cities：A Manifesto For An Urban America*。该书认为，被合理设计的城市是解决美国大国挑战的关键点，而这些挑战包括：环境退化、不可持续的消费、经济停滞、上升的公共卫生成本和降低的社会流动性。如果我们能够在未来明智地处理它们，我们的城市将能够成为领导我们步入一个新时代的力量，而这样一个新时代意味着我们国家拥有先进的、繁荣的管理工作。在一些章节里，作者为我们提供了大量丰富的有关美国城市、城郊和城市远郊的信息，并着眼于观察这些城市是如何发展的。

（10）*The Public Sector：Managing The Unmanageable*。该书为公共部门管理者如何利用技术来处理他们所面对的挑战提供了实践性建议，特别是在回应性、设定目标、风险管理或鼓励创新、管理大众、决策制定和与政治家合作等领域。

（11）*The Paradox Of Regulation：What Regulation Can Achieve And What It Cannot*。该书对规制和风险进行了思考，认为规制的诱惑力在于它能够减少风险，同时保留交易、交往和商业的利益。作者研究表明，规制试图在超越他们所阐明的防止未来灾难的范围之外而减少风险。在那些规制潜能能够实现的地方存在着风险与规制之间的一个复杂关联。对于成功的规制而言，提高政治合法性和公共再保证是核心性的。

（12）*Nation Of Devils：Democratic Leadership And The Problem of Obedience*。该书通过对美国和英国这两个主要案例的讨论，围绕"一个政府是如何说服人们去接受它的权威的"这样一个问题进行了富有趣味和启发性的探究，就国家顺从的文化是如何被创造和培育的而提供了尖锐的观点和强有力的分析。

（13）*Branding The Nation：The Global Business Of National Identity*。该书以12个国家作为案例，同时结合对国家品牌专家和他们的国家客户所进行的深入访谈，对国家品牌问题进行了深入讨论。该书主要涉及关于国家品牌是如何变成一个世界性的现象和一个专业化的跨国实践。它也涉及国家品牌已经变成了当代问题的一个解决方案，而这些问题影响了民族国家的距离：经济发展问题、民主沟通，以及在后现代性的多重全球流动中的国家的能见度和合法性。

（14）*Preventing Regulatory Capture：Special Interest Influence And How To Limit It*。针对规制俘获问题，该书汇集了来自横跨诸多社会科学的 17 位学者的思考和观点。他们的研究表明，人们对俘获所进行的分析常常是错误的，而且事实上，俘获是可以被阻止的和可以被管理的。聚焦于"阻止"这一目标，该书提出了一个更加严格和经验性的标准，以便诊断和测量俘获。

（15）*Crossing Boundaries In Public Management And Policy：The International Experience*。针对公共管理和政策的跨界问题，该书对其基本问题进行了探讨，例如，通过跨界概念，我们究竟在指涉什么？为什么这个会出现？跨界工作涉及哪些方面的内容？通过探讨这些问题，作者们试图检验：前景、障碍、有利因素、持久的张力和跨界工作的潜在解决方案。

三、会议简要总结

本书的会议报告部分主要收录了 2013 年行政管理学科领域的 11 个会议，其中有 6 个为国内会议，5 个为国际会议。在对相关学科会议进行筛选和整理过程中，本书主要从以下几个方面来考虑对会议的选择：①该会议的整体影响力，涉及对会议举办的规模、主办方、参与者、选题的意义等方面进行综合性的考量；②除了对会议的整体影响力进行考虑以外，本书同时也兼顾到了地方上一些特定区域里所举办的相关会议，以便从多个层面反映行政管理学科学术会议活动的发展状况。具体来看，国内会议包括：亚洲公共支出管理网络 2013 年年会、"劳工领域的企业社会责任与公共政策"国际研讨会、"中国公共管理改革与创新"高层学术研讨会、2013 年第八届中德公共管理国际研讨会、黑龙江省公共管理学会 2013 年年会暨"大部制引领的行政体制改革理论与实践"学术研讨会、广东省行政管理学会 2013 年年会暨深化行政审批制度改革研讨会。国际会议包括：国际行政科学学会（IIAS）及国际行政院校联合会（IASIA）/2013 年国际行政科学学会（IIAS）年会、2013 年连氏公共管理国际学术会议、2013 年公共管理国际会议（第九届）、第二届公共管理国际会议——区域变革时代的公共行政、2013 年美国公共行政学会年会。

在本书所选择的国内及国际会议当中，许多会议都具有很大的社会影响力，尤其是国际会议。这些会议在内容主题上涉及的范围相当广泛，并且直接关系到当今世界范围内和国家内部的诸多行政管理或公共管理现实问题，如经济政策、环境问题、健康医疗政策、福利问题、政府及行政问题等。此外，相关会议参与人员来源广泛，这意味着相关学术会议活动在吸纳和呈现行政管理学科中的现实性、前沿性问题方面，具有独特的功能，是将行政管理学科学术研究与行政管理实践相互连接的一个桥梁或平台，这也是我们选择将一些行政管理学科会议编入本书的重要原因。

为了更好地对相关学术会议的基本信息、主题内容进行总结和展示，本书分别从会议背景简介、会议召开时间和地点、会议的承办单位、会议的支持单位、会议主题、会议概况等几个方面来对具体会议进行介绍。

第三节 行政管理理论 2013 年国内外研究述评

  行政管理学科在本质上是一门偏向实践性的学科，其所探讨的问题主要是围绕公共事务方面的具体实践问题展开的，因此这也促使它在学科发展上必然呈现为一种交叉性、综合性的特征。可以说，公共事务问题本身有多复杂，那么行政管理学科自身的知识结构和研究范围便有多复杂，但正如刚刚提到的交叉性特征所反映的，针对行政管理学科的研究人员、问题旨趣、研究视角、研究方法、理论脉络等都具有很高的多样性，学者可以从政治学、管理学、社会学、经济学、法学、历史学等多种学科视角来讨论行政管理问题，这也造就了行政管理理论的一体两面现象：行政管理理论在来源上多取自其他学科，但是这些理论在被放置于行政管理问题讨论领域中时又变成了行政管理领域的自身理论。在此，我们有必要明确行政管理理论发展历史的来龙去脉。通过对 2013 年行政管理学科学术发展状况的了解，我们发现中国行政管理理论发展出现了以下一些新变化：

  从研究问题层次及对象方面看，行政管理理论研究开始逐步偏向对中微观方面的行政管理问题、制度变迁、行动者逻辑等进行挖掘和阐释。随着中国发展转型的逐步深化、行政管理实践问题的复杂化，行政管理学科和理论发展也逐步走向精细化，这种精细化体现在越来越多的行政管理学者及其问题关注和理论构造逐步从大而宏观的泛泛讨论走向了对中观或微观层面具体行政管理问题机理的阐释，对相关问题的因果逻辑进行深度挖掘，从而在特定场景下，对特定行政管理问题进行深度描述和分析，富有启发意义，大大推动了行政管理理论发展的深化程度。

  从研究方法角度看，行政管理理论的建构开始更多地从实证角度出发，基于对大量现实中的行政管理问题的观察和分析，学者逐步摆脱了从规范性角度所做的单向演绎，而是越来越多地借鉴多学科的实证分析方法来推动对相关行政管理问题的认识和讨论。这些做法对于将理论与现实进行对话、指导行政管理实践都有很大的积极意义。

  另外，行政管理学科是强调实践性的，通过对中国行政管理实践问题的分析，越来越多的行政管理学术研究开始关注并强调建构具有中国性且符合中国发展需要的行政管理理论体系，这意味着中国行政管理理论及其学人共同体逐步建立起了自身的学术理论自信，是非常正面和积极的一个发展现象；尽管行政管理理论的发展开始呈现出以上所提及的诸多新面貌或新动向，但不应忽视的是，针对行政管理理论基本问题的讨论仍然是必要的，也是必须的。相关研究就行政管理基本理论概念、传统行政问题等进行了总结和分析，对于巩固学科理论大厦具有基础性的意义。

第四节 行政管理理论研究建议与展望

  基于对2013年行政管理理论发展状况及之前学科发展基础的观察,我们认为,当前中国行政管理理论研究还需要通过对当代中国行政管理关键性实践问题进行更准确、深入的定位,来开展更富有理论和实践价值的学术研究。必须承认,中国幅员辽阔、历史悠久,国家和社会的各个层面都极富多样性,中国在本质上还属于一个发展中国家,同时也是一个超大型社会,许多行政管理问题都有着独特的中国背景和性质,但转型期的中国对于行政管理学科的理论需要也是十分巨大和迫切的,这又与当前中国行政管理学科的理论供给不足形成了强烈对比。因此,中国行政管理理论的发展应该始终注重本学科的实践特性,应该密切关注转型中行政管理方面存在的关键性问题、根本症结,以便向行政管理实践领域提供更富有实践指导价值的理论贡献。

  综合以上讨论,我们认为,随着中国转型发展逐步走向深化,更多和更复杂的行政管理问题不断涌现,作为对这些现实实践问题的观察、整理、总结、分析和反思,有理由相信,中国行政管理理论必将迎来十分光明的发展前景。未来行政管理新理论、大理论的建构和产生,将在中国广泛产生,并对世界行政管理学科的学术发展和实践进步做出巨大贡献。行政管理问题是老问题,但中国的行政管理问题才刚刚迈入朝阳性的学术时代。

第二章 行政管理学科 2013 年期刊论文精选

第一节

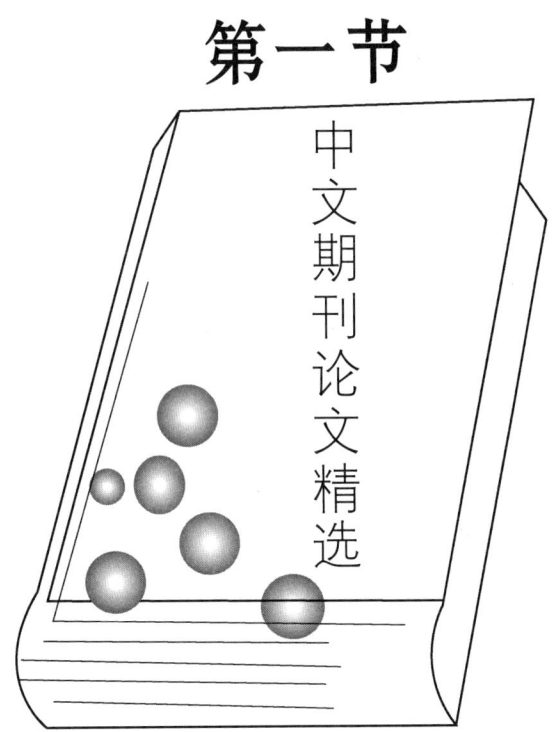
中文期刊论文精选

学术史中的公共行政学概念澄明
——三个基本概念的经典用法辨析*

张康之　张乾友

【摘　要】 在早期公共行政学的发展中，Public Administration、Administrative Management 和 Public Management 三个概念都已经出现，但学术探讨则主要围绕 Public Administration 一词展开，学者从不同的角度对 Public Administration 进行定义。然而，在市政研究运动中，Public Administration 在很大程度上所指的是"城市行政"，只是随着研究对象扩展到整个政府构成及其行政过程，才获得了准确定义，用来指称政府的以及与政府相关的行政。Administrative Management 是罗斯福"新政"时期的特定产物，是罗斯福政府通过行政重组进行行政集权的一种策略性用语，在学术研究中鲜少使用，因此 Administrative Management 没有作为学术概念而被确立。在市政研究时期，Public Management 一词也已经出现，它的使用及推广是与"国际市政经理协会"会刊 *Public Managment* 联系在一起的。对这三个基本概念的生成史进行考察，确认这些概念生成背景及不同用法，将有益于我们把握其不同的准确内涵，也有益于对公共管理学科的学术史进行梳理与澄明。

【关键词】 学术史；公共行政学；*Public Administration*；*Administrative Management*；*Public Management*

在公共行政研究中，Public Administration、Administrative Management 和 Public Management 三个词语是经常困扰研究者的概念，因为很难在这三个概念之间做出区分，类似情况同样存在于中国学界。改革开放后，中国恢复并重建了行政学学科。在中国行政学研究中，"公共行政""行政管理"与"公共管理"的概念也经常被混淆使用，即使专门从事行政学研究的学者也往往在这些概念的使用方面感到难以选择。由于这三个基础性概念同时出现在公共行政学中，使这门学科呈现出概念使用上极大的随意性。为此，我们需要对这些概念的产生及其发展历史进行考察，以把握它们原初的基本含义。当然，中文的"公共行政""行政管理"和"公共管理"概念与英文的 Public Administration、Administra-

---

* 本文选自《中国社会科学》2013 年第 2 期。
［作者单位］张康之，南京大学政府管理学院；张乾友，中国人民大学公共管理学院。

tive Management 和 Public Management 并非一一对应关系，但对这些相关概念的生成史进行考察，确认这些概念的生成背景及使用，有益于我们把握这些概念的准确内涵，也有益于我们对公共管理学科的学术史进行梳理与澄清。对于中国公共行政科学的发展与完善来说，这是必要的功课。

一、公共行政研究起点上的 Public Administration 概念

　　从学科的角度回溯公共行政学的源头时，学者通常会提到两个重要的时间节点：一是 1887 年，威尔逊（Woodrow Wilson）发表著名的《行政之研究》这篇论文；二是 1906 年，纽约市政研究所（New York Bureau of Municipal Research）成立，这是美国最早的专门研究公共行政的机构。在《行政之研究》中，威尔逊从国家的层面讨论了政治与行政的关系，同时，出于提高国家行政效率与行政能力的要求，提出了建立行政科学的构想。纽约市政研究所的研究对象是城市，其研究工作的主要目的是提高城市政府的行政效率和公共服务能力，因此纽约市政研究所并不关注国家层面上的行政问题。可见，威尔逊的《行政之研究》与纽约市政研究所的活动都是研究行政现象的，但这些现象的范围和层次却存在明显的差异。显然，行政是一个非常宽泛的概念，无论在国家层面还是在城市层面，都存在行政问题，并且在与私人行政相对的意义上，国家行政与城市行政都属于公共行政的范畴。所以，人们往往把以国家行政为研究对象的《行政之研究》的发表和以城市行政为研究对象的纽约市政研究所的建立，都看作是公共行政学起源的标志性事件，公共行政学也因而具有两个源头。

　　虽然威尔逊与纽约市政研究所关注的对象不同，但在 19 世纪末 20 世纪初，"国家"与"城市"的区别并不像今天这样明显，在当时的观念里，往往并不在国家与城市之间做出严格区分。我们知道，在西方古典政治学的语境中，城市与国家是没有区别的。从现代英语学界将希腊语中的 Polis 一词翻译为 City‐state 的情况来看，表明现代人认为古希腊城邦兼具城市与国家的双重特征。在 20 世纪初期，城市与国家的区别往往是在规模的比较中来加以定义的，并没有在实质性意义上存在区别，更多的人把城市看作国家的一种浓缩形态。虽然在政治的意义上需要看到城市与国家的区别，但在公共行政的意义上，似乎城市行政更多地具有公共行政的属性，况且在美国这样一个联邦体制中，城市本身也具有国家的影像。所以，在当时的美国语境中，威尔逊所关注的行政与纽约市政研究所探讨的行政是没有原则性区别的。实际上直到"二战"以后，随着民族国家的普遍建立，"国家"一词才被赋予特定的内涵，人们才在词语使用上把国家与城市严格地区分开来。由此，城市行政也就逐渐地被称作"城市管理"，以示与国家行政之间的层次性差异。

　　通过文献考察我们发现，当威尔逊和古德诺（Frank J. Goodnow）这两位公共行政学的公认创始人试图对行政问题发表意见时，主要是根据现代国家的实际运行状况而对行政

做出判断的。然而，从国家的层面来观察行政活动，往往显得过于宏大，虽然能够清晰地看到国家运行中的政治与行政之间有着很大的区别，却无法细述这种区别的详尽含义，更无法得知行政的具体过程是怎样的。所以，威尔逊和古德诺都只能对政治与行政的区别做出一种原则性的规定，却无法告诉我们行政究竟是什么。也就是说，威尔逊和古德诺所要做的是描述行政的轮廓，即指出政治与行政之间有一条边界，至于行政是什么、具有哪些基本特征、是怎样运行和如何发挥作用的，却并没有做出回答。虽然古德诺明确地指出"行政是执行"，但对这种执行却没有做出进一步的探讨。所以，威尔逊和古德诺所做的只是初步工作，仅仅提出行政应当被作为一个相对独立的研究对象来看待，仅仅确定行政学这样一个研究领域。或者说，威尔逊和古德诺确立国家（政府）行政的研究领域，真正对公共行政做出具体描述和分析的工作，则是由纽约市政研究所承担的。

其实，在威尔逊和古德诺之前，对行政现象的研究已经积累了一些成果，不过，这些研究是以学校、教会以及医院等为观察对象的。我们发现在早期的行政研究中，教育行政、公共卫生行政等概念都已经出现，并被人们广泛使用，在某种意义上，威尔逊所做出的开拓国家（政府）行政这一研究领域的贡献，是与这些关于学校、医院、教会等行政研究有着一定联系的。可以说，威尔逊对行政研究的贡献在于把视线从学校、教会、医院等组织转移到国家（政府）组织上。但是，对于威尔逊的这一贡献，只能在公共行政学其后的发展中才能够加以确认，仅从《行政之研究》来看，这篇文章并没有明确地反映出威尔逊已经持有一种组织的视角，反而是把行政活动看作是国家（政府）活动中的一个特殊部分。

关于行政研究是否能够持有组织的视角，是一个非常关键的问题。因为只有在组织的意义上，才能把握行政的特征，才能把行政活动与其他治理活动区分开来。威尔逊的《行政之研究》发表后很长一段时间都没有引起学术界的注意，是因为没有明确地显现出其是一种从组织的视角出发所获得的观察结果。应当说在威尔逊之前已经注意到行政现象的早期行政研究者们，其实意识到组织视角之于行政研究的意义，他们在研究学校、教会、医院时，是从组织的角度去观察行政活动的。我们知道，当时的现代企业尚未成为典型化的组织形态，而学校、教会和医院等则是社会组织中专业化程度较高的组织形式。正是因为这些组织在行政体系与结构方面都发展得较为完整，所以通过对这些组织的观察能够获得对行政现象的认识。到19世纪晚期，随着现代企业的诞生和城市化进程的加速，很快就把组织规模和专业化水平都远远高于学校、教会、医院的现代企业和城市呈现在人们面前。而且，作为组织的现代企业和城市的行政也更为复杂，对于学者来说，也更具有挑战性。因而，对行政问题感兴趣的学者开始逐渐将目光转向企业与政府，尤其是已经具有现代组织特征的城市政府。在行政方面比现代企业更具有典型性，这就使城市行政研究对学者具有更大的吸引力。正是由于这些原因，在学术史上关于城市行政的研究是早于对企业管理以及一般管理的研究的。

1892年，普里查德（Frank P. Prichard）在《对城市政府科学的研究》中写道，"现代科学的发明已经打破了地域界限，也在很大程度上摧毁了地方独立。大公司对不断集聚

行政管理学学科前沿研究报告

的资本的控制,已经在商业贸易的运行中引入了一股危险力量,大城市的剧增,也在政治领域中引入一个同等危险的因素。在一个简单得多的社会中建构起来普通的政府行政机制,已经被证明不够用了。我们亟须一种更为科学的设计和一种更为系统化的操作。"普里查德(1892)指出城市行政研究的必要性,"城市中如此巨大人口的幸福与富裕,直接取决于政府所具有的职能需要详尽的科学知识与高超的科学技能的行政。我对'科学'一词的使用是经过深思熟虑的。研究城市政府本身就是一门科学。"可见,当时城市的发展对城市行政研究提出非常迫切的要求。城市不仅是一个生活场所,而且首先是资本集聚之地。在这里,如果像普里查德所说的那样,大企业对资本的控制已经成为一种危险力量,而城市政府又正面临着这一挑战,那么城市行政的研究也就被看作是对这种危险的回应。正是由于这个原因,一场"市政研究运动"在美国兴起,1906年纽约市政研究所的成立就是这场运动进入高潮的标志。

由上述学术史梳理可见,近代以来关于行政问题的研究有两种不同的途径:一种是把行政看作具有普遍性的组织问题;另一种则是把行政看成国家活动的一个特殊方面。在很长一段时期内,由于现代组织尚未发育成熟,前一种途径一直未能取得重大突破,直到现代企业和现代城市兴起之后,才开始有迅猛进展。在其后的发展中,当人们对企业与城市政府的行政行为做出明确区分后,这一途径逐渐走向了两个方向:一方面,城市政府被作为公共组织看待,它的活动被称作公共行政;另一方面,企业则被作为私人组织看待,相应地,存在企业中的行政也就是私人行政。到20世纪初,私人行政的研究汇流到科学管理运动之中,成长为20世纪的一门显学——管理学。对作为国家活动的行政进行研究,应当说是由威尔逊开拓出的一个领域,但在公共行政学建立的过程中,威尔逊所确立的这一领域一直没有受到学者的重视,直到沃尔多(Dwight Waldo)考察"行政国家"的时代,威尔逊的影响才开始在批判声中逐渐地扩大。今天,我们往往把威尔逊和古德诺的理论发现视为公共行政学的逻辑起点,但就这个学科的基本内容的发掘而言,则应当归功于"市政研究运动"。

在威尔逊和古德诺关于行政的论述中,包含着明显的规范性内容,但他们却没有使用Public Administration的概念。与他们不同,"市政研究运动"极力淡化城市行政的规范性色彩,但学者却广泛地采用Public Administration的概念。之所以会出现这种情况,原因是威尔逊和古德诺都是在国家的层面上讨论行政问题的,因而,"行政"一词在这里是指国家及其政府中的活动,已经包括规范性的内容,也就不再需要加上Public这样一个规范性定语。对"市政研究运动"而言,由于是在城市组织的层面上去认识行政问题的,需要直接与城市中已经大量出现的企业行政区别开来,所以必须在Administration前面加上Public的定语。研究对象的不同,决定了词语使用上的差异。这也表明,在"市政研究运动"中,Public Administration一词中的Public并不是出于规范Administration的需要,而是与Private Administration或Business Administration中的Private与Business相对的指示性用语。所以,"市政研究运动"虽然采用了Public Administration的概念,并在这个概念的基础上为我们今天所熟知的公共行政学奠定了基础,但与我们今天使用的Public Adminis-

019

tration 还是有所不同的。在"市政研究运动"中，Public 还不具有严格的规范性内涵，更多的是作为一种客观的、以事实为取向的对城市行政活动的描述。尽管 Public 使城市行政与企业中的私人行政区别开来，但在行政的意义上，两者却没有太大的差异，至少在当时人们的观念里，行政作为组织共有的活动被认为其一致性远大于公共组织与私人组织之间的差异。

可见，在公共行政研究的起点上，人们并没有对行政的性质给予充分的关注，特别是在早期，人们仅仅关注到学校、教会、医院等组织的行政（今天我们称作"管理"）的活动。随着研究范围的扩展，开始沿着不同的方向去探讨行政问题，出现了威尔逊、古德诺对国家（政府）行政的关注和"市政研究运动"对城市行政的研究，但这只是领域上的区别，并不是对行政性质的规范性界定。就 Public Administration 而言，主要是"市政研究运动"中的学者使用的一个概念。其原因是，此时的现代企业组织化程度在迅速地提高，作为企业管理的私人行政也迅速地将自身的特征凸显出来，尽管关于私人行政的研究尚未形成一种学术氛围，但"市政研究运动"已经嗅到私人行政（企业管理）研究可以成为一个专门领域的可能性，才要求把对城市行政的研究与之相区别。所以，Public Administration 在这个时候是"市政研究运动"用来区别私人行政的排除性概念，并不需要加以明确定义。不过，也许正是"市政研究运动"使用这一概念而对私人行政进行排除，才使企业管理的研究迅速兴起，并成为一场影响整个 20 世纪的学术运动，使关于私人部门管理问题的研究蔚为大观。

二、"新政"中出现的 Administrative Management 概念

在美国历史上，"新政"是一个重大的转折性事件，它给美国社会的各个方面都带来诸多不同于以往的新特征。就公共行政研究来看，"新政"标志着公共行政学的创立时期进入尾声。我们已经指出，公共行政学创立时期的研究工作是在"政治—行政二分原则"下进行的，特别是"市政研究运动"在"政治无涉"的姿态下所进行的公共行政研究，为公共行政学这门学科的建立提供奠基性的准备工作。如果说威尔逊确立的"政治—行政二分原则"被其后整个公共行政学科发展看作是可以怀疑却必须遵守的前提，那么"市政研究运动"虽然没有注意到威尔逊所确立的这一原则，却也默认在这一前提的情况下做了大量对于学科建构必不可少的工作。特别是在技术性的层面上，由于"市政研究运动"直接以作为组织的城市政府为研究对象，通过他们的研究成果为公共行政这门科学提供必要的和系统化的知识准备。然而，"大萧条，新政，以及随后的战争将人们的兴趣点从城市转向国家，同时也暴露出不同类型与规模的新问题。早期的一些方法与'原则'受到人们的质疑"（Mosher，1956）。或者说，由于社会的变化而使"市政研究运动"的使命终结了，从而使行政研究转向对国家活动中行政问题的关注。

随着"新政"时代的到来，在公共行政的研究中实现从城市行政到国家行政的视角转变。之前已经讲过，在较早时期，虽然威尔逊和古德诺确立了国家（政府）行政这一研究领域，但学术界却没有对它做出积极回应。当时，在学术界处于主流地位的是"市政研究运动"，他们主要关注的是城市行政，而"新政"则促使学者把国家（政府）行政作为关注的中心。随着研究对象的改变，对公共行政的认识也发生相应的变化。当然，在"新政"时期，无论是人们的观念还是实践，都处在急剧的动荡过程中。在这种条件下，是不可能鼓励人们对20世纪初期的公共行政（无论实践还是研究成果）产生广泛怀疑的，相反，人们有更为强烈维护已有研究成果的要求，希望借已有的研究成果协助政府带领社会走出危机状态。所以，尽管公共行政研究的视界已经发生转移，却没有出现对"市政研究运动"研究成果的集体反思。事实上，这项工作是在"二战"以后才开始的。"二战"之后，在"新政"所取得的成绩得到举世公认的情况下，在学者开始对"新政"的经验进行总结和理论提升的时候，才发现"新政"时期的公共行政与"市政研究运动"中的公共行政不同，并开始对"市政研究运动"进行反思。在从"新政"到"二战"结束的这段时间里，公共行政研究和实践领域中出现了最具代表性意义的词语是 Administrative Management。

在"市政研究运动"兴起时，这场具有浓重"民间"色彩的研究运动主要是在私人资金的资助下展开的。在当时的美国，尽管文官制度改革已经完成，但在政治活动中，人们对"政党分肥"的戒备心理依然很重，而且利益集团在这时也没有获得合法性，所以，对于以城市政府为研究对象的"市政研究运动"，人们很难不对他们的研究动机以及资助人的资助动机产生怀疑。正是为了消除人们的怀疑，"市政研究运动"在研究过程中努力表明，他们不愿意触及政治，而仅仅是在研究作为组织的城市政府，即研究具有明显技术性特征的城市行政。然而，随着"大萧条"的暴发和"新政"的出台，情况发生改变。一是为了应对前所未有的危机，罗斯福政府需要进行前所未有的集权。在美国特定的民主政治背景下，罗斯福必须避免自己亲自向国会和美国社会传达希望集权的信息，而是需要一支既能表达意见又具有权威的力量来传达这种信息。所以作为一种政治策略，罗斯福政府必须求助于专家。二是就应对"大萧条"而言，罗斯福政府也确实需要专家的帮助去解决越来越复杂的专业性问题，特别是在当时尽管文官制度改革已经建立起专业化的文官队伍，但这支文官队伍实际上并没有多少专业知识，就他们的来源看，主要还是转型为职业文官的"政客"。因此，罗斯福政府向专家敞开政府的大门，建立各种各样的研究机构。其中，最为重要的就是由布朗洛（Louis Brownlow）、古利克（Luther Gulick）与梅里亚姆（Charles E. Merriam）等牵头建立的"总统行政管理委员会"。

"总统行政管理委员会"有两个关键词：第一是总统；第二是行政管理（Administrative Management）。所以，以该委员会主席布朗洛名字命名的"布朗洛报告"（The Brownlow Report）也有两个结论：第一是"总统需要帮助"；第二是帮助总统的方式，这就是 Administrative Management。那么，总统为什么需要帮助？该报告认为，"我们的总统职位至少有三种重要的职责，一是总统是一位政治领导——党派领导。国会领导和人民的领导。二是总统是国民的首脑——在这个词的礼仪性的含义上，是美国国民团结的象征。三是总统是联邦制度和机构中的首席长官与行政官员。在许多政府类型中，这些职责或者是分开的，或者只是部分结合在一起的。而在美国，它们则统一在同一个人的身上，总统的职责就是承担所有这些重任。"但在现实中，无论是威尔逊所说的"国会政体"的掣制，还是联邦机构专业化水平的低下，都使总统很难承担起上面所列举的这些职责。正是由于这些原因，总统的"行政管理委员会被要求调查与报告特别是最后一种职能，即行政管理（Administrative Management）问题，是履行由美国宪法授予总统在行使行政权力中所担负的职责而进行的组织"。在此问题上，"我们所需的不是一种新的原则，而是对我们管理体制的一次现代化"。也就是说，Administrative Management 不关心"国会政体"变革等政治性的和原则性的问题，而只是关注"国会政体"之中的行政部门，关注行政管理的现代化。"在一个民主制度中，Administrative Management 关注的是行政首长及其职责，管理的人事支持、组织、人事，以及财政制度，因为这些在人民的政府中是必不可少的保障人民意志的手段。"根据"布朗洛报告"，Administrative Management 在实践中已经找到可操作方案，这就是当时各州和地方政府正在开展的行政重组（Administrative Reorganization）。有了这些经验，虽然"联邦政府所涉更广，也更为复杂，但重组的原则是一样的"。基于这种认识，"布朗洛报告"提出一套精心设计的重组计划，"在这一广泛的行政重组计划中，白宫也包括在内。总统需要帮助"。其结果是设立了"总统行政办公室"帮助总统专门处理行政事务。总统行政办公室后来得到立法部门的通过，并对此后的美国政治产生深远的影响，的确成为了总统最得力的助手。此外，该报告的重组建议还包括将文官委员会改组为由一个直接对总统负责的文官专员领导下的 Civil Service Administration。不过，在罗斯福任内，这一改组文官委员会的建议并未得到国会批准，直到 1978 年卡特任总统期间通过了《文官改革法案》，才使这项改组建议成为现实。

在当时的语境中，关于行政问题有三个类似的概念，即 Execution、Administration 和 Management。其中，Execution 专门用来表达总统在与国会的关系中领导行政部门履行其职责的含义；Administration 虽然主要用来指行政部门及其活动，但也并不排斥立法与司法部门中的行政活动；Management 同样不排斥立法与司法部门中的行政活动，但与 Administration 相比，Management 更加强调行政中的具体活动和技术性工作。根据当时对这些概念的用法，Administrative Management 的准确含义就应当是指行政部门中的管理问题。因而合乎逻辑的理解是，解决行政部门管理问题的办法就是行政重组。也就是说，罗斯福任命"总统行政管理委员会"的目的是推行联邦机构的行政重组，其实质就是要进行行政集权。然而，在美国"国会政体"的政治框架下，在联邦的层面上直接进行行政集权就必然意味着要削弱国会的力量。这是由"三权体制"所决定的，根据三权制衡的设计，三种权力中任何一种权力的扩大，都必然意味着其他权力的削弱。所以，对于罗斯福政府而言，这是有一定政治风险的做法，以至于罗斯福政府需要声言它所推行的重组计划与国会无关，不会影响国会的控制地位，而仅仅是行政方面（特别是技术意义上）的管理改进。正是出于这种需要，总统行政管理委员会才选择 Administrative Management 而不是

Public Administration 的名称。显而易见，Administrative Management 的表达式不会引起国会的怀疑，甚至能够赢得国会的认同，而 Public Administration 由于包括国会以及最高法院中的行政活动，极易引起国会的误会。所以，Administrative Management 一词的使用，反映罗斯福政府当时的意图和全部策略性的考虑。

在罗斯福任内，Administrative Management 这一概念的使用频率是很高的，影响也是巨大的。尽管如此，这一概念无论是在实践上还是在理论研究中，都没能替代 Public Administration 的概念，甚至没有与 Public Administration 概念相平行而使用。其原因就是，它仅仅是一个在特定时期出现的有所特指的概念，更多地使人们联想到罗斯福政府的行政重组，而 Public Administration 则是用来指具有普遍性的行政现象和行政问题的概念。在美国民主的语境下，特别是在"三权分立"的宪政体制下，即使是在凯恩斯主义得以实行的条件下，行政集权也是一个可以做而不可以宣扬的事情。即 Administrative Management 一词是与罗斯福的行政集权联系在一起的，学者在其研究工作中回避使用这个词语也就不难理解了。所以时过境迁，Administrative Management 一词也就进入历史，与"总统行政管理委员会"和"布朗洛报告"一样，变成了一种历史陈迹。

三、初入学术语汇的 Public Management 概念

随着 20 世纪 80 年代"新公共管理运动"的兴起，Public Management 概念开始流行，在一段时间内，人们在谈论公共行政的问题时，往往使用 Public Management 去替代 Public Administration。这反映了人们除旧布新的追求，要求用公共管理取代公共行政。显而易见，自诩为"新公共管理运动"的学者在 Public Management 前加上 New 这个词本身就已经明示，Public Management 一词在历史上曾一度流行。的确如此，早在"市政研究运动"时期，Public Management 就已经得到了相当广泛的运用。从"市政研究运动"的文献来看，Public Administration 是被作为研究对象来看待的，但在对 Public Administration 内容的探讨中，更多使用的是 Public Management 一词。

我们知道，"市政研究运动"的基本现实依据是"市政经理制"（City Manager Plan），在这种制度中，城市行政长官被称为市政经理（City Manager）。1914 年，许多 City Manager 发起成立"国际市政经理协会"（International City Manager Association），1919 年该协会创办会刊，名为 *City Manager Magazine*，其宗旨是"专注市政行政"。1926 年，"国际市政经理协会"召开第十三次大会，"大会的重要举动之一是批准了改变杂志名称的提议。将 *City Manager Magazine* 变更为 *Public Management*。这一变更将在稍晚的时间发生。这一举措的采纳是因为本杂志在市政经理职业之外的增长，它在没有实施市政经理制的城市官员、商会、市民团体、学院、大学与公共图书馆中都有着大量的追随者。"这一正式更名行动发生在当年第 12 期杂志出版之际，与杂志名称的变更相一致，杂志的宗旨也从"专

注市政行政"变为"致力于地方政府的运行"。根据"国际市政经理协会"的看法,"新名称看来更适合我们官方的出版物,无疑也更有助于实现我们杂志的目标"。就"国际市政经理协会"将其机关刊物更名为 Public Management 来看,显然包含着这样一个判断:City Manager 这一名称的范围过于狭隘,仅限于实行市政经理制的城市,而 Public Management 则要宽泛得多,可以把没有实行市政经理制的地方政府和地方官员都包括进来,可以达到扩大杂志读者范围的目的,并通过这一点去提高"国际市政经理协会"(后来更名为"国际城市/城镇管理协会" International City/County Management Association)的影响力。

对"国际市政经理协会"使用 Public Management 的倾向和意图的判断,可以从四个方面去看:第一,就美国行政体制而言,是由联邦、州和地方三级政府构成的,"市政研究运动"为了回避这三级政府中行政与政治之间纠缠不清的情况,定位于对技术色彩较浓的城市政府进行研究,所使用的 Public Administration 一词实际上所指的是城市行政。此前的威尔逊没有使用 Public Administration 一词,此后的罗斯福政府所使用的则是 Administrative Management,而"国际市政经理协会"使用 Public Management 时是要求把"市政研究运动"的研究范围扩展到对地方政府运行的研究。因此,在范围上要比 Public Administration 更大。第二,"市政研究运动"在 Public Administration 的名义下对城市行政所做的研究也是聚集在行政技术方面的,但在"国际市政经理协会"看来,"市政研究运动"对行政技术方面的强调还不够,所以,试图通过使用 Public Management 一词去进一步突出行政的技术方面。这是对作为"国际市政经理协会"准备期的"市政研究运动"的反思而确立起的新目标。第三,经历了"市政研究运动"并拥有"市政研究运动"的成果,"国际市政经理协会"希望借助 Public Management 一词而对此前所有关于行政的研究进行整合,因为,Public Administration 所代表的是与地方政府以及商会、市民团体、学院、大学等组织并行的行政研究,使用 Public Management 一词,就可以把 Public Administration 和关于地方政府以及商会、市民团体、学院、大学等组织的行政研究都整合到一个体系中来。第四,在"国际市政经理协会"成立之时,科学管理运动已经兴起并产生了巨大影响,受到科学管理运动的影响而用 Management 去置换 Administration 也是在情理之中的,而且在 Management 之前加一个 Public 的定语,既能与科学管理运动相区别,又表明了不同于 Public Administration 的内涵。

我们知道,英国皇家公共行政学院 1922 年创办了《公共行政》杂志,而美国公共行政学界则缺乏一本类似的学术期刊,因此,当 City Manager Magazine 更名为 Public Management 之后,很快就成为当时公共行政研究者的一个重要交流平台。到 20 世纪 30 年代,莱德利(Clarence E. Ridley)、布朗洛、怀特(LeonardD. White)、威洛比(WilliamF. Willoughby)、古利克、梅里亚姆与老莫舍尔(WilliamE. Mosher)等都进入了该杂志的编委会。从该杂志所发表的文章看,其并未排斥 Public Administration,似乎还有包含 Public Administration 的倾向,因为与 City Manager Magazine 相比,在 Public Management 上直接以 Public Administration 为名的文章明显增多。在此意义上,Public Management

又可以理解为一个包含 Public Administration 的概念。不过也应看到，刊物更名产生的重要影响，但 *Public Management* 毕竟是"国际市政经理协会"会刊，其读者群依然以从事实务工作的市政经理为主。刊物性质和读者群决定了专业学者鲜少在这份杂志上展开理论探讨，更不可能追究 Public Administration 与 Public Management 的概念差异。事实上，杂志本身就规定，"本杂志存在的目的是促进从事城市管理的官员在观念和经验上的交流。它的读者是繁忙的行政官员，因此我们也要求投稿的文章以一种简明扼要的方式认真书写。"这里所谓的"简明扼要"，就是说杂志上的文章通常不超过 3 个页面，而这显然不能满足学者开展学术探讨的要求。所以，*Public Management* 作为公共行政研究者们进行学术交流平台的历史是极为短暂的，当学者发现它无法帮助自己去实现学术抱负时，也就很快抛弃了这样一个平台。

　　事实上，在 *Public Management* 这份刊物出现之前，Public Management 一词已经得到了广泛使用，但是在 20 世纪三四十年代，对于 Public Management 一词的推广而言，*Public Management* 显然发挥了巨大作用，正是有这样一份刊物，使 Public Management 一词进入了学者的主体视野，就连古利克也在全国公共行政学院暨纽约市政研究所的工作报告中使用了这一概念："市政研究所代表了一种促进更有效的政府的全新方法。不同于宣言、纲领与政见，它代之以自然科学严谨的研究方法；不同于直觉的与合理化的改革计划，它坚持对事实的不偏不倚的观察；不同于对公共官员的个人攻击，它把它的时间用来对控制着这些官员的'制度'进行分析。在工作方法上，不同于临时委员会、通用秘书和公关专家，它依赖于一支涵盖政府组织、Public Management、财政、工程、公共安全、卫生、福利与教育行政的全职的技术和专业专家队伍。"Luther Gulick（1928）在这段话中，由于纽约市政研究所和全国公共行政学院的研究对象本身就是城市，所以当把 Public Management 与组织、财政、工程、公共安全、卫生、福利、教育行政等并列时，实际上是把它看作"市政研究运动"研究对象 Public Administration 的一个特殊部分，具体来说就是"组织与管理"中的管理部分。这说明，尽管"市政研究运动"与"国际市政经理协会"在人员上存在着一定的重合，但在"市政研究运动"学者与"国际市政经理协会"之间，对这两个概念的理解是不同的，"市政研究运动"中的学者认为 Public Management 只是 Public Administration 中的部分职能形式，而"国际市政经理协会"则认为 Public Management 包含了 Public Administration，在研究范围上要大于 Public Administration。

　　在公共行政研究初期，从学缘关系上看，美国学者更多地受到德国学者的影响，在对公共行政的理解方面，美国学者与英国学者之间存在较大分歧。但是，由于同属英语学界，两国之间的交流更为频繁，所以 Public Management 在美国的流行使用也影响到英国。在英国皇家公共行政学院的《公共行政》杂志上，就曾出现过 Public Management 这一概念。但是 Sir Geoffrey Clarke（1930）指出 Public Management 出现在《公共行政》杂志上的这种情况只是偶然现象，其在 20 世纪三四十年代作为一个概念而得以流行的领域主要还是在美国。在美国，Public Management 这个概念之所以得以流行，除了 *Public Management* 的影响以外，也与公共行政学发展史上一位重要人物的作用密不可分，这个人就是弗里茨·马克斯（Fritz Morstein Marx）。弗里茨·马克斯因主编《公共行政的要素》一书而享誉公共行政学界，在公共行政学发展史上，这本书对于公共行政学这门学科的定型有着重大贡献。在 Public Management 与 Public Administration 两个概念的关系问题上，弗里茨·马克斯更多使用的是 Public Management 而不是 Public Administration。比如，在 1941 年发表的一篇论文中，弗里茨·马克斯写道："1937 年的立法（德国文官制度法修正案）本身就证明了 Public Management 的制度重要性。它使功绩原则得到永久化，并再度强调了经常重复的官方告诫——'正确的思想'尽管是必要的，却不足以替代知识与经验。它坚持终身制的规则，同时强调政党看管好每一个有抱负的求职者"。"……Public Management 在当前有着显著的地位，它远不是一个完全非政治的领域，就像一个人会把琐事看成例行公事，或把平流层飞行看作纯粹的技术性工作一样。一个充分发展的功绩官僚体制在政策制定的层级达到其顶点，因此它不可避免地获得政治机构的特征。这就解释了为什么没有一场革命性的运动会无视行政等级体系及其构成"（Fritz Morstein Marx，1941）。在这两段话中，Public Management 其实所指的就是文官体系或功绩官僚体制。它在 19 世纪晚期被视为一个"完全非政治的领域"，而经历了 20 世纪初期政治对文官体系的介入之后，这一观点已经失去了立论的基础，因而 Public Management 也开始被视为某种"政治机构"。在这个意义上，这里的 Public Management 也可以被替换为 Public Administration，因为后者自文官制度改革以来便获得了表示文官制度或文官体系的含义。

可见，弗里茨·马克斯对 Public Management 的使用是不同于"市政研究运动"和"国际市政经理协会"的，作为一名具有很强国家主义意识的学者，弗里茨·马克斯对 Public Management 的理解可能更接近于威尔逊、古德诺在国家行政的意义上对 Administration 的理解。所以，我们才会看到这样的表达："苏维埃俄国还没有造就出她自己的柯尔培尔（路易十四时代法国财政大臣和海军国务大臣），也没有对行政才能的合理修整给予多少注意。然而，事情已经发展到这样的地步，过去的疏忽开始产生了后果。先前无产阶级专政的有组织的滑稽举动造就了这样一种错觉，即'一国社会主义'正在陷入僵局。我并不是说行政改革完全不可能。Public Management 与国家的自我保护结合得如此紧密，所以如果我们看到斯大林当局通过生产大量行政官员来结束其反对'官僚制'的众所周知的运动的话，是不应感到奇怪的。""尽管报纸头条对其保持沉默，尽管它并不吸引眼球，但在今天，有效的 Public Management 却是政治指挥的一个必备工具。工业国家有赖于一系列的技术设施，以做出社会和经济上的持续调整。极权主义给人与人之间的集体关系带来了一场革命，但在其行政体系的建设上，它却坚持了维持不变的道路。如果民主可以从中吸取任何教训的话，也必须从这一事实中寻得"（Fritz Morstein Marx，1941）。在这两段话中，Public Management 显然就是指国家行政体系。

行政管理学学科前沿研究报告

四、对 Public Management 概念的不同理解

在 1946 年发表的另一篇论文中，Fritz Morstein Marx 指出，"Public Administration 在根本上是一种努力行动的协作模式，每个参与者都对这一模式所具有的特征做出贡献，都在这个意义上发挥促进作用。在努力谋求协作的过程中，政府律师也许发现公共服务的非凡机会，他越是欣赏自己所扮演的角色，就越能够在制定行政法律中发挥自己的潜能，就能够使自己成为支持有效的 Public Management 和民主政府的重要因素。"这段话显然受到当时正在渗入公共行政研究中行为主义的影响，反映了一种从行为的角度去理解 Public Administration 的思想倾向。单纯从这段话来看，Public Administration 与 Public Management 是有区别的，前者被理解成一种行为模式，而有效的 Public Management 既可以指整个行政体系的有效运行，也可以指协作行为的实现过程。但这种差异并不是原则性的。

在另一段话中，弗里茨·马克斯（Fritz Morstein Marx，1946）写道："公法的不稳定性不仅源于将法官和 Public Manager 分离开来的距离。它同样在 Public Administration 这个相对年轻和含糊其辞的有组织的人类知识领域中有着自身的起源。迄今为止，它的基本数据既未得到充分整合，也未得到分析性的分类，以使急需原则的实际工作者可以自信地根据得到验证的假设而着手操作。片面之词仍然未经检验地在 Public Management 这门初生科学中蔓延。草率的概括仍然在原理的伪装下大行其道。当前行政法的状态在某些方面仅仅反映了 Public Administration 作为一个初生学术门类的状态"。在这里，Public Administration 与 Public Management 都被当成了某种知识类型的名称，弗里茨·马克斯没有明确说明它们是什么样的知识类型，但从他的表述中看，Public Administration 与 Public Management 既可以理解成两种不同的知识类型，也可以理解成是关于相同对象的某种知识类型。就弗里茨·马克斯这样一位严肃的学者而言，他在使用概念方面不应有随意性，也就是说，他是不应把两个概念加以混同使用的。由此，Public Administration 与 Public Management 所代表的就应当是两种相关的但又有所不同的知识类型。但观其一生，我们都没有看到弗里茨·马克斯对 Public Administration 与 Public Management 加以区分的文字，只是更多地使用 Public Management 一词，却又不时地提起 Public Administration 的概念。

1946 年出版的《公共行政的要素》是一本文集，由于弗里茨·马克斯是文集的主编，其他学者受到弗里茨·马克斯的影响而多次使用 Public Management 的概念。比如，莱瑟森（Avery Leiserson，1946）认为，"最重要的是，Public Management 研究不受这样一些观念（将公共事务视为例行公事、视为根本上消极的与克制个人或私人动机的、视为一种不自然的却是必要的恶）的影响。对于政策制定模式和组织中各种关系的研究，已经使我们形成这样一种对个人心理过程的理解，那就是个人是如何认同作为一个整体组织的特质和成就。因此，Public Administration 已经发展到这样一种程度，使人们通过与他人的合

作而获得个体释放与满足的强烈感受"。在这段话中，似乎包含着这样一种判断，那就是 Public Management 是 Public Administration 发展的一个新的阶段，但句首的 research in public management 与本文题目中的 study of public administration 又看不出有什么区别。也许莱瑟森是受到作为这本文集主编的影响而使用了 Public Management 的概念，在使用这一概念时，又努力去考虑 Public Administration 与 Public Management 的区别，才含混地表达了 Public Management 是 Public Administration 发展的一个新阶段的意见。显然，弗里茨·马克斯影响其他学者，他所表现出对 Public Management 更多的偏爱也得到了其他学者的迎合，特别是当他把自己主编的另一本文集冠名为 *Public Management in the New Democracy*（Fritz Morstein Marx, 1940）后，更多的学者也开始习惯于使用 Public Management 一词。实际上，对于其他学者而言，在使用 Public Management 一词时，与 Public Administration 一词并没有什么区别。

在学术史中，与 Administrative Management 不同，Public Management 这一概念在"战后"的公共行政反思时期没有消失。费富纳（John M. Pfiffner）、西蒙（Herbert A. Simon）与迪莫克（Marshall E. Dimock）都分别在其代表作中使用了这一概念。比如，费富纳认为，"The new public administration 始终警惕用私人管理中所使用的最好方法来满足政府需要的做法。不管怎样，越来越明显的是，在某些方面政府运行于其中的环境、条件与限制是不为私人企业所知的。想象一个拥有太少警察和太多工程师的城市，一个私人公司可能最多只需要几个星期就能纠正一个类似的情况，但一个城市则需要数年。一个公司如果不能盈利，就会发生管理上的变动。而当前所进行的建立行政标准和指标的运动则明确承认，必须为 Public Management 设计出一些东西，以取代私人企业的损益表。Public Administration 永远需要对技术问题的人文方面和福利方面比私人企业在过去的所作所为给予更多的考虑。它依其本质而必须拥有一种关于效率的社会观念，而不是像科学管理那样仅仅关注个体工厂或工人的生产率。"作为一位教科书作者，费富纳对 Public Administration 的使用很好地体现了当时的两种对立观念：一方面，是科学管理意义上的科学行政，正是在这个意义上，费富纳将其称为 New Public Administration，以与前科学时代的经验行政相对。另一方面，则是 20 世纪 20 年代以来就已开始萌生的民主行政观念（The new public administration 在精神和实践上都具有本质上的民主性）。市政经理将他们 10%～50% 的时间用在与公众接触的工作上，而在更小的城市，他们通常还保留着一种"开门办公的政策"（John M. Pfiffner, 1935），在这方面，费富纳所谓的 New Public Administration 又是与私人行政以及科学管理意义上的一般行政大大不同的。就 Public Management 而言，在这段话中，"Management 上的变动"显然是指管理体制或管理方式上的变动，行政标准与指标同样属于管理体制中的内容，所以这里的 Public Management 所指的就是公共部门中的管理体制或管理方式。之所以不使用 Public Administration 的概念，可能是出于用法上的习惯，A Change in Administration 可能被理解成人事上的变动，尤其特指政府中整体性的人事更替。学者西蒙在"国际市政经理协会"有过一段工作经历，可以肯定的是他非常熟悉 Public Management 一词，但是，他却把自己的著作命名为《行政行为》（*Administrative*

Behavior: *A Study of Decision Making Processes in Administrative Organization*)。在该书中，当西蒙讨论价值判断问题时写道："本章目前为止所使用的例证主要采纳自 Public Administration 领域。这样做的一个原因是，价值判断的问题（尤其与行政裁量和行政规制相关的问题）在公共领域比在私人领域中得到更充分的探索。事实上，在这一主题上，两者并不存在根本性的差异。无论是 Private Management 还是 Public Management 中的决策都一样，都必须把已经为组织设定的目标作为它们的伦理前提"。"当然，在所设定的组织目标的种类以及设定它们的程序和机制上，Public Administration 和 Private Management 之间存在重要的差异。在 Public Administration 中，决定目标的最终责任归属于一个立法机构；在 Private Management 中，则归属于董事会，并最终归属于股东"（Herbert A. Simon, 1976）。《行政行为》出版于 1947 年，此时科学管理运动不仅发展到鼎盛时期，而且经历了数次分蘖，Management 一词已经成为一个日常用语。西蒙要求把 Private Management 与 Public Management 区别开来是符合市政研究运动传统精神的，同时他在决策的意义上指出 Private Management 与 Public Management 之间的共性又是一项新的贡献。他使用 Public Management 一词时，明显地是指有自我决策行为的行政体系，与之不同的是，Public Administration 视野中的行政体系在决策的问题上则是"最终责任归属于一个立法机构"。从理论上看，西蒙从决策的角度对 Public Management 和 Public Administration 所做的这种区分是可以理解的，但在现实中，无论是进行自我决策的还是执行立法部门决策的行政体系，基本上就是同一个体系。所以，在 Public Management 和 Public Administration 之间做出区分又是没有意义的。

关于 Public Administration 与 Public Management 的关系，迪莫克在他著名的《公共行政》教科书中是这样说的："Public Administration 存在许多不同的方面，拥有不同的阶段，总括到一起，展示出了这一领域的范围与特征。大体上，它们源自两大源头：一方面，来自整个政府过程；另一方面，来自从 Private Managewent 和 Public Management 中发展出来的行政领导的技术"（Marshall Edward Dimock, Gladys Ogden Dimock and Louis W. Koenig, 1958）。在这段话中，Public Management 似乎定位在指涉 Public Administration 的技术方面，但在另一段话中，迪莫克又做了这样的断言："我们认为，可以证明存在着一种为所有大型组织（无论私人的还是公共的）所共有的行政过程。我们承认 Private Management 比 Public Management 更加强调盈利动机，承认民主制度中的 Public Management 通常比 Private Management 更加强调法定权威和严格问责，而且政治因素在公共领域中远比其在私人领域普遍。但是，在两个领域中，组织和管理的要素却极其相似，并倾向于随着规模的增长而越来越符合一种共同的模式，而不是走向分化"（Marshall Edward Dimock, Gladys Ogden Dimock and Louis W. Koenig, 1958）。在这段话中，Public Management 显然又不只是一个技术范畴，而是包括"组织与管理"等技术范畴与法定权威等规范因素在内的整个公共行政过程，是一种模式。

总的说来，Public Management 的内涵在这一时期尚未确定，在大多数情况下，它与 Public Administration 并无原则性区别，即使有一些学者试图在两者之间做出区分，也只是反映了一种各自独白的特征，相互之间则是矛盾的。如果我们联想到今天我们使用"管理"和"治理"两个概念的情况，就会看到，在学术界经常会有一个对概念的接受和再度反思的时期。显然，我们今天使用"管理"和"治理"两个概念呈现出了极大的随意性，在不同学者那里，会表现出一种使用偏好，至于这两个概念的区分，并没有人去加以考虑。但是，显然这两个概念又是有所不同的，在未来公共行政或公共管理学科的发展中，我们相信，这两个概念必然会被明确地区分开来，当人们谈论机构内部的运行问题时，将会选择"管理"一词；当人们谈到机构的外部功能实现问题时，将会使用"治理"一词。不过，这将是相当长一段时间之后的事情。就 Public Administration 与 Public Management 两个概念的使用来看，从科学管理运动兴起到"二战"结束之后的一段时间内，Administration 与 Management 是一对同质性大于异质性的概念，因而 Public Administration 与 Public Management 虽然在具体的语境中表现出了不同，但这种不同并没有强烈到足以抵消它们之间的同质性的程度。所以，Public Management 的概念虽然也一度流行，但由于不具有明确区别于 Public Administration 的内涵，从而没有成为可以替代 Public Administration 的概念。事实上，如果不是"新公共管理运动"把自己命名为 New Public Management，今天的学者也许根本不会注意到历史上曾经有过这样一个"老的"Public Management 概念。然而，新公共管理运动之所以"新"，正是因为它明确地提出了使 Public Management 与 Public Administration 区别开来的目标，并通过这种有意识的划界而确立起两种不同的研究路径和实践取向。所以，Public Management 概念在 20 世纪前期的一度流行，为 20 世纪 60 年代以后公共行政学的转向做出概念上的准备，也为 Public Administration 的重新定位找到一个重要的参照对象。至于 Administrative Management 一词，则只是在罗斯福"新政"时期的特定环境中出现的策略性用语，在学术史上没有值得进行深入探讨的价值。

参考文献

［1］ Frank P. Prichard, The Study of the Science of Municipal Government, Annals of the American Academy of Political and Social Science, Vol. 2 (Jan. 1892), pp. 18 – 25.

［2］ Frederick C. Mosher, Research in Public Administration: Some Notes and Suggestions, Public Administration Review, vol. 16, no. 3 (Summer 1956), pp. 169 – 178.

［3］ The Presidents Committee on Administrative Management, Administrative Management in the Government of the United States, Washington: United States Government Printing Office, 1937, pp. 1 – 2.

［4］ New Notes and Announcements, City Manager Magazine, vol. 8, no. 10 (Oct. 1926), pp. 22 – 24.

［5］ New Notes and Announcements, City Manager Magazine, vol. 8, no. 11 (Nov. 1926), pp. 22 – 24.

［6］ New Notes, Public Management, vol. 8, no. 12 (Dec. 1926), p. 29.

［7］ Luther Gulick, The National Institute of Public Administration: A Progress Report, New York: The National Institute of Public Administration, 1928, p. 13.

［8］ Sir Geoffrey Clarke, Business Management of the Public Services, Public Administration, vol. 8, no. 1 (Jan. 1930), pp. 10 – 15.

［9］Fritz Morstein Marx, Bureaucracy and Dictatorship, The Review of Politics, vol. 3, no. 1 (Jan. 1941), pp. 100 – 117.

［10］Fritz Morstein Marx, The Lawyers Role in Public Administration, The Yale Law Journal, vol. 55, no. 3 (Apr. 1946), pp. 498 – 526.

［11］Avery Leiserson, The Study of Public Administration, in Fritz Morstein Marx. ed. , Elements of Public Administration, New York: Prentice – Hall – Inc. , 1946, pp. 47 – 48.

［12］Fritz Morstein Marx, ed. , Public Management in the New Democracy, New York: Harper & Brothers, 1940.

［13］John M. Pfiffner, Public Administration, New York: The Ronald Press Company, 1935, p. 14.

［14］John M. Pfiffner, Public Administration, p. 19.

［15］Herbert A. Simon, Administrative Behavior, 3rd ed. , New York: The Free Press, 1976, pp. 51 – 52.

［16］Marshall Edward Dimock, Gladys Ogden Dimock and Louis W. Koenig, Public Administration, Revised Edition, New York: Rinehart & Company, Inc. , 1958, p. 13.

［17］Marshall Edward Dimock, Gladys Ogden Dimock and Louis W. Koenig, Public Administration, Revised Edition, p. 12.

Clarifying the Concepts of Public Administration in the Academic History: An Analysis of the Classical Uses of Three Basic Concepts

Zhang Kangzhi, Zhang Qianyou

Abstract: Three concepts have emerged in the earlier development of public administration: public administration, administrative management and public management. Nevertheless, academic discussions have chiefly focused on the concept of public administration, and have yielded various definitions about it from different viewpoints. However, in the municipal research movement, the term of public administration had largely referred to "municipal administration", which began to acquire an exact definition and was used as a reference term for governmental or government-related administration, when its object of study was extended to general government formation and its administrative process. As a specific outcome of President Roosevelt's "New Deal", administrative management was a strategic term used by the Roosevelt administration to achieve administrative centralization through administrative restructuring, and was seldom used in academic research. As a result, administrative management has not been established as an academic concept. During the period of municipal research, public management also came into being. However, its use and spreading was closely associated with the Public Management magazine of the International City Manager Association. A study of the origins of these three basic concepts (from different contexts and with different uses) helps us understand the different connotations of these concepts and delineate the history of public administration as an academic discipline.

中国公共行政学的中国性与公共性[*]

何艳玲

一、源自明诺布鲁克会议的启示

公共行政的子叙事新公共行政有一个起源神话——"明诺布鲁克会议"。1968 年，由沃尔多发起，数十位年轻学者参与，在纽约的雪城大学明诺布鲁克中心召开。会议讨论的焦点落在"所谓的行为主义（逻辑实证主义、理性、科学）和反行为主义（哲学的、历史的、定性的）的争论上"（弗雷德里克森，2010）。第一次"明诺人"的会议，以沃尔多反行为主义的观点占据了主导，从此开创了强调务实性、重视社会情境、确立民主行政的新公共行政学派。我们无意详述新公共行政学派的发展或明诺会议之内容与议题，但却需要明示美国行政学人之于学科发展的努力带给中国行政学人的启示。

20 世纪 60 年代的美国，正处在一个不同寻常的社会动荡与政治剧变时期。沃尔多认为，这个时期的公共行政学无论在研究上还是实践上都没有对日益复杂和动荡的时局做出适当的回应。沃尔多运用极富创造力和批判力的智识倡导了学术社群面向时代与实践的回应。美国行政学由此开启了对学科"身份危机"的大讨论，形成与西蒙路径同样值得关注的沃尔多路径，提出民主与效率的大问题。一群公共行政学者在共同的对于民主生活的美好憧憬下，进行一系列的对传统行政学的批判与反思，并确立了公共行政学未来发展的思想议程（颜昌武，2008），明诺会议由此成为公共行政史上的重要符号。透过这个符号我们看到美国行政学人对问题的敏锐觉察，对所处时代的深刻理解，对解决问题的不懈努

---

[*] 本文选自《公共行政评论》2013 年第 2 期。
［基金项目］教育部文科重点研究基地项目（10JJD630016）、广东省文科重点研究基地项目（10JDXM81001）、广东省教育厅重大攻关项目（11ZGXM63001）、中山大学中央高校基本科研业务费以及 985 三期、教育部新世纪优秀人才计划。
［作者单位］何艳玲，中山大学政治与公共事务管理学院。

力，对行政学大问题的反思与承担。此后每隔二十年，那一代的"明诺人"就会对他所处年代的行政学议题进行激烈争论。在此意义上，明诺会议是永恒的，如同我们对公共行政学科"大问题"的争论与探究。

作为中国公共行政学者，处在同样动荡与剧变的年代，经历着复杂与巨大的社会转型，我们的研究如何反映变化的现实，并构建学科的未来？过去几年，中国公共行政学的学术社群已经拉开了行政学研究的反思之幕，就这个领域的研究问题、研究方法、研究质量、研究取向等进行自觉的审视，批判性地回顾与评估一度成为研究热点。重要的是，在学科发展存在的问题上我们已经达成了一定的共识：研究重心的"非中国化"；"管理主义"的盛行；缺乏对真实世界的了解；缺乏学术规范自觉；实证研究严重短缺；规范理论的贫困等（马骏、刘亚平，2007；何艳玲，2007；张成福，2008）。批判的意义在于构建，如果说过去我们做了大量反思性的工作，则我们现在的努力将聚焦于构建，我想这也是众多行政学人一起参与"面向21世纪中国公共行政学"会议的目的。构建新的公共行政学底蕴，是促进学科发展的持续性努力，也是我们对所处时代的智识回应与承担。

二、"关于中国"的公共行政学与公共行政学的"中国性"

每一个学科都需要经历持久的、持续的理论、经验、方法和概念上的挑战，中国公共行政学亦是如此。需要明确的是，中国公共行政学并非"属于中国的"公共行政学，而是"关于中国的"公共行政学。关于中国的公共行政学研究"既不是按照'西方'理论体系来解构中国，也不是在西方理论体系内部建构反西方叙事策略"（何艳玲、汪广龙，2011），这种"研究深深扎根于中国的土壤，研究和解决中国的问题，体现中国特色和中国气派"（郭小聪、肖生福，2006）。用沟口雄山提出的方法论及至认识论的主张来理解，即以中国为方法，以世界为目的。将中国视为世界构成要素之一，相互异别而又相互赋予主体性，形成有多种标准的多元性世界（曾倚萃，2008）。在多元的公共行政世界里，中国公共行政无疑是重要的子叙事。中国正经历着转型社会的变迁，这一特殊的可直接观察与体验的社会型标本激发了国外中国研究的迅速发展，"中国学"已然成为一门"显学"，作为中国的公共行政学者，处在一片广阔的行政田野之中更需有所作为。

使用"中国性"这个概念是为了界定中国公共行政学的特质与视角。任何国家的公共行政学研究都不能斩断其自身的文化传统与历史脉络，美国公共行政学的发展也经历了本土化的过程。"中国性"，即行政学视野下的中国内涵与中国意义，构成中国行政学想象的基本内容。"中国性"体现在"大国"上，地域辽阔，人口众多，复杂程度高。"中国性"体现在文化上，家国同构依然存在，这种拟家的关系，既非西方文化中强调个体，强调自我的"个体主义"价值取向，又非个人服从于社会。国家至高无上的集体主义信仰。家国天下，家在前，国在后，非个体非集体的独特历史文化传统根深蒂固。"中国性"体现在历史上,皇权统治的很长一段时间里,民间社会由士绅、乡绅、民间名望人士、老乡会、同乡会进行自我管理。国家与社会"两两相望",互不干涉。1949年之后,中华人民共和国成立使中国迈入现代民族国家的行列,同时也带来了治理脉络的断裂。社会不复存在,个体被挟裹进统一计划与单位制的资源配置与管理方式之中。"中国性"也体现在社会主义传统与新传统的悖论之中,这种悖论呈现为以下元素:计划经济—半市场—市场经济,多元的资源配置方式并存,政府控制与市场调节相互掣肘,迥异于西方的地方分权与经济增长的关系,央地关系的博弈与抗衡,等等。一系列存在内在张力的治理变量,不同程度地存在于中国的公共行政实践中。而这些悖论,往往无法通过研究假设推定。比如,中国正在经历着的行政改革到底是模仿西方还是原创?很多人都会倾向于认为,"学习西方理论是中国采取行政改革的一个重要影响",但一项最新研究(Christensen et al.,2012)探讨中国省级和地方政府高层官员对行政改革起源的态度。调查显示,那些花更多时间进行组织外部管理和熟悉绩效评估的干部与官员往往不倾向于向西方学习。

又如,面对中国目前存在的诸多制度困境,研究者通常会给出制度建设的解决方案。然而,在中国进行制度研究,可能要涉及以下三个问题:第一个问题,西方经验已经确立的一些"适合的制度",如产权保护,资本市场,司法公正等,它们必须在中国呈现吗?如果不能呈现,其替代性制度是什么?第二个问题,中国有无产生"适合的制度"?这些中国的"适合的制度"可以成为学科知识吗?第三个问题,公共行政学者对这些制度的产出做出了什么贡献?公共行政学自建立之初,即是对现实行政问题的回应。公共行政学者若无法通过经验事实的描述,解释与构建理论,进而推动良制的产生,恐怕有负学科使命。"任何制度都应该包含自我重构的种子"(马奇、奥尔森,2011),制度研究,尤其是对中国制度的内在转型逻辑的研究,恰是中国公共行政学研究可重点切入的对象,也应该成为学科知识积累的重要组成部分。

以上表明,学科本身是无所谓哪个国家的,但是作为中国公共行政学者,有责任去揭示"关于中国"的公共行政学特殊命题。

三、转型中国与公共行政学的"公共性"

公共行政学的"公共"二字意在赋予这一学科的公共性内涵。弗雷德里克森(2003)在《公共行政的精神》一书中剖析了公共行政之"公共"含义:"公共既是一种理念也是一种能力。如果我们把公共等同于政府,我们事实上限制了人民参与公共事务的能力。作为一种理念,公共意味着所有的人们,为了公共的利益,而不是出于个人的或者家庭的目的才走到一起。作为一种能力,公共意味着为了公共的利益而在一起工作的一种积极的、获取充分信息的能力。"而罗森布洛姆等(Rosenbloom & Kravchuk,2002)则从四个维度来说明公共行政的"公共性",即恪守宪法规范、以公共利益为中心、部分市场制约、服从政治主权。

无论如何，公共性都是公共行政学的核心属性。"公共行政的发展史就是一部探索改进公共性实现方式的历史"（张康之，2005）。公共性意味着公共行政必须回应公民需求，实现公民期望，创造公共价值。民主、公平、效率、权力、正义等公共价值的热烈讨论，成为探究公共性实现的重要议题。弗雷德里克森在《走向新公共行政》一书中，最早将"社会公平"价值纳入公共行政的讨论之中。盖伊和麦坎德利斯（Guy & McCandless, 2012）仔细回顾了本学科在1968年明诺布鲁克会议前后关于"社会公平"理念的发展历程，指出"社会公平"是这个领域的核心价值。经济上的不平等、失业问题、全球化的加剧，这些时代变迁导致的问题转换，促进了公共行政学者对公共价值的当代理解。鉴于公共行政内在的多元价值，学者开始致力于发展公共价值的分类系统以及协调公共价值的理念与方法（Nabatchi, 2012）。而对研究者来说，其任务是必须确保有足够的方法来识别，传递和汇集核心的公共价值（Bozeman, 2007）。

对中国来说，无论是制度层面的"合法行政"，还是组织层面的"有效行政"，抑或价值层面的"责任行政"，这些转型中国的大问题都与如何确立公共性有关。当下中国，正处于与美国进步时代相类似的大转型大变革年代。在市场化改革推进过程中，作为总体性社会的中国实现了经济结构重构。这一重构至少带来了三个变化：第一，利益主体与利益诉求多元化、资源配置非均等化（与计划配置下的均等化相区别）以及市场失灵。第二，经济结构与社会结构的变化，要求国家治理结构也必须实现转变，即针对利益主体与利益诉求的多元化，国家必须建构强大的利益整合能力；针对资源配置的非均等化，国家必须建构强大的再分配能力；针对市场失灵，国家必须建构强大的市场规制能力。第三，如果国家治理结构没有发生相应转变，必将产生严重的社会结构失衡，并进一步影响经济结构的秩序，从而导致社会不公平、社会不信任以及社会不稳定。就整个社会而言，相对剥夺感蔓延，公民幸福感下降，对"社会公平"的诉求日益强烈，政府的公信力与治理正当性日渐流失。

显然，"公共性"是当下政府急迫获取治理合法性的重要来源。通过治理结构调适促成的现代国家建设，要求为每个公民的平等发展提供制度保障，即通过增进社会福祉和保障公民权利而获得每个国民对国族的高度认同和忠诚，并不断提升国家的能力（徐勇，2006）。事实上，关于中国国家治理结构的调适的方式、方向和逻辑，这恰好是中国公共行政学研究的重要任务，也是中国公共行政学研究得以构建中国公共行政学"公共性"的契机和结合点。

伴随着公民意识的觉醒，转型中国的现代国家建设与理论研究势必要拾起"公共性"这一公共行政学的核心价值，回到公共行政学的逻辑起点，回归公共行政的本质属性，实现公共行政孜孜追求的目标。简而言之，中国公共行政学不能规避时代赋予的公共性使命。

行政管理学学科前沿研究报告

四、发现、理解与建构：作为局内人的知识获得路径

上文旨在说明中国公共行政学研究的内涵、特质与学科使命。那么，如何推进我们的研究呢？即什么样的认知模式能有助于我们发现"中国性"的研究问题？我们又如何能在自身所处的复杂而独特的文化情境内理解现象的本质？从认识论的角度来看，实证主义认为，主观和客观之间存在一条鸿沟，认识客体是客观存在的，研究者应从远距离的角度把握事实，认识过程不应对事实本身施加影响。而行动研究是反实证主义的，它所提倡的一定程度的"局内人"视角或"主位法"，一方面是对实证主义者"远距离观察"的否定，另一方面（也是更为重要的），是对缺乏对话、互动机制的传统研究的否定（王添淼，2009）。我们不排斥逻辑实证主义的研究路径，它通常与"局外人"概念相联系，主张理性的逻辑推理。但我们认为某些"中国性"的现象并非"西方性"的一般逻辑可推理和解释，我们主张研究者以"局内人"的角色进入研究情境。

"局内人"与研究对象共有同一文化，"可以利用自己的文化观念和生活经历了解被研究者的意义建构和思维方式"（陈向明，1997），"这种认识方式不仅要求研究者在认识层面上了解对方，而且需要研究者通过自己的亲身体验去'理解'对方"（王添淼，2009）。怀特（Whyte，1961）在《街道角落社会：一个意大利贫民窟的社会结构》一书中告诉了读者，沉浸在具体场景有多么重要（张梦中、霍哲，2001）。哈默尔认为，公共行政学者的任务，首先是确定实践者们在做些什么。只有关注这些管理者以及他们的知识，才是一个复兴的或新的学科唯一可能的基础（Hummel，1991）。卷入情境的"局内人"视角提醒我们在中国公共行政学研究中，定性研究的适用性与重要性。在我们的研究中，民族志、扎根理论应该获得更多的关注。参与观察，应该是最常用的研究方式。人类学家在他们的田野体验中，通过对观察者和参与者、自我与他人、主观与客观的关注与反思发现，往往那些令人不安的田野经验、尴尬的社会空间，正是参与观察方法具有潜在创造力的场所（休谟、穆拉克，2010）。属于中国公共行政学的具有创造力的解释与理论，就将出在这样的田野里，这样的社会空间中。

尤其是，"人"的悲欢离合具有真实感，而公共行政学的知识，在实证论或逻辑经验论的影响下，通常较少从被管理者的主观感受，例如无力感（Sense of Powerlessness）、无规范感（Sense for Normlessness）、自我疏离（Selfe Strangement）等角度去建构组织与管理的问题与理论。对这种知识的获得，是一种非逻辑的心智过程，也可以算是"人文研究路径"（The Humanistic Approach），而其恰好是中国传统文化中最擅长的知识获得路径。事实上，中国传统文化中"人文理性"的优先性，完全可以与西方文化所擅长的"逻辑理性"相互补缺。对中国公共行政学研究而言，在秉承逻辑经验

037

主义路径之后，同时具备这样的认识论转向才可能发展出既有本土性，也有国际性意义的行政学理论。

关于理论的构建，已经有很多讨论，此处特别要指出后结构主义的研究视角给我们的启示。后结构主义源自于对结构主义的批判与继承。结构主义隐含的假设，在于关系（结构）比构成关系的成分更重要，忽视了构成要素中"人性"的考虑。后结构主义强调异质性、多元化，强调运动与变化，反对永恒的结构。具体而言，后结构主义的研究是一种旨向演变的（Evolutionary）研究视角，描述如何随时间变化的文化和社会，包括社会文化的变革，这种演变被定义为"结构重组的过程"；是一种注重实践批判的（Practicing critique）视角，一种自我反思性的知识形式，涉及对实践的理论性解释和理解，有助于降低系统性依赖的诱惑；是一种场景体验式（Scenic approach）视角，强调对当下真实世界的感知，参与和体验；是一种历史的视角，即在传统中耐心地打捞前人沉淀的厚重的人文关怀、问题意识和论述逻辑。对于历史文化概念的解释，后结构主义者的努力集中在促进时下读者的理解。后结构主义的重要理论即解构主义。解构并非一种消极的行动，它并不是要消灭结构，而是在理解的基础上改变并重建。也就是说解构的目的是重构，而不是结构的解体（陈烨，2005）。纷繁复杂的社会现象以"事件"（Event）的形式呈现在后结构主义研究者面前。先是"一个发生"，继而"一系列发生"，而后"一类发生"。从社会学想象力的逻辑出发，当公共行政世界有"一类发生"，我们就必须考虑整个社会的政治经济制度，而非个人境遇或个体事件。我们就应该去类型化、概念化与理论化。

综合以上讨论，我们主张获得知识的路径（如图1所示）：进入情境，发现问题；体验观察，理解事实；解构重组，构建理论。作为"局内人"的研究者，运用后结构主义的研究视角，"将自己全部的身份和个性特点都卷入进去，包括价值观、行为方式和情感流露。在与被研究者之间这些丰富的互动关系之中一起协商（Negotiate）和建构着一个构成性的、不断往前发展着的'现实'"（陈向明，1997）。我们必须回到转型中国的行政实践真实场景，比如"政府""改革""维稳"等。在与"西方"、与"过去"的比较中，"近距离"的、感受性的、体验式的发现与理解，解构与构建。摒弃那种"完全合乎逻辑地用'绝对知识'来代替全部人类现实"（马克思、恩格斯，1957）的叙事，从现实的、具体的、世俗的真实中寻找善治构成的因素。

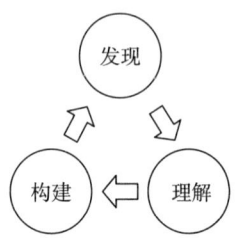

图1 中国公共行政学的知识获得路径

五、大国、良制、善治：中国公共行政学人的价值依归

现在，让我们再次回到明诺布鲁克。历经三次会议（1968 年，1988 年，2008 年）之后，虽然其会议背景与主题不同，但一以贯之的是对美国公共行政学者对社会现状的回应，对社会公平与民主价值的追求。反实证主义，反技术，反层级等对传统公共行政的批判与回应，皆源于实现民主社会公民权之理想。那么，中国行政学人的信念何在呢？我们认为，大国—良制—善治，既是治国之学问，更是中国行政学人的价值依归，如图 2 所示。

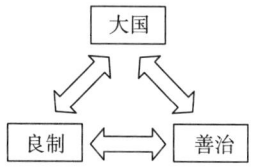

图 2　中国公共行政学人的价值依归

大国有大国的做派，大国有大国的学问。成就大国，不仅在于地域上、经济上的强大，更在于大国政府治理能力的强大，大国公民幸福感的强大，大国美好社会的强大。这既是政府存在的理由，也是行政学人选择从事这项事业的动力与自豪感来源。追寻良制，良制即适合的制度。将社会制度及其他制度性结构作为我们研究的基础范畴。恰适性逻辑主导我们在政治体系内寻求到恰当的制度，进行恰当的结构与制度设计，这也是学者之于国家制度建设的智力贡献。倡导善治，政府的存在，就是为了公民生活更美好，善治就是我们所期待的使这种美好得以实现的手段。好的治理指向合法行政、有效行政与责任行政的大成功，这些也将构成行政学研究诸多大问题的内核。在中国持续转型的过程中，脆弱的再分配能力、市场监管能力、利益整合能力，已经深深影响社会平等、社会信任和社会稳定的达成，有碍于有效的市场与强大的政府匹配（何艳玲，2013）。在这种情况下，大国、良制和善治这些关键词在中国公共行政学的深入人心尤为重要。学科之所以成为学科，是从学科想象力出发去掉其被各种利益群体所涂抹的意识形态色彩，建构其普世性，并从当下普遍民众的需求出发确证其合理性，通过学科努力廓清阻碍此目标实现的制度和结构因素。由此，在我们寻找公共行政学学科价值的旅程中，大国治理视野下的良制与善治，将是我们始终坚持的精神皈依。

参考文献

[1] 陈向明. 质的研究中的"局内人"与"局外人"[J]. 社会学研究，1997：6.

［2］郭小聪，肖生福．中国行政学学科建设：困境与出路［J］．中国人民大学学报，2006：6．

［3］何艳玲，汪广龙．我们应该关注什么：关于公共行政学"大问题"的争论［J］．中国行政管理，2011：12．

［4］何艳玲．问题与方法：近十年来中国行政学研究评估（1995—2005）［J］．政治学研究，2007：1．

［5］何艳玲．回归社会：中国社会建设与国家治理结构调适［J］．开放时代，2013：3．

［6］林恩·休谟，简·穆拉克．人类学家在田野：参与观察中的案例分析［M］．龙菲译．上海：上海译文出版社，2010．

［7］刘亚平．公共行政学的合法性危机与方法论径路［J］．武汉大学学报，2006：1．

［8］马骏，刘亚平．中国公共行政学的"身份危机"［J］．中国人民大学学报，2007：4．

［9］马克思，恩格斯．马克思恩格斯全集（2）［M］．北京：人民出版社，1957．

［10］乔治·费雷德里克森．公共行政的精神［M］．北京：中国人民大学出版社，2003．

［11］H. 乔治·弗雷德里克森．明诺布鲁克：反思与观察［J］．宋敏译．行政论坛，2010：1．

［12］王添淼．教育行动研究的认识论问题——由"局内人"视角引出的讨论［J］．教育研究与实验，2009：5．

［13］徐勇．"回归国家"与现代国家的建构［J］．东南学术，2006：4．

［14］颜昌武．寻求公共行政的"身份"认同——沃尔多行政思想述评［J］．中山大学学报，2008：3．

［15］张成福．变革时代的中国公共行政学：发展与前景［J］．中国行政管理，2008：9．

［16］张康之．论"公共性"及其在公共行政中的实现［J］．东南学术，2005：1．

［17］张梦中，马克·霍哲．公共行政学经验研究方法论及其步骤［J］．中国行政管理，2001：9．

［18］曾倚萃．沟口雄三的中国方法——超克亚洲的知识脉络［Z］．台北：国立台湾大学政治学系中国大陆暨两岸关系教学与研究中心，2008．

［19］詹姆斯·G·马奇，约翰·P·奥尔森．重新发现制度：政治的组织基础［M］．张伟译．北京：生活·读书·新知三联书店，2011．

［20］Bozeman, B. Public Values and Public Interest: Counterbalancing Economic Individualism［M］. Washington, DC: Georgetown University Press, 2007.

［21］Christensen, T., Painter, M., Walker, R. M. Imitating the West? Evidence on Administrative Reform from the Upper Echelons of Chinese Provincial Government［J］. Public Administration Review, 2012: 72 (December): 798 – 806.

［22］Guy, M. E., Mccandless, S. A. Social Equity: Its Legacy, Its Promise［J］. Public Administration Review, 2012, 72 (S1): 5 – 13.

［23］Hummel, R. P. Stories Managers Tell: Why They are as Valid as Science［J］. Public Administration Review, 1991 (51): 31 – 41.

［24］Nabatchi, T. Putting the "Public" Back in Public Values Research: Designing Participation to Identify and Respond to Values［J］. Public Administration Review, 2012 (72): 699 – 708.

［25］Rosenbloom, D. H. Kravchuk, R. S. Public Administration: Understanding Management, politics, and law in the Public Sector［M］. McGraw – Hill, 2002.

On the "Chineseness" and "Publicness" of Chinese Public Administration

Yanling He

Abstract: The intellectual history of public administration has never had a shortage of debate about research methods and the spirit of the discipline, and such debates are the response and responsibility of the public administration scholars to their era. Public Administration scholarship in China, in order to make a contribution to an historic period of major social change, needs to consciously examine the discipline of study, to reflect, to criticize and then to construct, the knowledge system and study path of Chinese Public Administration. Chinese Public Administration is a study "about China", therefore, it must reflect characteristics of "Chineseness". Chinese Public Administration also needs to increase its "publicness", which is the core attribute of the discipline, so as to meet the needs of modern nation – building. Furthermore, Chinese Public Administration needs to seek, to understand and to construct within a knowledge acquiring path "as an insider", and enter the Chinese context in order to capture real problems. As a result of these reforms, Chinese Public administration scholars will realize the value of striving toward an ideal that leads to a good system, good governance, and a great country.

Key words: Public Administration; Chineseness; Publicness; Good Governance

"回归社会"：中国社会建设与国家治理结构调适[*]

何艳玲

【摘　要】市场化改革造成中国社会的利益多元化和利益分化，在传统利益调节机制失灵和新利益调节机制缺失的情况下，中国社会出现了三大困境：市场化改革与社会不平等、市场化改革与社会不信任、市场化改革与社会不稳定。因此，中国社会建设的实践内涵是实现市场经济体制下的社会主义公平，而构建与市场经济体制相匹配的利益调节机制是中国社会建设的核心内容。要实现社会建设的目标，其关键在于国家治理结构的调适促成强大的利益整合能力、再分配能力与市场规制能力，建立与市场经济相匹配的新利益调节机制。当前对中国社会建设的聚焦，其意义绝不仅在于一系列浮在表面的社会问题的解决，而是整个改革和发展路径的重大变化，即在解决生产力发展水平问题的同时，必须更关注解决生产力发展标准问题，在市场化改革中"将社会带回来"，以此促成真正的社会主义国家公平，让国家回归社会。

【关键词】社会建设；利益调节机制；国家治理结构；市场经济；社会主义

"社会建设"的提出经历了一个过程：2002年，中共十六大在提出全面建设小康社会的奋斗目标时，首次提出要使社会变得更加和谐。2004年，中共十六届四中全会明确提出了建设社会主义和谐社会的目标。2005年，胡锦涛在省部级主要领导干部提高构建社会主义和谐社会能力专题研讨班上讲话时强调，要建设"民主法治、公平正义、诚信友爱、充满活力、安定有序、人与自然和谐相处"的社会主义和谐社会。2006年，中共十六届六中全会通过《中共中央关于构建社会主义和谐社会若干重大问题的决定》，第一次提出"社会和谐是中国特色社会主义的本质属性"。2007年，中共十七大报告将社会建设

---

[*] 本文选自《开放时代》2013年第3期。

［基金项目］教育部文科重点研究基地项目（10JJD630016）、广东省文科重点研究基地项目（10JDXM81001）、广东省教育厅重大攻关项目（11ZGXM63001）、教育部新世纪优秀人才计划、中山大学中央高校基本科研业务费以及985三期项目。

［作者单位］何艳玲，中山大学政治与公共事务管理学院。

单辟一节,与经济、政治、文化建设并列,强调要加强以民生为重点的社会建设。2010年,中共十七届五中全会通过的"十二五"规划建议第八章"加强社会建设,建立健全基本公共服务体系",从促进就业、调整收入分配、建立社会保障体系、卫生事业改革、人口工作、加强和创新社会管理六个方面阐述社会建设的任务。2012年,中共十八大报告进一步将社会建设与经济建设、政治建设、文化建设、生态文明建设一起确立为"五位一体"总体布局。以上表明,社会建设已经成为国家的重要方略。但什么是社会建设呢?

从中央出台的有关文件来看,社会建设基本上指向的是"以改善民生为重点";而学者却认为:在民生之外,社会建设还包括社会结构的调整与建构等内容(陆学艺,2010);在实践中,对社会建设的理解更是五花八门。社会建设的内涵是什么?社会建设的目标是什么?如何进行社会建设?鉴于已经存在的诸多分歧,我们有必要认真梳理这些问题,以期在这一问题上达成更多共识。

一、中国社会建设的实践内涵:实现市场经济体制下的社会主义公平

中国社会建设的提出并非偶然,而是有着非常深刻的实践逻辑,即1949年之后的中国现代化逻辑。此逻辑的核心是:无论是市场经济建设还是社会建设,都与社会主义国家面临的挑战及其应对有关。

中国是一个后发现代化国家,"后发不仅是一个时间概念,而且主要是一个逻辑概念,它的现代化不是源于自身文明的演进,而是源于外部异质文明的输入。它是被早发国家强行拽进现代化的"(陈明明,2009)。近代中国以来,不论是传统帝国的崩解还是现代国家建设的开启,对中国而言都不仅是其自身发展的结果,也同时是世界现代化潮流对中国传统社会和制度全面冲击的结果。这决定了中国现代化历史运动的动力,不仅是内生的,也是外来的,是中国社会对世界现代化历史运动的反映和选择。从各国实践来看,其选择有两种,资本主义和社会主义。俄国十月革命的胜利与中国共产党的成立使中国最终选择了后者。但是,从落后生产力直接过渡而来的社会主义中国,遇到的第一次挑战就是社会主义国家如何才能更快地、更稳地实现人民富裕,并建立与资本主义国家的比较优势?这次挑战的实质关乎社会主义国家的生产力发展水平,其核心为社会主义国家如何解决增长(效率)问题?从现实选择来看,中国应对这次挑战的方法是打破市场经济与资本主义的关联,建立了社会主义市场经济体制。如1990年12月24日邓小平在与其他领导人谈话时所说:"我们必须从理论上搞懂,资本主义与社会主义的区分不在于是计划还是市场这样的问题。不要以为搞点市场经济就是资本主义道路,没有那么回事。计划和市场都得要。不搞市场,连世界上的信息都不知道,是自甘落后。"1992年中共十四大明确提出要建立社会主义市场经济体制。1993年"实行社会主义市场经济"被列入宪法,政

治决策变成了法律条文。自此后，中国开始了持续的市场建设过程，并实现较快速度增长。

但在这一过程中，中国却遭遇许多新问题（后文将具体阐述）并引发了其第二次挑战，即社会主义国家应有的社会公平出现问题。社会主义社会的核心价值之一是社会公平，社会不公平无疑是对社会主义国家的新挑战。这次挑战的实质关乎社会主义国家的生产力发展目标，其核心为：在实行市场经济的社会主义国家如何解决分配（公平）问题？从目前来看，决策层面应对这次挑战的方法是提出社会建设。也可以说，社会建设要解决的问题是实现市场经济体制下的"社会主义社会公平"。

只有在中国现代化的实践逻辑上对社会建设内涵和目标做出清晰界定，才可能对中国社会建设做出实质性分析。对社会主义中国来说，如果说解决生产力发展水平问题的路径是通过实行社会主义市场经济将"市场"纳入社会主义，那么解决生产力发展目标问题的路径则是通过社会建设将"社会"带回社会主义。可以说，当前从中央到地方对中国社会建设的聚焦，其意义绝不仅在于一系列浮在表面的社会问题的解决，而是整个改革和发展路径的重大变化。

综合官方文件论述和现有的讨论，指向社会公平的中国社会建设主要包括五大板块的内容：

其一，社会事业建设。也就是通常所说的民生。即通过教育、医疗卫生、社会保障等社会事业的发展，提供保证人们基本生存权与发展权（比如教育权、就业权、健康权等）的公共服务，构筑社会公平的基础。社会事业发展的实质是国家运用再分配手段对人的基本生存权、发展权相关的领域"去商品化"，并通过这一过程将市场重新嵌入社会伦理之中，将"市场社会"变成"社会市场"（王绍光，2008）。

其二，社会组织建设。不同社会群体之间，其利益诉求往往都存在差异。人们基于共同利益而成立的社会组织，有助于这些利益在一定程度上得到整合。中共十七大报告第一次使用"社会组织"一词，提出在基层民主政治建设中要"发挥社会组织在扩大群众参与、反映群众诉求方面的积极作用，增强社会自治功能"。这为社会组织的发展提供了政治保证。社会组织将利益主体整合起来，不仅可以减低利益主体实现利益诉求的成本，而且可以通过组织化力量降低来自其他利益主体的风险。

其三，社区建设。社区是有特定边界的地域性社会关系共同体。一个社区可以是一个村庄，可以是一条街道，也可以是一个小区。社区是人们发生大量日常互动的首要空间，社区建设的目标是培育社会生活共同体。它关注居民在居住生活中共同的经济、文化利益，着力培育利益共识和维护机制，从而构建社区功能。社区关系在很大程度上影响着社会关系。

其四，社会管理。如同市场主体的运行可能带来负外部效应一样，社会主体的行为也可能会对他人造成负外部效应。社会管理是指通过公共权力对社会主体的运行进行管理和规范，以对其可能产生的各种负外部效应加以消解或者控制。这是社会秩序的基本保障。

其五，利益调节机制建设。社会公平的问题，本质上是利益关系的问题。不同的利益关系，既可能产生团结，又可能带来冲突。利益调节机制建设是指通过各种制度安排与机制建设，畅通和规范利益主体诉求表达、利益协调、权益保障渠道，消解不同利益主体之间的利益冲突，或减少利益冲突产生的负面效应，达成一定的利益秩序。"社会不是由个人构成，而是个人彼此发生的联系和关系的总和"，离开人的关系，就无法理解人的社会生活。因此，利益调节机制建设既是相对独立的板块，其内容也包含在前面几大板块中，是社会建设的核心内容。

从目前讨论来看，无论在实践层面还是学理层面，与民生、社会组织、社区、社会管理相比，社会建设中的利益调节机制建设都没有得到应有关注。因此，接下来将围绕中国改革与发展过程中利益调节机制的变迁，来继续分析前述提到的社会主义国家第二次挑战的具体表现，以及作为挑战应对方略的中国社会建设要跨越的困境。

二、中国社会建设的三大困境：社会不公平、社会不信任与社会不稳定

无论作为分析的内容还是分析的变量，1978 年之后开始的改革开放以及 1992 年社会主义市场经济体制的正式确立，对分析中国利益调节机制的问题都非常重要。

在启动改革之前，中国占主导的利益调节机制是单位制。单位制的利益调节模式是所有资源掌握在国家手中，国家用不同的方式将一定资源分配到单位，每个单位都有特定的行政级别和可支配资源。在此基础上，单位为个体提供全方位资源供给（包括托儿所、幼儿园、学校、医疗、抚恤救助、养老、丧葬等各种福利），并以此实现人们之间的利益调节。在单位制占主导的情况下，其他利益调节机制被吸纳，这表现在：其一，单位隐藏个体利益差异。在单位制下，通过"国家—单位—个体"这一链条，经济生活、社会生活都被整合在单位中。单位内部严格的人事管理制度将成员圈定在单位内部，非经领导和上级的批准以及繁复的人事调动程序，成员无法在不同单位间流动。在缺乏社会流动的情况下，人们之间不是没有利益差异，而是这种差异被置换成"单位差异"并成为常态，同时单位的利益实现能力与成员个体并无实质性关联，而主要取决于单位在整个国家体系中的地位与作用。其二，单位吸纳了其他社会组织。在单位制中，所有的组织都可能是单位，无论是行政单位、事业单位还是企业单位，都隶属于单位的上级部门。单位的行动逻辑，很多时候并非其专业属性，而是"上级指示"。与此同时，虽然在国家体系中也设置有工会、妇联、青年团等众多利益调节组织，但是这些组织都被赋予行政等级成为"类行政机构"并以此而获得资源和生存意义，其功能和边界都变得非常模糊，难以成为有效的利益调节渠道，甚至在一定程度上蜕化为堵塞利益调节的因素。

"市场机制不仅是经济的加速器，它又像一柄利刃，能无情地割断人们与种种社会群体之间的伦理纽带，把他们转化为在市场中追逐自身利益最大化的独立个体"（王绍光，

2008）。市场化改革对中国的影响在于市场经济带来巨大的利益差异。随着生产资料所有制的相对多元化，随着外部资本的进入，中国社会原有相对均衡的利益格局被打破，整个社会面临着前所未有的利益调节压力。在这种情况下，如果能建立与市场化改革相适应的利益调节机制，则各种利益主体将处在一个相对均衡状态。但事实上在改革过程中，中国利益调节机制却出现了诸多问题，这主要包括传统利益调节机制的失灵、新利益调节机制的缺失以及利益分化问题的"过度政治化"，由此引发并导致中国市场化改革过程中的三大困境。

（一）传统利益调节机制失灵：市场化改革与社会不公平

在市场化改革推进过程中，中国单位制日渐解体，中国总体性社会中的"国家—单位—个体"的关系链逐渐转变为"国家—市场—个体"的关系链。一方面，正如前面所论述的，由于市场经济天然地鼓励竞争和优胜劣汰，纯粹的市场竞争必然会产生较大的利益分化。另一方面，国家不再垄断所有资源，在许多领域也不再是直接的资源分配者，国家介入和解决利益冲突的能力弱化，传统利益调节机制逐渐失灵。在这种双重压力下，急剧扩大的利益分化不但会导致社会群体间的相对剥夺感，而且会导致群体对国家的疏离，并加剧利益冲突。

相对剥夺感源自权力与资本的结合，倪志伟等的"市场转型理论"认为，随着市场机制在中国成为占主导地位的资源分配机制，体制内群体（比如干部）拥有的分配资源的权力会被削弱，其社会经济地位会下降。但边燕杰和罗根（Bian & Logan，1996）的"权力维续假设"则认为，政治资本要素并没有在中国市场化进程中消失，恰恰相反，市场化改革使权力与资本相结合的利润大大增加。在市场化改革过程中，新生的市场经济与残留的计划制度相结合，形成新的不公平交易机制：在计划时代的实物经济基础上，权力控制的资源不少，但由于没有市场化，权力无法变现，不会对收入差距产生显著影响；市场化改革使权力逐步卷入市场交易，由于交易市场的货币化、期权化、国际化、金融资本化等，权钱交易空间得到大量释放和扩张，并成为主要的不公平来源。

邓小平在一次谈话中提到："少部分人获得那么多财富，大多数人没有，这样发展下去总有一天会出问题。分配不公，会导致两极分化，到一定时候问题就会出来。这个问题要解决。"但实践的走向却与他所警告的不同，在权力与资本的结合下，中国不同社会群体间的收入差距成倍增长，贫富极化成为越来越严重的事实。在计划经济时期，中国的基尼系数均值在0.2~0.3，属于世界上最平等的国家之一，但从20世纪80年代至今，作为衡量社会不平等的重要指标，中国基尼系数却大幅持续上升。而中国社科院一项关于新社会群体的研究指出，中国出现的巨富群体大概有30万人，占总人口比例为2.2‰，却持有可投资资产近9万亿元，相当于全国城乡居民存款20万亿元中的近一半。在"数量众多的低收入群体看不起病、买不起房、供养不起子女上学升学"的情况下，却"存在着一个私人拥有自备财务高达数千万、上百亿的巨富阶层"，这一现象本身就存着巨大的社会风险。

从世界范围看，公共支出结构的演变与经济发展的阶段性密切相关。通常认为，在经济发展早期，政府投资（经济性支出）在总投资中占有较高比重；一旦经济达到成熟阶段，公共投资的重点将从基础设施转向教育、保健和福利等公共服务方面。但中国的情况是随着市场化改革推进，一方面，从20世纪90年代开始的社会政策领域的市场化改革，不但没有实现公共支出结构向公共服务的转变，而且还带来更大的利益差异，甚至使市场化改革过程中产生的中产阶层在近年来发生了"去中产化"过程。比如就教育领域而言，有研究证明现有以经济绩效为考核标准的官员晋升机制导致政府之间展开标尺竞争，这种竞争和财政分权制度结合在一起，共同对政府的教育支出比重产生显著负影响：政府竞争程度每增加1个百分点，教育支出比重减少0.14个百分点（郑磊，2008）。因此，在保证民生和公共事业处于基础水平的前提下，地方把绝大部分由政府直接或间接控制的资金和资源投入到能够刺激经济增长和财税增长的项目上，如开发区建设、对企业的支持，等等。在这种投资导向下，少数获利人群和多数弱势人群开始对立，"社会阶层结构严重畸形"（李强，2010）。李强等采用"国际社会经济地位指数"测量，从全国就业人口看，发现一个巨大的处在很低的社会经济地位上的群体，形成类似汉字"丁"字结构，这一结构比"金字塔形"还要严峻，因为底层更大，社会更不稳定，更容易产生冲突。另一方面，原本就存在的城乡公共服务差异非但没有消失，新的财政体制改革带来的以财政收入相对集中和公共服务支出责任下放（比如义务教育）为特点的纵向财政不平衡，则更加剧了不同地区间的公共服务差异（王闻，2009）。

综述，可以说伴随着市场化改革和利益主体的多元化，由于传统利益调节机制的失灵，导致利益分化日趋严重，并造成很大程度上的社会不平等。我们将这一结果归结为中国社会建设的第一个困境，即市场化改革与社会不平等的日趋加重。其具体逻辑可见图1。

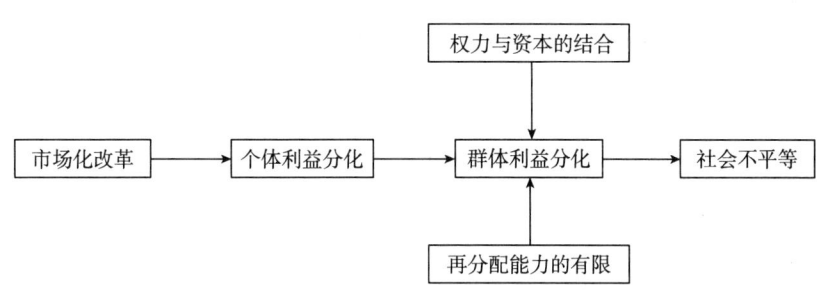

图1　困境之一：市场化改革与社会不平等

（二）新利益调节机制缺失：市场化改革与社会不信任

在传统利益调节机制失灵的情况下，新的利益调节机制由于种种原因也未能形成，这主要表现在：

其一，社会组织生长空间有限。单位制消解后，虽然单位的利益调节能力削弱，但在"稳定压倒一切"的强大需求下，各类社会组织（作为体制外力量）的发展无论在理念上还是制度上都存在障碍。于是一个怪现象也随之产生：市场化改革为中国造就了许多远离宏大话语体系的日常利益空间，但与此相关的各种社会组织的成立仍然困难重重。比如小区业主委员会的成立，在有的地方甚至演绎成一场跌宕曲折的"业主革命"。与此同时，已成立的社会组织也几乎无法发挥影响政策议程设置的作用。根据现有研究认为，中国公共政策议程设置以内参模式为常态，也有上书模式和借力模式，大多数社会组织都不具备直接参与政策议程设置或者和决策者谈判的规范化途径。

其二，体制内社会组织的"行政化"。工会、妇联、青年团等众多体制内利益调节组织，分别代表着工人群体、妇女群体与青年群体的利益，其性质也属社会组织，但其运作仍然处于行政化状态。不仅如此，目前中国社会组织体系中的社会团体、公募基金会多数属于政府部门或相关机构出资，工作人员或负责人纳入事业单位编制，有的甚至纳入公务员系列。这些组织往往具有较强的动员能力，但行政化却使这种动员能力无法发挥更大效能，且由于其对某些优势资源的垄断而在一定程度上影响其他同类社会组织的发展。

其三，社区组织发展的"内卷化"。在单位制时期，社区层面的社会组织，比如社区居委会实际上承担了面向单位外群体的利益调节功能（比如邻里纠纷调解、无业青年教化等）。近些年来，社区居委会及其他社区组织虽然由于社区建设的兴起而不再边缘化，但由于各类行政任务的不断下沉（比如传统的计划生育工作、职能部门工作进社区），社区居委会改革却陷入"内卷化"，即居委会改革虽然指向的是居民自治组织的复原，但其改革的结果却更为行政化。社区居委会成员被纳入政府人员进行管理，居委会变成行政体系末梢。传统社会主义国家通过单位制、职代会等一系列制度安排让大多数人实现组织化并在一定程度上使其利益获得保障。但在这些机制失灵而新机制缺失的时候，一方面，由于没有组织使市场化改革之后高度异质性和流动的个体产生持续交往，市场经济中的陌生人社会很难形成互惠交换的规范，社会个体"原子化"，相互间信任稀薄。市场经济就其本身而言，是一种信用经济（Arrow，1972），有助于提高人们之间的信任，但在市场化改革之后的中国，却没有发生预期的信用效应。一项关于公民参与的研究发现，随着中国市场化进程的深入，通过公民参与网络生成群体互惠和信任的能力却下降了（陈福平，2009）。另一项分析表明，1990年中国人表达"他人可以信任"的人口比例约为60%，到2003年时已下降到了50%以下（马得勇，2008）。另一方面，在缺乏能影响政策议程的社会组织参与的情况下，人们往往无法顺利完成"公民"角色转换。这种主体人格缺乏的状态，也使其难以建立起对国家的信任。与此同时，市场化改革过程中也出现越来越多市场对人们利益的侵害现象（比如食品安全、药品安全），在难以组织化的情况下，社会个体变得非常脆弱，也难以有效抵挡这种侵害，进而也难以建立起对国家的信任。

综上，伴随着市场化改革与利益主体分化，由于社会组织并未获得足够生长空间，导致不同利益主体之间缺乏持续交往而难以相互信任，加上公共生活参与机会的匮乏和利益侵害未能得到有效保护，人民对国家的信任也难以建立。我们将这一结果归结为新利益调节机制缺失情况下的中国社会建设的第二个困境，即市场化改革与社会不信任的加深。其具体逻辑可见图2。

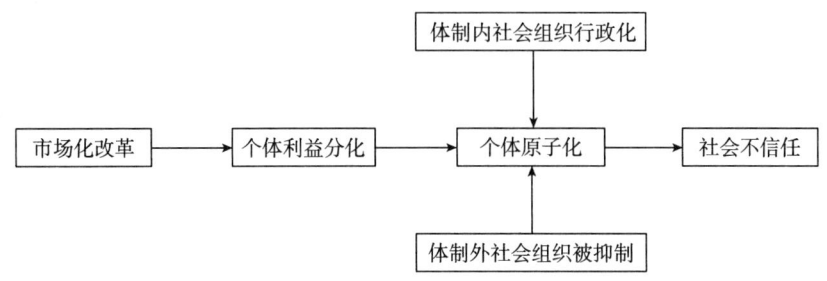

图2 困境之二：市场化改革与社会不信任

（三）利益分化问题的"过度政治化"：市场化改革与社会不稳定

利益分化问题的"过度政治化"也与利益调节机制直接相关。一方面，由于利益调节机制缺失，所有的利益分化都可能不会经过社会中间层的过滤而直接寻求政府解决；一旦政府无法解决这类分化，公共权力的合法性随即就会被质疑乃至否定。另一方面，政府也逐渐倾向于将许多利益分化当作"政治问题"来处理，政治控制成为利益调节机制的常态机制，并牵制其他利益调节机制的发展与完善。更重要的是，社会主义国家本来就是代表广大劳动人民群众利益的国家，国家应该首先维护其利益，但在市场改革进程中，国家似乎变成一个中立者的角色，没有利益代表倾向性。与此同时，国家和资本某些方面的结合往往还会损害劳动者利益（比如劳资冲突），而他们往往又最缺乏解决利益冲突的渠道和能力，于是各种社会不稳定因素大大增加。

其一，寻求政府帮助和上访成为利益冲突解决的优先选择。2005年中国综合社会调查（Chinese General Social Survey，CGSS）数据表明，当人们遇到不公平现象时，求助于政府的愿望和行为占到了总体样本的50%以上。而当他们发生纠纷时，除了以借助法律途径为主要手段外，集体上访与找上级领导成为两个最重要的选择，其他的途径则很少列入手段选择之中。而且，在上访事件中，本身很多上访的原因就是政府作为。2006年CGSS数据表明，群体性事件的对象除公司、企业、厂商等经济组织，国家有关部门、国家干部、集体或国有事业组织、国家某项政策等占了绝大多数比例。即使有的问题来自于市场，但也被"变形"为政府的冲突与矛盾，例如企业拖欠工资，工人们不坐在工厂的大门口，而是坐在政府的大门口。

其二，群体性上访增多且逐渐扩散。《2005年社会蓝皮书》的统计数据表明，1993~2003年，中国群体性事件数量已由1万起增加到6万起，参与人数大概由73万人增加到307万人。在一项对珠三角农民工的调查中，数据表明曾参加过群体性突发事件的农民工人数占到被调查者的12.5%，而表示如果今后遇到利益受侵，愿意以群体性突发事件表达意愿的人数比例占到被调查者的49.5%（蔡禾，2009）。在有的地区，还出现了"群体上访的扩散效应"，即一类群体上访问题的解决会带来更大规模的群体上访，比如在曾调查过的广东某地，当地在"外嫁女"上访问题解决后，又出现了更大规模的反"外嫁女"上访。

需要指出的是，虽然人们通常会寻求政府帮助，但对政府的实质性信任却下降了。以上访为例，当大量利益矛盾都寻求以上访来解决时，必然导致政府处理上访信息的能力瓶颈。政府不得不有选择地处理若干上访信息，这种选择往往优先服从上级领导交办的事件。在此情况下，政府确实为上访者办了实事，但给上访者传递出来的信息却可能是，"不认识领导办不成事情""不把事情闹大办不成事情"。上访越来越多，规模越来越大，利益冲突的总体解决成本越来越高。

综上，伴随着市场化改革和利益主体的多元化，由于利益调节机制的失灵或缺失，导致利益诉求都倾向于直接寻求政府解决，而一旦这些诉求无法得到解决，公共权力的合法性就会被质疑，并在根本上引发社会不稳定。我们将这一结果归结为利益调节机制失灵或缺失情况下的中国社会建设第三个困境，即市场化改革与社会不稳定的加剧。其具体逻辑可见图3。

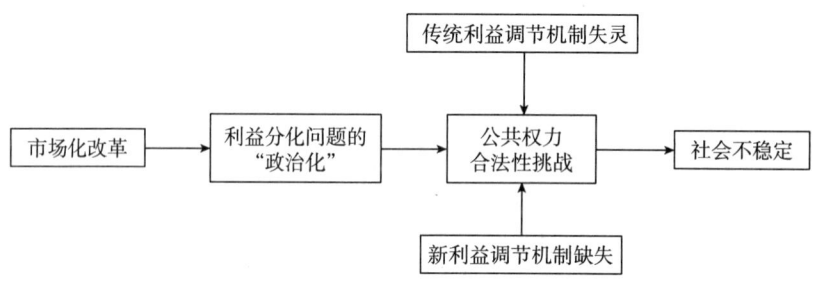

图3　困境之三：市场化改革与社会不稳定

市场本身具有天然趋利避害性，而在经济结构多元化的情况下，如果社会主义国家没有能够在上层建筑上建立起应对这种多元经济结构的机制，市场以及市场化必然会带来始料不及的风险与危害，接下来我们将进一步阐述这一点。

三、中国社会建设困境的症结：国家治理结构与市场经济体制不匹配

以上分析表明，伴随着市场化改革的推进，中国社会利益诉求不断趋向多元化和差异化，各种不同的利益调节机制成为必须。但在这一过程中我们并没有建立合适的利益调节

机制来处理这些利益关系的有序化以及不良利益关系的纠偏，从而引发一系列挑战。那么，造成这一问题的原因是什么呢？

为了回答这一问题，我们可以描述出第一次挑战之后中国的发展脉络：其一，通过市场化改革，中国实现了经济结构重构，经济结构的重构至少给中国社会带来三个变化，并重构中国社会结构。这三个变化即利益主体与利益诉求多元化、资源配置非均等化（与计划配置下的均等化相区别）以及市场失灵。其二，经济结构与社会结构的变化，要求国家治理结构也必须实现转变，即针对利益主体与利益诉求的多元化，国家必须建构强大的利益整合能力；针对资源配置的非均等化，国家必须建构强大的再分配能力；针对市场失灵，国家必须建构强大的市场规制能力。其三，如果国家治理结构没有发生相应转变，必将产生严重的社会结构失衡，并进一步影响经济结构秩序，从而导致社会不公平、社会不信任以及社会不稳定。而前面的分析表明，在市场化改革过程中，中国国家治理结构未能实现与市场经济的同构，这表现为国家治理结构的三大问题，即虚弱的利益整合能力、脆弱的再分配能力以及软弱的市场监管能力（见图4）。在这种情况下，各类利益分化日渐显化与强化，且由于无法及时调节而滋生出各种抗争行为。

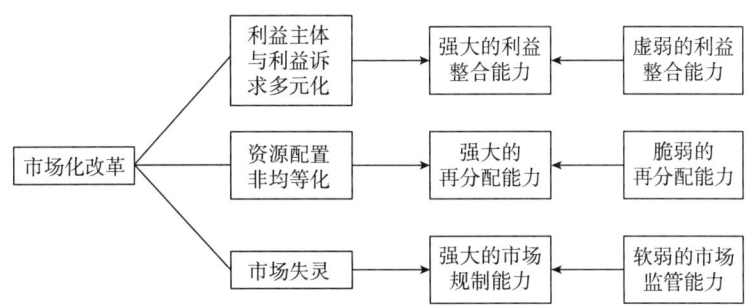

图 4　中国社会建设困境的症结

在前述讨论中也可以看到：市场化改革后传统利益调节机制失灵，一方面是由于权力和资本的结合带来强烈的社会相对剥夺感；另一方面国家再分配能力的有限不但没有消解这种剥夺感，还进一步扩大这种剥夺感。而市场化改革后新利益调节机制缺失，一方面因为政府职能未改变，使社区居委会这类社会组织由于行政任务的不断下沉而从边缘化到内卷化；另一方面社会组织由于国家对稳定的过度需求而导致难以获得合适的生长空间。而利益分化问题的"过度政治化"，其原因恰好也在于国家在治理层面的能力有限，因此最终都只能寻求政治层面的解决。

根据匈牙利政治经济学家波兰尼的人类学考察，19 世纪之前的人类经济活动史表明，除了体现市场功能的"交易与交换"（Batter, Truck and Exchange）之外，人类经济活动方式还有再分配（Redistribution）、互惠（Reciprocity）与家庭（Householding）（波兰尼，2007）。市场虽然是调节经济生活的古老制度，但在现代社会之前，却从未成为社会经济组织中心,甚至很少成为重要的制度。波兰尼对资本主义国家的批判之一,就是在现代资本主义社会中,市场作为调节经济生活的工具之一,被置换成调节经济生活的唯一工具,而再分配(来自国家)、互惠与家庭(来自社会)却被忘记或者忽略。事实上,这一批判同样适合于中国的市场化改革过程。

在中国几十年的市场化改革过程中,正如前面所论述的,一方面,由于市场本身能带来较高的生产效率,让市场以及市场经济获得一般意义上的合法性;另一方面,由于权力与市场的结合比权力与计划的结合更能换来巨大的寻租收益,这造成更加稳固的既得利益集团。这种结合甚至跨越一个国家内的市场,成为权力与跨国市场的结合,并造成更大范围的寻租,形成新型跨国利益集团。在巨大的利益驱动下,"市场"作为曾经资本主义专属的东西在中国从"质疑"到"深信"只花了很短的时间,但市场和市场经济如何更好地与社会主义相契合却从未被真正重视过。在此情况下,新自由主义经济学家的"下溢假设"(Trickling Down Effect)变成公认或者默认的改革思维,即认为只要经济持续增长、"饼"越做越大,其他一切问题都迟早会迎刃而解。在市场化改革过程中伴随着的许多制度与政策调整,譬如所有制改革、分配制度改革、政企分离等,无不体现(市场)增长优先的原则。在此背景下,中国作为一个社会主义国家却制造出一种完全"脱嵌"于社会的"市场经济"(波兰尼,2007),导致的结果是"社会的运作从属于市场",甚至在某些方面连国家的运作也从属于市场。由此,中国也逐步实现"从伦理经济演化到市场社会的转变"。

事实上,从历史上来看,国家在市场发展到一定阶段后对"社会"的先导作用,其实已有许多经验证明。比如,斯考波尔等通过对美国近一百年来社会团体组织形式的分析指出,在现代化的早期,美国的社团建立者借鉴了联邦政府的结构形式建立了通过代表机制来管理跨地域大型社会团体的方法,因此社会团体无论是结构上还是宗旨上都受国家建设的影响(Skocpol & Ganz & Munson, 2000)。而塔罗则指出,国家在公民精神形成的过程中并不是被动的,它受公民精神的影响,但也在塑造着公民文化(Tarrow, 1996)。一些处于东亚文化圈中民主转型国家的研究,也已经注意到政策对公民社会中组织关系影响的作用(Kim, 2005)。

四、国家治理结构调适的关键:将社会带回市场经济体制

前述对中国社会建设困境的分析表明,中国社会建设的顺利推进,其关键环节并非在社会,而在国家治理结构调适,或者说在于国家是否能将制度建设摆在主要位置,充分发挥社会主义制度的优越性,将"社会"带回到市场经济体制,促进经济结构重构,进而推动社会结构调整,以解决前述三大困境。

这里的调适是个特定概念。国家治理结构调适至少有三个方向:

其一，新增。国家治理结构必须根据与计划所不一样的市场逻辑，新增一些职能并构建与之相关的制度安排。比如对市场的规制，这在计划经济时代其实并不是一个问题，而在市场经济时代，政府对市场的规制能力却非常重要，这会决定我们所建设出来的市场有无从属于社会的理性，或者是会让社会从属于市场。

其二，除去。即根据市场的逻辑去掉一些与计划相匹配但不一定与市场相匹配的职能，以及与之相关的制度安排。比如，对市场主体经营的直接干预。

其三，保留。这一点非常重要，市场经济并非意味着社会主义国家的治理结构要素都要被去除。事实上，现代资本主义国家"自我拯救"的实践表明，政府通过计划和干预可能解决市场失灵。或者说，社会主义国家原本有更大的优势去解决市场失灵的问题。而中国市场化改革过程中的一个关键问题就是，在建设"市场"的过程中，我们剥离了社会主义国家的一些核心价值，比如放弃在一些重要政策领域的政府责任，放弃对广大劳动人民群众的维护和保护，导致各种利益失衡的问题。比如20世纪90年代中期在"做大做强"的"GDP主义"和减少国家负担的财政原则下，大量有关民生事业被大规模产业化甚至私营化，国家在正常的公共领域中退出，在某种程度上造成强者通吃的"无政府"状态。

具体而言，在中国社会建设过程中，国家治理结构调适必须完成三个任务：一是在政治层面，完善政治协商机制，通过协商民主制度和工作机制来强化公共权力责任，以应对社会压力。二是在行政层面，完善公共服务供给机制，直接回应社会需求，消弭市场竞争所带来的过度悬殊的利益分化，尤其是对广大劳动者利益的损害。三是在社会层面，为社会组织发展提供制度便利，增强社会自组织能力。事实上，国家治理结构调适所指向的这几个任务，正是社会主义国家传统以及社会主义国家政党（在中国是中国共产党）的纲领之所在。可以说，中国社会建设虽然是新的社会时期所提出的新战略，但其内涵却是社会主义的核心价值，即通过建立能够保护广大劳动人民群众利益的利益秩序，形成国家与市场、国家与社会，以及市场与社会之间的良性关系。

以此来衡量，显然在市场化改革以来，中国国家治理结构还有很多有待完善并不断在积累的问题。一方面，这些年来我们记录下了次数繁多、种类多样的国家层面的制度改革，但它们在价值取向上多是被动的、工具性的，而非指向国家、市场、社会之间的良性的、制度化的互构。另一方面，在压缩时空的中国改革与发展过程中传统、现代、后现代和西方、东方以及世界、本土的现象同时并起，使诸多有关中国问题的解释往往出现认知错误，并导致实践中的常识错误，比如前述对市场的理解偏差以及由此带来的市场规制匮乏。

中国社会建设的提出，表明国家必须回归社会，国家作为被社会决定的力量（社会主义国家更为如此）将全面承担起保障社会、维护个体、促进人与社会发展的使命。国家治理结构的调适"既体现为国家自身制度体系的完善与成熟，也体现为经济与社会现代化的全面发展"（林尚立，2009）。值得关注的是，从20世纪90年代以来，中国国家自身制度建设已经有很多自觉自为迹象，例如20世纪90年代中期开始的政府机构改革

(1993年、1998年、2003年),公务员体制改革(1993年),财政金融体制改革(1994~1998年),自然垄断产业管理体制改革(1998~2002年)以及社会保障体制的重建,都表明"中央政府在继续推动和深化市场化改革的同时,也在致力于重建国家体系……"(刘鹏,2009)。可以说,中国国家建设"将因社会建设的提出而全面步入整体建设、规范发展和有序推进的发展时期。有了这样的国家建设,中国就能真正实现现代化,中国的社会主义制度就能得到巩固和发展"(林尚立,2009)。并形成"社会发展人人有责、社会发展人人共享"的生动局面。

当前,中国发展已经到了新的十字路口。当代中国社会转型实际上是由"体制的转轨"(Institutional Transition)与"结构的转型"(Structural Transformation)这两个转变构成的。"体制转轨作为一种特定的改革,是在原计划再分配经济体制国家发生的,即便是渐进式改革,也要求在相对有限的时距中完成制度创新,因为长时间的体制摩擦和规范真空会造成社会的失序。结构转型是世界各国实现现代化必经的过程,它实际上是一个比人们主观期望更为漫长的过程,往往要经过几代人的努力才有可能真正改变一个国家在世界经济体系中的位置"(陆学艺、李培林,1997)。按照这一观点并总结前述讨论,可以说虽然中国市场化改革意味着社会主义国家发生了"体制转轨"过程,但问题在于由于国家治理结构未能很好地与市场经济体制匹配,中国并没有发生相应的"结构转型"过程。

当然,本文对中国社会建设过程中"国家治理结构调适"先导性与重要性的强调可能会受到某种"奚落"。因为在很多人看来,如果说中国这些年来存在"市场的傲慢",那么中国也同样存在"国家的傲慢",因此指望国家主动推动治理结构调适仿佛"缘木求鱼"。但我们的基本坚持是在市场化改革过程中,社会主义中国"摸着石头过河"发展至此,各类社会问题让国家和政党都面临着前所未有的挑战。在这种情况下,国家的性质和立场必须变得更清晰、更准确,在发展市场经济的同时坚持社会主义核心价值,不再"试错",以此才可能维系有中国特色的社会主义道路自信、理论自信和制度自信。

就更深一层而言,针对中国特色的社会主义道路而言,我们有必要认真思考:什么是中国特色?或者说,什么不是中国特色?什么是社会主义道路?或者说,什么不是社会主义道路?同时,或者我们必须更认真地思考中国改革开放的总设计师邓小平发出但却经常被遗忘的警告:"如果搞两极分化……民族矛盾、区域间矛盾、阶级矛盾都会发展,相应地中央和地方的矛盾也会发展,就可能出乱子"(《善于利用时机解决发展问题》,1990年);"社会主义的目的就是要全国人民共同富裕,不是两极分化。如果我们的政策导致两极分化,我们就失败了"(《一靠理想二靠纪律才能团结起来》,1985年)。

从历史与世界视野来看,事实上除前面提到的波兰尼,还有更多学者早已指出市场经济在一个国家中所可能带来的社会风险。如美国社会学家格兰诺维特认为,"理想的自由竞争市场之所以能逃离学理上的攻击,部分是因为,自我调节的经济结构对许多人具有政治上的吸引力。另外一个比较不为人所熟知的原因则是,去除社会关系,可以在经济分析时去除社会秩序这个问题"(Granovetter,1985)。经济不能脱离社会,这一点在资本主义国家都已成为共识,那么对社会主义国家来说,中国社会建设就是要保证如何在经济发展的同时仍然维持社会主义秩序。脱离社会秩序来谈经济发展，是非常危险的。这些年来中国的种种社会不平等、社会不信任和社会不稳定现象，以及对社会主义道路的怀疑已经证明这一点。

在中国的改革与发展过程中，我们需要更多集体自省与行动上的反思，我们需要重建新的改革与发展理性，我们需要以全新的视野深化对执政规律、社会主义建设规律、人类社会发展规律的认识。这种理性的内在灵魂，在于如何保证国家和市场最终都服从于社会需要，并最终实现我们的目标，即促成良性的社会关系结构，构建一个趋向"人的自由全面发展"的幸福社会。

参考文献

[1] 蔡禾，2009，《城市化进程中的农民工》，北京：社会科学文献出版社.

[2] 陈福平，2009，《强市场中的"弱参与"：一个公民社会的考察路径》，载《社会学研究》第3期。

[3] 陈明明，2009，《党治国家的理由、形态与限度——关于中国现代国家建设的一个讨论》，载《复旦政治学评论》第7辑，上海人民出版社。

[4] 何艳玲，蔡禾，2005，《中国城市基层自治组织的"内卷化"及其成因》，载《中山大学学报（社会科学版）》第5期。

[5] 何艳玲、陈幽泓、赵静，2009，《中国业主委员会发展报告》，内部报告。

[6] 卡尔，波兰尼，2007，《大转型：我们时代的政治与经济起源》，冯钢、刘阳译，杭州：浙江人民出版社。

[7] 李路路、王修晓、苗大雷，2009，《"新传统主义"及其后——"单位制"的视角与分析》，载《吉林大学社会科学学报》第6期。

[8] 李强，2010，《为什么农民工"有技术无地位"：技术工人转向中间阶层社会结构的战略探索》，载《江苏社会科学》第6期。

[9] 林尚立，2009，《社会主义与国家建设——基于中国的立场和实践》，载《社会科学战线》第6期。

[10] 刘建军，2000，《单位中国：社会调控体系重构中的个人、组织与国家》，天津人民出版社。

[11] 刘鹏，2009，《三十年来海外学者视野下的当代中国国家性及其争论述评》，载《社会学研究》第5期。

[12] 刘天喜，傅艳蕾，2009，《中国社会建设问题研究综述》，载《理论视野》第2期。

[13] 陆学艺，2010，《社会建设蓝皮书》，北京：社会科学文献出版社。

[14] 马得勇，2008，《社会资本：对若干理论争议的批判分析》，载《政治学研究》第5期。

[15] 马克思，1979，《政治经济学批判（1857—1858年草稿）》，载《马克思恩格斯全集》第46卷上册，北京：人民出版社。

[16] 王绍光，2006，《中国改革政策议程设置》，载《中国社会科学》第5期。

[17] 王绍光，2008，《大转型：1980年代以来中国的双向运动》，载《中国社会科学》第1期。

[18] 王闻，2009，《中国义务教育财政改革与地区差异分析：教育财政的公平与充足》，载《公共行政评论》第2期。

[19] 岳经纶,2010,《建构社会中国:中国社会政策的发展与挑战》,载《探索与争鸣》第10期。

[20] 郑磊,2008,《财政分权、政府竞争与公共支出结构——政府教育支出比重的影响因素分析》,载《经济科学》第1期。

[21] 郑永年,2011,《全球化与中国的国家转型》,郁建兴、何子英译,杭州:浙江人民出版社。

[22] 中国社会科学院"新社会群体研究"课题组,2011,《我国巨富群体的现状和影响》,载《中国社会科学院要报》第50期。

[23] Arrow, K. J., 1972, "Some Mathematical Models of Race in the Labor Market," in A. Pascal (ed.), Ra‐cial Discrimination in Economic Life, Mass. Lexington Books.

[24] Bian, Yanjie & J. R. Logan, 1996, "Market Transition and the Persistence of Power: The Changing Stratification System in Urban China," American Sociological Review, Vol. 61, No. 5, pp. 739–758.

[25] Cao, Yang & V. Nee, 2000, "Comment: Controversies and Evidence in the Market Transition Debate," American Journal of Sociology, Vol. 105, No. 4, pp. 1175–1189.

[26] Granovetter, M., 1985, "Economic Action and Social Structure: The Problem of Embeddedness,"

[27] American Journal of Sociology, Vol. 91, No. 3, pp. 481–510.

[28] Kim, Y. M., 2005, "The Re‐examination of East Asian Welfare Regime," paper presented at the Work‐shop on East Asian Social Policy, 13th–15th January, held at the University of Bath, UK.

[29] Nee, V., 1989, "A Theory of Market Transition: From Redistribution to Market in State Socialism," American Sociological Review, Vol. 54, No. 5, pp. 663–681.

[30] Nee, V., 1991, "Social Inequalities in Reforming State Socialism: Between Redistribution and Markets in China," American Sociological Review, Vol. 56, No. 3, pp. 267–282.

[31] Nee, V., 1996, "The Emergence of a Market Society: Changing Mechanisms of Stratification in China."

[32] American Journal of Sociology, Vol. 101, No. 4, pp. 908–949.

[33] Skocpol, T., M. Ganz & Z. Munson, 2000, "A Nation of Organizers: The Institutional Origins of Civic Voluntarism in the United States," The American Political Science Review, Vol. 94, No. 3, pp. 527–546.

[34] Tarrow, S., 1996, "Making Social Science Work Across Space and Time: A Critical Reflection on Robert Putnam's Making Democracy Work," The American Political Science Review, Vol. 90, No. 2, pp. 389–397.

行政管理学学科前沿研究报告

行政学研究的中国化*

竺乾威

一

21世纪，在中国重启行政学研究的三十年后，我们或许可以开始提出"行政学研究的中国化"的问题。这一问题的提出，不仅在于中国改革开放后逐渐形成的具有中国特色的公共管理实践为行政学研究提供许多中国式的经验和做法，还在于我们可以反思以往的研究，并对行政学研究在中国未来的走向产生影响。

回顾以往的行政学研究，有以下三个明显的特征：

第一，这是一门经世致用的科学，它的发展是同社会的发展状况紧密联系的。我们从行政学的产生就可以看到这一点。行政学诞生于19世纪末期，这是与资本主义社会发展到一个新的阶段相关的，这个新阶段要求政府从资本主义初期消极的"守夜人"角色开始向积极的"干预者"和"管理者"角色转变。这里就提出"政府要做什么"和"如何高效和低成本地来做"的问题。第一个问题涉及政府职能问题，也就是界定政府的权限与职责。第二个问题涉及如何建立一个廉价、高效和公正的政府。伍德罗·威尔逊（Woodrow Wilson）认为，这构成行政学研究的目标，并以此将行政学与政治学做切割，从而使行政学开始成为一门独立的学科。同样，公共行政的理论也一直在回应一些它面临的迫切要求。在理查德·斯蒂尔曼（Richard J. Stearman）看来，美国的公共行政通常"以高度创新性和创造性的方式每一代或每20年转换为一个新的知识结构"（斯蒂尔曼，2004）。将20世纪美国的公共行政理论分为四个时代，即1926~1946年，1947~1967年，1968~1988年，1988年至今，而且"每一时代都有其独特的学说、理念、理论、结构、方法论和发展历程，这在很大程度上是那个时代特定的需求塑造的"。比如，第一个

---

* 本文选自《公共行政评论》2013年第1期。

［作者单位］竺乾威，复旦大学国际关系与公共事务学院。

时代提出的"管理七功能说"（也就是著名的 POSDCRB）恰好有助于处理那个时代的孪生危机——大萧条和第二次世界大战。因为，为了应付这些空前紧急的事件，如何去计划、组织、安排人事等确实是非常重要的。"管理七功能说"正好是救急的"药方"（斯蒂尔曼，2004）。

第二，行政学的研究一直在管理主义取向与宪政主义取向之间曲折前行。美国是行政学研究的先驱之一，同时也是行政学研究最为发达的国家。他们的行政学研究史明显地反映了行政学研究中的这两种取向。管理主义强调对政府技术、管理流程的研究，强调提高政府工作的质量和效率。美国历史上有过两次大规模的提高政府效率的运动，这两次改革运动都受到了相关理论的影响，同时也推动了相关的公共管理研究。20 世纪 10 年代弗雷德里克·温斯洛·泰罗（Frederick Winslow Taylor）的科学管理思想深刻地影响了企业的运作，也影响了政府的运作，并引发了一场政府提高效率的运动。20 世纪 20 年代美国在向企业学习的基础上建立起来的"城市经理"，这一城市政府管理结构甚至一直延续到今天。20 世纪 80 年代的新公共管理改革在更大的程度上改变了政府的运作方式，有关政府运作和流程方面的研究（诸如绩效评估、公私部门合作、无缝隙运作等）在公共管理研究中占据大量的篇幅。此外，作为对管理取向的某种程度的纠偏，偏重价值的宪政主义取向的研究在美国也不时出现，新公共行政和新公共服务就是两个有影响的研究。

第三，研究方法上出现了从规范到实证再到两者并重的变化。行政学研究方法的第一个转变（也就是从规范研究转向实证研究）发生在 20 世纪三四十年代，赫伯特·西蒙（Herbert A. Simon）的《行政行为》是一部标志性的著作，行政学的研究从研究"应当是什么"转向研究"是什么"。第二个转变是 20 世纪 60 年代后行为主义引发的，行政学的研究开始从"价值中立"再次走向注重价值问题。今天，我们可以看到规范方法和实证方法在行政学的研究中被同时加以运用。

回顾以往三十年中国的行政学研究史，其基本轨迹与美国差不多。首先，这一学科的发展也是与国家的发展和进步密切相关的。作为一门经世致用的科学，它在中国的社会科学殿堂中重新获得一席，无疑是与中国社会进入改革开放的时代联系在一起的。在对以计划经济为基础的体制的改革中同样也提出了"政府要做什么"和"如何高效低成本地做"的问题。这一问题后来在官方的表述中就成为"政府职能转变"的问题，并在每一次的机构改革中都成为一个最重要的话题。今天，这一问题仍然是实践层面要解决的一个重要问题，也是我国公共行政学研究一直围绕的一个重要目标。在研究取向上，我国的行政学研究也展现了管理和宪政两个取向。在 20 世纪 80 年代，伴随着政治体制的改革，行政学研究曾经有过偏向宪政方面的研究，体制改革在当时成为研究的一个重要内容，但这一偏向的研究为时不长。进入 20 世纪 90 年代后，研究技术和流程（如绩效评估、外包、市场化运作、合作治理等）的管理主义取向占据了行政学研究的主导部分，这一方面与国内政治改革进程相关，另一方面也与西方国家兴起的"新公共管理"的管理主义取向的改革运动相关。再者，方法上同样也经历了这样一个变化。尽管行政学引进实证方法在我国的历史不长，但这一方法很快就被接受，并被广泛运用。在今天，我们可以看到规范方法和实证方法在我们这里同时并用。

当行政学在中国重新恢复和发展了三十多年之后，也就是经历了最初的移植、模仿和逐步转向本土的研究之后，现在可能是提出"行政学研究中国化"的时候了。如果21世纪能够使行政学研究中国化（这在某种意义上类似于威尔逊在一百多年前讲的美国化，这一美国化在后来实际上也世界化了），中国的行政学研究则幸矣。

二

一百多年前，威尔逊在《行政之研究》这篇著名的行政学开山之作中谈到行政学研究的美国化问题。他指出，行政学对美国来说是一门外来的科学，它首先是在法国和德国发展起来的，行政学的博士都产生在欧洲。要把这门学科引进到美国，是因为"尽管从政治自由，特别是从政治实践的艺术和才干的角度说，我们拥有巨大的优势，然而在行政组织和行政艺术方面有很多国家都走在了我们的前面"（威尔逊，2004）。但威尔逊指出，当时的美国学者在推动这门学科的发展中迄今没有发挥很重要的作用。欧洲的行政学研究"只用外语，它只表述一些在我们看来是异邦的思想。它的目标、事例和条件几乎都是以外国民族的历史、外国制度的惯例和外国革命的教训为根据的。"此外，由于行政学是法国和德国的一些教授发展起来的，"因而完全适应一个组织严密的国家的需要，适应一些高度集权的政府。而为了符合我们的目标，它必须适应一个复杂、形式多样而非简单、组织严密的国家，适应高度分散的政府形式"（威尔逊，2004）。因此威尔逊认为，"如果我们要应用这种科学，我们必须使之美国化，不只是在形式上或语言上美国化，还必须在思想、原则和目标上基本美国化。它必须把我们的制度铭记在心"（威尔逊，2004）。之所以强调要把制度铭记在心，是因为威尔逊认为，美国的民主制度要优于法国和德国的专制制度，美国当时缺少的只是一些政府做事的更好的方法技术。正如他指出的，所有理性的选择都会看好英国和美国而不是任何其他欧洲国家的政治道路，所以他认为行政管理不是政治问题，只是一个技术问题。威尔逊的出发点显然是行政学的研究要在坚持美国制度的基础上，将这一研究在思想、原则和目标上基本美国化。美国在威尔逊的文章发表后没有太久的时间里就做到了这一点。或许可以说，正是威尔逊认为美国较好的政治制度，加上美国人民的实践以及引进外来新的政府管理的技术方法，最终形成行政学研究的美国化，成就了美国在行政学领域研究中的老大地位，并成为全球行政研究的引领者和推进器。

尽管威尔逊谈论的内容是在一百多年前，但中国的情况与威尔逊当时所探讨的何其相似。行政学对中国来说也是一门来自美国的外来学问，我们姑且暂时不论中国的政治制度和美国政治制度的优劣，我们引进行政学，也是在行政组织和行政艺术方面有很多国家走在了我们前面。美国当初研究的是德国和法国的技术方法并将其应用到美国的政府运作中，我们今天更多研究的是美国的技术和方法。唯一不同的是，政府管理的技术和方法在今天获得突飞猛进的发展。此外，尤其是美国的行政学研究，它的目标、事例和条件几乎都是以本国民族的历史、本国制度的惯例等为根据的，即便是一些技术的、流程的研究，也是以本国的实际状况以及背后的政治制度为背景的。因此，从这一意义上说，我们的行政学研究也必须使之中国化，不只是在形式上或语言上中国化，还必须在思想、原则和目标上基本中国化。

问题在于，正如前面讲到的，同威尔逊时代相比，在威尔逊这篇文章发表之后的三四十年里，美国的行政学研究已经基本上美国化，后来美国化的行政学研究走向了世界并成为引领者。相比之下，尽管我们的行政学研究如果从20世纪80年代开始算起，差不多也经历了三十年，但我们至少到目前还没有做到中国化的行政学研究。与美国相比，尽管中国的行政学研究晚了若干年，更重要的是中断了三十年，但相比美国的一个优势在于，美国社会充满着强烈的反国家主义的文化，这导致"美国人大约在宪法制定后一个世纪，仍极不愿意相信行政国家建设理论——行政学理论。因此，不管是行政组织与制度，还是其学术研究事业似乎都缺乏合法性，甚至今天依然如此"（斯蒂尔曼，2004）。反观中国，这个社会并不存在反国家主义的文化，这里的文化甚至是国家至上的，那么为什么偏偏在反国家主义的文化中，并不被看好的行政学研究却硕果累累，而在一个甚至是国家至上的文化中，这个社会应该急需的行政学的研究却始终难以形成自己的理论和特色？其原因何在？这是非常值得我们深思的。

三

笔者认为有三个方面的问题是非常重要的：

第一，制度问题。威尔逊曾说过的重要一点是，行政学研究"必须把我们的制度铭记在心"。在威尔逊讲此番话时，美国的自由民主制度已经稳定，并在西方世界独领风骚，而后来的法国和德国最终也走上了这样的一条道路。除了自由民主的政治制度，美国确立的有限政府、法治政府和责任政府的基本的政府定位已经深入人心，而这一定位对现代国家来说则具有普世的价值（中国在许多年后的现在也提出了同样的说法，这表明政府的基本定位至少在理论上是正确的，至于各国在现实中具体做得怎样，则是另一回事）。这一制度上的优势和自信（尤其是政府在这样的制度体系中的定位）使行政学的研究一旦包括政府行政的新方法和技术的内容后（事实上，美国本身后来就产生许多新的政府管理技术和方法），这一研究的美国化马上就显露出来，并最终成为这一研究的主导者。相比之下，中国的制度尤其是政治体制还处在变迁过程之中，我们今天社会具有的一些现象明天或许就会消失，我们今天肯定的东西明天或许就会被改造和抛弃。在变迁的过程中要产生一种定型的理论是困难的，或许我们可以产生一些转型社会的行政理论，但最后转向何处仍然充满不确定性。其实，一种理想的愿景一直在引导或制约着我们的研究，而西方自由民主制度往往也就成为我们的一个参照。这就使我们的一些研究者即便在分析中国当下的问题时，也会不由自主地运用西方的理论，甚至语言也是西方式的语言。比如，即便是非常中国式的群体性事件，我们也会用集体行动的逻辑、危机应对和风险控制等西方理论来加以解释。我们甚至会不加思考地把西方用于企业绩效评估的"平衡计分卡"用来评估我国政府部门的表现等，不一而足。一方面，固然反映了西方以及相关的西方理论的魅力。我们必须承认，西方一些有关政治制度的理论的逻辑是严谨的，我们很难说自由、民主、平等和博爱有什么不对。西方社会的很多东西包括它的制度是人类文明的优秀成果，有很多内容事实上展示着人类的发展前景。这在相当程度上可以解释为什么至少从工业社会以来，哪怕是今天，西方社会事实上还在主导着这个世界，而我们由于意识形态而导致的偏见往往把这些东西一概加以排斥，正如以往把市场经济也说成是资本主义的专利一样一概排斥，历史已经告诉我们，这就是我们变得越来越落后的原因之一。中国后来的进步，在相当程度上是得益于开放，也就是向西方开放。另一方面，众所周知，由于历史的原因，我们的制度正在经历一个巨大的转型，转型过程中的一些制度上的缺陷是明显的，有的即便在逻辑上也是无法解释的。这些缺陷使从现行的实践中提炼出理论面临着巨大的困难，即便有，这种理论也缺乏解释力和说服力，因而也就没有生命力。这些制度上存在着的缺陷导致一些人缺乏制度自信，因而也缺乏理论的自信。相反，这又促使一些研究者用一种至少在逻辑上讲得通的西方理论来分析和解释中国的现状，从而导致在我国的行政学研究中出现了一种比较普遍的非中国化的现象，不仅在语言上，而且在思想上和目标上体现出来。

第二，一种开放的心态和自由的学术研究氛围。美国当初并没有自认为制度上的优势而将他人的东西一概排斥在外，而是以开放的心态从专制国家将当时不存在的行政学引入美国，这是产生美国化的行政研究的基础，没有这一点，也就没有后来的美国化的行政学研究。此外，美国自由的学术研究的氛围是行政学后来在美国得以迅速发展的一个不可缺少的环境条件，以至于在这个领域里人才辈出，硕果累累，并最终产生世界性的影响。相比之下，今天我们也具备了开放的心态，但是自由的学术研究的氛围始终没有形成，在学术研究中还设有许多禁区，学术研究还要以政治标准来加以衡量。这一点或许可以解释为什么我国的行政学研究自20世纪90年代后开始避开一些尤其是涉及制度及其改革的重大的理论问题的探讨而转向研究政府运作的技术和流程的原因，简单地说，就是所谓"安全系数"的考虑。这不仅导致一些重要领域研究的缺位，更重要的是禁锢学术视之为生命的创新思想。我们往往把学术研究与政治操作混为一谈，视一些异端的学术思想和理论为洪水猛兽。如果哥白尼不是慑于教廷的打压而在临终前才发表被恩格斯誉为从此使自然科学"开始从神学中解放出来"的《天体运行论》，人类对自然的了解或许又可以提前若干年。历史已经无数次地表明，思想自由是进行学术研究的前提。没有思想自由，真正意义上的学术研究是不存在的，要产生真正有价值的学术研究成果也是不可能的。

第三，引进后结合本国的实际，着眼于本土研究。由于美国的体制至少在西方世界具有代表性，因而美国特点的研究也具备一定的普遍性。美国的行政学研究成果今天在深刻影响着西方世界，也在深刻地影响着世界其他的地方。在我们的行政学研究背后，几乎都可以看到美国学者的痕迹。产生这一问题的原因在于，在通往现代化的道路上，西方国家是前行者，我们是后来者。我们今天碰到的很多问题，在西方国家的发展历程中都经历过。从这个意义上讲，西方学者比我们早一步地具备了问题意识。比如，20世纪六七十年代出版的塞缪尔·亨廷顿（Samuel. P. Huntington）的《变动社会的政治秩序》以及丹尼尔·贝尔（Daniel Bell）的《后工业社会的来临》在今天对我们都有新鲜感。事实上，我们今天研究的不少问题，西方学者在以前都研究过，尽管有些问题有中国的特殊性，但从大的范围来说，一般还是很难超越诸如国家社会市场以及宪政、制度、官僚制等之类的共通的问题。从研究上讲，我们今天与西方学者的不同，很大程度上在于问题意识不同，而问题意识不同，又是与两个社会的发展阶段不同相关的。我们碰到的一些问题他们曾经碰到过，而他们碰到的问题我们则没有碰到过。这在一定程度上解释了为什么我们的研究往往会在他们后面的原因。

四

行政学研究的中国化需要政府和学者两个方面的共同努力。从政府方面来说，就是如何营造一个好的学术环境。好的学术环境的一个最重要的特征就是学术独立。思想自由，让学者有一个自由探讨的空间。真知灼见、有生命力的理论只有在自由的交流、探讨和批评中才能出现，而这恰恰也是学术能够为社会做出贡献的地方。学者需要社会，社会需要学者，是因为社会的发展离不开学者智力上的贡献。对学术研究设置政治标准，以政治标准来衡量学术研究的成果，这本身就违背了学术研究的一个最基本的规律，也使学术研究不再具备自身的价值。正如前面指出的，政治操作与学术研究不能混为一谈。政治操作可以接受学术的观点，也可以不接受学术的观点，但不能以强制的手段压制不合自身特点的学术观点，因为权力无法垄断真理。更何况一些被压制的观点或许是正确的，历史上这种事例太多。当知识在权力面前变成奴仆时，不要说真正的学术研究不会存在，这个社会的存在本身就是被扭曲的，而且我们可以肯定地说，这个社会是没有前景的，因为它在浪费这个社会的一些最优秀的人力资源。建立一个好的学术环境，不仅需要有制度上的保证，而且还需要政府在实践中切实履行相关的法律和规章规则，而后者在我们这里更重要。中国相关的法律和规章制度正在日益完善，问题是法律和相关规定规则在现实中难以真正做到落实。我们在差不多50年前就提出过"百花齐放、百家争鸣"的方针，但到"文革"的时候，整个国家却陷入了只有8个样板戏可看的境地，这不啻是对"双百"方针的一个莫大讽刺。我们今天还可以看到这种相关规定与实践脱节的状况，尽管今天比以往进步了不少。此外，就行政学或政治学这类在我们这里所谓比较"敏感"的学科而言，政府还可以以积极的姿态鼓励对一些涉及体制等重大的理论问题和实践问题进行研究，比如，国家的社科基金项目可以资助这方面的研究。

当然，在行政研究的中国化方面，学者担负着最重要的责任。笔者认为以下几个问题或许需要思考：理论的传承，具体表现在对西方理论和中国传统文化的态度上。这是在行政学研究中国化的努力中必然会碰到的问题。我们所有的工作几乎都是在前人的基础上进行的。这是后来者的幸与不幸。幸在于我们有机会站在巨人的肩膀上，不幸在于我们或许就此被束缚而无法超越。行政学研究中充斥着大量的西方理论，中国传统文化的元素近来也在行政学的研究中开始增加。在对待西方理论和中国传统文化上，不加分析地全盘接受和虚无主义地一概否定这两种倾向一直在影响着我们。西方理论有它产生的具体环境（也即时空条件），有它适合于本土的或当时的经验的东西。这些东西一旦移植到另一个不同的时空环境，就需要加以适当的改造以适应新的环境，或加以摒弃。马克思主义正是被中国化了，中国革命才取得了胜利。社会主义正是被中国特色化了，才有了中国今天令人瞩目的发展。如果我们教条主义地囿于传统的学说，不加分析地全盘接受，我们就不会有今天的状况，我们就不可能解决我们面临的问题，因为这里有一个总是提到的"水土不服"的问题。中国传统文化也一样，产生于农业社会的文化在很多方面已经不适合一个工业文明的社会了。此外，西方的理论以及中国传统文化中有的东西是具有普适性的，可以跨越时空的，反映的是一些人类社会发展的普遍性的问题，而这则是非常有价值的。在行政学研究中国化的努力中，尤其在今天，我们在反对全盘接受西方理论的同时，也要防止走向另一个极端——全盘接受中国传统文化和虚无主义地排斥西方理论。不要认为这就是中国化的一条途径。不要以为我们只要给我们的研究套上一件中国长衫，附上几句马克思和中国领导人的话就是中国化了，这种研究或许有中国的语言，但没有中国的原则、思想和目标，而这才是最重要的。关键在于这样的研究及其理论对我们的现实是否有解释力，是否能被用来解决我们的实际问题。

如果说行政学研究的中国化需要理论和思想的传承和创新（无论是西方的理论还是中国的传统文化），那么研究中国化的另一个或许更重要的来源则是实践。斯蒂尔曼（2004）指出，"不事声张地适应公众当前的直接需要，这是美国公共行政理论具有的最伟大的力量。行政研究必须始终追随并处理一些不断变化、难以捉摸、不被重视而又切合实际的公众优先考虑的问题。"追随并处理公众优先考虑的问题不仅是美国行政学研究的力量来源，也成就了行政学研究的美国化，理论来自实践。今天说行政学研究的中国化此其时矣，除了有差不多三十年的学术研究积累之外，正如前面指出一个更重要的原因还在于中国改革开放后三十年的伟大实践。这一实践为这一研究的中国化提供许多中国独特的经验和做法，这些经验和做法为理论的提升和创新准备了条件。当然，实践的有些部分可能令我们沮丧并使我们失去自信。在推进行政学研究中国化的过程中，我们不应忽视中国社会实践的真正主体——社会公众。社会公众是社会前进的真正的创造性力量。中国的改革首先就是从处于社会底层的农民做起来的。这里美国公共行政研究可以给我们的一个启发，如何去追随并处理公众优先考虑的问题。我们以往的研究过多地去追随政府优先考虑的问题，甚至随政府跳舞（这自然有它的道理，尤其在我们这个与美国反国家主义文化不同的国家里),但有时这一做法也使我们的研究陷入某种不言自明的困境。我们很少去追随民众的直接需要,因而忽略这个最鲜活的、取之不竭的理论来源,这个最具中国特色的实践,这是行政学研究中国化的灵魂所在。关键在于灵魂之所在、中国人民的伟大实践和我们的研究能否解决我们面临的实际问题。

最后,行政学研究的中国化还需在研究中产生各种学术流派,这是有生命力的学术研究得以存在的一个条件,是研究新人或领袖级、大师级人物产生的一个条件。以美国为例,行政学界至今已经明确地形成了六个不同的、具有深远影响力的思想流派,这就是重塑学派、社区学派、弗吉尼亚理工学院重构学派、阐释学派、方法构建学派和新官僚分析学派,这些学派在不断地产生新的行政概念,而老的概念在衰退并消失以适应当代快速变幻的时候需要。在这样一种不停的新陈代谢的过程中,会产生一些潜在的天才,"他们用跨学科创造的标志性概念,从多种新的视角来理解、界定和处理此时此刻突出的公共问题。"(斯蒂尔曼,2004)这部分解释了为什么美国行政学研究领域人才源源不断的原因。产生各种学术流派的一个前提是要有一个宽容的、鼓励不同观点互相争论和批评的学术环境。所幸中国的公共行政学界是一个团结和宽容的学术共同体,但我们缺乏的是批评和争论,缺乏的是对现有研究提出挑战。而这种挑战,我们在美国的公共行政研究史中可以不断地看到。西蒙对当时正统学说的挑战,对美国"战后"行政学产生了最深远、最具创新性的理论冲击;新公共行政的挑战开启了公共行政理论向民主理想主义的转折;新公共服务的挑战表明了对管理主义的纠偏,几乎每一次的挑战和争论,都会产生一些有影响的著作和学者,形成一个有影响的思想学派。因此,行政学研究的中国化需要呈现一种学派林立、相互争鸣的景象,以繁荣此研究。

参考文献

[1] 理查德·斯蒂尔曼(2004). 美国的公共行政研究:一门"实践性很强的科学". 载理查德·斯蒂尔曼编《公共行政学:概念与案例》. 竺乾威译. 北京:中国人民大学出版社.

[2] 伍德罗·威尔逊(2004). 行政学研究. 载理查德·斯蒂尔曼编《公共行政学:概念与案例》. 竺乾威译. 北京:中国人民大学出版社.

公共价值的研究路径与前沿问题*

王学军　张　弘

【摘　要】 自20世纪90年代公共价值被公共行政学者正式提出之后，对其研究就没有间断。近几年来，公共价值逐步成为公共行政学界研究的热点问题，但公共价值研究的统一话语体系并没有形成。回顾公共价值研究意义在于对公共价值的基础概念和研究脉络进行梳理，并深化公共价值对于公共行政研究重要性的认识。从研究文献中公共价值概念的分析入手，在区别定义结果主导的公共价值（PV）和共识主导的公共价值（PVs）基础上，明确公共价值研究的不同路径，并分别对公共价值研究的主要内容进行梳理和阐述，为理解现有文献中公共价值概念的不同内涵提供了思路，也为进一步深化公共价值的研究提供概念框架和逻辑基础。公共价值是公共行政研究的基础性问题，未来公共价值研究的关键领域主要包括公共价值的内容和创造机制的实证研究、公共价值的冲突管理问题研究。同时，公共价值研究也对革新政府治理模式具有启示意义，在中国情境下具有一定的应用价值。

【关键词】 公共价值；战略三角模型；公共价值范式；价值冲突；研究启示

一、研究背景和现状

自1995年公共价值被Moore作为学术术语在其专著《创造公共价值：政府中的战略管理》中正式提出以后，就得到研究者和实践者的广泛关注。对公共价值的关注本质上是对政府合法性和结果的关切，在一定程度上反映出公共服务所应承载的社会价值通过传统公共行政所强调的官僚制和新公共管理所推崇的类私人部门管理模式不能被准确地表达。一方面，反思新公共管理范式的管理主义和工具主义特征并予以理论和实践回应，是后新公共管理时代公共行政研究的一个重要问题，而公共价值往往被视为对公民本位的回

---

* 本文选自《公共管理学报》2013年第2期。
［基金项目］国家自然科学科学基金项目（71073074）；2012年度教育部博士研究生学术新人奖项目。
［作者单位］王学军，兰州大学；张弘，兰州大学。

归，在一定程度上能够修复新公共管理因为对效率和"顾客导向"的过分强调而造成的政府信任和合法性危机；另一方面，公共行为的多元价值属性一直困扰着以政府为主体的公共组织，如何确定组织决策和行为的价值取向并调和相互冲突的公共价值成为许多公共组织的首要目标，公共行政过程被视为平衡多元价值目标的利益均衡过程。近些年，公共价值研究呈现快速发展的趋势（见表1）。

表1 公共价值研究文献统计

时间	期刊文章	专著（章节）	报告	会议论文
1995～2000	0	1	1	0
2001～2006	9	1	17	1
2007～2011	33	7	7	0
文献总计（篇）	42	9	25	1

资料来源：根据文献［3］统计得出。

从表1可以看出，公共价值是一个崭新的研究领域，研究成果的总量相对较少。1995～2000年，公共价值的研究开始出现，Moore的著作奠定公共价值研究的基础。2001～2006年，公共价值的研究成果大多以报告的形式呈现，这表明公共价值研究的共识还没有形成，尚处于讨论和尝试阶段。2007～2011年，国际学术期刊刊发公共价值领域文章的总量显著增加，关于公共价值的专著也陆续出版，公共价值研究逐步得到拓展和深化。2012年第1期《公共行政评论》（*Public Administration Review*）杂志刊发关于公共价值研究的专刊征稿启事，征稿主题主要分为两个领域，一是强调公共价值如何被创造（或者没有被创造）的研究，二是关于识别、测量和评估公共价值的路径及公共价值的创造方式的研究，这是国际公共行政研究杂志首次以公共价值为主题刊发专刊征稿启事，标志着公共价值研究进入或正在试图进入公共行政研究的主流领域。尽管如此，公共价值研究的实质进展却非常缓慢，关于公共价值的统一概念体系和话语平台尚未形成，公共价值的研究尚处于正在起步的初级阶段。我国对于公共价值的系统研究几乎没有，现有的研究成果主要以对西方研究的引进和介绍为主。

虽然公共价值作为学术术语出现仅仅几十年的时间，但对于公共行政价值的讨论自从公共行政学诞生以来就没有停止过，公共行政学得以存在的正当性或合法性前提，正是因为其区别于私人部门而具有特殊的价值追求和运行模式。对公共价值研究进行回顾和分析，意在系统梳理公共价值的基本概念和主要研究成果，形成对其研究脉络和研究共识的有效总结，提出前瞻性的研究问题，以深化公共价值研究和公共价值对于公共行政研究重要性的认识。本文在分析公共价值定义的基础上，将公共价值研究分为结果主导的公共价值（PV）研究和共识主导的公共价值（PVs）研究。以这一分类为依据，从公共价值研究的不同路径着手，分别对其中的主要研究内容进行梳理和总结。结合当前研究进展，提出未来公共价值研究的关键领域，并对公共价值研究在中国情境下的应用问题进行讨论。

二、公共价值的概念分析：PV 还是 PVs？

公共价值研究难以有效推进的其中一个重要原因是：公共价值缺乏一个清晰的定义。本部分将对现有文献中的公共价值概念进行描述，通过词义分析，将公共价值分为结果主导的公共价值（Public Value）和共识主导的公共价值（Public Values），并将这一分类作为全文研究的主线。

具体而言，现有文献中公共价值的定义主要包括：

第一，公共价值是公民对政府期望的集合。主要是 Moore 的研究，认为价值的概念不仅包括创造的收益，也包括公共部门在追求价值的过程中使用的资源，包括财政资源、立法权威和公共权力，如果公共部门以很小的公共支出或者公民权利的牺牲而到达了价值创造目标，那么就是有效率的。公共价值作为一种框架，将"政府认为重要和需要资源的公共服务供给"与"公众认为重要的需求"连接起来。公共价值的达成取决于公民的意愿和判断，是公众所获得的一种效用。

第二，公共价值是政府通过服务、法律规制和其他行为创造的价值。主要是 Kelly 等（2002）的研究，认为公共价值应该作为资源配置决策、绩效测量和服务系统选择的标准。他们提出了公共价值的三个关键组成部分，一是服务，通过对公民的直接服务和对公平、平等及相关价值的表达来提供传递公共价值的工具。二是结果，通过结果的性质将公共价值和私人价值进行区分。三是政府的信任和合法性，而这一点是最重要的，即便达到了结果和服务目标，如果缺失了信任，那么也将损害公共价值。他们认为这三个部分提供了思考政府行为的基础和指导决策者思考价值创造的方式。

第三，公共价值是公民集体偏好（Collective Preference）的政治协调表达。主要是 Stoker（2006）以及 O'Flynn（2007）的研究，认为公共价值是公共服务生产者和使用者偏好的集合，主要通过政府官员和核心利益相关者的协商过程来共同创造，是一个更加复杂和广泛的治理过程，一定程度上是一个社会交换过程。在他们的公共价值定义中，集体偏好是一个很重要的概念，它将公共价值与新公共管理中个人偏好通过聚集来反映公众需求相区分。公共价值路径提供了对政府行为、政策制定和服务供给的一种新的思考方式，也对新公共管理范式提出了挑战。

第四，公共价值是由公民决定的价值。主要是 Horner 和 Hazel（2005）的研究，他们通过将公共价值与私人价值进行对比来定义公共价值，认为价值可以由经济繁荣、社会和文化发展等实现。但与私人价值不同，公共价值最终要由公民决定，公共价值是解释合法性、资源配置和评估的最重要框架。

第五，公共价值是关于权利、义务和规范形成的共识。主要是 Bozeman（2007，2002）的研究，认为公共价值提供了关于下述三个方面的规范性共识：一是公民、法人组织和其他组织团体应该（或者不应该）享有的权利和利益。二是公民、法人组织和其他组织团体对社会、国家的义务以及公民、法人组织和其他组织团体之间的相互义务。三是对宪法和社会运行有影响的政策和规则应该遵守的原则，不论这些政策和规则是政府组织还是非政府组织建立的。

对于任何一个研究领域而言，概念的清晰都是理论延展的前提条件，公共价值研究也不例外。从以上公共价值的定义来看，至少存在两种不同理解：第一个定义至第四个定义将价值视为结果，价值是作为公共行政的目的而出现的，公共价值的概念主要强调价值是由"公共"来决定的。"公共"不仅指公民，也包括以政府为主体的公共组织，他们共同组成了"公共域"，来共同创造公共价值。正如 Moore 所言，当政策和管理战略在政治上具有合法性、可行性和持续性，在操作上具有可行性和实际性，并且对公民有价值时，公共价值就会被创造。在第一个定义至第四个定义中，公共价值来源于社会价值，由公民和政府共同决定，反映公民的共同偏好，其形成过程是一个多方参与的政治过程。公民意愿的实现和公民权利的表达是公共价值概念的核心，一方面，政府将实现公共价值作为其主要使命和目标，围绕公共价值的实现来配置公共资源和公共权力，制定公共政策和提供公共服务，以取得公民信任和合法性。另一方面，公共价值的确定过程是一个双向的沟通过程，以政府为主体的公共组织可以在公共价值的确定过程中发挥其主观能动性，对公民的价值偏好进行积极引导。同时，公民在公共价值确定过程中扮演着重要角色，是公共价值的最终决定者。公共价值是一个结果概念，是对公民有价值的结果，公共价值概念的核心内涵是政府的产出要满足公民的需要。也就是说，公共价值是从政府的使命和目的的角度进行定义的，其概念内涵已经超越了传统公共行政和新公共管理范式下的价值概念。从词义来讲，第一个定义至第四个定义中的公共价值意指 Public Value（PV，单数），主要源自 Moore 的公共价值研究，与公共产品、公共利益等概念相比，其独特性在于对公民认可和合作生产的强调，本文将其定义为结果导向的公共价值。举例来讲，公民人身和财产安全、食品和药品安全、经济增长、环境美化、公民幸福指数提升等都属结果导向的公共价值。

第五个定义将价值视为一种共识或者规范，价值以认知为基础，是对公共行政合法性的强化或者对公共行政过程的约束，公共价值的概念主要强调"公共"为了最大化公共利益而秉持的理想或者规范。在第五个定义中，公共价值对公民、政府和社会的行为具有指导和合法化意义，其作用域主要在公共行政过程之中。作为共识或者规范的公共价值往往是多元的，而且同时存在于公共行政过程，公共行政过程本质上成为相互冲突的价值选择和平衡过程。从词义来讲，第五个定义中的公共价值意指 Public Values（PVs，复数），本文将其定义为共识导向的公共价值。举例来讲，对效率的追求、创新和改革精神、依法行政、对公民的责任、合作等都属共识导向的公共价值。共识主导的公共价值和结果主导的公共价值在一定程度上也存在重合，比如，民主既可以视为公共行政过程中的规范，作为一种共识的概念，也可以视为公共行政的目的，作为一种结果的概念。

结果主导的公共价值（PV）和共识主导的公共价值（PVs）是公共价值研究的两个不同学派，其关注的重点自然也有所区别。依照 Davis 和 West（2009）的观点，公共价值研究根据路径不同可以分为生成路径和制度路径，生成路径认为公共价值主要来源于公共过程，而制度路径则试图通过对核心和衍生价值的分类来勾勒价值地图，这个观点从根本上与本文上述的分析结论是基本一致的，即生成路径主要研究结果主导的公共价值，而制度路径主要研究共识主导的公共价值。遵循结果主导的公共价值和共识主导的公共价值划分，本文将分别对两个学派主要的研究成果进行回顾和梳理。

三、结果主导的公共价值（PV）研究

结果主导的公共价值研究主要源自 Moore 提出的公共价值框架以及后来学者们对这一框架的拓展和深化，现有文献中讨论的公共价值概念大多数指的是结果主导的公共价值。

（一）战略三角模型——公共价值研究的起源

公共价值的概念最早出现在 Moore 提出的公共部门战略三角模型中（见图 1）。作为哈佛大学肯尼迪政府学院公务员培训项目的核心成果，战略三角模型的主要目标是为公共部门管理者构建一个战略管理框架。

战略三角模型主要包括价值、合法性和支持以及运作能力三个维度。其中，价值指向引导组织的价值目标，强调价值目标对公共领域的重要性以及对公民期望的表达；合法性和支持指向公共价值实现的合法性来源，称之为"授权环境"（Authorizing Environment），强调政治支持和其他利益相关者的认同；运作能力指向达成价值目标的能力，强调资源可得性和管理运作能力对于价值目标实现的重要性。公共价值最初被视为战略三角模型的一个维度。

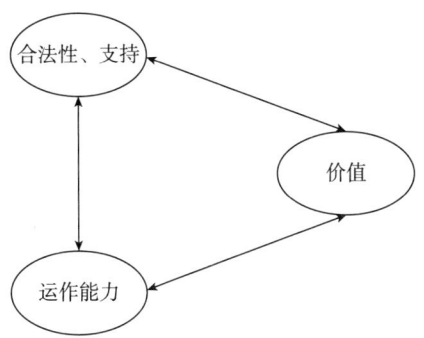

图 1　战略三角模型

战略三角模型的重要性无疑是显著的，首先，它强调战略三角模型三个维度的共同重要性。Moore 认为，公共管理者在制定和实施战略过程中最具有挑战性的工作是不断寻求价值、合法性和支持以及运作能力三个维度之间最大程度的匹配。将创造公共价值视为公共管理者的核心任务。其次，它重新定义了公共管理者的角色，公共管理者必须同时在战

略三角模型的三个维度工作，这与传统公共行政和新公共管理对公共管理者角色的定位是完全不同的。传统公共行政秉持"政治—行政"二分的原则，政治家在公共领域价值目标的确定中具有绝对权威，价值的确定过程在传统公共行政中是一个完全的政治过程，公共管理者的任务主要是通过层级执行政治命令。在战略三角模型中，公共管理者被赋予更多责任来寻求公共价值，他们可以与政治家、公民和其他利益相关者通过协商共同确定公共价值，并完成价值创造过程。关于这一点的讨论也成为自公共价值路径提出之后争论最多的话题之一。批评者认为，公共价值路径过分地提倡公共管理者的政治角色，政治家的合法性权威却因此受到了破坏，而公共价值路径的支持者则认为，战略三角模型非常清晰地说明，公共管理者的权威受到政治过程的限制，战略三角模型中授权环境的重要性正是对公共管理者确定"什么是公共价值"的合法性限制。公共价值路径实际上并没有给予公共管理者在确定公共价值中的优先权，而是强调将公共管理者关于公共价值的主张体现在政策过程中，他们更多的将对公共价值路径的批评解读为批评者对战略三角模型的忽视或者误读。新公共管理倡导竞争、外包、私有化和工具主义，为了提高公共部门的运行效率，公共部门大量引入私人部门的管理手段和方法，对效率和效益的追求成为公共部门和公共管理者的首要价值取向，公共行政所应当承载的价值理性完全被工具理性所淹没和边缘化。在新公共管理中，公共管理者更多地被视为技术专家，体现在战略三角模型中，公共管理者的主要工作落在运作能力和价值互动的区域，并且主要关注运作能力对效率和效益价值的提升。与此不同，在公共价值路径中，公共管理者不仅是技术专家，更是一个战略家，他们需要在关注创造的价值的同时，将政治环境和运作环境进行结合来解决合法性和效率问题。

公共价值路径被提出以后，至少从三个方面得到拓展和应用。一是作为一个理论模型来解释和分析公共部门实践。例如，Bryson（2004）将其作为一种框架应用到利益相关者分析中，Try等（2007）学者运用它来解释以结果为基础的管理在加拿大公共部门实施进展缓慢的原因，并分析了战略三角模型的解释力，O'Toole等（2005）以美国得克萨斯州教育部门为研究对象，运用它来分析管理对于公共项目目标达成的影响。二是作为一个实践蓝图来阐述组织使命，最典型的是英国BBC广播公司于2004年公布的"建构公共价值"宣言，将公共价值作为其行为和改革理念。三是作为一个绩效分析框架来测量绩效。公共价值提供一个测量政府绩效和指导政策决策的更加宽广的路径，公共价值的整体视角能够改进政策决策，也能够改进政府与公民的关系。例如，Cole和Parston（2006）提出公共服务价值模型（PSVM），来寻找一种定义、测量和改进公共服务价值的有效方式。

在Moore及其追随者工作的基础上，近几年，公共价值被视为一个新的公共行政学范式而引起了广泛讨论。尽管在Moore的研究中强调政治支持，且政治家与公共管理者在公共价值确定和创造过程中的关系也有不少争论，但公共价值研究在学术界更多地被认为是一个公共行政问题，这也是本文认可的观点。

（二）公共价值范式

范式一词最早由Kuhn提出，认为"范式代表着一个特定共同体成员所共有的信念、价值、技术等构成的整体。此外，范式可以当作模型和范例，以取代明确的规则作为常规科学中其他谜题解答的基础"。研究范式是一个学科或学术领域的公理性假设和逻辑前提，就公共行政学而言，一般将传统公共行政、新公共管理和新公共治理视为学科范式。也有学者将新公共行政和新公共服务视为公共行政学范式，但都在一定程度上受到质疑，主要原因是这些所谓的范式缺乏支撑其理论建构的方法和工具体系。在传统公共行政、新公共管理和新公共治理之后，公共价值被视为新的公共行政学范式。国内对公共价值范式已有相关介绍，本文着重介绍其范式内涵和管理启示。

新公共管理是过去三十年统治公共行政研究和管理实践的学科范式，主要强调以管理主义为中心的制度安排、结构形式和管理法则，后来产生的新公共服务理论和新公共治理理论都是为了回应新公共管理实践中出现的问题。Stoker 认为一种管理路径要能够成为公共行政范式，至少需要围绕公共服务供给为以下三个问题给出明确的答案，即效率如何实现？责任如何维持？公平如何保证？基于公共部门和私人部门的区别，Stoker 提出定义公共价值范式的四点主张，一是公共行为通过寻求公共价值进行定义；二是更广泛的利益相关者应该具有合法性；三是公共服务提供中的开放路径和对公共服务精神的承诺；四是应对公共服务供给挑战中的适应性和以学习为基础的路径。他认为，公共价值范式将公共价值实现视为公共行政的主要目标，对什么是公共价值的判断建立在多方利益相关者的协商基础上，而公共价值的实现则是基于对网络的构建和维护的，这正适应以网络治理为特征的公共管理新挑战。与公共行政学的其他范式相比较，公共价值范式的基本主张可归结为：关注集体偏好、重视政治的作用、推行网络治理、重新定位民主和效率的关系以及全面应对效率、责任和公平问题。在 Stoker 以及 Kelly，Mulgan 和 Muers 研究的基础上，O'Flynn 从七个方面总结了新公共管理范式和公共价值范式的主要区别（见表2）。

表2 新公共管理范式和公共价值范式主要区别

	新公共管理	公共价值
特征	后官僚主义，竞争政府	后竞争主义关系
主要关注	结果	
管理目的	达成一致的绩效目标	多元目标，包括对公民偏好的回应、通过服务获得信任以及对网络的控制等
对公共利益的定义	个人偏好的累积	共同偏好的表达
绩效目标	对投入和产业管理来确保经济性和对顾客的回应	多元目标，包括服务产出、满意度、结果、信任和合法性等
责任实现模式	通过绩效契约的自下而上责任和通过市场机制由内向外对顾客的责任	多元责任体系，包括公民作为政府的监管者以及顾客和纳税人对服务的监管
偏好的供给系统	私人部门或者公有机构	实用主义主导的选择

范式的转换意味着对人性本质以及效率、责任和公平之间价值竞争的不同的理解。不同的公共行政学范式都包括一些核心问题，居于其运作和叙述的中心。在O'Flynn看来，传统的公共行政热衷于建立官僚原则，新公共管理认为管理主义会带来收益，而公共价值则强调持续的反馈、学习和适应，预示着从主要关注效率和结果向关注更加广泛的公共价值创造的目标转换。公共价值管理范式在对公共利益的定义、服务供给的途径和对恪守公共服务精神等方面不可否认与传统公共行政和新公共管理范式有一些共同之处，但是这个范式的主要目标、对民主的态度和公共管理者角色的理解等方面都超越之前的范式。

在公共价值范式中，公共价值创造的主体是多元的，是政府、公民、社会的共同责任。公共价值不一定非要由公共部门创造，实际上，在复杂多变的棘手环境中，公共价值也不可能由公共部门单独创造，"横向"而非"纵向"结构上的合作对于公共价值创造更加重要。Alford和Hughes（2008）倡导公共价值实用主义（Public Value Pragmatism）精神，他们认为，无论是传统公共行政所强调的官僚制和科学管理、新公共管理下的公共服务外包还是合作治理中基于信任的合作都不可避免地倾向于寻求一个"唯一的最佳路径"来解决纷繁复杂的公共管理问题，而忽略公共问题的环境和管理模式的适应性。公共价值实用主义则认为不同的环境需要不同的管理路径和工具，它倡导公共行政的"问题解决精神"和权变理论传统，而不是"唯一的最佳路径"。政治家和公共管理者必须针对具体的价值目标来配置资源并且通过战略计划来推进与公共价值创造相一致的管理实践，将制度、政治和运作及管理控制系统结合在一起创造公共价值。与战略三角模型相比，公共价值范式对政治家和公共管理者在确定和创造公共价值中的角色给予了更加清晰的论述。公共价值范式认为，政治家在作为一种社会协调机制处于核心位置。首先，它能够使公民超越狭隘的市场主义来进行合作和决策。其次，政治决策具有弹性，因此可以应对不确定性、模糊性和变化。最后，政治家能够构建一个多方合作的社会生产过程来实现公共利益。在公共价值范式下，政府行为是相互连接和相互依赖的，公共管理者面临着创造公共价值的挑战。公共管理者也必须参与政治过程、与制度边界内外的其他主体相互合作、追求管理的效率和效益、与社区和用户进行合作，并相应地发展其公共职责和责任。这对在新公共管理范式下关注于竞争、契约和效率的公共部门管理者提出极大的挑战，要求公共管理者跨边界工作、发展新的领导技能以更好地符合公共价值框架，一个长期的关注于冲突解决、信任构建、信息共享和目标厘清的关系管理能力是需要的。公共管理者的领导角色在公共价值范式下得到了强化，有学者强调将公共价值框架与适应性领导相结合来解决以复杂、竞争和不确定为特征的"适应性问题"，也有学者提出了与公共价值框架相关联的具体领导技能的重要性，包括对模糊和不确定的宽容、承认全知全能的不可能、保持个性和自我知识、批判性反思以及分布式领导力等。

公共价值范式是战略三角模型的进一步发展，它们研究的问题都是围绕什么是公共价值和如何创造公共价值这两个问题展开的。然而，战略三角模型和公共价值范式对这两个问题，尤其对什么是公共价值的回答还值得进一步思忖和商榷。从文献来看，公共价值还没有一个清晰的概念,这一点已经被许多学者所提及,成为公共价值概念被滥用和公共价值研究难以推进的主要原因之一。公共价值有时候看起来更像是一个象征性的口号,虚无缥缈而在实践上很难找到出路。Bovarid(2007)曾尖锐地指出,如果公共价值的概念是可以操作化的,那么,公共价值黑箱就需要被打开来显示公共干预创造的公共价值的不同部分。Benington(2009)则从"'公共'为什么重要"和"什么能够增加公共领域的价值"两个问题来尝试打开公共价值黑箱,认为公共价值包括四个方面,分别是生态价值、政治价值、经济价值、社会和文化价值。生态价值,通过促进可持续发展和减少"公共垃圾"来增加价值;政治价值,通过促进和支持民主对话以及激发公民参与来增加价值;经济价值,通过创造经济活力和就业来增加价值;社会和文化价值,通过贡献于社会资本、社会凝聚力、社会关系、文化认同以及个人和社区福利来增加价值。类似的提法不少,其目的都是解开公共价值谜题。结果主导的公共价值是情境依赖的,首先,政治和政体结构在公共价值确定中居于支配地位;其次,公共价值在社会发展的不同阶段呈现出连续但又有所不同的特征;再次,公共价值的来源不同,部分是由于政治的推力,而部分则是因为满足一定的社会需要。但是,公共价值的情境依赖特征并不代表公共价值是不可知的,恰恰相反,是在呼吁一个更加明确的公共价值研究框架。从范式的角度而言,公共价值范式对公共服务供给中的效率、责任和公平问题给出了不同于以往范式的新回答,但如果缺失一个清晰的公共价值概念和明确的公共价值研究框架,公共价值范式的自身合法性就必然会受到质疑,况且公共价值范式与新公共治理范式的界限本身就存在模糊。

四、共识主导的公共价值(PVs)研究

共识主导的公共价值内涵上与传统意义上的行政价值存在一定的延续性,主要强调一种共识或者规范。行政价值自从公共行政学诞生以来就一直是学界争论的焦点,哲学、法学、社会学和经济学的视角都曾被用来解释行政价值的本质属性,关于行政价值(Values)的研究文献汗牛充栋,其涵盖范围却已远远超出本文的研究意图。从文献的角度看,Public Values 是共识主导的公共价值研究的关键词,在概念上遵循 Bozeman 对公共价值的定义。

(一)公共价值类型与价值集

共识主导的公共价值研究在过去十几年迅速发展,在市场化背景下对公共价值的保护、私人部门管理方式引入公共管理后对公共价值的调和、公共价值的内容和分类以及公共价值集的实证研究都成为学者关注的热点问题,其中,最具有影响力的是 Bozeman 等(2007)关于公共价值类型的系统研究。他们对 1990~2003 年关于公共价值研究的 230 篇

文献进行系统梳理，创造性地将"价值影响公共行政或者公共组织的哪一方面"作为公共价值分类的基础，并由此提出公共价值的七种类型，分别是与公共部门对社会贡献相关的价值、与社会利益向公共决策转化相关的价值、与公共管理者和政治家的关系相关的价值、与公共行政和环境的关系相关的价值、与公共行政内部组织相关的价值、与公共管理者行为相关的价值以及与公共行政和公民的关系相关的价值，并分别确定每一种公共价值类型下的价值集（见图2）。

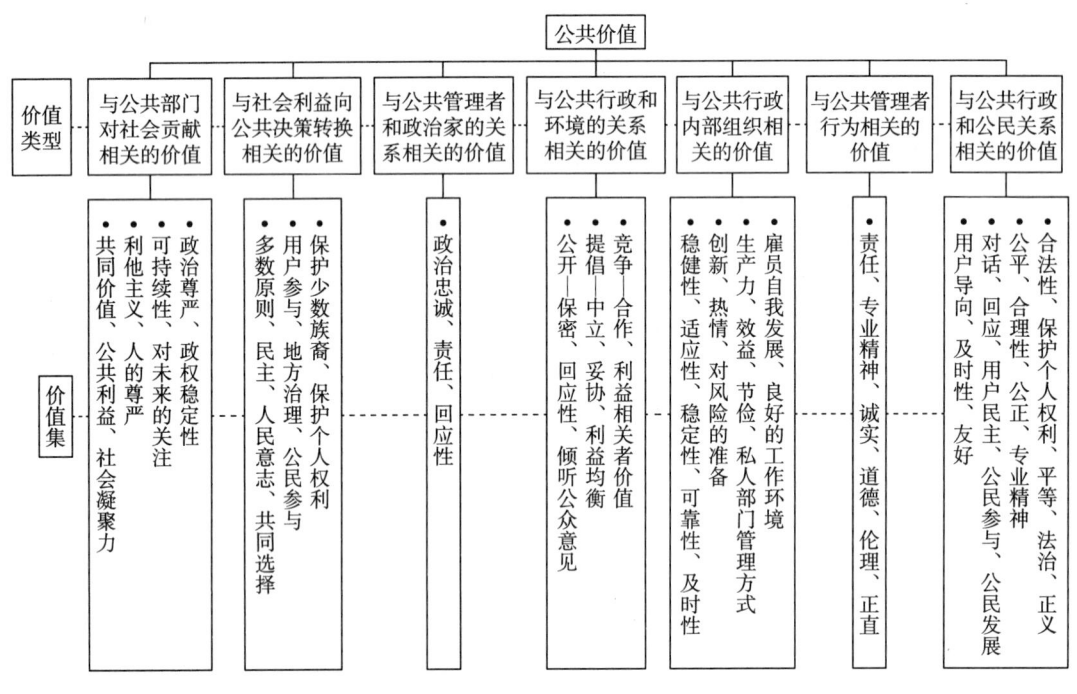

图2 公共价值类型和价值集

在Bozeman看来，公共价值是关于权利、义务和规范形成的共识。虽然Bozeman等研究仅从规范形成这一个方面直观地描述共识主导的公共价值类型和价值集，但其对于研究公共价值的重要意义是毋庸置疑的，其中许多公共价值集在当前全球公共治理实践中是具有一定的普遍意义的。在他们看来，共识主导的公共价值是具有结构的，也就是说公共价值间是相互联系的，其中一些价值可能比其他价值更加重要，某些价值可能居于核心位置。他们认为，公共价值结构的研究应该从三个维度着手，分别是相近性（Proximity）、层级（Hierarchy）和因果关系（Causality）。其中，相近性阐述一个特别的公共价值与另外一个的接近程度；层级阐述某些公共价值的相对重要性；因果关系阐述某个公共价值是达成其他价值的一种方式。对于公共价值的相近性而言，可以将公共价值的相互关系表述为是相关的、相邻的、相对应的价值，或者将那些与大量公共价值相互关联的价值称为节点价值。公共价值一般都是以簇群的方式出现的，价值簇群和节点价值对公共部门的组织设计有影响，一是提供冲突的价值和价值簇群的选择，二是也预示着在实践中不存在单一的公共价值模式。对公共价值的层级和因果关系的阐述其实都归结到了对工具性价值和本位价值的区别。本位价值以达到某种价值为结束，其特点是价值为其自身服务，而工具性价值的目的是达到其他价值。工具性价值和本位价值的关系可以视为是条件与结果的关系。

除了上述运用文献分析方法对公共价值类型和结构的研究之外，许多学者都试图通过其他研究方法来解构共识主导的公共价值。如，Van Wart（2008）区分个体价值、专业价值、组织价值、法律价值和公共利益价值；Kernaghan（2003）区分了道德价值、民主价值、专业价值和公民价值；Rutgers（2008）提出三个公共价值排序的一般路径，包括聚焦核心价值、运用年代顺序区分新旧价值和其他的划分标准，但他同时指出："公共价值分类的尝试很多都缺乏一个明确的标准，因此也就丧失了理论和实践的可行性。"Van Der Wal 和 Van Hout（2009）则认为，公共价值的多样性和冲突特征主要通过模糊性（Ambiguity）、价值竞争（Competing Values）和复杂组织（Hybrid Organization）等方面体现出来。可以看出，共识主导的公共价值是一个复杂的多元系统，对公共价值进行分类和排序，其目的主要是帮助学者和实践者更好地理解公共行政过程中相互竞争和冲突的公共价值，并进一步影响管理决策和组织行为。公共价值冲突研究是共识主导的公共价值研究的重要方面。

（二）公共价值冲突

公共政策过程本质上是平衡相互冲突的公共价值的过程，不同的情境、角色和利益使公共价值体现出差异和冲突，公共组织的不同属性和环境变化则加大了冲突的强度。公共价值冲突在公共政策制定、公共服务供给和公共项目实施中扮演着重要的角色，对相互冲突的公共价值属性的理解影响着公共决策，如何调和相互冲突的公共价值成为许多公共组织的最大挑战和首要目标。

上文曾提及，公共价值创造（PV）的主体是多元的，这一方面有利于创造公共价值，并使其获得持续发展的基础，因为公共价值的创造过程建立在多方协作的共治之上，公共价值的创造网络能够得到有效的维护和发展。另一方面，多元的公共价值创造主体也增大了公共价值（PVs）冲突的可能性，这在任何公共过程中都是不可避免的。

Davis 和 West（2009）提出要解决公共价值间的冲突问题，必须用不稳定的价值管理系统来取代静态的公共价值分类，并提出了一个包括先行条件、价值分析、价值制度和授权环境等部分的结构图，试图将冲突的公共价值转化为公共政策输出；De Graaf 和 Van Der Wal（2010）将公共价值冲突与"善治"联系在一起，善治被定义为关于"政府应该带来什么"的普遍价值标准，能够为可能存在相互冲突的公共价值提供管理框架，认为有效的治理会达成结果，而有价值共识的治理能够获取社会的信任和支持从而贡献于"善治"；公共价值能够通过制度化过程来影响战略产出和结果，从而在不同程度上实现公共价值结果和达到公共性。

Moulton（2009）将公共性定义公共价值输入导致公共价值结果的过程，并提出一个理解公共性的框架，包括公共价值、公共价值制度（包括政治权威）、战略（政策制度和管理）和公共性实现（产出和结果）等部分，而公共性的实现有可能塑造未来的公共价值，因此整个概念框架是一个反馈回路，而非线性的。她认为这个框架可以被用来管理公共性，首先，确定特定环境下要达到的公共结果或者是度量公共性实现的公共价值指标；其次，确定组织或者政策环境中潜在的公共价值制度；最后，要在一定的环境下提出不同的公共价值制度与结果之间的关系假设，因为不同的公共价值制度对公共性实现的预测能力不同，特别是要评估不同的公共价值制度间潜在的相互影响和公共价值制度与经济权威之间的相互影响，以及这些相互关系对公共价值结果的影响。

共识主导的公共价值为竞争性的利益的表达和制衡提供一个框架，从文献来看，公共价值冲突的研究以冲突管理为主，而冲突管理的研究则主要分为两类，一是提供显性价值冲突的管理策略，比如如何平衡公平与效率之间的价值冲突、效率与民主之间的价值冲突；二是从理论视角解释公共价值冲突管理的框架和路径，如从治理视角、善治视角和公共性视角所做的研究。这些研究是公共价值冲突管理研究的有益尝试，为后续讨论提供切入口和平台。但研究中较为缺乏的是关于公共价值冲突来源和机理的研究。如果能够解释冲突的来源和冲突机理，公共价值的冲突管理就更加易于操作，冲突间的相对稳定性也将得到加强。

同时，需要指出的是，公共价值冲突在结果主导的公共价值中同样存在，只是冲突的原因是公共价值的供给与需求之间的矛盾和不匹配，即政府创造的公共价值与公民需要的公共价值之间存在出入和差距。这类公共价值冲突的解决主要依赖于公共价值确定和创造过程中的多元主体协商和合作。

五、讨论与研究展望

本文从概念分析入手，将公共价值研究划分为结果主导的公共价值研究和共识主导的公共价值研究，为理解纷繁复杂的公共价值概念和研究文献找到一条切实可行的路径，也为进一步深化公共价值研究提供了概念框架和逻辑基础。结果主导的公共价值（PV）和共识主导的公共价值（PVs）的区分，不但从理论上说明公共价值研究存在不同的派别，而且从实践的视角意指它们在公共行政过程中扮演着不同的角色。但是结果主导的公共价值和共识主导的公共价值并不是没有联系，也不可能截然分离：第一，两者都内生于社会价值，以共同的社会价值为基础。第二，共识主导的公共价值贯穿于结果主导的公共价值实现的整个过程，是公共价值实现的制度基础。第三，结果主导的公共价值和共识主导的公共价值都以实现根本公共利益为其最终目的。两者之间的关系如图3所示。

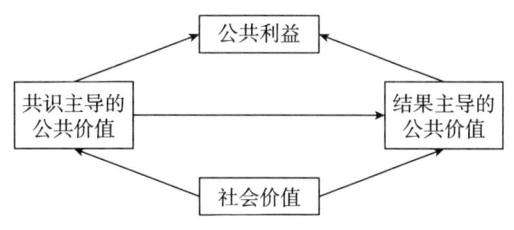

图 3 公共价值关系

从研究层面看，公共价值是一个新兴的学科领域，也是公共行政研究的基础性问题。国外相关的研究才刚刚开始起步且并没有形成关于领域知识的系统性认识，国内研究则几乎处于空白。未来公共价值研究的关键领域主要包括：

（1）公共价值内容和创造机制的实证研究。公共价值研究的实证基础缺乏是自从其概念被提出以来就一直被批评的。最近的研究越来越明确地显示出，公共价值概念及其框架在实践中的解释力受到限制，其主要原因是公共价值的研究大都基于规范的路径或者对现状的反思。无论是结果主导的公共价值还是共识主导的公共价值，其包括的具体内容都需要通过案例、访谈、史料和调查研究的方法获得，唯此才能凸显公共价值研究对于具体公共行政过程的指导意义。同时，多元主体在公共价值创造过程中具有合法性，并共同构建和维护公共价值网络，那么如何打开公共价值黑箱，挖掘公共价值创造过程中的主体合作和影响机制，则是另外一个重要的研究问题。

（2）公共价值的冲突管理问题研究。主要包括两个方面：一是对冲突的来源进行分析，从形成冲突的根本原因，而不是从冲突的外在表现形式对公共价值冲突进行管理。对于结果主导的公共价值而言，分析的视角主要是公共价值供给与公共价值需求间的矛盾分析，对于共识主导的公共价值而言，分析的视角主要是多元主体间的价值博弈关系。二是研究公共价值的冲突管理机制，形成稳定的冲突应对策略，并在冲突管理机制运行的过程中形成公共决策。一方面，将公共价值管理过程与公共政策过程进行有机对接，另一方面，公共价值冲突间的相对稳定性也将得到加强。Bovaird 等（2012）倡导用价值链分析方法将公共价值与组织结构和公共服务供给过程进行连接，以分析公共价值创造中的价值节点和合作生产过程，为公共价值冲突管理提供一个新的视角，值得进一步关注和深入研究。

从应用层面看，虽然公共价值研究刚刚起步，但其成果已经开始逐步应用于公共行政实践，并显示出其在现实中的应用价值。上文已提，战略三角模型被用于解释和分析公共部门实践、阐述组织使命和测量绩效，公共价值范式为全面应对网络治理环境下的管理挑战提供新的路径，公共价值类型和价值集的研究则为更好地理解公共行政过程和价值冲突管理提供新的视角。虽然公共价值研究起源于西方，但其在中国情境下也具有一定的适应性。在全球化背景下，中国的公共管理者面临着和西方公共管理者几乎相同的挑战，他们都需要解决价值冲突程度和复杂性都很强的棘手管理问题，以回应公民诉求。获取公民信任并维持政体合法性。对于公共行政试图要解决的公共问题而言，其异质性在不断减弱，而共同特性在不断增加。这类棘手问题的应对和处理需要一个以价值为基础的路径和框架，将情境背景、公共价值、政体结构和过程以及组织管理和领导等要素进行协同。从中国的具体问题讲，自改革开放以来，中国经济建设取得极大成就，民生逐步得到改善，但改革发展的一些关键领域却矛盾频发、易发、多发，"唯GDP"式的经济发展方式所带来的负面效应，如环境污染问题、贫富差距问题和发展质量问题等已经不容忽视。公民在共享改革发展成果的同时，对政府某些领域的政策开始质疑，对政府的满意度并没有明显提高。究其根本原因是因为政府的某些政策和行为偏离公共价值轨道，公共价值没有对政府政策的制定和政府行为进行有效的约束。无论是作为共同"使命"还是共同"规范"，公共价值研究对于解决这些问题无疑是具有积极意义的。同时，公共价值路径已有的研究成果在中国应用也存在一定的局限，主要体现在两个方面，一是中西方政治制度和政体结构存在差异，现有西方公共价值研究文献中重点关注的关于公共价值创造过程中政治家和公共管理者关系的描述在中国政治—行政生态下不一定合适。二是关于共识主导的公共价值的种类和价值集的研究主要是基于西方研究文献的，虽然在全球公共治理中具有一定的普遍意义，但不同情境条件下的公共价值种类和价值集等问题需要进一步挖掘。

具体而言，公共价值研究在中国情境下可以应用在以下三个方面：

第一，以公共价值框架为路径，从操作层面上强化"以人为本"理念的实施。公共价值的确定和创造过程是一个政府与公民进行协商并与利益相关者合作的过程，这一过程将打开政府和其他治理主体沟通协作的管道。战略三角模型中的"合法性和支持"维度契合于"以人为本"理念，而战略三角模型中三个维度的平衡以及匹配过程则为这一理念在中国的具体实施提供有益的借鉴路径。

第二，以公共价值为基础，发展政府管理理论和工具，将公共价值置于政府决策和管理的中心位置，作为判断政府绩效是否达成的关键依据，并解释公共行政中的制度安排和具体组织管理问题。实际上，我国已有这方面的相关研究，如包国宪等（2012）提出以公共价值为基础的政府绩效治理理论（PV—GPG理论），将政府绩效视为价值建构、组织管理和协同领导系统共同作用的结果，认为以公共价值为基础的政府绩效治理的本质是在政府绩效价值建构基础上对政府绩效管理体系的构建，以及在公共管理者的领导作用下对政府行为和产出的选择、约束和创新，从而以新的绩效观回答"我们究竟需要一个什么样的政府"这个根本问题；董晓松（2009）构建了一个公共部门创造公共价值的概念模型，并通过实证研究说明公共价值创造是政府取得公信力的直接来源。

第三，以"公共价值实用主义"为基础，看重问题的本质、背景及可得的技术和资源对于策略选择的重要性。一方面，在公共行政中积极引入治理创新机制，摒弃传统官僚制的束缚和新公共管理对于效率的过分强调，以创造公共价值为目的，整合创新元素，为建设创新型政府提供理论依据。另一方面，从资源有效配置和提高行政效率的视角，以公共价值为基础推动行政体制改革和政府职能转变，逐渐向社会和市场放权，从而形成多元主体共同创造公共价值的机制。

参考文献

[1] Moore M. Creating Public Value: Strategic Management in Government [M]. Cambridge, MA: Harvard University Press, 1995.

[2] Hefetz A, Warner M. Privatization and its Reverse: Explaining the Dynamics of the Government Contracting Process [J]. Journal of Public Administration Research and Theory, 2004, 14 (2): 171 – 190.

[3] Williams I, Shearer H. Appraising Public Value: Past, Present and Futures [J]. Public Administration, 2011, 89 (4): 1 – 18.

[4] Kelly G, Muers S, Mulgan G. Creating Public Value: An Analytical Framework for Public Service Reform [M]. London: Cabinet Office, UK Government, 2002.

[5] Stoker G. Public Value Management: A New Narrative for Networked Governance? [J]. The American Review of Public Administration, 2006, 36 (1): 41 – 57.

[6] O'Flynn J. From New Public Management to Public Value: Paradigmatic Change and Managerial Implications [J]. The Australian Journal of Public Administration, 2007, 66 (3): 353 – 366.

[7] Horner L, HAZEL L. Adding Public Value [M]. London: The Work Foundation, 2005.

[8] Bozeman B. Public Values and Public Interest: Counter – balancing Economic Individualism [M]. Washington, DC: Georgetown University Press, 2007.

[9] Bozeman B. Public – Value Failure: When Efficient Markets May Not Do [J]. Public Administration Review, 2002, 62 (2): 145 – 161.

[10] Davis P, West K. What do Public Values Mean for Public Action? [J]. The American Review of Public Administration, 2009, 39 (6): 602 – 618.

[11] Rhores R, Wanna J. The Limits to Public Value, or Rescuing Responsible Government from the Platonic Gardens [J]. Australian Journal of Public Administration, 2007, 66 (4): 406 – 421.

[12] Alford J, O'Flynn J. Making Sense of Public Value: Concepts, Critiques and Emergent Meanings [J]. International Journal of Public Administration, 2009, 32 (3 – 4): 171 – 191.

[13] Bryson J. What to Do When Stakeholders Matter: Stake – holder Identification and Analysis Techniques [J]. Public Management Review, 2004, 6 (1): 21 – 53.

[14] Try D, Radnor Z. Developing and Understanding of Results – based Management through Public Value Theory [J]. International Journal of Public Sector Management, 2007, 20 (7): 655 – 673.

[15] O'TooLe L, Meier K, Nicholson – Crotty S. Managing Upward, Downward and Outward: Networks, Hierarchical Relationships and Performance [J]. Public Management Review, 2005, 7 (1): 45 – 68.

[16] British Broadcasting Corporation. Building Public Value: Renewing the BBC for a Digital World [R]. London: British Broadcasting Corporation, 2004.

[17] Oakley K, Naylor R, Lee D. Giving them What they Want: The Construction of the Public in Public Value' [R]. London: BOP Consulting, 2006.

[18] Elstein D. Building Public Value: The BBC's New Phi – losophy [R]. London: Institute for Economic Affairs, 2004.

[19] Cole M, Parston G. Unlocking Public Value: A New Model for Achieving High Performance in Public Service Or – ganizations [M]. Hoboken, NJ: John Wiley & Sons, 2006.

［20］Kuhn T. The Structure of Scientific Revolutions［M］. Chicago：The University of Chicago Press，1970.

［21］Brookes S，Grint K. The New Public Leadership Challenge［M］. Palgrave Macmillan，2010.

［22］Alford J，Hughes O. Public Value Pragmatism as the Next Phase of Public Management［J］. The American Review of Public Administration，2008，38（2）：130 – 148.

［23］Smith R. F. I，ANDERSON E，TEICHER J. Toward Public Value? ［J］. Australian Journal of Public Administration，2004，63（4）：14 – 15.

［24］Spano A. Public Value Creation and Management Control Systems［J］. International Journal of Public Administration，2009，32（3 – 4）：328 – 348.

［25］Osborne S P. The New Public Governance? Emerging Perspectives on the Theory and Practice of Public Governance［M］. London：Routledge，2010.

［26］Domberger S，Fernandez P. Public – Private Partner – ships for Service Delivery［J］. Business Strategy Review，1999，10（4）：29 – 39.

［27］Entwistle T，Matin S. From Competition to Collaboration in Public Service Delivery：A New Agenda for Research［J］. Public Administration Review，2005，83（1）：233 – 242.

［28］Broussine M. Public Leadership in Public Management and Governance［M］. BOVARID T，LöFFLER E. London：Routledge，2003.

［29］Bovarid T. Beyond Engagement and Participation：User and Community Coproduction of Public Services［J］. Public Administration Review，2007，67（5）：846 – 860.

［30］Benington J. Creating the Public in Order to Create Public Value? ［J］. International Journal of Public Administration，2009，32（3 – 4）：232 – 249.

［31］Rosenbloom D. The Status of Non – mission Based Public Values in Contemporary Performance – Oriented Public Administration［C］. Paper Presented at the International Forum on Public Performance Governance，Lanzhou，China，2012.

［32］Morgan D. The Trust versus Efficiency Paradigms for Measuring Performance：Some Implications for Local Government Leadership and Decision Making［C］. Paper Presented at the International Forum on Public Performance Governance，Lanzhou，China，2012.

［33］Debruijn H，Dicke W. Strategies for Safeguarding Public Values in Liberalized Utility Sectors［J］. Public Administration，2006，84（3）：717 – 735.

［34］Frederickson H. G. Public Ethics and the New Managerialism：An Axiomatic Theory in Ethics in Public Management［M］. Frederickson H G，Ghere R K. New York/London：M. E. Sharpe，2005.

［35］Jørgensen T B. Public Values，Their Nature，Stability and Change：The Case of Denmark［J］. Public Administration Quarterly，2007，30（4）：365 – 398.

［36］Jørgensen T B，BOZEMAN B. Public Values：An Inventory［J］. Administration & Society，2007，39（3）：354 – 381.

［37］Van Wart M. Changing Public Sector Values［M］. Hamden，CT：Garland，2008.

［38］Kernaghan K. Integrating Values into Public Service：The Values Statement as Centerpiece［J］. Public Administration Review，2003，63（6）：711 – 719.

［39］Rutgers M R. Sorting Out Public Values? On the Contingency of Value Classifications in Public Administration [J]. Administrative Theory & Praxis, 2008, 30 (1): 92 - 113.

[40] Van Der Wal Z, Van Hout E th J. Is Public Value Pluralism Paramount? The Intrinsic Multiplicity and Hybridity of Public Values [J]. International Journal of Public Administration, 2009, 32 (3 - 4): 220 - 231.

[41] De Graaf G, Van Der Wal Z. Managing Conflicting Public Values: Governing with Integrity and Effectiveness [J]. The American Review of Public Administration, 2010, 40 (6): 623 - 630.

[42] Marianne A, JøRGENSEN T B. The "Publicness" of Public Organizations [J]. Public Administration, 1997, 75 (2): 337 - 357.

[43] Moulton S. Putting together the Publicness Puzzle: A Framework for Realized Publicness [J]. Public Administration, 2009, 69 (5): 889 - 900.

[44] Bao G X, Wang X J, Larsen G L, et al. Beyond New Public Governance: A Value – Based Global Framework for Performance Management, Governance and Leadership [J]. Administration and Society, 2012, doi: 10.1177/0095399712464952.

[45] Bovaird T, Loeffler E. From Engagement to Coproduction: The Contribution of Users and Communities to Outcomes and Public Value [J]. Voluntas: International Journal of Voluntary and Nonprofit Organizations, 2012, 23 (4): 1119 - 1138.

[46] 包国宪, 王学军. 以公共价值为基础的政府绩效治理: 源起、架构与研究问题 [J]. 公共管理学报, 2012 (2): 89 - 97.

[47] 包国宪, 文宏, 王学军. 基于公共价值的政府绩效管理学科体系构建 [J]. 中国行政管理, 2012 (5): 98 - 104.

[48] 包国宪, 王学军, 柯卉. 服务科学: 概念架构, 研究范式与未来主题 [J]. 科学学研究, 2011 (1): 18 - 24.

[49] 何艳玲. 公共价值管理: 一个新的公共行政学范式 [J]. 政治学研究, 2009 (6): 62 - 68.

[50] 董晓松. 公共部门创造市场化公共价值的实证研究 [J]. 公共管理学报, 2009 (4): 1 - 8.

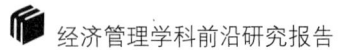

Research Approaches and Cutting – edge Questions of Public Value (s)

Wang Xuejun, Zhang Hong

Abstract: Public Value (s) has been a hot research topic in public administration since it was proposed in 1990s. However, a unified language system was far to be shaped. The purpose of reviewing Public Value (s) research is to present its basic concepts and research frame, and deepen the awareness of the importance of Public Value (s) to public administration research. Starting with the conceptual analysis of Public Value (s) in the literature, the article clarifies the difference of research approaches, presents and elaborates the main contents of Public Value (s) research based on differentiating Public Value and Public Values. The viewpoint of this article proposes a way of understanding the different connotation of Public Value (s) in the literature and provides a conceptual framework ot further deepen the Public Value (s) research. Public Value (s) is a fundamental question of public administration, the key research areas including the empirical research of Public Value (s) contents and creating mechanism, and Public Value (s) conflict management. Meanwhile, Public Value (s) has implications to innovate the governance model, to some extent, it is applicable in China.

Key Words: Public Value (s); Triangle Strategic Model; Public Value Paradigm; Values Conflicts; Research Implications

废除官僚制：后现代公共行政理论述评

宋锦洲

【摘　要】本文介绍了法默尔《杀死国王——后传统治理与官僚制》一书的理论贡献，并批判性评价后现代公共行政理论的主要观点。法默尔《公共行政的语言——官僚制、现代性与后现代性》标志着后现代公共行政语言理论的形成；《杀死国王——后传统治理与官僚制》建构了后现代治理理论总体性框架，其中"想象的游戏"的认识论、"寻求的正义"的方法论和"艺术的实践"的实践论，从理论层面为我国重塑公共行政理论提供了深刻的启迪。

【关键词】后现代公共行政理论；废除官僚制；法默尔思想

一、后现代公共行政理论演进

（一）后现代主义内涵与研究路径

1. 后现代主义或后传统主义内涵

20世纪60年代以来，后现代主义成为西方学术界普遍关注的课题。后现代主义以多元主义价值观为基础，试图对"元叙事"理论进行彻底否定。他们认为，并不存在一个占据主导地位的价值观或世界观（或元叙事）（Farmer, 1998b），社会上应当存在多样性观点，甚至是互相冲突的观点。利奥塔德（Farmer, 2005）认为，后现代主义是一种精神、一套价值模式，其特征为消解、去中心、非同一性、多元论、解构"元话语"。解构"元叙事"、不满意现状、不屈服于权威和专制、不赞成既定的制度、不沿袭陈规旧俗、不事逢迎、专事叛逆、摆脱权威、蔑视禁锢、突破旧范式和不断创新。Heller 和 Feher（1988）强调多元化在公共行政领域的运用，指出后现代政治环境是文化多元化与话语多

---

* 本文选自《公共行政评论》2013年第3期。
［作者单位］宋锦洲，华东师范大学公共管理学院。

元化的环境。Gray（1993）认为，当今社会的价值、文化、传统都呈现多样性趋势，并不存在所谓单一的文化传统。

2. 后现代主义公共行政研究路径

近几年，学界形成以解构为中心和以建构为中心的后现代公共行政研究路径。前者以Farmer（1995）为代表，强调"解构"概念对于公共行政理论研究是一种重要的资源。主张对任何假定的"唯一正确的解释"都提出质疑与否定，在后现代语境下公共行政理论应聚焦在摧毁传统的、封闭的、过于简化的、僵化的行政理论思维模式。Gillroy（1997）也认为，后现代主义解构使公共行政人员重新审视既有的范式和概念假设。后者以福克斯和米勒（2003）为代表，强调建构是打破绝对理性和终极价值的合理路径，主张通过话语分析、公共能量场理论框架作为公共行政新视角和新语言，建构新的公共行政范式。

（二）后现代公共行政理论的哲学基础

首先，后现代公共行政理论反对逻辑中心主义，提出对其先天的"在场"进行解构。主张以"小型叙事"替代"元叙事"或"宏大叙事"，反对官僚制理性和现代性，认为科学理性是以一种新奴役和压抑代替传统的奴役和压抑。所以，后现代主义拒斥一切现代性理论，对逻辑中心主义、本质主义、形而上学进行解构和摧毁（段忠桥，2001）。此外，后现代主义主张消解主体、反基础主义、反本质主义、反中心主义，寻求差异性和不确定性，向整体性和同一性开战。

其次，后现代公共行政转向建构日常语言的公共行政理论。Wittgenstein（1961）认为，哲学就是描述日常语言的句型而已。所以，限制人们的语言就等于限制人们的世界。越接近话语分析的理想，其交流就会越真实。福克斯和米勒（2003）解构传统公共行政理论的实证主义哲学基础，并把梅洛—庞蒂的现象学作为建构公共行政理论的哲学基础（樊清、孙杨杰，2011）。总之，后现代公共行政者认为公共行政理论是日常生活中社会构建的，包括现象学、话语分析、女性主义、后结构主义、建构主义等思想资源。

（三）对现代公共行政理论的解构与批判

当今社会已经出现由现代性向后现代性的重大转向（Bogason，2000）。这种转向具体表现为：由现代理性转向后现代推理；由全球视野转向个人特殊兴趣；由生产导向转向消费导向；由大批生产转向弹性专门的生产；由融合转向区分；由利益组织转向社会运动；由党派政治转向个性政治；由官僚组织转向虚拟组织；由民族文化转向电视娱乐镜像；由计划性转向自发性；由理性思维转向想象思维；由整体性转向碎片化。

1. 对现代主义经验论的微观理论质疑

后现代主义学者拒绝将某些个案的本体论解释社会现实的本质，试图将解释方法建立在"意义整体论"和人类学认识论基础之上。这样，就从科学理性主义解释转向历史主义解释，为叙事性公共行政理论提供辩护。

2. 对现代主义语言范式的批判

公共行政语言转向是公共行政理论领域的重大事件之一，其转向的实质在于传统意识哲学转向语言哲学（哈贝马斯、哈勒，2001）。法默尔（1995）认为，公共行政理论是一种人们赖以交流和解决公共行政领域问题的语言范式。丹哈特（2002）评价说，后传统主义者一般认为，语言构筑世界而非反映世界，所谓顺理成章的事情都是以语言为基础的，知识总是被其产生的历史条件和特定环境限制的。Wittgenstein（1961）指出，严格地说指称符号并不是交流的基础。其实，语言游戏中的指称符号是一种相互合作的行为，指称符号在它们被说出的时候已经蕴含某种意义，这些意义依据它们所使用的语境而定。就符号层面而言，所谓现实不过是社会的、历史的、符号结构的产物，在后现代状况下符号能指与符号所指之间的脱节导致超现实出现（福克斯、米勒，2003）。由于法默尔早年在伦敦大学政治经济学院师从 Wittgenstein 教授，对其《公共行政的语言》思想产生直接影响。法默尔认为，在现代主义语言范式中，公共行政被建构为一种科学、一种技术和一种解释；而在后传统主义语言范式中，公共行政强调"想象""解构""去领地化"和"变样"，以此克服现代公共行政理论的短视和局限，尤其是理性官僚制的固有缺陷（Farmer，1995）。

3. 对公共行政"合法性"的批判

自20世纪90年代以来，后现代主义使现代公共行政的合法性受到严峻挑战。后现代主义不仅是一种源自对工业文明负面效应的反思，也是对西方传统哲学的本质主义、基础主义、逻辑中心主义的批判与解构。后现代主义不仅是现代主义与后现代主义时间上的先后顺序，而且是内容上对现代主义的反叛与矫正。后现代主义强调现代性所忽视的，现代性之后和之外的不确定性、异质性、无序性，并对现代性突出的原则性、整体性、确定性、权威性、同一性、规律性十分怀疑（章伟，2005）。总之，后现代主义是与现代性条件下的同一性、本质性和封闭性对立的理念。所以，作为现代生存危机在文化层面和哲学层面上的反映，后现代主义强调差异性、多元性、去中心的边缘性、创造性与开放性。

4. 对独白式话语的批判

后现代社会是一个群体性社会，政府官员与公民之间的关系准则是合作与互惠，而不是等级与协调。传统的现代公共行政体系是一个缺乏沟通的系统，因为传统公共行政系统是基于韦伯官僚制结构的，这是一个等级分明、命令自上而下传输的系统，从而极易导致霸权话语的产生。在这种情形下，话语权始终掌握在上级手中，下级不允许有任何异议。所以，这种缺乏自下而上信息沟通的渠道，致使公共政策制定并不能反映大多数人的价值偏好和利益诉求。

二、法默尔后现代公共行政思想

（一）公共行政语言理论的基本内容

在公共行政理论后现代性转向背景下，1995年法默尔代表作《公共行政的语言——官僚制、现代性与后现代性》出版。这是法默尔后现代公共行政思想的第一个里程碑，旨在对现代主义官僚制进行全面解构，标志着解构导向的后现代公共行政理论建立及其后现代公共行政学派的形成。公共行政的语言是一项宏大的现代行政理论解构和后现代主义理论建构。

法默尔（1995）使用四个行政新概念作为替代性解决方案。"想象"是针对现代官僚制理性主义的第一个概念。想象一直被描述为游戏的思维，它是指在广泛范围内人们所想象到的可能性，而现代性倾向并简化为"能做"的可能性。想象是位于感觉和知识之间的中间状态，能够把个人印象转化为行政思想。"解构"是第二个概念，解构寻求一种来自破解隐语限制的洞察力，在公共行政概念和语言中植入对立物，它是接近理解现象的最普遍方式，不局限于一种分析手段或批评方法。它是一种特殊情况下旨在剔除文本代表观点和鉴别文本的方式。第三个概念是"去领地化"，指对现代性学科理解的否定。后现代性是现代性契合的中心主义的行而上学终结，这是社会建构主义者的重要见解。研究目的并不是对研究本身的理解，而在于研究是理解人类现象的互动本身。第四个概念"变样"是指抵消行政官僚制对效率理解的道德立场，被描述为与他人的道德关系中需要真正的审慎，在法默尔（1995）词汇中是反行政立场、减少权威和公民服务导向。

第一，法默尔（1998b）论证如何解构官僚制效率。其实，官僚制效率是一个社会建构，取决于人们如何解释效率。他认为效率是文化的、现代的、世俗的、韦伯式的、与生产进步密切相联的。由于官僚制效率并不是一个在所有文化中都可以找到的词汇，所以它并不是一个客观事实，而是在特殊背景下的一种理想而已，如欧洲经济合作组织和美国重塑政府运动他们追求效率这个词汇。而效率与非效率之间的界限是模糊不清的，效率不能确保一种正义的结果。效率概念只强调社会特权的控制，后现代主义者认为社会控制并不重要。总之，解构的角色在于质疑那些精心设计的官僚制现象类型之下探究还隐藏着什么。

第二，法默尔（2005）对真理垄断提出怀疑。他十分赞成开发敏感的"小写真理"类型，即方言式真理或本地的生活方式。他质疑现在的公共行政语言类型，它不能确保"大写真理"是正确的，即便"大写真理"本身是整体性的和完全的。解构语言类型意味着我们获得的所谓"事实"并不一定正确。因为真理呈现的是没有解构的"事实"，通过解构就会发现所谓真理需要依赖隐含的假设条件（如它的对偶和暗喻）是由所使用的语言产生的。

法默尔（1995）试图在后现代语境中阐释后现代公共行政理论。所谓公共行政理论，从某种意义上就是一种语言。语言不仅是用来表达和交流思想的思维工具，还是观念、方法、直觉、假定和强烈欲望的加工厂，所有这一切建构我们的世界观，塑造着我们的形态与人格。公共行政理论应该成为解释公共行政问题重要的动力机制。从根本上说，后现代主义是一种作为文化代码的、语言层面的、话语解构与建构的一系列活动，它是一种话语的"解码"和"再编码"过程。这一观点对公共行政质性研究方法尤其是人类文化学田野调查具有理论指导意义。

法默尔（2005）认为，趋向冲突是一种开启公共行政思维的重要方式，它包括想象、解构、去领地化和反身性语言这些概念，反身性语言映衬一个主导性视角的局限性。总之，其理论源泉来自维特根斯坦的语言游戏，尤为关注公共行政思想的理论缺陷。他所关注语言及其类型，十分有益于阐释我们的经验世界。

（二）后现代治理理论的基本内容

为了适应当今世界剧烈和深刻的变化，学者不得不寻求全新的公共行政理论框架以理解和处理现实复杂的问题。在此背景之下，《杀死国王——后传统治理与官僚制》（以下简称《杀死国王》）成为法默尔后现代公共行政理论的第二个里程碑，其主要内容如下：

第一，法默尔提出后现代公共行政三项基本主张及其最终解决方案。针对官僚制失灵，他提出"后传统意识""后传统正义"和"后传统实践"主张。他采用"后现代治理"评论形式，提出解决现代公共行政失灵问题的解决方案，最终解决方案就是"杀死国王"即废除官僚制。这使他成为旗帜鲜明地主张彻底废除官僚制的代表性学者。

第二，法默尔认为，现代公共行政学科范围和研究方法十分局限。而对于解决重大的、宏观的社会问题，只有后现代治理理论才是一种符合时代发展的选择。他将复杂的后现代公共行政理论凝练为三个通俗的概念，即游戏的思维（Thinking As Play）、寻求的正义（Justice As Seeking）和艺术的实践（Practice As Art），分别对应后公共行政理论的认识论、方法论和实践论三个维度，从而建构由认识到实践的后现代公共行政理论体系。

第三，法默尔认为，公共行政理论作为知识建构活动缺乏应有的解释力。具体表现在：一是它没能解决官僚制的常见问题，而通过后现代概念可以纠正官僚制问题。他借助后现代主义思想的语言学转向，认为语言游戏可以增加行政理论的灵活性和解释力。而组织、政策、合法性这些词汇并不是现实的镜像，它们只不过是现代性方言，而后现代性方言主张维持交叉学科的语言游戏。二是正是语言形态的排列产生理论上的重大区别。官僚制排列公共行政的语言形态，结果导致各种语言的互相排斥。如果改变语言的假设、直觉、主张、方法、忧虑和混乱，需要重新排列公共行政知识的语言，即重新排列公共行政的思维方式。三是后现代方言拒绝硬性分类的自我利益、科学主义和技术主义。换言之，公共行政不再看重现代性语言规则，不再期望命令的和真实的科学解释，当然也不期望秩序混乱和不真实的解释,后现代主义者需要超越这些分类。在公共行政理论中,所谓"效率"和"客观"的分类只是特殊的时间碎片而已。

第四,关于人性的见解。所谓人性,就是我们如何对待人性的问题。作为人类,人的本性是什么?统治者和被统治者分别具有什么样的人性?官僚人性是什么?现代人性和后现代人性是什么?如果把人性与机制分开,无论"经济人"人性假设还是"行政人"人性假设都没有生命力。后现代思维将人性理解为"独特的、自我的、完整的人"。所谓"一个完整的人",就是不能被降低为一个时间碎片,或一项工作,或一项职业;也不能降低为一个制度附属物,或一个功能,或一个员工,或一个客户。"一个完整的人"是一个独特的、人性的、个体的、没有被贬低的人。这种后现代人性概念不以统治制度为中心,而是以人类个体的精神动力和生命持续力为中心。

第五,为被边缘化的社会类型辩护。法默尔(1999)写道,"后现代主义的一个中心目标"是为了"一些群体的去边缘化,如妇女、少数民族、经济弱势者、政策规定的性别、殖民地人民及其他人"辩护。那么,后现代公共行政能为这些边缘化的大多数人提供什么?其主张就是政府已经边缘化少数群体和其他人,因为相比其他话语来说,政府给予科学话语太多特权。如果去边缘化,那么现代科学话语首先需要去特权化。为什么后现代主义者相信边缘主义有助于被边缘化的社会类型呢?因为现代政府过于依赖科学事实和真理主张产生政策,并使其合法化。其实,所谓"事实"是社会建构的,它不是既定的,科学话语从来不是中立性的。政府对科学知识偏爱和支持给予科学话语建构社会的特权,而排斥或边缘化其他人。

第六,反对"霸权主义风格""理性主义风格"和"现代主义风格",列举一些积弊,如忽视宏观公共行政和长期公共行政的考虑,而偏向于狭窄的和非弹性的风格。这种风格拒绝解决官僚制"扼杀人类精神"的倾向(Farmer,1999)。官僚制所满足和实现的只是"提升政府机器效率的微观功能"(Farmer,1999)。所以,公共行政所反映的"现代主义者和资本主义社会的权利关系及其利益",却教育工人要"适应建立起来的机器"。

第七,推崇诠释学的公共行政和反对科学的公共行政。法默尔重申,正是在诠释学领域里公共行政理论获得最大成就,它也是公共行政理论最具潜力的学科领域。因为后传统公共行政强调探究性诠释学的理解,寻求彻底的公共行政理论想象力。他指出,所谓科学的组织理论只是一些平庸的见解,公共行政并没有所谓"科学"法则。把全部公共行政降低为一些自然科学的模型,一定会遭遇到价值观不能科学处理的现实困境,因为任何公共行政理论与实践环节都包括价值考量。正如西蒙对公共行政理论的质量进行的辛辣讽刺,他说其学术生涯始于公共行政这一潭死水(Simon,1991)。无论数量上还是质量上来说,法默尔认为公共行政理论最杰出成就一直来源于诠释学阐释的贡献。由于后现代行政偏爱变换的游戏和强调想象的诠释学类型,一定会产生一种神奇效果的后现代行政理论建构。

总之,后现代公共行政理论汲取了后现代主义哲学思想的精髓。它是现代主义"没有实现、没有解放潜能"的背景下涌现的一种反映性哲学流派。所以,后现代主义具有不确定性、零乱性、非原则性、无我性、无深度性、琐碎性、不可表现性、反讽性、混杂性、巅峰体验、行动主义、参与性、建构主义、内在性等一系列特征，这些可以描述为后现代公共行政的基本特征。

（三）复合视角的后现代公共行政理论的基本内容

2010 年，法默尔出版《多视角的公共行政：通过多透镜的理论与实践》一书，这是法默尔后现代公共行政理论的第三个里程碑，除继续质疑传统公共行政视角之外，廓清十个微观后现代公共行政理论视角。

法默尔（2010）复合学科视角公共行政理论提出重点强调复杂情景与各视角合成（Synthesizing）。复合学科视角包括工商管理视角、经济学视角、政治学视角、批判理论视角、后结构主义视角、心理分析视角、神经科学视角、女权主义视角、伦理学视角及数据分析视角。他主张理论与实践的合成是关键环节，需要根据不同类型的计划、不同类型的管理及社会信仰、动机态度、服务性质、行政范围、行政想象创造力，选择复合视角的公共行政理论。

对复合视角勾画与合成创新，法默尔（2010）的词汇是"合成"（Synthesizing），阐述了公共行政规划合成、公共行政管理合成、公共隐喻合成、公共行政领域合成、想象的创造力合成、他的"合成"词汇，具有综合、结合、合成方法、各部分融成一体、催化反应、神经科学的合成之义。总之，多视角后现代公共行政理论主要解决复合理论视角如何有机地结合实践，破解后现代公共行政理论难以致用的操作性难题。

三、法默尔后现代公共行政理论贡献与局限

（一）法默尔后现代公共行政理论贡献

法默尔认为，后传统意识具有张扬"想象"的建构性特征。阐述"后传统"意识已不能借助"传统的"官僚制语言，必须重新建构新的语言即后现代公共行政理论。显然，后传统意识与女权主义、后殖民主义、批判性理论、合法性理论和后现代主义密切相关。

在本质上说，如果说现代公共行政失灵，那么后现代意识具体阐明了应该如何解决公共行政失灵的问题。在范围上说，后现代意识贯穿整个治理的公共场域，无论公共组织、非营利组织、工商组织等各种组织和制度都适用后现代意识。在方法上说，后现代治理以激进的想象力为动力源泉不断思考、求索并付诸行动。

1. 公共行政认知标准——想象的游戏

法默尔（2005）认为，后现代意识一直与传统意识共存，并作为传统意识的结果出现的。治理和后现代思维是独立的，应该用自己的词汇描述理论，所谓"自己的词汇"

就是"游戏的思维"。可以看出，后现代行政基本特征是"想象"的思维，后现代公共行政总体性理论最关键的部分是"想象的游戏"。

后现代意识中"想象的游戏"能够对现代公共行政失灵这一关键问题提供"觉醒"。因为，后传统意识具有完全公开的、想象的基本特点。政府缺乏想象力的原因是官僚制对政府决策的种种限制。传统官僚制由于科层制结构及内部利益的自我驱动性，导致对公共政策应急性和回应性的失灵。可以说，现代官僚制之所以失败是因为缺乏公开性和想象力的缘故。后现代意识十分关注人性和公平正义的终极价值。"想象的游戏"具有的特征：一是"想象的游戏"由完全公开的和新鲜的意识建构。"公开的"和"新鲜的"意识是后现代语言的特色，因为"想象的游戏"是"一种新鲜的意识，它取代了传统的、官僚思维的颓废态度"。二是"想象的游戏"是摆脱传统官僚制思维桎梏的最佳路径。现代官僚制下，所谓科学思维只是给我们带来思维的误导，总是对官僚制弊病"修修补补"，其实这是一种实用主义的误导，只有想象的思维才是最佳的思维途径。

关于想象的意识，首先后现代公共行政中"游戏的思维"指向了什么是重大问题的新鲜意识。在很大程度上，想象的意识正是从传统治理思维的压抑和误导中获得创造性能量。所以，后现代公共行政"游戏的思维"是通过寻求治理，强调想象思维这一基本元素。后现代思维与彻底开放的反省和对话关系密切。由于后现代思维是开放的和寻求的，它认为最高层次的游戏是一种始于想象的、诗意的、沉思的游戏思维，它强调需要想象可能性的建构方式。如行政并不像机器，也不能把政府比喻成机器。行政不一定是自上而下的或科层制式的运行，或依靠上级的指导、协调和控制。此外，游戏是一种牛虻自由使命式的游戏，它赋予广泛地描绘治理问题的特权，需要开辟新的学科领域适应这些治理实践。另外，想象的思维还包括为每个人提供足够空间实现其最大的个人潜力。

关于如何实现想象的游戏。从价值层面上，"想象的游戏"始于"想象的、诗意的沉思"。"诗意"是法默尔表达其思想的一种重要意象。他不仅认为诗意境界是后传统公共行政的最高境界，人类"不仅需要生理的、社会的、心理的满足"，而且还要寻求"诗意的、崇高的、无以言表的、超越思想制约的"公共行政精神。从技术层面上，需要一种"深远的、想象的、可能的"建构模式，即想象的可能性方式。这种可能性方式是指"制造、创造、维持或说明事物可能状态的建构特色"。在这种建构模式下，公共行政是开放的，不以等级制为控制手段和非符号化的。

现代官僚制造成了严重的思想固化。为了解决"思想制度化"形成的思维方法狭隘及其盲区，行政管理者应该像"牛虻"一样自由的想象。作为"牛虻"式学者应该关注两个基本问题：其一是特别关注治理。法默尔将治理的范围描述为"政治的、经济的、行政权力和权威行使的方式"，认为必须对政府和大型官僚制的僵化弊端进行严格审问，尤其是先关注治理问题。其二是关注弱势群体问题。他强调后现代公共行政理论的基本价值关怀，强调"公共行政应该旨在服务于'独特的、自身的、完整的人'的利益，以超越特殊集团的利益"。事实上，对每个人的合法权利的充分尊重才是后公共行政理论的基本价值取向。具体的实践方法在于"反行政"即反官僚制。在反行政过程中，最重要的就是驱除官僚制"符号"及其"符号系统"对行政想象的扼杀和对政府回应性的阻碍。总之,后现代意识意味着对现代意识的反思与超越。

2. 后现代公共行政价值标准——后现代正义

一直以来,现代公共伦理学试图建立一个确定性的、可信结论的应用性学科。然而,正统道德的结论始终令人怀疑,孤立地使用某种道德基础是不合适的。法默尔使用"后现代正义"替换"道德"概念,他认为后传统正义涉及封闭或半封闭等级制向真正扁平化,即真正开放的公民与公民关系转换而产生的意识。这种意识转换不是来自政治领袖自上而下的纵向权力的关系,而是来自横向自我调节的关系。

(1) 寻求后现代正义的语境——继承"正义"传统。后现代正义的建构不能脱离其历史语境,继承正义遗产面临着巨大的道德困境,充满复杂性和对立性,"正义"并非是简单的言语所能解释的。这些正义传统与资本主义制度结合之后,对追逐个人利益产生强大动力,从而抵消利他主义、博爱与公共利益取向的价值取向。法默尔(2005)讨论罗尔斯、诺齐克、斯玛特的正义原则,提出寻求正义并非简单事情,寻求正义应该限制在合适的道德哲学文献内容之中。

(2) 寻求正义的方式——内在寻求和他在性。法默尔(2005)认为,"自我寻求正义是正义思维的关键部分"(即尼采"形成性价值")。内在寻找正义需要灵性或诗性,灵性是一个人内在的尚未制度化和系统化能量,所以灵性具有精神性和诗性。不仅个人具有灵性,而且公共机构和私人机构也能通向灵性。在灵性构建中,必须注意到"自我与他在之间的互动",强调对"他在的移情作用"中恻隐之心是移情的关键,这种移情方式包括沉默与倾听,所以后传统公共行政朝向寻求的正义。但是,传统官僚制存在一种一致的、操作性的、隐含意义的伦理知识主体,所以官僚制行政伦理给人一种虚假的印象,这些印象造成困扰,需要寻求在本我与他在性之间增加开放性。如果说民主理想与官僚制理想之间存在激烈冲突,那么官僚制是为上级服务还是为社区服务之间会面临冲突的现实困境。

(3) 寻求正义的范围——从其他文明中汲取正义元素。法默尔(2005)主张,从其他文化传统中寻求正义智慧应该成为一种法则。他比较孔子"己所不欲勿施于人"与基督教"爱人如己"的伦理法则,认为前者是属于被动的正义,而后者属于主动的正义。他认为"被动正义比主动正义更佳",西方对于正义理解应汲取东方文明之精华。

总之,对后现代正义内容的寻求需要秉承开放性,从而在解构现代正义意识的同时,建构符合后现代意识的后现代正义。

3. 后现代公共行政实践标准——艺术的实践

现有官僚体系具有明显的机械主义倾向,这种制度致使人类最终陷入非正义陷阱。解决官僚制弊病应该进行艺术的实践,后传统治理实践应该是一种艺术,因为艺术的本质趋于真正的人性。

艺术的实践包括游戏的思维和寻求的正义,公共行政实践者人人都应具备艺术家素养。艺术的实践应该超越传统的公共行政实践,致力于关注政治、经济、行政体制总体与个体的人性之间的关系。作为艺术家的实践者应该关注如何蕴含关爱和博爱,而不是仅仅强调现代公共行政效率。麦克斯怀特指出,弥漫在组织和制度世界中一个最致命的弱点就是缺乏"领导力"(McSwite,2009),其中包括领导艺术。治理的艺术应该呼唤人们之间更为开放的理想的关系类型。

博爱激励的治理拒绝把治理只可看作群体制定规则和应用规则。博爱激励的治理转向强调个体的、诗意的、精神的自由。法默尔(2005)认为,全心全意的爱是一种巨大的公共行政力量。把爱所有人作为动机包括群体规则,强调个体的人及其环境、生活和独特的转向。然而,后传统治理指向为实现他最大潜能的、独特的、自我的、完整的所有人。关爱和博爱必须超越竞争者象征体制修饰物的衡量,超越效率和超越官僚制。治理的艺术通过引入相反的象征物,才能一步一步地移向爱的动机。

法默尔(2005)还认为,应该重视公共行政领导力艺术,治理应该包括正义的艺术,而不是英雄豪杰式领导力。后现代实践者应该在爱的原则下"更新符号",解决"民主官僚制和民主公开"的难题,从而加强公民理想或意识形态的忠诚。废除国王(废除官僚制)就是要求改变公民头脑中的固化的符号系统。

(二)法默尔后现代公共行政理论之局限

西方人文传统和特定场域的时空前提:基督教文化、个人主义导向、文化多元主义、民主宪政、自由、民主、博爱、公平、正义、法制精神、反政府文化、资本主义意识形态,这些特定框架和系统限制后现代公共行政理论在其他国家的适用范围。

废除官僚制理论临界点问题:官僚制理论存废双方争论焦点均在于"效率"与"公平"的质疑。官僚制理论学派认为,现代官僚制"效率"最高,程序面前最为"公平",他们质疑后现代公共行政缺少"规则"。现实中,以理性主义、集权化、专业化、职业化、工业化为特征的官僚制理论真该终结吗?终结官僚制的临界点具有哪些特征呢?

易于陷入后现代公共行政唯心主义本体论:逻辑实证主义方法的唯物主义本体论固然存在缺陷,但完全依赖"想象"的唯心主义本体论同样令人怀疑。

理论传承与变异关系的困境:后现代公共行政思想与官僚制彻底决裂,但同时拒绝现代公共行政的合理成分如"效率""公平"和"稳定性",如何创造性地实现理论范式转换依然是现实难题。

游吟诗人般思维激荡,古典行政哲学思想曲高和寡:如短评采用哈姆莱特式独白,深入刻画后现代公共行政思想的激荡与内心彷徨。而现代读者对西方古典哲学和古典话剧表达形式比较陌生,加之缺乏必要的注释,普通读者难以理解其中的深邃含义,大大影响著作的名声远播。

(三)法默尔后现代行政理论之批判性评价

麦克斯怀特(McSwite,1997)曾在《公共行政评论》上发表《后现代主义与公共行政身份认同的危机》长文,对法默尔《公共行政的语言》及福克斯和米勒《后现代公共行政——一个话语朝向》进行高度评价。他认为,这两部著作会很快成为快速崛起的后现代公共行政研究的奠基之作。此后，英国、澳大利亚等国学者都对其著作进行专项评论。

作为后现代公共行政学派奠基之作《公共行政的语言》，系统性地解构官僚制语言（或官僚制理论）。著作针对全球范围内官僚制和现代性理论与实践之积弊，提出后现代公共行政理论如何解决解构官僚制理论的误区，从意识、方法、学科知识、心态上如何建构后现代公共行政理论。

《杀死国王》旨在如何从认识论、方法论和实践论上建构后现代公共行政理论。其核心概念强调"想象的思维""寻求的正义"和"艺术的实践"，其中"后传统意识"是解决官僚制和治理的关键环节。法默尔《杀死国王》出版后，后现代公共行政学者坎宁汉姆、麦克斯怀特、凯特劳、斯凯克特、柯兹敏、维特和索恩等进行一系列讨论和回应性思考。麦克斯怀特（McSwite，2009）充分肯定法默尔废除官僚制理论的贡献。他认为，现实中创造现代主义的所有知识领域和途径被集体需要的，被认为产生"大写真理"即最终真理的真理王位残废了。国王（即官僚制）还坐在王位之上……这正是问题的症结所在：现实的困境在于，只要人们相信做"正确的事情"或追求一种大写真理，那么他们会想当然地认为存在所谓的"真理"，人们会一步一步地接近这种所谓"真理"。在实现所谓大写"真理"过程中人们可能越陷越深。其实，所谓"真理"就是陷阱。一旦我们承诺给"真理"，"真理"就变成我们心灵的鸦片，就很难废除"真理"了。

维克（Vickers，2005）也指出，《杀死国王》是向传统公共行政的一次突袭。柯兹敏、维特和索恩曾将法默尔后公共行政理论描述为具有想象力的、批判的公共行政，包括达伦多夫（Dahrendorf，1968）所指的"社会科学价值"。其理论包括"宏大范围"类型，把历史意识编入公共行政类别的"道德认同"理论建构之中（Kouzmin et al.，2009）。可见，法默尔后现代公共行政理论在西方学者中产生深刻影响。尤其是致力于公共行政理论创新的学者，不仅把法默尔后现代公共行政思想视为理论先驱，而且赞扬法默尔致力追求后现代公共行政理论解决现实困境的针对性、原创性的知识贡献。

《多视角的公共行政——通过多透镜的理论与实践》提供了认识论复合视角的后公共行政理论。其核心概念强调"解读""多透镜""合成"和"启发"，而复杂情景下理论与实践"合成"是关键的环节，尤其采用神经科学视角的认识与实践合成。

法默尔后现代思想是在耕耘《公共行政理论与实践》知识中，与许多后现代公共行政学者通信交流中，各种新思想不断碰撞的结果。然而，更主要的理论冲动来自他不堪忍受官僚制的现实。他在纽约市警察总局和美国司法部职业生涯中，亲身经历了传统官僚制理论与实践失败的切肤之痛。这位百科全书式理论学者的高贵品格和优雅学识，以及创立后现代公共行政理论的远大志向，不断地吸收各种学科、各种思想并植入其后现代行政的思想试验之中。法默尔致力于未来公共行政理论指向，如人本主义、女性主义、边缘化群体、伦理法则、个人梦想、多样性、个性化、差别化、全球公民，这些不仅给他提供理论诉求，也引发他对未来公共行政理论导向的无限想象。

法默尔后现代行政哲学来自西方哲学思想宝库。这不仅得益于法默尔的老师维特根斯坦语言游戏思想的精华，也得益于他博览群书的学术积淀和深邃的哲学思考。他以特立独行的理论勇气痛击官僚制积弊，不仅是首位系统地阐述废除官僚制的学者，明确表达彻底废除官僚制的鲜明主张，而且提出解决官僚制问题的整体性替代方案，这种探索和质疑精神给人强烈的震撼和启迪。需要指出的是，法默尔思想同样需要解构与批判。反思是理解其思想内涵的最好途径。对我国现有公共行政理论进行全面的解构、话语分析、对话与批判，也是保持我国公共行政理论基业长青的有效途径。

后现代性与现代性可能长期并存和动态平衡。无疑现代性发展带来科学技术普及和经济快速增长，并伴随代议制民主和庞大的官僚制政府。然而，后现代主义者看到，现代性并没有解放我们人类，现代性显示了压迫和抑制，已经显示衰竭的特征。尽管现代性追求的大工业生产带来财富日益增长，但是后现代主义目睹了现代性的强权专制、人性压抑、信任危机、幸福缺失、社会危机、环境破坏、生态危机等现代性厄运。所以，两者关系可以类比为阴阳交织或阴阳互补关系，需要维持两者的动态统一或动态平衡。法默尔鲜明主张废除官僚制，还是值得商榷的。如果维持两者的动态平衡，那么各自的边界在哪？需要满足哪些条件？各自发挥什么作用？各自的动力机制是什么？它们是竞合关系，还是零和关系？

后现代公共行政与社会发展阶段密切相关。总的来说，现代性与工业化社会适应，后现代性与信息社会相适应。然而，我国处于几种社会形态交叉共存的社会形态，所以现代性公共行政与后现代公共行政理论将处于一个共生状态，并取决于多样性的行政生态系统。其中，行政生态理论可能是后现代公共行政理论的一个重要补充。后现代公共行政与美国反政府传统、个人主义、个性解放、个人权利、博爱等人文精神相适应的，并为后现代主义提供广泛的社会基础。而中国奉行集体主义，个人权利和个性解放十分不足，国情、政情、社情、民情十分迥异，后现代公共行政的社会基础相对薄弱。

后现代公共行政批判主义针对一些理论焦点。一是对于启蒙主义和现代性后果的批判，尤其是官僚组织及其理性主义的批判。这种批判有助于公共行政官员公共利益导向，引导他们如何担当更广泛的社会角色。所以，后现代主义者并不主张公务员只听命和服从于上级。二是后现代主义者批判所谓一般性科学，其反理性主义者立场导致他们走向一种新的范式，即理论要服务于变化的目的，否则宁可不要理论。事实上，现实中很多人借用民主理论之名维护他们的既得利益，而伦理价值标准的决策有助于边缘群体。诚然，后现代批判主义有可能导致实用主义，所以它的解决方案应该是建构性的。

四、法默尔后现代思想对中国公共行政的启示

本文对法默尔里程碑式三部公共行政理论著作进行初步梳理。总体来说，法默尔后现代思想可以概括为"解构"官僚制语言、"建构"后现代行政语言、"想象的思维"（认识的开放性）认识论、"寻求的正义"（伦理的多边主义）方法论、"艺术的实践"（实践

的确实性）实践论，以及复合学科公共行政研究视角。

法默尔思想对我国公共行政理论及其实践具有重要蕴含和启示，因为我国主导性公共行政理论依然是官僚制理论。在此，许多问题值得思考：我国官僚制理论与实践弊端究竟严重到何种程度？需要不需要废除官僚制理论？废除官僚制对我国产生何种影响？我国能否接受后现代公共行政理论框架？法默尔"想象的思维""寻求的正义"和"艺术的实践"理论框架，以及复合学科研究方法对我国实践有没有指导性作用？

我国对法默尔后现代公共行政思想研究也取决于两大现实诉求：一是主导的官僚制理论种种弊端已经广受诟病，二是我国没有形成本土化的、有效的公共行政理论（马骏、刘亚平，2006）。而法默尔后现代公共行政思想是就官僚制理论弊端针对性提出的替代性公共行政理论，无疑会对我国重塑公共行政理论具有有益借鉴作用。总之，法默尔后现代公共行政理论才能为我国学者探究和建构后现代公共行政理论提供一个很好的参照。

（一）新价值崛起和价值多元的启示

当今世界正在呈现分权化、个性化和国际化趋势，全球文化不再强调民族特性，地球村社群在跨组织、跨国家边界联结起来，很多人感到他们处在混沌的边缘。

后现代公共行政思想强调新价值崛起、多样性的生活方式和强调个人自由选择。尤其是后现代价值更强调人的自主性、独特性和多样性。西方社会高度的经济发展已经由物质主义崇拜的价值观，逐渐向强调自我表达和生活质量的后物质主义价值观转变。

后现代主义自称为彻底的人类主义者范式。我国政府也需要人本主义价值理念，维护"独特的、自身的、完整的人"的尊严，这对"出彩人生"具有启示意义。首先，政府要维护"以人为本"的"全部人的利益"，这是政府存在的最高理想和终极价值追求。然而，无论是西方政府的经验还是我国实践中的官僚制，并不具备实现这一基本价值理念。官僚制的科学性往往将公共性诉求边缘化。重视"有差别的人"的根本利益体现公共服务要具有针对性和回应性。政府不仅是所有公民的政府，而且是每个公民的政府，需要尊重每个公民的利益并为每个公民谋福利。每个个体有权利享有政府提供均等的公共服务，而不能借用国家或集体之名践踏公民个人的基本权利，对边缘群体需要增加博爱的关怀。

（二）对我国公共行政艺术性实践的启示

政府行政人员需要具有艺术家素质及领导力潜质。这种公共行政艺术家的潜质，有利于创造性地处理当今复杂性的、利益多元的、动态的社会关系和矛盾。政府官员艺术性公共服务实践，娴熟性地处理日常事务中政治的、经济的、行政的、社会的各种复杂关系，需要一种精湛的治理艺术，从而改变那种习惯于发号施令简单的、粗暴的行政方式。

回溯历史和审视现实，不难发现我国现代公共行政缺乏快速的反应能力。尤其是在接受新鲜的、挑战性知识和情感方面往往反应迟缓，官僚制也缺乏包容动态的、多样的、鲜活实践的适当性。而对宏观公共行政和长远的公共行政方面，官僚制似乎如此苍白无力，现代公共行政缺乏想象力和亲和力。因此，我们急需后传统公共行政意识，呼唤想象的思维、寻求的正义和艺术的实践。

然而，我国复杂历史与现实不断挑战后现代公共行政思想。譬如，各种"想象"思维之间的冲突如何解决？"公平/正义"价值的伦理学取向，何种范围的伦理学？儒家伦理还是西方伦理？艺术的实践与我国传统的"谋略""策略""圆通""术"是一回事吗？

现实挑战总是严酷的，如某著名企业家直击国民性弊病：人情第一位，公平退居第二位，不守法第三位，诸如此类。那么，后现代公共行政理论如何有效应对中国复杂的国情呢？

（三）对我国公共行政理论研究指向的启示

后现代公共行政理论认为，现代公共行政理论是一项过时的、错误设计的理论。所以，有必要转向非传统替代性公共行政理论形态的选择，亟待需要被有意义的、宏观的、长远的、非传统的后现代公共行政途径替代，即游戏的思维、寻求的正义、艺术的实践构成的公共行政总体性框架。选择现代公共行政替代性框架就是主张废除官僚制，终结占据主导统治地位的官僚制理论。

作为西方后现代公共行政代表，法默尔后传统行政理论内涵值得我们深思。只有批判性地理解法默尔后现代公共行政理论并作为启发性思想，才可结合我国具体情景或特定公共场域，才能艺术性、创造性地破解我国社会转型时期的困境和难题。

目前，我国公共行政理论中，无论古代的还是当今的公共行政理论开发，都落后于社会急剧变革与具体实践。除积极地借鉴和消化西方有益的行政思想，更重要的任务是转向本土的、民族的、伦理的、文化的、特色的、场域的公共行政理论。

结合法默尔后现代思想，笔者认为对我国公共行政理论研究指向性启示如下：

第一，积极借鉴西方后现代公共行政理论。如解构、批判和吸收西方后现代公共行政各派思想，反思和改进我国现代公共行政理论。我们需要进行中西方学者公共行政理论对话，学术的创造力正是在混沌之中、观点激烈交锋之中产生思想火花，旧的理论范式受到质疑和挑战，新的理论范式便应运而生，实现公共行政理论的跨越。

第二，批判地吸收中国传统文化思想。我国拥有悠久和丰富的历史文化遗产，许多可以作为后现代公共行政理论创新源泉。例如，孔子的"仁政""以德治国""己所不欲，勿施于人"思想；孟子的"心性修养""民贵君轻""王道仁政""知行合一"思想；老子的"道可道，无常道""自然无为""无为而治""道法自然"思想，辩证关系思想；庄子的"天人合一""相对主义"思想；墨子的"兼爱""非攻""尚贤"思想；荀子的"性恶论""天人相分""隆礼重法"思想；晏子的"和而不同"思想；韩非子的"法术势"结合思想；阴阳家的"阴阳互补""阴阳平衡"思想。这些古典思想产生于秦汉以来"大一统"封建专制官僚制之前，对于解决当今世界生态危机、环境危机、社会危机、信任危机和官僚制危机提供替代性选择的后现代公共行政理论。我们唯有剔除糟粕，保留其合理内核，才能创新出适应快速变化、满足多样性需求、未来指向的后现代公共行政理论。这些思想可以与西方公共行政思想相媲美，其中的一个关键问题在于如何批判地吸收其思想精华。传统思想资源为解决我国官僚制弊端和提炼本土化公共行政理论成为可能。期待我国学者通过批判地借鉴后传统公共行政理论，建构我国本土化的公共行政理论，实现我国公共行政"理论自信"之理想。

第三，重塑和开发中国行政哲学。法默尔后现代公共行政理论正是在行政哲学这一领域的理论创新与突破。中国行政哲学不仅限于马克思主义哲学，也不仅限于西方行政哲学，而是需要进行体系、内涵、边界的重塑。其实，我国行政哲学具有很大的开发空间和潜力。中国行政哲学就是我国宏观的公共行政理论，通过观察现实、反映现实、提炼现实的理论与实践，实现我国自然系统、社会系统、制度系统和人性系统的整合性理论。

第四，本土化公共伦理学行政标准指向。西方公共行政给予公共伦理学很高的地位，也是破除官僚制行政原则的替代性途径。两千年来，尽管儒家文化"以德治国"和"人治"广受诟病，然而不可否认我国拥有多民族的、不同发展阶段的、多样性的、复杂性的、多元价值的、多话语的、地域性的、特色的伦理准则。本土化伦理不仅有利于草根阶层、边缘群体、博弈规则、放权、参与和自下而上决策，而且有利于扬弃儒家"大一统"家长制伦理，不失为后现代公共行政理论开发的一个有效途径。

第五，诠释学行政研究方法指向。现代公共行政理论过于偏重逻辑实证的数理分析研究途径，容易出现对复杂动态现实问题歪曲建构或误解的错误，即使正确的方法也可能解决错误的问题。而后现代公共行政理论偏重质性分析研究途径。例如，现象学、文化人类学、政治社会学、话语分析、扎根理论、叙事探究等方法，旨在从微观上自下而上地探究实践中的复杂现象。实际上，主要的公共行政理论突破来自现象学研究方法，即便是官僚制理论产生也不例外。

第六，复合视角的理论基础指向。公共行政实践领域广阔，学科知识源流众多，只有学科交叉、思想碰撞和批判借鉴，特别是通过每个人的"想象"，后现代公共行政理论才能适应未来多样的、动态的、复杂的、混沌的、应急的和个性化的现实需要。那种把公共行政理论仅限于管理主义、效率主义的做法，或以一种灵丹妙药式行政理论应对千变万化之实践，只是一厢情愿的过时想法而已。

综上所述，法默尔把"想象"作为批判的反身性公共行政的基本前提，实践者才能成为"指导生活的艺术家"（2005）。尤其他提倡"道德反身性"和"道德承诺"的行政理论，而不要盲目地实践，这对我们具有指导性和针对性。目前，我国迫切需要未来指向的公共行政理论，除借鉴西方公共行政理论之外，变革时代亟须本土化的中国公共行政理论体系以指导实践。法默尔坚持的独立思维、想象思维、批判性思维、创新性思维的后现代公共行政理论为我们提供范本，也为我国后现代公共行政理论探索提供想象空间。

参考文献

[1] 段忠桥. 当代国外社会思潮［M］. 北京：中国人民大学出版社，2001.

[2] 查尔斯·J·福克斯，休·T·米勒. 后传统公共行政——话语指向［M］. 楚艳红等译. 北京：中国人民大学出版社，2003.

[3] 樊清, 孙杨杰. 后传统公共行政理论的哲学之维 [J]. 燕山大学学报（哲学社会科学版）, 2011（3）: 16-20.

[4] 罗伯特·丹哈特. 公共组织理论（第3版）[M]. 北京: 中国人民大学出版社, 2002.

[5] 麦克斯怀特. 公共行政的合法性———一种话语分析 [M]. 北京: 中国人民大学出版社, 2002.

[6] 马骏, 刘亚平. 中国公共行政的反思: 面对问题的勇气 [J]. 中山大学学报（哲学与社会科学版）, 2006（3）: 73-76.

[7] 尤尔根·哈贝马斯、米夏埃尔·哈勒. 作为未来的过去——与著名哲学家哈贝马斯的对话 [M]. 章国锋译. 杭州: 浙江人民出版社, 2001.

[8] 章伟. 解构与重构: 后传统公共行政的价值考量 [J]. 复旦大学学报（哲学与社会科学版）, 2005（1）: 30-35.

[9] Bogason, P. Public Administration and Postmodern Conditions: Some American Pointers to Research after the Year 2000 [J]. Administrative Theory & Praxis, 1999, 21 (4): 508-515.

[10] Dahrendorf, R. Essays on the Theory of Society [M]. London: Routledge and Kegan Paul, 1968: 7.

[11] armer, D. J. The Language of Public Administration: Bureaucracy, Modernity, and Postmodernity [M]. Tuscaloosa: University of Alabama Press, 1995: 1-250.

[12] Farmer, D. J. & Farmer, R. L. Leopards in the Temple: Bureaucracy and the Limits of the in-between [J]. Administration and Society, 1997, 29 (5): 507-528.

[13] Farmer, D. J. Framing a Senator, ASPA, and the Zeus List [J]. Administrative Theory and Praxis, 1998a, 20 (2): 248-250.

[14] Farmer, D. J. Social Construction of Concepts: The Case of Efficiency [M]. In Papers on the Art of Anti-Administration, Burke, VA: Chatelaine Press, 1998b: 1-25.

[15] Farmer, D. J. Public Administration Discourse: A Matter of Style [J]. Administration and Society, 1999, 31 (3): 299-320.

[16] Farmer, D. J. To Kill the King: Post-traditional Governance and Bureaucracy [M]. Amonk: M. E. Sharpe Inc., 2005: 1-194.

[17] Farmer, D. J. Public Administration in Perspective: Theory and Practice through Multiple Lenses [M]. Amonk: M. E. Sharpe Inc, 2010: 1-234.

[18] Gray, J. Post-liberalism: Studies in Political thought [M]. New York: Rout ledge, 1993: 25-30.

[19] Gillroy, J. M. Postmodernism, Efficiency and Comprehensive Policy Argument in Public Administration [J]. American Behavioral Scientist, 1997, 41 (1): 163-190.

[20] Heller, A, Feher, F. The Postmodern Political Condition [M]. New York: Columbia University Press, 1988: 35-45.

[21] Kouzmin, A., Witt, M. T., Thorne, K. "Killing the King" in Public Administration: from Critical Epistemology to Fractured Ontology and Limited Agency: A review essay [J]. Public Administration Quarterly, 2009 (3): 341.

[22] McSwite, O. C. Postmodernism and Public Administration's Identity Crisis [J]. Public Administration Review, 1997, 57 (2): 174-181.

[23] McSwite, O. C. Socrates Redux: A Roundabout Exegesis of Farmer's To Kill the King [M]. Public Administration Quarterly, 2009, 33 (3): 303 – 317.

[24] Simon, Herbert A. Models of My Life: The Remarkable Autobiography of the Nobel Prize Winning Social Scientist and Father of Artificial Intelligence [M]. N. Y. Basic Books, 1991.

[25] Wittgenstein, L. Tractatus Logico – Philosophicus [M]. Pears, D. F. & McGuinness, B. F. (Trans.), New York: Humanities Press, 1961: 56.

[26] Vickers, M. H. Book Review of To Kill the King: A Wakening of Imagination [J]. Administrative Theory & Praxis, 2005, 27 (2): 426 – 432.

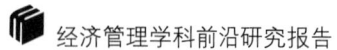
经济管理学科前沿研究报告

Termination of Bureaucracy: The Review of Post-modern Public Administration Theory

Jinzhou Song

Abstract: This paper reviews the main theoretical contribution in To Kill the King: Post-traditional Governance and Bureaucracy by David John Farmer, and some critical comments are offered on the Post-modern Public Administration Theory. The Language of Public Administration: Bureaucracy, Modernity and Post-modernism is the landmark of establishing the Language of Public Administration Theory. To Kill the King has constructed the general framework of the Post-modern Governance Theory in public administration. Especially, the epistemology of "thinking as play", the methodology of "justice as seeking" and the praxis of "practice as art" give us a profound theoretical implication for reinventing public administration theory in China.

Key Words: Post-Modern Public Administration Theory; Termination of Bureaucracy; David John Farmer's Thought

西方国家政府绩效评估：特征、缺陷及启示[*]

朱广忠

【摘　要】我国政府绩效评估是在借鉴西方国家政府绩效评估理论与实践基础上展开的。西方国家政府绩效评估，具有新公共管理运动路径依赖、西方国家政党政治价值取向、顾客至上的评估理念、效率为中心的结果导向等基本特征。这些基本特征导致西方国家政府绩效评估公共性的缺失。我国政府绩效评估要依据国情，在理论基础、评估标准、评估主体、评估导向等方面体现公共性。

【关键词】西方国家；政府绩效评估；公共性

一、西方国家政府绩效评估的基本特征

（一）新公共管理运动的路径依赖

政府绩效评估起源美国，可远溯至1906年布鲁尔等成立纽约市政研究局开展的公共部门绩效考评。新公共管理运动的兴起，促使西方国家政府绩效评估进入政府绩效管理阶段。

20世纪60年代以后，由于存在社会福利病、公共财政危机与公共部门效率低下等社会问题，西方国家民众对政府提供公共物品模式产生怀疑，这一怀疑扩展为政府信任危机。为应对这一危机，20世纪70年代末至20世纪80年代初，英国撒切尔政府与美国里根政府率先进行政府改革，开始西方国家的新公共管理运动。作为新公共管理运动的组成部分，"1993年《政府绩效与结果法案》出台之后，历届美国联邦政府都越来越关注绩效问题"（多纳德，2012），标志西方国家政府绩效评估进入了政府绩效管理阶段。因此，

---

[*]　本文选自《中国行政管理》2013年第12期。
[基金项目]　本文受江苏高校优势学科建设工程项目资助。
[作者单位]　朱广忠，南京财经大学公共管理学院。

"一般认为,真正促进政府绩效评估向政府绩效管理转变,并促使政府绩效管理兴起的是20世纪后期的新公共管理运动"(包国宪,2012)。可见,20世纪90年代以来西方国家的政府绩效评估,是新公共管理运动推动的结果,具有鲜明的新公共管理运动路径依赖特征,这使西方国家政府绩效评估具有效率与服务等工具理性的同时,更具有维护西方国家政府政治统治的价值理性,正是维护政府政治统治这一价值理性,使政府绩效评估"在应对西方国家政府危机方面发挥不可替代的作用"(包国宪,2012)。

(二)西方国家政党政治的价值取向

西方国家代表资产阶级利益的政党通过竞选轮流执政的政党制度,决定其政府绩效评估具有鲜明的西方国家政党政治价值取向,以赢得选举为根本目标。

"西方国家的政府绩效评估由两条路径组成:一条是选民通过参加选举对政府绩效进行评估,政务官及其所在政党对评估结果负政治责任;另一条是政府系统内部根据绩效合同进行的评估,由政府间、政府及其部门间、政府部门与官员之间的绩效合同构成"(倪星,2008)。长期以来,出于管理主义的学科视角与借鉴的动机,我国学界对西方国家政府绩效评估的研究,存在注重后一路径、忽视前一路径的取向。事实上,上述两条路径相互联系:一方面,正是西方国家资产阶级政党通过竞选轮流执政的政党制度,迫使西方国家政府绩效评估必须以选民选举为根本途径。另一方面,正是选民对政府及其官员的公共选择,不仅使西方国家政府具有绩效评估的压力与动力,也使这一评估具有实质性功能:选民据此选择政务官及其所属政党。

唐斯认为,"政党为了获得选举而制定政策,而不是为了制定政策获得选举"(安东尼,2005),这决定西方国家政府绩效评估具有鲜明的西方国家政党政治价值取向。以赢得选举为根本目标,导致西方国家政府绩效评估以选民满意为标准,评估指标围绕选民满意而展开。

(三)顾客至上的评估理念

新公共管理运动的路径依赖,使新公共管理理论倡导的顾客至上理念成为西方国家政府绩效评估的基本理念,西方国家政府绩效评估在一定意义上成为对政府为顾客服务程度的评估。在顾客至上理念支配下,西方国家政府绩效评估强调政府管理必须以顾客为中心。以顾客需要为导向,这可从1993年9月美国总统克林顿签署的《设立顾客服务标准》中得到印证。这一行政命令"责令联邦政府部门制定顾客服务标准,要求政府部门为顾客提供选择公共服务的资源和选择服务供给的手段"。与此相呼应,1994年美国国家绩效评估评论专门出版《顾客至上:为美国人民服务的标准》(蔡立辉,2007)。诚如哈佛大学教授巴达赫所指出,西方国家政府绩效评估,"最核心的观点是为结果而管理,而不是努力去完成那些被期望做的事;最重要的结果之一则是使顾客满意"(周志忍,2006)。由于政府服务是通过提供公共物品进行的,顾客也就是政府提供某一(些)公共物品的消费者。公共物品的不可分割性与非排他性决定公共物品的消费者是以整体(群体）形态存在的。只有在全民消费的公共物品中顾客才与全体民众等同，其他情况下顾客只是全体民众的组成部分、甚至是少部分。这使西方国家政府绩效评估存在以下特点：其一，政府服务对象是顾客而不是全体民众与社会；其二，政府被动为顾客服务而不是对民众与社会的主动引导。顾客至上的政府绩效评估理念不可能改变西方国家政府的统治性质，只是相对统治型、管制型或管理型政府，表现形式变得"温柔"与隐蔽。

（四）效率为中心的结果导向

西方国家政府绩效评估以选民满意为标准。基于个体理性，选民更多关注经济利益并在政府绩效评估中追求自身利益最大化。因此，西方国家政府绩效评估重点体现在选民关注的社会经济方面，评估指标主要是经济与服务方面的效率指标。

基于对效率指标的重视，西方国家"政府绩效评估的另外一个重要理念是结果导向"（周志忍，2006），体现为西方国家政府绩效评估就是对政府行为结果的评估。对此，学界给予的解释是，如果政府绩效评估注重绩效投入或过程，将会花费巨大精力而无法进行。这一解释从管理主义的效率至上理念出发，忽视了西方国家政府绩效评估的政治因素。事实上，西方国家政府绩效评估的结果导向源于特定的社会政治制度。其一，西方国家的选举制度，决定选民可以依据政府行为结果选择政府，使选民忽视政府行为动机；其二，西方国家法制化的决策体制，可在一定程度上保证政府决策过程的规范性，使选民忽视政府行为过程；其三，西方国家普遍实行两党或多党制的政党制度，各政党都宣称代表全体选民的利益，不仅掩盖西方国家政府与政党代表资产阶级利益的阶级本质，也使选民忽视对政府与政党行为动机及过程的考量。

二、西方国家政府绩效评估的根本缺陷

长期以来，基于管理学学科视角，学界将政府绩效评估视为管理主义的工具并盛赞其具有强大的生命力，忽视了政府绩效评估的政治属性。近来，学界开始关注政府绩效评估的公共性问题（包国宪，2012），但还缺少对西方国家政府绩效评估公共性缺失的本质、原因及表现的分析。事实上，西方国家政府绩效评估的公共性缺失是由其基本特征决定的根本性缺陷，具体表现为：

（一）理论基础公共性的缺失

新公共管理运动的推动与路径依赖，使新公共管理理论成为当代西方国家政府绩效评估的理论基础。新公共管理理论主张对政府提供公共物品模式进行改革，主要途径是市场化、民营化与企业化。市场化与民营化途径是通过市场与民营机制提供公共物品，企业化途径是运用企业管理理念与方法管理政府。上述途径虽然表现形式有所差异，其本质都是

用提供私人物品的理念与方法提供公共物品，这是忽视公共物品与私人物品本质差异的产物，反映西方新公共管理理论公共性的缺失。西方新公共管理理论公共性的缺失，导致西方国家政府管理改革公共性的缺失，标志之一是腐败现象的增加。对此，西方学者有明确论述："组织或机构从政府模式转向企业模式时，腐败与不道德行为有增加的倾向。当我们逐渐加强政府活动的民营化，把由政府直接提供的服务外包给私人企业的时候，我们事实上是在增加腐败和不道德行为的倾向"（乔治，2003）。以新公共管理理论为理论基础，围绕新公共管理理论主张的政府改革途径设计评估指标，是西方国家政府绩效评估公共性缺失的理论根源。

（二）价值取向公共性的缺失

西方国家的政党政治制度，决定西方国家政府绩效评估以选民满意为标准。这一标准虽然"蕴含了公众导向的民主行政内涵"（蔡立辉，2007），但由于选民只是民众的一部分且参加选举的选民又只是选民的一部分。甚至是一少部分，使这种"民主行政"成为部分人、甚至少数人的"民主行政"。首先，出于政治与经济方面的多种原因，西方国家民众对选举具有复杂心态，只有在民众认为参加选举的收益大于成本时，他们才会参加选举成为真正意义上的选民，唐斯在《民主的经济理论》一书中对此进行详细分析（安东尼，2005）。另外，不同等级选民在选举中的政治话语权是不同的。如美国大选中，选举人与社会政治经济地位较高的选民政治话语权高于一般选民。再者，出于个体理性行为，选民往往会从个体利益最大化角度评估政府绩效。基于上述原因，选民满意导致西方政府绩效评估具有以下缺陷：一是选民满意可能是部分人满意而不是全体民众满意，甚至只是具有政治话语权的社会精英群体满意。二是选民满意的政府绩效可能只反映选民的个体利益或群体利益，这些个体利益与群体利益有时会与社会整体利益发生冲突。三是选民满意的政府绩效可能只反映社会现实利益或短期利益，社会现实利益与短期利益有时也会和社会长远利益产生矛盾。以选民满意为评估标准，是西方国家政府绩效评估公共性缺失的内在动因。

（三）评估主体公共性的缺失

在顾客至上的评估理念支配下，顾客成为西方国家政府绩效的评估主体。政府绩效由顾客评估，这一思路移植了企业产品由消费者评估的企业管理理念。企业管理以盈利为根本目标，企业通过顾客购买产品实现利润，顾客满意是企业获得利润的前提，企业产品由顾客评估具有合理性。这一合理性的特征是：其一，企业生产产品的权力通过合法途径获取而不是顾客授予。其二，顾客对企业产品的评估针对企业生产的单一产品而不是企业自身。其三，顾客对企业产品的评估通过个体的市场行为而不是公共选择行为实现。但是，将这一企业管理理念移植于政府绩效评估中，是忽视公共管理与企业管理本质区别的产物。如前所述，就单一公共服务而言，政府服务对象可能是部分民众而不是全体民众。因此，政府绩效仅由顾客评估会导致如下结果：其一，政府绩效评估可能仅仅是一部分人、甚至是一少部分人的评估，无法确保反映全体民众的意志。其二，政府绩效评估会成为公共服务提供者与消费者之间的政治交易、甚至会形成双向寻租行为。以顾客为评估主体，是西方国家政府绩效评估公共性缺失的主体因素。

（四）评估导向公共性的缺失

以效率为中心的结果导向，体现了西方国家政府绩效评估的管理主义特征。由于评估主体是选民或顾客，效率为中心的结果导向会导致以下结果：第一，选民或顾客从自身利益最大化角度过分关注政府服务效率，导致其对政府绩效公共性的忽视。第二，选民或顾客过多关注政府行为结果而忽视政府行为动机与过程，使西方国家政府行为动机与过程忽视公共性，进而导致政府行为结果忽视公共性。按照马克思主义基本观点，政治是经济的集中体现。效率为中心的结果导向，不仅影响西方民众的政治利益，也影响其经济利益，针对西方国家选民从经济利益角度注重单项政策（政府行为结果）而不注重根本政治制度（政府行为动机与过程）的状况，公共选择学派代表人物（Buchanan，1987）指出，西方国家公共行政应该"是制定政策的宪法规则而不是政策本身成为改革的对象"。效率为中心的结果导向，是西方国家政府绩效评估公共性缺失的具体体现。

三、西方国家政府绩效评估的启示

西方国家政府绩效评估上述特征与缺陷启示我们：我国政府绩效评估必须贯彻公共性原则。

（一）落实评估标准的公共性

西方国家的政党政治制度，决定西方国家政府绩效评估以选民满意为标准。我国是社会主义国家，各级政府是中国共产党领导下全心全意为人民服务的政府，我国政府绩效评估必须坚持人民满意标准，贯彻始终把最广大人民群众的根本利益作为党和国家一切工作的出发点和落脚点的基本原则。在贯彻人民满意标准的同时，我国政府绩效评估还要将人与社会全面发展作为评估标准，全面落实科学发展观。目前，我国政府绩效评估需要处理好以下利益关系：一是处理好服务对象满意与人民群众满意之间的关系，建立起服务对象利益与人民群众利益之间的综合机制。二是处理好人民群众个体利益与社会整体利益、现实利益与社会长远利益之间的关系，建立起个体利益与社会整体利益、现实利益与社会长远利益的平衡机制。三是处理好经济发展同人与社会全面发展之间的关系，建立起经济发展同人与社会全面发展的协调机制。通过上述利益关系的综合、平衡与协调，落实我国政府绩效评估标准的公共性。

(二) 实现评估主体的公共性

目前，我国政府绩效评估主体呈现理论与实践脱离状态：我国政府绩效评估理论借鉴了西方国家政府绩效由服务对象评估的思路，我国政府绩效评估实践则在政府主导下进行，其本质属于政府部门自身评估。从政治学角度分析，政府运用民众赋予的公共权力履行政府职责，反映政府职责履行程度的政府绩效自然要由全体民众评估。因此，我国政府绩效评估主体不能只是政府自身，更不能是单纯的所谓顾客，应是党领导下的全体人民，让人民监督权力，让权力在阳光下运行。目前，我国政府绩效评估在评估主体方面需要做到：第一，政府绩效评估必须在党的领导下进行，保证政府绩效评估坚持正确的政治方向。第二，地方政府绩效评估应在上级政府指导下进行，实现上级政府对下级政府绩效的有效监督并将其作为管理下级政府的主要依据。第三，政府绩效评估需要全社会的广泛参与，形成社会综合评估机制。为此，我国政府绩效评估需要建立健全社会和民众参与机制，形成"党委领导、政府负责、社会协同、民众参与、法制保障"的政府绩效管理格局，实现评估主体的公共性。

(三) 贯彻评估导向的公共性

西方国家政府绩效评估实行效率为中心的结果导向，我国政府绩效评估不能移植这一导向，应该贯彻评估导向的公共性。

(1) 评估内容充分体现我国社会与政治发展。第一，在大力倡导加强和创新社会管理、促进社会公平正义的社会环境下，我国政府绩效评估需要更加注重社会发展，体现构建社会主义和谐社会的基本要求。第二，按照马克思政治学说，政府活动的本质是政治活动，反映政府活动结果的政府绩效评估应包括政治内容。一般来说，政府绩效评估的政治内容主要体现为政府绩效的合法律性，即政府绩效必须符合国家宪法和法律精神。基于特定国情，我国政府绩效评估的政治内容还应包括以下两个方面：一是各级政府绩效必须符合党的政策精神，这是由中国共产党是中国人民各项建设事业的领导核心决定的。二是地方政府绩效必须符合中央政府政策精神，这是由我国单一制国家结构形式决定的。

(2) 评估范围涵盖政府活动过程。在西方国家政府绩效评估理论与实践影响下，我国政府绩效评估也局限于对政府行为结果的评估，这是需要改进的。我国的政府绩效评估，需要在评估政府行为结果基础上，加入政府行为动机与过程的评估，实现由单纯评估政府行为结果向评估政府行为动机。过程与结果三位一体的转变——通过对政府行为动机的评估，确保各级政府决策动机充分反映人民群众的根本利益，用动机正义引领结果正义；通过对政府行为过程的评估，促进政府决策遵循规范程序，用程序正义实现结果正义。

(3) 评估对象指向政府行为与不行为。西方国家政府绩效评估以选民满意为标准，政府行为自然以选民满意为出发点，这决定西方国家政府只对选民关注的问题采取行为而对选民缺乏关注的问题不采取或较少采取行为。现代社会治理框架下，政府通过制定与执行公共政策履行职责。公共政策的本质是对社会价值进行的权威性分配，表现为"政府选择要做的任何事，或者它选择不去做的任何事"，"既包括政府的行为，也包括政府的不行为"

(宁骚，2011)。这表明，政府的行为与不行为都是政府公共政策的具体体现。我国的政府绩效评估，既要评估政府行为，也要评估政府不行为。一般来说，评估政府行为与不行为包括以下两点：一是评估政府在哪些方面应该作为而无所作为，表明政府没有履行应有职责；二是评估政府在哪些方面不应该作为却有所作为，表明政府行为超越了职责权限。我国各级政府必须有效执行中国共产党的各项政策，评估我国政府行为与不行为还包括两个特殊含义：一是通过评估政府行为，考察各级政府在哪些方面积极执行党的政策。二是通过评估政府不行为，考察各级政府需要在哪些方面提高执行党的政策的积极性。

(4) 完善政府整体评估体系。从根本意义分析，西方国家各级政府权力均来源于选民，这决定它们对各自选民而不是对上级政府负责。因此，西方国家政府绩效评估呈现针对单一层级政府评估的总体态势。近年来，英国、澳大利亚、新西兰等国家开展的后公共管理改革运动出现整体政府理念，以克服新公共管理运动产生的政府碎片化状态，其政府绩效评估也在一定程度上呈现出整体评估。但是，西方国家各级政府权力来源相互独立的政治制度没有改变，这决定西方国家政府绩效评估的总体态势没有发生根本转变。目前，我国政府绩效评估也在单一层级政府或单一政府部门进行。从总体角度分析，我国单一制国家结构形式决定下级政府服从上级政府并向上级政府负责，地方政府职责由上级政府授予并受其制约，我国某一层级政府绩效既由该层级政府也由上下层级政府决定。因此，我国政府绩效评估应由单一层级政府转向政府体系，具体体现为：一是区分不同层级政府权限，在各层级政府权限范围内评估政府绩效。二是将某一层级地方政府绩效与上下层级政府绩效结合起来，形成上级地方政府对下级地方政府绩效负责的评估体系。三是将同一层级政府不同部门的绩效结合起来，形成对某一层级政府绩效的整体评估。将政府绩效评估由单一层级政府转向政府体系，有助于发挥我国政府的整体功能，确保各级地方政府有效执行中央政策。

参考文献

［1］多纳德·莫尼汉等．绩效管理改革的效果：来自美国联邦政府的证据［J］．公共管理学报，2012（2）．

［2］包国宪等．以公共价值为导向的政府绩效治理［J］．公共管理学报，2012（2）．

［3］倪星．中国政府绩效评估：实践与反思［J］．中山大学学报（社会科学版），2008（3）．

［4］安东尼·唐斯．民主的经济理论［M］．姚洋等译．上海：上海世纪出版集团，2005（25）：237－251．

［5］蔡立辉．政府绩效评估：现状与发展前景［J］．中山大学学报（社会科学版），2007（5）．

［6］周志忍．政府绩效管理研究：问题、责任与方向［J］．中国行政管理，2006（12）．

［7］乔治·弗雷德里克森．公共行政的精神［M］．张成福等译．北京：中国人民大学出版社，2003：157．

［8］Buchanan James. The Constituting of Economic Policy. The American Economic Review，1987，77（3）．

［9］宁骚．公共政策学［M］．北京：高等教育出版社，2011：131．

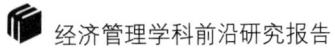
经济管理学科前沿研究报告

Western Government Performance Measurement: Features, Defects and Revelation

Zhu Guangzhong

Abstract: The government performance measurement system is going to be improved during the "12th Five - Year Plan" period in China based upon the theories and practice in western countries. The basic features of western systems include the new public management movement path dependence, the political party value orientation, the customer first philosophy and the result - oriented with efficiency as center. But their systems neglected the feature of public. Therefore, the government performance measurement in China should not only concern about Chinese reality but also about the public feature in its theoretical foundation, criteria, subject and orientation.

Key Words: western countries; performance measurement of government; public Feature

行政管理学学科前沿研究报告

应对气候变化问题的多中心治理体制*

埃莉诺·奥斯特洛姆著 谢来辉译

一、导言

许多被界定为"全球问题"的问题，都是由个人、家庭、小集团、私营企业以及本地、区域和各国政府的行动所产生的累积性结果。当今世界面临的一个迫切的全球问题就是削减温室气体排放，后者是由全世界的个人与组织的行为导致的，其累积效应增加气候变化的威胁。解决这一问题需要集体行动。为了规避这一全球威胁，不同层面的众多行为体都需要采取代价高昂的减排决策。与此同时，任何一个人即使不做任何贡献都会从减排中获益。正如优秀的政策分析家们所分析的那样，降低这一威胁需要一个可实施的全球协议。

在与气候变化有关的政策文献中，主要争论都是围绕一些关键议题展开的，而这些关键议题对于在全球层面形成公平有效的机制都是必不可少的。问题之一涉及发达国家对于目前及不远的将来大气中温室气体浓度的责任问题。这涉及应该由谁来承担解决问题的主要责任，以及发展中国家是否可以拒绝承担与发达国家制造这种威胁同等水平的责任。其他争论涉及那些降低碳存储的多种"疗法"是否有助于解决其他的环境问题。一个难题在于确定毁林对气候变化的影响究竟导致多少二氧化碳直接被排放到大气中，或者土地植被、土壤水分蒸发及云层覆盖的改变也同样重要，所以后面这些因素规划再造林时也应该加以考虑。

这些都是难以回答的问题。达成一个涵盖主要排放大国的可实施的国际协议，需要花费很长时间。在缺乏一个可实施的国际减排协议的情况下，如果仅仅等待而无所作为，就会减少我们及时采取实质性拯救方案以防止重大灾难的机会。

---

* 本文选自《国外理论动态》2013年第2期。
［作者单位］埃莉诺·奥斯特洛姆，美国印第安纳大学政治学系；谢来辉，中央编译局。

除了长期等待的问题之外,一个"全球性方案"如果缺乏各国、地区和本地层面的行动,就无法确保其会得到很好的实施。虽然大气中温室气体的浓度在较大范围内可能都是相对均匀分布的,可是气候变化对于不同地区的影响却程度不一,这要取决于人们所处的地理区位、生态及经济条件、对极端天气事件的预先准备以及之前的投资,等等。

进一步来看,尽管气候变化的诸多影响都是全球性的,但造成气候变化的原因皆源于各种规模更小的行为体。著名的口号"全球思考,本地行动"正好点出所有世界居民所面临的困境。为了解决气候变化问题,个人、家庭、企业、社区和各级政府的日常活动必须有实质性的转变。即便如此,许多人仍旧没有认识到改变自身行为方式的必要性。他们要等到一个全球层面的协议才会行动。不过,这种局面正在逐渐改变,因为越来越多的行为体已经在学习如何不断降低减排的成本。

不过,从集体行动的传统理论看,没有人会自愿转变行为方式,以减少能源消耗和温室气体排放。换言之,必须有一个外部权威强制实行一系列可实施的规则,以改变每个人所面临的激励。因此,分析人士呼吁建立新的全球层面的制度,以改变与能源消耗及排放的相关激励。要解决具有全球效应的集体行动问题的一个前提是必须首先通过一个具有全球权威的法律行动。因此,分析家进行下一步的气候变化研究时必须处理好以下几个问题:

第一,集体行动的传统理论是分析如何减少大规模气候变化威胁的最好理论吗?如果不是,应该做何种改变?

第二,减少温室气体排放的行动仅会产生全球层面的利益吗?是否会在多重维度上产生更多收益?

第三,与仅仅依赖全球性方案的气候政策分析相比,多中心的分析进路是否会更为有益?

第四,在全球层面之下的其他层面,是否存在减少温室气体排放的行动?这些行动的累加效应能否减少严重的气候变化威胁?

第五,当各级政府及其他组织都参与减排时,是否会导致严重的泄漏、政策不一致、认证不足、制度投机以及搭便车行为等问题?

二、集体行动的传统理论

"集体行动"的概念是指这样一种情景有关行动的决策是由个人分别独立做出的,但是最终的结果却会影响到所涉及的每一个人。如果独立的决策者们都仅追求短期的物质利益,他们就无法获得可为所有人所分享的、可行的更高回报,而无论他们是否投入成本、做出贡献。一般认为,处于最大化短期物质利益并做出独立决策的参与者们将无法获得这种更高回报的结果。按照集体行动的传统理论,在全球范围内如果没有外部施加的规制,将不会有任何行为体会自发选择减排。

这种传统理论的适用性，在许多学者看来是如此明显，以至于没有人质疑它能否为那些旨在降低气候变化威胁的行动提供最佳的理论基础。不过，有两个理由来怀疑唯一依赖这种传统的集体行动理论是否就是最佳的科学战略。一是对于与中小型环境问题以及社会困境相关的集体行动传统理论，经验支持较为薄弱。二是除各种学术及政策性文献中主要关注的全球层面的减排收益以外，在其他层面上也还存在多重性的收益。

（一）传统集体行动理论缺乏经验支持

最近有一本专著评述与环境问题有关的集体行动理论的经验支持。他们考察的内容包括深入的案例分析、案例的元分析、大规模的比较性田野研究、实验室研究以及代理人模型等产生的证据。虽然在一系列的经验研究中也都发现许多搭便车的情况，但大量本应面临集体行动困境的中小型群体却选择合作。因此，在分析与气候变化威胁相关的减排行动之前，有必要更新集体行动理论。

（二）更新气候变化有关的集体行动理论

未来如果要分析个人如何与各种自然资源相联系，一种更新的集体行动理论必须建立在关于人类行动的行为理论基础之上，并认识到具体情境在影响这些参与者之间的信任和互惠水平方面的重要性。而且，该理论在气候问题上的应用，也需要考察在个人和企业的能源使用中是否存在小规模的外部性。这将构成一种对未来行动的完全不同的认识基础。

既然在社会的两难困境中的行为因个人和情境而异，因而更新的理论努力取决于个人的行为理论，也取决于影响自愿合作可能性或者履行正式规则的、相对高水平的具体困境的结构性特征。一种关于个体的行为理论将假设个人不再拥有完全信息，但是在具体情境下互动时，他们能够学习。个人是具有有限理性的，而且寻求自我的利益，但是在顾及他人的偏好以及关于在特定情境下他们应该采取何种适当行动的规范方面，却存在千差万别。

于是，参与者在获得信赖以及酬谢其他人参与其合作方面的能力，就成为能够维持中等和高等合作水平的情境的核心特征。为了实现这一目标，任何试图提高集体行动水平以克服社会困境的政策，都必须增强参与者的信任度，他们要信任其他人正在实施的这些政策。关键因素在于，一个结构性特征的组合使许多相关人士相互信任，并愿意采取一致的、能够增加短期成本的行动，因为他们确实看到有利于自身以及他人的一个长期性收益，而且相信许多人也会这样做。

当政府制定政策以解决某个外部性问题时，集体行动的问题并不会消失。即使是政府的政策，在很大程度上也还取决于公民合作的意愿。如果公民们同意政府的某项政策并认为大家会执行，同时也认为该项政策是有效的、并将得到公平实施时，那么实施成本就会比在公民试图逃避这项政策时要低得多。对于一项政策的运作而言，人们信任政府官员是客观、有效和公平的，这一点相比于依赖权力实施要重要得多。

三、我们从减排中仅获得全球层面的收益吗

温室气体排放是一种在多重维度上由极大数量的行动所导致的结果。在一个家庭内部，关于使用何种交通方式、购买何种轿车以及在家里消费何种能源等决策，影响的不仅是家庭预算，还有向大气中排放温室气体的排放量。同样，商业企业内部的决策也不仅影响他们的预算，还会产生排放。

建有智能电网的社区可以使各家各户都投资太阳能以满足家庭能源需要，可以将多余的电力出售给大的电网，这既可以降低能源成本，也能降低温室气体排放。投资建立更好的废物处理设施也能产生本地收益，还有助于减少全球排放。在大都市地区，降低污染水平的行动同时关注总体能源消耗以及颗粒物的排放，因此也能够为城市以及全世界带来收益。既然许多产生排放的活动都在多重维度展开，那么在多重维度上组织的活动也会给所有参与者带来收益，从本地层面的家庭、农场和城市，到地区层面的州、国家、跨越国家边界的区域，以至全球。

四、一种多中心的进路

在过去的半个世纪里，笔者与印第安纳大学政治理论与政策分析工作组的同事们，为分析与多样公共物品及服务的提供有关的集体行动问题，开发多中心体系的概念。如前所述，多重维度上的减排行动会产生多重收益，因而多中心性对于理解和改进减少气候变化威胁的努力，是一种有用的分析路径。

在20世纪50年代，针对美国和欧洲大都市地区的治理安排，存在大量的批评，因为在同样的都市地区同时有大量的大、中、小规模的政府单位在运行。许多学者认为，如此多的政府机构为一个地区服务显然是一个混乱的体系。为了理解这样一批形式多样的公私机构为都市区域提供公共服务究竟是混乱无序，还是一种潜在有生产力的安排，我们在研究工作中提出"多中心性"的概念。"多中心"意味着许多个决策中心它们形式上相互独立……它们在竞争性关系中将彼此考虑在内，进入各种契约性及合作性的任务，或求助于中心的机制以解决冲突，一个大都市地区的各种政治管辖机构可能以内在一致的方式、以相互协调和可预测的互动行为模式发挥作用。就这方面来看，如果真是如此，它们可谓是在作为一个"体系"运作。

多中心体系的特征在于不同维度上的多重治理权威，而非单一中心的单位。一个多中心体系内的每一个单位都在特定的领域内展现制定规范和规则的相对独立性。一个多中心

体系中的参与者有使用本地知识的优势，随着更大型单位的介入，与无贡献者、当地"暴君"以及不适当的歧视相关的问题就可能得到解决，在新的科学知识和创新方面可进行投资。没有完美的治理体系，但是多中心体制有可观的优势，因为它带来相互监测、学习和随着时间适应更佳战略的机制。

在集体物品的提供与生产方面，尽管没有制度安排能够在整体上消除机会主义，但多中心体系趋向于加强创新、学习、适应、可信赖性、参与者合作的程度以及在多重维度上获得更加有效、公平和可持续的结果。增强公民的能力，使其形成小规模的集体消费单位，将会鼓励面对面的讨论，并获得共同的理解。创造更大的集体消费单位，则会减少富人的战略性行为（试图逃至避税港，从而搭上其他纳税人的"便车"）。而且，创建与气候变化相关的多中心制度有助于实现国际法中的"配比原则"，即在涉及多重层面例如全球、国家、地区和更小的范围的问题上，每一个层面都应该有所贡献。

那么多中心分析路径与全球公共物品之间有什么关系？多中心路径的初步联系在于：之前认为只有大规模才与都市地区公共物品的提供及生产产生相适应的理论假设，与当下一些学者提出的假设认为只有在全球的维度才能对应全球公共物品相关的政策，这二者之间存在着类比关系。但大量的经验研究发现，虽然大规模的治理单位是大都市地区有效治理的一部分，可是中、小型治理部门也是必要的补充。一个重要的教训就是，需要认真反省仅推荐单一的治理单位来解决全球集体行动问题的做法。

正如前面所讨论的，相比于仅在全球层面获得的减排收益，多重维度上的多元化行动也创造多重的收益。在家庭层面也产生潜在的收益。选择骑车而非驾车上班的家庭成员更为健康。如果投资房屋的更佳设计、现有房屋的再建、安装太阳能电池板以及其他家庭及私人企业可以获得长期回报的措施，那么用于取暖和供电的家庭开支就可以降低。随着关于这些小规模的、但是各种益处可以累加的信息越来越多，人们可以预期会有更多可以采取的行动，而它们的不断累积就会明显减少排放。

五、在次全球层面有哪些减排行动在实施

如果多中心路径适用于减少灾难性气候变化的威胁，那就有必要了解在各种维度上已经采取了哪些减少温室气体排放的努力。在本文中不可能将全世界各个维度上正在进行的项目全面记载下来。这里所能做的是，关注美国一些州和地方政府组织的项目，并讨论欧洲一些实质性减排的行动。

（一）本地层面的行动与减少本地外部性的联盟

本地层面的减排行动涉及购买节能轿车、使用其他交通方式、使用太阳能和风能设备以及在城区实现建筑隔热。"在美国，建筑占用了一次性能源供应的40%，以及超过70%

的电力,主要用于供暖、冷气和照明。"研究人员识别17种可以在家庭或者商业设施内采用的、最终会对碳排放产生重要影响的行动。改建房屋以增加隔热功能、太阳能电池板以及更有效率的供暖系统是一种可以在本地层面采取的重要战略,而且这个战略可以对这些既节省能源开支、又减少排放的家庭或企业带来长期储备。

开发可靠的城市一级的温室气体排放清单的方法已经形成,并通过测试。它们在许多城市中得到应用,这些城市的所在国都对《京都议定书》做出承诺。仅在美国,1026个城市的市长参与"美国气候保护协议市长大会",承诺要在1990年的基础上至少减排5%。

各城市和电力企业已经开始启动各种"绿色"行动。美国的一些公共事业公司正在积极地开发本地监测系统,并将能耗信息报告到消费者收到的账单中去,以此探索减少能耗的途径。利用消费者和集团之间的各种形式的竞争,并展示谁在节能方面做得最好,也是一种被大学校园采纳的减排战略。比如欧柏林学院正在尝试各种动员学生住宿的方法。在一项对这种行动进行严格评估的研究中,研究人员发现:"通过引入反馈、教育和激励等措施,最终导致减少32%的电力消耗。"

(二) 美国各州层面的项目

加利福尼亚州是美国各州中第一批通过重要气候立法的州之一,它在2006年通过《全球变暖解决方案法案》。该法案要求包括石油和天然气冶炼和运输在内的主要产业进行大幅减排。科罗拉多州立法机构通过《州议会法案08—1350号》,并在2008年签署生效,使该州各市能为已批准的住房改造及业主们融资,从而通过20年的延期还款来支付能够减排的供暖和电力设备资本投资。2007年7月,佛罗里达州州长查利·克里斯特签署多个行政命令设立减排目标,同时修改建筑法规以在新建筑中提高能源的使用效率。

东部一些州也正在采取行动建立碳市场。《区域温室气体倡议》(RGGI)共有东北部和中部临大西洋的10个州参与,它计划在2018年之前从电力行业减排10%的二氧化碳。而且,RGGI是美国首批基于市场的限额与贸易机制之一,这种机制通过拍卖排放信用额,以及投资于发展各种形式的清洁能源技术,从而在各州减少排放,并创造绿色就业。第八次拍卖发生在2010年6月9日。这一试验在所有10个州带来关于这种拍卖战略的效率以及导致排放减少的实质性信息。

(三) 欧盟的努力

在欧洲,各种创造性的政策将本地、各国乃至欧盟等各个层面联系起来。这种合作性的规划为发展一种新的多中心系统提供必要的背景。这项研究提供一个能够增加电力却不增加排放的多中心系统的极佳案例。

在区域层面,现在已经建立欧盟排放贸易体系(EU-ETS),可以在2012年之前实现欧盟在《京都议定书》中承诺的8%的减排目标并降低经济成本。欧洲的电力、钢铁、玻璃、制砖和陶器等部门的大约1.2万家大型工业企业被纳入其中,只有交通部门除外。

这些企业的经营者获得一年期的排放配额。如果经核实,配额未完全用完,未用完的配额部分可以出售给其他没有完成既定目标的企业。

(四)多重主体的行动累积起来可以降低气候变化的威胁吗

虽然目前已有的行动尚未能在全球范围内产生重要的减排效果,但是这些行动正在慢慢累积。而且,所涉及的大部分单位都是重要的排放者,可望随着时间不断增加贡献。例如,欧盟排放贸易体系的绩效已经在欧盟内部产生实质性的减排。2006年,欧洲环境局发布的官方数据显示,签署《京都议定书》的欧盟成员国能够在2005年实现相比于1990年减排2%的目标。预期温室气体排放在2010年将比2004年的水平进一步降低。

除前述欧盟的EU-ETS和美国的RG-GI之外,另外还有3个排放贸易体系建立起来。清洁发展机制(COM)在英国得到进一步的发展,吸引大量的企业。世界银行创立了"原型碳基金",这与清洁发展机制的形式很相似,主要投资于发展中国家的减排项目。芝加哥气候交易所(CCX)也建立起来,使企业可以基于自愿减排进行交易。

加利福尼亚州不仅是世界上第十二大温室气体排放掘,也是率先采纳气候政策的政府之一。加利福尼亚州在2006年实施的《全球变暖解决方案法案》的目标是到2020年减排25%,具体办法就是要通过包括油气加工及运输部门在内的主要部门进行大幅减排。加利福尼亚州空气资源委员会受命建立一个基于市场的限额贸易项目以实施这一政策。

如前所述,超过1000个美国城市的市长誓言要在1990年的水平上减排至少5%,这说明本地化行动正在积累。并不是仅仅有很少的本地或区域组织正在采取积极的减排行动。媒体所关注的美国个别城市和各州的初步行动,以及欧盟的行动,已经在引领很多其他组织(包括非营利组织)去探索减少排放同时也获得一些本地性收益的途径。

除最近取得的实际减排效果,我们从多元化的机制应用过程中也获得可观的经验。所有这些自愿行动都涉及那些在全球性减排协议下必然要参与行动的组织。虽然全球协议要由各国政府来签订,但各国都要开发出涵盖政府部门、产业和公民的国内政策,以采取能够达成减排目标协议的行动。

六、在气候问题上行动主体的数量会产生不利影响吗

对当前减排行动提出的批评之一是,在多重维度上存在太多的项目和活动,却没有一个全球协议的有效支持。考察一些被认为是困扰减排行动的关键问题因此显得尤为重要。承认这些问题对于开始寻找解决问题的方法是必要的一步。常被指出的问题包括泄漏、政策不一致、认证不充分、制度投机以及搭便车等。

（一）泄漏问题

在次国家层面的减排项目中常被发现的问题之一就是泄漏。在全球层面之下采取的政策会发生两种类型的泄漏：不同地域间的泄漏和市场泄漏。本来应该发生在 X 地区的活动，因为在 X 地区的一个气候变化项目，转移到 Y 地区，这就发生所谓"地域间的泄漏"。欧盟排放贸易体系和美国"区域温室气体倡议"的减排活动，在某些情况下就使一些本来会在欧洲或美国发生的排放，转移到一个排放政策较为宽松或者根本没有政策的发展中国家。例如，欧盟排放贸易体系可以导致生产转移到免费排放从而生产成本更低的国家，但是在生产化学品以及向欧洲运输这些化学品的过程中还是排放了碳。同样，因为植树项目被迫迁移的农民可能在新居住地砍伐树木，除非他们必须做出会接受严格核查的承诺。

市场泄漏是指因为政策限制而可能发生的价格结构的变化。比如一个政策降低某地木材及其他林木产品的供应量。这会导致这些产品价格的提高。如果一切运行良好的话，更高的价格会鼓励其他地区加强农业及林业生产，而不会刺激更多的毁林。"在更糟的情景下，特别是在土地规制政策实施不顺利时，更高的价格会在其他地区产生毁林的额外信号，因此降低气候减缓项目的净效益。"

（二）政策不一致

与泄漏问题密切相关的是政策不一致的问题。正在努力开发减排新技术的工业企业会发现，如果在地区之间政策差异很大，研发的代价就很大。新技术的潜在市场限于那些技术适用于减排政策的地区，而这些地区可能没有大到足以产生可以保障新技术投资的市场规模。

（三）认证不充分

对于在各个维度上采取旨在为减排项目提供各种报偿的政策，都需要训练有素的人员来认证，以确认该项目在一定的时间范围内确实产生某个数量的温室气体减排量。一个非常活跃的新产业"全球咨询"已经在形成发展中。虽然很多咨询师并没有很好的科学训练，认证需求的迅速增加为一些不合格的从业者在这场新的认证博弈中提供发财的机遇。有学者评估了 93 个随机选择的 CDM 项目，发现在大多数情况下，验证减排信用额的咨询师都没有具备所需的知识，普遍存在过度工作、未遵循指导、花费很少的时间评估一个项目等问题。

（四）制度投机

一些行为体在现实中利用现有碳信用交易体系不足以谋取私利的策略。美国研究人员考察了 CDM 项目的分布情况，发现仅有 1/3 的减排是关于降低二氧化碳和能源利用的。相反，"大量的减排信用额几乎占整个市场的 30%，都来源于捕获和销毁氟代甲烷这种制冷设备的副产品"。排放这种气体的厂商，因为出售这种气体用于制冷又参与CDM，可以获得两倍收益。因此，一些企业似乎开始生产这种气体，以获得信用额出售给碳市场作为主要目的，而非削减温室气体。

（五）搭便车

无论何时，只要有某些个人或组织采取有利于更大规模集团的行动，就会存在搭便车的风险，部分人不会做贡献或者没有贡献适当的份额。当前，也有很多政府及私人部门尤其在发展中国家在各种层级上都在大幅增加温室气体排放，却没有采取在未来削减排放的任何政策，这是一个重要问题。而且，谁造成大气中温室气体大幅增加的状况，谁要在未来为此做出补偿等问题都非常有必要进行辩论。

七、总结性评论

本文的目的在于解释当前的一个重要趋势应对全球气候变化的一个多中心体系正在形成，而且在未来可能会扩展下去。现实中这一进展与集体行动的传统理论并不一致，后者预测除非存在外部强制实施的一系列规则，否则不可能发生各种为降低集体风险而采取的行动。结果，许多分析家都预设一个强制实施的全球协议是解决气候变化威胁的"唯一"途径。毫无疑问，一个全球协议是一个非常重要的步骤，只要各国领导人尽快就诸多过去与未来的排放责任以及最为有效的规则达成一致，那我们就应当尽力去争取。但是，相比于仅仅关注这一至关重要却仍旧缺失的一步，同样重要的是要认识到正在形成中的多中心体制，包括其优点以及不足。

至于传统的集体行动理论，在很多不同背景下，参与者采取的有效行动获得大量集体收益，这在经验性研究文献中已经得到记载。世界各地的公共事务研究已反复发现，传统的理论预测并非总能得到支持，即直接受影响的人们孤立无助，自己不可能采取行动解决集体行动问题。我们从大量研究中得到当个人对其面临的问题以及涉及的其他人获得良好信息，并且能够建构可以产生、增长和长期维持信任和互惠的情景时，就会经常发生代价昂贵但有积极意义的行动，而无须等待外界的权威来施加规则。监测实施以及考虑惩罚。

家庭内部或者一个社区内部与邻居们关于减少温室气体排放的本地行动的讨论，都是可能导致积极变化的重要因素。本地的讨论和沟通可能导致相关个人偏好的变化，以及对其他人行为的预期的变化。作为这种沟通的结果，一些行为体对其自身的碳足迹产生一种伦理责任感。通过这些讨论以及阅读多种行为体减排的行动事迹，个人可能认识到他们会因为与其他人一起采取有代价的行动，在降低共同面临的威胁的同时也在个体层面受益。即使没有在国家层面对能源征收重大税负，那些家庭如果决定投资于隔热性更好和更有效率的炉子等电器，并在任何适宜的时候都参与拼车及其他节能行动，就会长期降低家庭预算。他们会面临较高的先期投资才能获得收益,在家庭层面未来存在潜在的收益。同样,市长们与本地、州和地区的其他政治领导人进行的讨论,会增加有关他们可能采取的政策、相互联系如何增加收益以及他们行动的影响等方面的知识。

自我组织的、多中心的体制并不是一剂"万灵药"。不过,对于全球变暖这样一个复杂问题也并不存在"万灵药"。除了多中心体制能产生的一般收益之外,也存在如前面所简述的威胁。其中一些威胁也会存在于任何从全球协议发展出来的全球性体制之中。正如所期望的那样,搭便车对一个缺乏可实施协议的体制将是一个重要威胁。不过人们也可能预期,即使已经成功通过谈判达成一项全球协议,那些对减少碳排放仍未信服的行为体仍将试图搭便车。

由于与应对气候变化相关的问题的复杂性及其变化的本质,大幅削减排放的"最优"方案仅是一个梦想。不过,大幅削减排放确实是必要的。多中心路径的优势在于鼓励多种行为体的实验,鼓励发展各种评估某一情境下所采取具体战略之成本与收益的方法,并将其与在其他情境下的结果相比较。探索减少个人排放各种方式的有力承诺,是应对气候变化的要素。建立这种承诺,并且信任其他人也会承担责任,可以在中小规模的单位内通过多元化的信息网络更加有效地得以实现。

我们需要认识到,不达成全球协议的做法,其实是将涉及所有人的风险最大化。与仅有一种全球行动相比,更好的方式是自觉地采取多中心路径来解决气候变化问题,以在多种维度上获得收益,并鼓励实验和从多种维度上实施的多元化政策中学习。

不同理论视角下的目标偏差及影响因素研究述评

刘 焕 吴建南 徐萌萌

【摘 要】 本文从资源依赖理论、晋升激励理论、委托代理理论和公共服务动机等理论视角述评了目标偏差的影响因素及形成机理,并梳理具有代表性的实证研究。研究发现,不同学科领域的学者对目标偏差的认知维度不尽相同,对目标偏差的概念化和操作化的处理各有侧重,缺乏对目标偏差影响因素的系统梳理和整体认识。基于此,本文以不同利益相关者给地方政府官员带来的压力为切入点,提出目标偏差的机理模型和未来研究框架,建议未来研究能够综合考虑体制因素、组织因素、政策因素、领导因素、公众参与和同级地方政府因素等对目标偏差的影响,通过实证研究识别目标偏差的关键影响因素,进而给出降低目标偏差程度的政策建议。

【关键词】 目标偏差;晋升激励;资源依赖;研究综述

组织学研究很早就关注"目标偏差"现象。德国学者罗伯特·米歇尔斯(Robert Michels)(Michels,1968)在研究20世纪欧洲国家劳工组织和社会主义党派时发现:劳工组织虽然是为公众利益而诞生,但在追逐和达成组织利益的过程中,逐渐产生等级制度;公众逐渐被远离决策,出现少数精英和大众之间的两极分化,组织目标也逐渐被精英的利益目标所替代;由此提出"目标偏差"(Goal Displacement)来描述这一组织现象,即在实际运行过程中,由于各种因素的影响,组织逐渐悖离最初设定的(正式)目标转而追求其他目标。社会学家马克斯·韦伯(Max Weber)(Webe,1946)研究认为科层制组织有着职责分明、明确分工,按照组织法律规章和激励机制办事,合法性治理有助于实现组织的理性目标;但是科层制组织亦有可能演化成以职员"自我生存"为目标的生命体,

---

* 本文选自《公共行政评论》2013年。
[基金项目] 教育部哲学社会科学研究重大课题攻关项目"创新驱动发展战略与科技创新支撑研究"(13JZD015)、陕西省软科学项目"陕西创新型省份建设的监测与考评体系研究"(2014KRZ08)。
[作者单位] 刘焕,西安交通大学管理学院;吴建南,上海交通大学国际与公共事务学院;徐萌萌,西安交通大学公共政策与管理学院。

而不是致力于实现组织设计的最初目标,出现目标偏差。有学者剖析田纳西河流域良性发展的组织目标,在嵌入社会的执行和行动过程中,被置换和修改,乃至悖离最初组织目标的内在机制,以此提醒公共部门管理者应关注组织行动可能带来的非预期影响(目标偏差),警惕制度化因素对组织行动的潜在约束作用(塞尔兹尼克,2014)。

在中国,"上有政策,下有对策""有令不行,有禁不止"等是政策目标发生偏差(置换)的常见现象。如近年来,我国经济高速增长的同时,造成严重的环境污染。食品安全和地方负债累累的一系列问题,这背离经济社会可持续发展的目标;有些地方打着城镇化发展的旗号,疯狂圈地"强拆"居民房屋导致上访、死亡等冲突事件加深了官民矛盾,造成了社会不稳定,这背离城市化发展的初衷。那么,什么是目标偏差?目标偏差的形成机理是什么?哪些因素导致目标偏差?对上述问题的研究,有助于解释目标偏差背后的形成机理和缓解目标偏差带来的严重后果,为推进政策的有效实施提供政策建议。

围绕目标偏差,笔者在 Web of Science 中以 "Goal Displacement" 为主题词进行检索,获取五十余篇目标偏差的相关研究,对其进行系统分析发现多是针对企业目标模糊和目标达成率的相关研究,与公共部门目标偏差直接相关的实证研究很少,本文重点剖析 10 余篇与公共部门比较相关的目标模糊和目标偏差的实证研究,从作者(年份)、研究对象、变量选取和研究发现等维度进行梳理(见表 1)。目标偏差的影响因素非常复杂,由于研究范式的差异,不同理论往往聚焦于特定的影响因素进行研究,鲜有从综合理论的视角予以研究。因此,本文在梳理目标偏差的内涵与特征的基础上,将从资源依赖理论、晋升激励理论、委托代理理论、公共服务动机等多维视角,基于晋升激励和资源稀缺的现实,深入剖析地方政府面对来自上级政府(权威)、同级政府(竞争)和公众等的多重压力,地方政府官员的内心活动和执政理念(公共服务动机)的变化,分析地方政府官员目标偏差行为的表现及其产生机理,进而给出目标偏差的影响因素模型和未来研究框架,以期为提高地方政府政策执行效率提供政策建议。

表 1 已有实证研究文献列表

作者,年份	研究对象	样本量	样本类型	自变量	控制(中介)变量	因变量	研究发现
Abelson,1983	保险公司业务秘书	107	调查数据	目标偏差、目标曲解	满意度、组织承诺	离职率、矿工率	目标偏差程度越高,对离职率没有显著影响;目标曲解程度越高,离职率越高
Stazyk and Goerdel,2011	人力服务机构	570	调查数据	目标模糊、政治支持权力等级	发展文化、外部沟通	组织有效性	目标模糊仅在权力等级的调节作用下对组织有效性负向影响

行政管理学学科前沿研究报告

续表

作者，年份	研究对象	样本量	样本类型	自变量	控制（中介）变量	因变量	研究发现
Bohte and Meier, 2000	公立学校	476	档案数据	资源匮乏、任务压力绩效差距、科层组织	合法性豁免、缺席率	组织欺骗（豁免率）	考试通过率越高，组织欺骗（豁免率）的可能性越高；学生人均支出越低，组织欺骗可能性越高
Jung, 2011	美国联邦机构	97	调查数据	目标模糊（目标的数量、规范模糊、时间模糊）	职员数量、预算机构性质、机构管理者是否是总统任命等	组织绩效（目标达成率）	组织目标数量越多、内容和时间界限界定越不清晰，组织绩效（目标达成率）越低
Resh and Marvel, 2012	小型企业、小型企业管理局	317	档案数据（2000~2009）	合同管理能力代表性机构	种族、工作年限、机构支出、机构预算、全职职员数量等	目标偏差可能性	机构合同管理能力越高、非本土执行者和白人合同经理的工作年限越长，目标偏差的可能性越小
Bozeman and Rainey, 1998	企业和公共机构管理者	200	调查数据 NASP	目标模糊	组织规模、管理强度资源公共性等	繁文缛节	规则实施、人事制度、目标模糊对繁文缛节有显著正向影响；在公共机构和企业中没有显著差异
Chun and Rainey, 2005	联邦机构	115	档案数据（1995~2000）	公共财政、政策类型选区竞争需求	专业人员比例机构位置、组织年龄、组织规模	目标模糊（组织使命、实现目标行业、目标评估、目标优先权）	公共财政、政策类型、选区竞争需求对实现目标行为、目标评估和目标优先权均有显著影响；对组织使命没有显著影响
Liang and Langbein, 2015	省级政府	31	档案数据（2001~2010）	绩效管理、激励强度（目标可见程度）	官员相对年龄、是否是中央委员、教育支出、人均可支配收入等	环境绩效（SO_2, COD, Soot）	绩效管理对环境绩效的影响随着污染源（考核指标）可见程度的降低而降低

注：本表仅列出和分析具有代表性的实证研究。
资料来源：笔者根据已有文献分类整理。

一、目标偏差的内涵与特征

不同学科领域的学者给出目标偏差的定义。遵守规则，最初的手段变成目标本身、工具性价值成为终极价值、形式主义（繁文缛节）被夸大导致过度关注组织规则而忽略组织目标的实现时出现目标偏差（Merton，1940）。目标偏差（Goal Displacement），亦有学者翻译成"目标置换"，即目标与手段颠倒，目标偏差是最初目标被其他可选择的目标替代的一种现象（Warner and Havens，1968）。组织的合法性目标，被偏离最初设置的目标，或资源未分配到的目标，或其他位置的目标所替代（Elliott and States，1979）。组织的生存需要常常可能会与其实质性目标（Substantive Goals）或组织目标产生冲突，这种冲突可能会导致目标偏差，使组织会以牺牲当前的环境资源为代价去维持组织的生存（Wolman，1972）。组织会聚焦于用易测量的产出指标替代难测量、更有意义的指标（Resh & Marvel，2012）。袁飚（2002）研究认为政策执行中的目标偏差，是指一定的机构和人员，在执行过程中其行动背离了初始的政策目标。本文认为目标偏差是一种忽略组织声称要实现的目标，而更多关注容易测量的、显性的目标，或是将手段作为目标，导致偏离组织最初目标的组织现象。

目标偏差的主要形式有以下几点内容：投机取巧（Cutting Corners），当以有限资源要实现较高绩效目标时，被考核对象可能会将资源分散在多种事件上，而不是将资源集中在风险较大的少数几件事上。

说谎（Lying），考核主体与考核对象之间存在信息不对称，考核对象处于信息优势地位，可能导致考核对象会陈述最能够体现其政绩的绩效数据或掩盖未完成的绩效指标。转移焦点（Sampling Bias）或"挪用资源"，即倾向于报告能够体现绩效的指标，并将组织资源从较难完成的任务上转移到能够提高绩效的任务上（Bohte & Meier，2000）。政策执行中的目标偏差有以下几种形式：政策敷衍，即在政策执行过程中只是口头应付，并未采取任何具体举措。政策歪曲，即在传达和执行中对政策精神实质或部门内容故意篡改、"钻空子"，做出对自身有利的解释。政策误解，即由于政策本身的模糊性或执行者能力低下，使政策执行者误解政策和错误执行政策。政策附加，即在执行过程中任意添加原来政策所没有的内容，使政策的调控对象、范围、目标等超出要求，导致政策扩大化。政策损缺，即选择性执行上级或中央的政策，各取所需。政策抵制，即有意不执行或变相不执行上级或中央政策（袁飚，2002）。一些组织由于利益与目标相分离，一致性的目标结构逐步走向瓦解，为"目标偏差"提供可能（张康之、周雪梅，2007）。政府组织的目标模糊程度较高，即对组织目标的理解拥有较大的解释空间；对组织使命的理解。实现组织目标的具体行为、目标实现的评估、优先完成目标的确定均有较大的"斡旋"余地（Chun and Rainey，2005），这会诱使不同利益相关者更关注能够最大化自身利益的目标，从而偏离组织要实现的目标。政策目标偏差会使政策目标丧失对政策执行活动的规范与指向作用，导致社会公共资源的浪费、政策效果大打折扣和政府权威的流失，给社会带来诸多负面影响（杨丽丽、龚会莲，2014）。

目标偏差发生的条件：目标偏差是目标改变（Goal Change）的一种类型，当主体对绩效水平的过度关注，致使其忽略声称要实现的目标时容易发生（Warner & Havens，1968）。目标偏差是组织扭曲（Distortion）的一种，当倾向于实现组织自身目标，导致手段与目标颠倒时，容易发生目标偏差（Elliott & States，1979），或是组织聚焦于实现目标的可操作性手段而忽略组织整体目标（Sagan，1994）。用易测量的产出指标代替更具有意义、不容易测量的隐性指标时容易发生（Resh & Marvel，2012）。绩效落差（Performance Gap）、资源稀缺，即绩效相对较低的组织会面临较大压力而提高绩效相对困难时，亦对绩效完成缺少直接和持续监督时，容易发生目标偏差（Bohte & Meier，2000）。

由上述分析知：目标偏差的根源在于政绩考核和晋升的压力、组织资源稀缺的束缚。政策制定者（上级政府）是委托人，而政策执行者（下级政府）是代理人，由于政策制定权与政策执行权的相对分离，促使政策执行过程中委托代理关系的形成。委托人（上级政府）和代理人（下级政府）之间存在信息不对称现象，加之政府政策的目标模糊程度较高，导致在政策执行过程中会出现以下几点：一是下级政府将有限资源聚焦于能够"彰显政绩"的面子工程；二是将大量的投入指标作为要实现的目标，而忽略投入的最终目的；三是在报告绩效结果时，有选择性地报告完成较好的绩效目标，而忽略报告未完成的重要绩效目标，如会重点报告经济发展的情况、而忽略报告环境污染等指标；四是晋升激励冲昏头脑，导致公共服务动机较低，过于关注晋升考核的指标，而偏离为公众服务的宗旨。

二、资源依赖理论视角下的目标偏差

组织间的资源依赖产生组织的外部控制，进而影响组织内部的权力安排，组织的运行所需的资源不可能都由组织自身提供。资源依赖理论假设没有任何一个组织是自给自足的，所有组织都必须为了生存而与其环境进行交换，获取资源的需求产生组织对外部环境的依赖（Pfeffer & Salancik，2003）；资源的稀缺性和重要性决定组织依赖的本质和范围（马迎贤，2005）。地方官员对外部法令并非忠心耿耿，因为他们要依靠地方机构来获得关键的资源和政治支持（袁飚，2002），面临着环境的不确定性和资源的稀缺性，组织可能会想尽办法攫取更多的资源，以维护自身利益和实现目标。对基层政府来说，上级政府下达政策指令时，往往忽略政策执行的成本。对于资源匮乏的基层政府来说他们有着自身独立的利益诉求，需要"挪用"资源去完成目标任务。政策执行过程本身产生非正式制度活动的需求，在这个过程中，资源是重要的约束条件。资源依赖程度越高，组织间的非正式关系程度越高。而在资源充足的组织和部门中，就没有产生动用非正式关系获取资源的压力需求（Zhou，2010）。

公共组织拥有比私立组织更加模糊和难以测量的目标，目标的数量、目标内容与目标完成时间的模糊程度会对联邦政府机构项目的目标达成率产生重要影响（Jung，2011）。绩效评估可能导致组织欺骗，政府绩效评估的难点在于公共机构的最终社会产出难以衡量，当公共机构的绩效以某些定量指标来衡量时，官员会致力于完成能够提高绩效的定量指标（即有操纵绩效标准的动机）而无视更有意义的政策效果。另外，稀缺的制度资源（Donahue et al.，2000；Rainey & Bozeman，1995；Smith & Larimer，2004）和极端的任务要求（Hamidullah et al.，2009；Meier & O'Toole，2001）都有可能导致目标管理困难、组织产生欺骗行为（Bohte & Meier，2000）。因为公共组织的管理者不能掌握准确有效的绩效指标，所以他们会通过其他额外制度和特殊规则去控制下级，并强调下级要严格遵守（Rainey & Bozeman，1995）。

对依靠外部资源生存的非政府组织来说，保持其合法性是组织生存的重中之重（Sarri & Baik，1998）；与外部环境的互动在决定组织合法性、塑造组织行为和创造发展机会的过程中扮演着非常重要的角色，其中资源依赖理论和制度理论是解释组织合法性的非常重要的理论基础（O'Brien，2010；Sarri & Baik，1998）。面对外部环境压力时，组织必须考虑外部社会和文化制度（规范、信仰等）的重要性（Scott，2004）。环境压力会导致组织同化和制度同构，即组织回应外部环境压力的方式越来越相似，而回应的方式主要有强制机制、模仿机制和规范机制（DiMaggio & Powell，1983）。

街头官僚面临多种任务要求，多种目标之间的互动受制于制度环境（Chackerian & Mavima，2001；周雪光，2008），同时囿于资源不足而导致执行不力阻碍他们全力追求所有任务目标（Resh & Pitts，2013）。如街头官僚虽然处于公共政策链条的末端，但实际上具有较强的政策"制定力"，即拥有较大的自由裁量权，但街头官僚工作的性质（如层层压制的工作要求、资源匮乏、工作方法不确定、服务对象的不可预知性）会阻碍他们实现工作理想目标，他们会受限于可掌握的资源和政策框架内，将服务对象的需求局限在掌握范围内，可能会忽略比较难以解决的问题，此时出现"目标偏差"（Lipsky，2010）。

上述资源依赖理论过度强调资源匮乏、任务繁重加剧地方政府对外界资源的依赖程度，证实了资源稀缺性（各种投入）对地方政府目标偏差的决定作用，这说明了致力于获取外部资源并加以合理配置能够帮助组织较好应对外部环境压力和获得合法性，从而在一定程度上阐释合理配置外部资源能够在一定程度上降低地方政府目标偏差的程度。但缺乏对地方政府的组织依附和社会嵌入行为对目标偏差影响的分析。研究还发现地方政府服务对象的不可预知性、政策本身的自由裁量权等均会对其目标偏差产生影响，但是这些研究多是对国外目标偏差的研究，相应的国内研究也未指出地方政府"歪曲"配置外部资源的根源是中国特殊的干部晋升制度，使相关研究缺乏根基和深度。

三、晋升激励理论视角下的目标偏差

经济学领域的学者研究认为，中国特殊的政绩考核和官员晋升制度是激励地方政府官员的决定因素。省委书记的年龄、学历、职务任期、GDP 增长率、现任与前任之间的相对 GDP 增长率等对官员晋升的影响非常显著（周黎安等，2005）。晋升锦标赛的一个突出特点是奖励承诺比较可信，主要体现在指标比较透明，各参与人都能观察到各自的业绩和委托人是否按照事前宣布的规则兑现承诺。另外，提拔竞赛优胜者并不需花费委托人的额外资源（周黎安，2007），但中国特色的官员晋升模式在特定阶段促进中国经济的快速良好发展，但是其"与一个良好的市场经济所需的政府职能和合理设计之间存在严重冲突"，同时造成政府职能与经济发展方式转变的严重脱节（周黎安，2007），进而带来一系列负面问题，出现目标偏差。

政府作为一种特殊的垄断组织，拥有其特定的内在机制，如果不充分考虑其机制特点而盲目模仿其他组织进行考核机制设计，效果可能适得其反（Zhou，2010）。我国地方政府虽然不具备西方国家完善的绩效考评体系，但却有绩效考评的行为，导致绩效指标选择的盲目性，主要体现在绩效指标的选择往往是根据上级政府进行"政绩锦标赛"的需要，确定行政管辖区域内的发展目标并进行细化，将其作为考核下级官员政绩的具体指标，通过"压力型"的体制实现自身的利益诉求（李学，2010），即上级政府考核什么指标，下级政府就关注什么指标（Bevan & Hood，2006）；如果激励机制设计不合理、激励不恰当，亦会导致目标偏差（Garson & Brenneman，1981）。中国各级政府官员面对自上而下的目标责任考核与晋升竞争，他们晋升流动的职业生涯与其目标任务完成情况、政绩水平紧密相关（Zhou，2010）。政治晋升制度中有关政绩考核的激励机制为考核对象攫取资源提供强大推动力，如上级政府在制定目标时急于政绩而制定不切实际的目标，未考虑执行成本和困难程度；在强压力下，考核对象或采取共谋行为应付上级政府或挪用其他资源以完成考核指标；进而诱发目标偏差（周雪光，2005）。晋升预期、城市特征、官员特征、与竞争对手的相对业绩等与地方官员政策承诺可信度之间存在密切关系，同时晋升预期是影响政策承诺可信度的重要因素，但高质量的政策承诺可信度不仅来源于晋升竞争，也受到政治责任感、成就感等内在因素的显著影响（杨君，2011）。同时，具有较强晋升动机的政府官员可能会盲目设置较高的目标任务，最终导致目标任务未完成，而出现目标偏差。

围绕实现目标有多种博弈和战略行为：一是棘轮效应（Ratchet Effect），未来目标的制定是以去年的目标为基础，每年必须确保有增长趋势，使产出目标会无限制地增长，且在短期内降低的可能性较低，这会导致生产单位的管理者可能会刻意压低当年的最大可能生产前沿，因为现在做得多了，可能会降低未来的报酬（Bain et al.，1987；Brown et al.，1994）；二是门槛效应（Threshold Effect），即用统一的产出目标应用于系统内的所有单位，而同时也没有为绩效卓越的单位提供相应的激励，导致绩效高的单位会降低绩效质量或绩效产量，仅为满足系统最低目标要求即可（Brown et al.，1994）；三是产出失真或操纵报告的结果（Output Distortion or Manipulation of Reported Results），"击中了目标，却没抓住要领"（Hood，2006）。

当绩效考核指标被当成目标时会导致"目标偏差"，即考核重点聚焦于错误的工作活动和通过各种方式"完成数字指标"，而没有改进实际的效果。将注意力从规划应该做的事情上转移，扭曲规划的方向（Perrin，1998）。绩效考核很少关注结果，而是过度关注考核指标是否完成，花费大量时间去制定问责信息，通常不利于对规划的开展（Hatry，2006）。加拿大《新就业保险法案》考核就业项目结果有两个主要指标：获得工作的人员数量、节省就业保险基金的数量。当项目和职员的绩效以这两个指标为标准时，目标偏差将不可避免，例如将不太贫穷的人列为接济对象，或将"就业"界定为兼职工作、临时工作或自主创业的人员都是获得工作的人员，这样虽完成绩效指标，但真正需要就业保险基金的人却得不到，背离了该法案实施的初衷（Perrin，1996）。高强度的绩效管理制度，尤其是设置能明确、合理有效测量的既定目标，能够在很大程度上有助于高效完成预期目标任务。但是中国的官员晋升制度（Nomenklatura）是基于目标设置和激励而定，对官员的政治生涯起着至关重要的作用，官员面对高强度的激励，可能会倾向于完成"显在的、易于完成"的目标（Liang and Langbein，2015），而忽视真正要实现的目标。

科层制组织的非人格化（Impersonal）特点，即按照规章制度办事、不徇私情，考核指标的数字化、操作化，诸如此类本应提高组织制度的规范作用、削弱目标偏差（Weber，1946）。事实上，对于政府官员来说，由于"关系、政治路线等"的深远影响及绩效本身的难以测量（吴建南、马亮，2009），使行政关系人缘化情况甚嚣尘上，各级政府官员花费大量时间和精力经营与上级领导、其他部门同事及同级竞争者间的非正式关系（Zhou，2010），而疏于对民生等指标的关注。

上述研究表明：地方政府领导的个人特征、任期、相对绩效等对政治晋升有着显著影响。政绩考核指标的设置水平和激励机制设计不合理均会导致地方政府的目标偏差行为。通过已有研究的侧面可以反映出目标实现过程中地方政府自身的相对绩效（过去的绩效水平）。政绩考核目标设置的单一性和笼统性，也是导致目标偏差的重要因素，进而导致实际绩效产出低或操纵绩效结果的行为。同时，已有研究也分析了中国特殊的人情关系政治路线等对绩效结果和目标偏差的影响。但上述研究缺乏对考核主体和考核对象之间委托代理关系和信息不对称现象的关注，亦缺乏对地方政府目标偏差行为的发现和惩罚机制的关注，亦未提及中国政绩考核问责机制不健全等问题。

四、委托代理理论视角下的目标偏差

委托代理理论的核心是研究在信息不对称和利益相冲突的情境下,委托人如何设计最优契约激励代理人(Sappington,1991),其基本逻辑是在激励相容约束和参与约束的条件下寻找委托人设计的最优契约(刘有贵、蒋年云,2006),委托人和代理人都是经济人,其行为目标要实现自身效用最大化,两者之间存在信息不对称和利益冲突。如在压力型体制下,乡镇政府既要维持社会秩序的稳定和经济资源的汲取,又要面对自身财政紧张和完成来自上级的目标责任等任务,以确保自身的正常运作和生存(徐勇、黄辉祥,2002),在两者之间不断进行权衡和博弈。

首先,由于多级政策执行主体拥有相对独立的利益诉求,政策执行主体可能从自身利益出发,机构内部可能会形成"小派系"和"非正式组织群体"以牺牲政策最终目标为代价(Nwosu,1977),从理性视角将政策目标进行置换以实现自身利益最大化(Sampson & Albertson,2000)。其次,委托人和代理人之间存在信息不对称,存在可能的道德风险,导致政策执行者将资源集中于易于完成和"显现"的绩效指标上(Bohte & Meier,2000),亦可能出现目标偏差(置换)。政府部门目标设置是一个非常复杂的过程,涉及多个政府层级的诸多利益相关者,往往需要经过政府上下各部门的反复讨论和商榷才能够确定;但是由于上级政府通常需要设置很多个不同领域的目标任务,而上下级政府间存在严重的信息不对称,使下级部门通常具有较大的斡旋空间,进而争取对自身有利的目标任务(Huang,2002)。最后,公共政策多是从国家或区域视角制定,具有较大的执行弹性空间和灵活性,给予政策执行主体一定的自由裁量权,即一种对政策的"再决策",政策执行主体在政策执行过程中会进行成本—收益分析,往往以个人利益为决策考量,这为目标偏差提供可能性(陈晓虹,2008;周雪光,2008)。但是,政府部门的行政人员作为"街头官僚",其政策判断力和自由裁量权是在诸多约束条件下做出的一组选择(马骏,2004),行政裁量权的空间是要在遵守规则的前提下进行权衡而确定,这为官僚控制和约束行政人员的行政行为带来挑战,为地方政府官员的目标偏差行为埋下了隐患。

组织目标被职业目标替代时会增加目标偏差的风险和制度歪曲的可能,导致组织是为职员需求服务而不是最大程度服务社会(Ikenberry,1972),从而悖离组织发展的最终目标。地方政府面临上级政府和公众等多级代理关系,可能会存在目标冲突(Kurland,1991)。目标设置过程中可能会产生相容和不相容的复杂的目标,经过不同利益相关者的协商优先级目标终趋一致,在这个过程中权力起着非常重要的作用(Jentoft et al.,2011)。由于政府内部的考核机制设计与实际组织运行逻辑不符,在很大程度上促进基层政府间形成利益共同体,利用信息不对称而设置较低、较少和易显现的目标任务,通过很少努力甚至不努力就能实现的目标任务,以减少付出和避免因完不成任务而受到的惩罚,使在政策执行过程中组织的正式目标被基层官员切身利益产生的其他目标代替，为各方维护共同利益而参与共谋行为提供制度化基础，导致目标偏差（周雪光，2008）。

上述研究强调地方政府为实现自身利益最大化，加之信息不对称的存在，使地方政府官员避重就轻，仅关注容易完成、能够体现自身政绩的目标。同时也指出不合理的考核激励机制设计亦为其目标偏差的行为提供"合法化的制度外衣"，这会进一步加剧地方政府目标偏差行为的发生。但上述研究缺少对地方政府官员目标偏差行为的内部心理活动的深入剖析，缺乏对官员公共服务动机这一非常重要影响因素的关注。

五、公共服务动机视角下的目标偏差

公共服务动机对政府公务人员来说显得尤为重要，公共服务动机形成过程的关键变量主要包括社会背景（Parental Socialization）、宗教信仰（Religious Socialization）、政治意识形态（Political Ideology）、职业认同（Professional Identification）、个人特征等（Perry，1997）。动机环境（如制度因素、组织机理、工作特征等）和环境因素对其影响也非常重要，如减少繁文缛节、科层体制的层级、明确组织目标、向下级充分授权等均会对公共服务动机产生积极影响（朱春奎等，2011）。官僚组织使其职员习惯和接受以规则管理代替组织初始目标（目标偏差）的官僚特性（Merton，1940），针对卫生和人类服务等公共部门来说，根本目标是服务于市民，这体现了公共部门职员的公共服务动机（Moynihan and Pandey，2007）。繁文缛节是一种"官僚病"（Bureaucratic Pathologies）或"公共弊政"（Public Maladministration），也是一种有效且需要服从的规则、规章和程序，但并不能帮助组织实现其预期目标；繁文缛节与官僚制二者关系密切，但繁文缛节是官僚制变化和规则异化的产物，它将过程、程序等视为结果和目标，通常出现在政府部门人事制度和政府采购领域（Bozeman & Rainey，1998；Rainey & Bozeman，2000）。规则仅是为了职员自我服务（Self-serving），忽略了社会或组织利益最大化；规则是不同利益相关者相互妥协的产物，需权衡多个利益相关者的利益和满足多个目标，但又不能同时满足；规则是为了实现对人员的控制和问责，但控制过度会阻碍组织及职员的本职工作，导致繁文缛节的产生；如果组织过分注重民主和参与可能会忽视结果，最终导致目标发生偏差（Bozeman，2000）。

在理想的组织中，所有人都能够胜任工作和拥有相应资源去实现服务目标，除少数职员有自我服务（Self-serving）的动机外，几乎没有压力使员工有操纵行为，因为每个人都公开和理性地融入组织成员，并积极参加为实现组织共同目标开展的必要活动；但在现实中，这种情况很少发生，因为组织内部职员存在竞争和认知差异、需求和资源不匹配、目标偏差及部门间冲突都会阻碍组织目标的实现（Green & Pawlak，1983）。对公共机构来说，其直接产出（如犯罪案件处理数量、安全检查等）与公共机构工作的实际贡献

(社会效果，如避免工作歧视、保护环境等)相比，更加容易测量。当公共机构的绩效是以可量化的产出来衡量时，官僚会产生使其产出最大化的动机，而忽略该最大化产出是否符合战略目标的初衷，即最终要实现的社会产出，该动机可能会带来组织欺骗，在公共机构中可能会出现操纵产出指标以展现最好的工作（Bohte & Meier, 2000）的现象，即目标偏差。

上述研究表明政府公务人员的公共服务动机的影响因素非常复杂。前述的资源依赖、晋升激励和委托代理关系均可能影响其公共服务动机，由此本研究认为公共服务动机是影响地方政府目标偏差行为的非常重要的中介变量。但是目前公共服务动机的相关研究重点仍聚焦于个人特征、工作特征、外部环境等因素对政府公务人员目标偏差行为的影响机理，缺少对目标偏差影响因素的系统研究。

六、结论与讨论

我国的目标偏差（置换）研究起步较晚，对此议题的研究多局限于个别案例的定性分析和感性认知的描述（胡业飞、崔杨杨，2015；陈晓虹，2008；吴远来、梅雨，2014；周雪光，2008）。国外的实证研究较少且关注的对象多关注私立企业和公立学校。如将目标偏差作为因变量研究企业合同管理能力、职员特征等对目标偏差的影响（Resh & Marvel, 2012）；有将目标偏差、目标曲解作为自变量研究其对保险公司职员离职率和旷工率的影响（Abelson, 1983）；亦有将目标偏差演绎理解为组织欺骗，并将其作为因变量，研究资源匮乏、任务压力、绩效差距和科层组织等对公立学校中学生参加标准考试豁免率的影响（Bohte & Meier, 2000）。政府和部门的理性选择，服从机制、竞争机制、学习机制、惯性机制和共谋机制，是导致各省行为趋同和目标偏差的潜在机制（吴建南等，2015）。本文在梳理国内外文献的基础上，初步阐释目标偏差的起源、成因、后果等，整体来说，我国的目标偏差（置换）研究领域还很不成熟，研究内容的深度有待加深，研究对象的范围有待扩充，研究方法和研究成果的应用还亟须挖掘。

已有研究显示诸多因素均会影响目标偏差。如单纯从某个理论视角进行探索，可能会忽略其他关键的影响因素而导致研究结论的片面和误差。然而，如果将所有因素同时纳入分析框架也无法实现，跨学科、扩领域的综合研究在某种程度可以缓解这种窘境。已有研究多局限于从单一理论视角和特定维度对目标偏差的形成机理进行推理阐释，理论和学科交叉的融合程度不高。由此看来，从多维视角探讨目标偏差的影响机理非常必要，因此本文在综合已有研究的基础上，从不同理论视角出发解释政府部门政策目标偏差的形成机理，并给出目标偏差的机理模型（见图1），以期对未来的理论和实证研究起到抛砖引玉的作用。

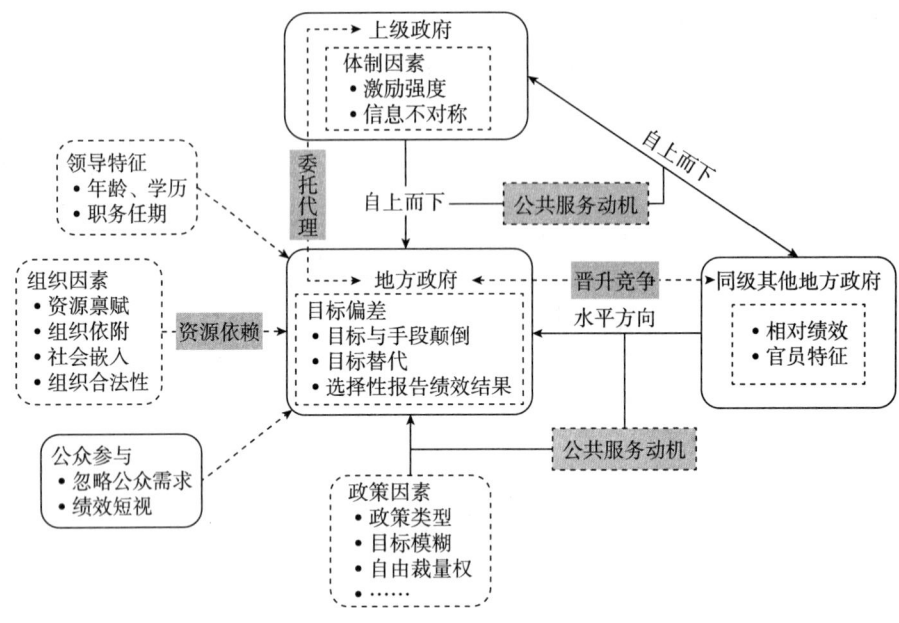

图1 目标偏差的机理模型

该机理模型以地方政府面对上级政府的权威考核压力、同级政府的晋升竞争压力为主要脉络,一方面,地方政府为了赢得上级领导的认可和表达政治决心和政治忠诚度,可能会盲目顺从上级政府的政策框架和政策指令,全然忽略地方政府的实际状况,最终可能导致政策目标偏差的状况。另一方面,地方政府官员与同级政府官员的晋升竞争非常激烈,为了取得比竞争对手更高的绩效,可能会"盲目学习"并配以不同于竞争对手的行政行为,以突显个人的政绩。同时,将领导个人特征、政策特点、组织特点、体制因素和竞争对手等均囊括在模型内,可以全方位分析上述各类因素的贡献与可能的相互关系,其中地方政府自身的影响因素(组织因素、领导特征、政策因素)均用虚线框标识,而上级政府与其同级政府的影响因素均用实线框标识。已有研究仅是说明地方政府忽略公众需求,但是缺少对公众参与政府政策过程及其对目标偏差影响的实证研究。本文将目标偏差置于不同理论视角、以不同利益相关者(上级政府、同级地方政府、公众等)对地方政府官员带来的压力为切入点进行深入分析,为识别关键影响因素及其作用机理提供了可能。

七、未来研究展望

本文从不同理论视角综述不同学科领域的学者对目标偏差及其影响因素的相关研究,重点分析官员晋升、组织因素对目标偏差的作用机理。研究发现,针对目标偏差的理解还处于探索阶段，对相关变量的概念化和操作化的处理略显薄弱，具有深度的经验研究很少，针对公共部门目标偏差的实证分析大多聚焦于公立学校的研究，即使有少量对政府部门的实证探析，但研究的重点是目标模糊程度对目标达成率的影响（Jung，2011）及公共财政和选区竞争需求对目标模糊程度的影响（Chun，2005），缺少对政府部门目标偏差行为的系统理论分析和实证研究。基于此，本文给出了一个未来的研究框架（见图2），建议未来研究可综合考虑领导个人特征、组织状况、政策本身特点和体制等方面的因素，通过实证研究探讨和识别政府部门政策目标偏差的关键影响因素。

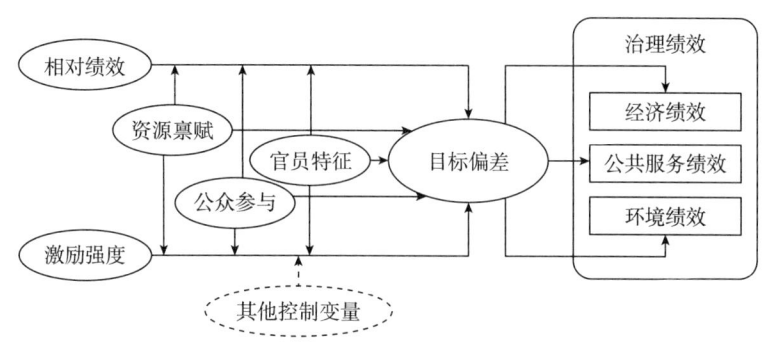

图2 未来研究框架

晋升服务于配置资源和提供激励两个目的（Baker et al.，1988），但二者可能会因工作任务和激励对象能力水平的不同而构成矛盾或一致的关系（姜树林等，2002）；政治晋升是影响乃至决定政府官员命运的首要激励因素，它会对官员的观念和行为产生至关重要的影响（马亮，2013），也是我们考察政府部门政策目标偏差的出发点。当配置资源和提供激励存在冲突时，可能会出现目标偏差。如何通过晋升实现资源配置和激励的双重目的，进而减少目标偏差？这些是未来非常重要的研究问题。中国的威权政治体制及金字塔式的科层体制决定官员晋升是一个非常复杂的政治过程，导致其在绩效目标设置过程中可能会出现非理性的行为（马亮，2013），进而导致目标偏差的发生。

未来实证研究可将目标偏差作为因变量或自变量，对当前我国政府部门政策目标偏差的前因和后果进行深入研究和探讨。具体而言，从资源依赖、晋升激励、委托代理、公共服务动机等视角出发，重点剖析地方政府官员如何应对和缓解不同利益相关者带来的压力，探讨体制因素、组织因素、政策因素、领导因素、公众参与和竞争对手因素等对地方政府目标偏差的影响，进而研究目标偏差对地方政府治理绩效（经济绩效、公共服务绩效、环境绩效等）的影响。第一，针对地方政府目标偏差的前因（影响因素）研究而言，因变量是目标偏差，主要从地方政府是否将手段与目标颠倒（如是否将投入指标设置为目标），在报告绩效结果时是否变换相关指标的统计口径或模糊报告绩效结果（用"基本完成"等字样表述），或是仅报告完成的目标、而忽略报告未完成的预期目标。由目标偏差的机理模型（图1）可将自变量设置为激励强度、相对绩效、资源禀赋、官员特征和公众参与。激励强度，即分析国家和上级政府领导对相关预期目标的重视程度，如果国家、上级领导较为重视该目标，则认为其激励强度较高，否则认为激励强度较低。相对绩效，主要从该地方政府与其他同级地方政府之间的横向绩效差距、该地方政府自身不同年份之间的纵向绩效差距两个方面去衡量。资源禀赋，可从地方政府的财政状况等客观数据衡量。官员特征，主要考虑到地方政府领导的年龄、学历、任期、职业背景等因素。另外，公众参与亦是非常重要的影响因素，可考虑从各地方政府留言板的信访量等角度去衡量。同时，进一步探讨资源禀赋、官员特征、公众参与三个变量，分别对激励强度与政府目标偏差之间的关系、相对绩效与政府目标偏差之间关系的调节作用，以期更准确识别出影响政府目标偏差的影响因素。第二，针对地方政府目标偏差后果的实证研究而言，因变量设置为地方政府的治理绩效，主要从地方政府的经济发展状况（经济绩效）、社保就业和公共交通（公共服务绩效）、环境保护（环境绩效）等方面衡量。自变量即是地方政府的目标偏差，具体测量方法与上述方法一样。由此结合两方面的研究，深入探讨地方政府目标偏差对治理绩效的影响，进而给出可能降低地方政府目标偏差程度的相关举措。第三，亦要结合已有研究，充分考虑各省人均 GDP、人口数量、国家五年规划、国家重要战略实施（如创新驱动发展战略）等重要控制变量的影响作用。

目前我国学者对此关注较少，未来研究可通过实证研究来拓展目标偏差的研究，并将目标偏差置于中国经济社会转型和创新驱动发展的大背景下，探讨目标偏差与创新驱动发展、经济发展方式转变等的关系。在此基础上，我们已着手推进相关实证研究，期望通过未来的经验研究结果能够得出以下启示：政府部门在制定政策时能够充分考虑到自身及其同级其他地方政府的绩效状况，能够有效控制政策目标的模糊程度，能够充分考虑官员所在组织的状况和官员个人特征，充分发挥晋升激励的正向激励作用，让公众充分参与整个政策过程，通过选举制度和预算制度的改革实现对地方政府官员的政治问责（马骏，2010），进而减少目标偏差现象的发生，并改善地方政府的整体治理绩效。

参考文献

［1］陈晓虹. 政策目标在执行中的置换与回归——基于委托代理理论的分析［J］. 天水行政学院学报，2008，4：65－67.

［2］菲利浦·塞尔兹克尼著. 田纳西河流域管理局与草根组织——一个正式组织的社会学研究［M］. 李学译. 重庆大学出版社，2014.

［3］胡业飞，崔杨杨. 模糊政策的政策执行研究——以中国社会化养老政策为例［J］. 公共管理学报，2015，2：93－105.

［4］姜树林，颜燕，阮杨. 资源配置与激励：关于晋升的文献综述［J］. 世界经济文汇，2002，5：70－79.

［5］李学. 非理性绩效考评，组织依附与目标置换——一个地方政府微观失范行为的分析框架［J］. 公共管理研究，2010，00：105－116.

［6］刘有贵，蒋年云. 委托代理理论述评［J］. 学术界，2006，1：69－78.

［7］马骏. 西方公共行政学理论前沿［M］. 中国社会科学出版社, 2004.

［8］马骏. 实现政治问责的三条道路［J］. 中国社会科学, 2010, 5: 103 - 120.

［9］马亮. 官员晋升激励与政府绩效目标设置——中国省级面板数据的实证研究［J］. 公共管理学报, 2013, 2: 28 - 39, 138.

［10］马迎贤. 资源依赖理论的发展和贡献评析［J］. 甘肃社会科学, 2005, 1: 116 - 119, 130.

［11］吴建南, 刘焕, 阎波. 创新型省份建设的多案例分析［J］. 中国科技论坛, 2015, 9: 87 - 91.

［12］吴建南, 马亮. 政府绩效与官员晋升研究综述［J］. 公共行政评论, 2009, 2: 172 - 196, 206.

［13］吴远来, 梅雨. 宅基地置换实践中政府行为偏差分析［J］. 农业经济问题, 2014, 11: 104 - 108.

［14］徐勇, 黄辉祥. 目标责任制: 行政主控型的乡村治理及绩效——以河南 L 乡为个案［J］. 学海, 2002, 1: 10 - 15.

［15］杨君. 晋升预期、政策承诺与治理绩效——基于 15 个副省级城市 GAR 的研究［J］. 公共行政评论, 2011, 5: 170 - 176.

［16］杨丽丽, 龚会莲. 公共政策执行中的目标置换行为及其治理［J］. 广西社会科学, 2014, 6: 143 - 147.

［17］袁飚. 政策执行中的目标置换行为及其对策探析［J］. 江西行政学院学报, 2002, 3: 15 - 18.

［18］张康之, 周雪梅. 任务型组织目标的一致性、适应性与合理性［J］. 湖南社会科学, 2007, 1: 19 - 23.

［19］周黎安, 李宏彬, 陈烨. 相对绩效考核: 关于中国地方官员晋升的一项经验研究［J］. 经济学报, 2005, 1: 83 - 96.

［20］周黎安. 中国地方官员的晋升锦标赛模式研究［J］. 经济研究, 2007, 7: 36 - 50.

［21］周雪光. "逆向软预算约束": 一个政府行为的组织分析［J］. 中国社会科学, 2005, 2: 132 - 143, 207.

［22］周雪光. 基层政府间的"共谋现象"——一个政府行为的制度逻辑［J］. 社会学研究, 2008, 6: 1 - 21.

［23］朱春奎, 吴辰, 朱光楠. 公共服务动机研究述评［J］. 公共行政评论, 2011, 5: 147 - 160, 182.

［24］Abelson, M. A. The Impact of Goal Change on Prominent Perceptions and Behaviors of Employee［J］. Journal of Mangement, 1983, 65 (9): 65 - 79.

［25］Bain, J. A., Miller, J. B., Thornton, J. R. & Keren, M. The Ratchet, Tautness, and Managerial Behavior in Soviet - type Economies［J］. European Economic Review, 1987, 31 (6): 1173 - 1201.

［26］Baker, G. P., Jensen, M. C. & Murphy, K. J. Compensation and Incentives: Practice vs. Theory［J］. The Journal of Finance, 1988, 43 (3): 593 - 616.

［27］Bevan, G. & Hood, C. What's Measured Is What Matters Targets and Gaming in the English Public Health Care System［J］. Public Administration, 2006, 84 (3): 517 - 538.

［28］Bohte, J. & Meier, K. Goal Displacement: Assessing the Motivation for Organizational Cheating

[J]. Public Administration Review, 2000, 60 (2): 173-182.

[29] Bozeman, B. & Rainey, H. G. Organizational Rules and the Bureaucratic Personality [J]. Midwest Political Science Association, 1998, 42 (1): 163-189.

[30] Bozeman, B. Bureaucracy and Red Tape [M]. NJ: Prentice Hall, 2000.

[31] Brown, P. C. & Thornton, J. R. The Ratchet Effect and the Coordination of Production in the Absence of Rent Extraction [J]. Economica, 1994, 61 (241): 93-114.

[32] Chun, Y. H. & Rainey, H. C. Goal Ambiguity in U. S. Federal Agencies [J]. Journal of Public Administration Research and Theory, 2005, 15 (1): 1-30.

[33] Chackerian, R. & Mavima, P. Comprehensive Administrative Reform Implementation: Moving beyond Single Issue Implementation Research [J]. Journal of Public Administration Research and Theory, 2001, 11 (3): 353-377.

[34] DiMaggio, P. J. & Powell, W. W. The Iron Cage Revisited: Institutional Isomorphism and Collective Rationally in Organizational Fields [J]. American Sociological Review, 1983, 48 (2): 147-160.

[35] Donahue, A. K., Selden, S. C. & Ingraham, P. W. Measuring Government Management Capacity: A Comparative Analysis of City Human Resources Management Systems [J]. Jounal of Public Administration Research and Theory, 2000, 10 (2): 381-411.

[36] Elliott. J. F. & States, M. H. Goal Displacement in the Municipal Police [J]. Journal of Contemporary Criminal Justice, 1979, 3 (1): 7-15.

[37] Garson, G. D. & Brenneman, D. S. Incentive Systems and Goal Displacement in Personnel Resource Management [J]. Review of Public Personnel Administration, 1981, 1 (2): 1-12.

[38] Green, R. K. & Pawlak, E. J. Ethics and Manipulation in Organizations [J]. Social Service Review, 1983, 57 (1): 35-43.

[39] Hamidullah, H. F., Wilkins, V. M. & Meier, K. J. Looking for Their Dick Vermeil: How Prior Performance Influences the Selection Decision [J]. Public Organization Review, 2009, 9 (1): 1-14.

[40] Hatry, H. P. Performance Measurement: Getting Results [M]. Washington, DC: The Urban Insitute, 2006.

[41] Hood, C. Gaming in Targetworld: The Targets Approach to Managing British Public Services [J]. Public Administration Review, 2006, 66 (4): 515-521.

[42] Huang, Y. Managing Chinese Bureaucrats: An Institutional Economics Perspective [J]. Political Studies, 2002, 1 (50): 61-79.

[43] Ikenberry, S. O. The Organizational Dilemma [J]. The Journal of Higher Education, 1972, 43 (1): 23-34.

[44] Jentoft, S., Chuenpagdee, R. & Pascual-Fernandez, J. J. What are MPAs for: On Goal Formation and Displacement [J]. Ocean & Coastal Management, 2011, 54 (1): 75-83.

[45] Jung, C. S. Organizational Goal Ambiguity and Performance: Conceptualization, Measurement, and Relationships [J]. International Public Management Journal, 2011, 14 (2): 193-217.

[46] Kurland, N. B. The Ethical Implications of the Straight-Commission Compensation System: An Agency Perspective [J]. Journal of Business Ethics, 1991, 10 (10): 757-766.

[47] Liang, J. & Langbein, L. Performance Management, High-Powered Incentives, and Environmen-

tal Policies in China [J]. International Public Management Journal, 2015, 18 (3): 346-385.

[48] Lipsky, M. Street-Level Bureaucracy: Dilemmas of the Individual in Public Service [M]. New York: Russell Sage Foundation, 2010.

[49] Meier, K. J. & O'Toole, L. J. Managerial Strategies and Behavior in Networks: A Model with Evidence from U. S. Public Education [J]. Journal of Public Administration Research and Theory, 2001, 11 (3): 271-293.

[50] Merton, R. K. Bureaucratic Structure and Personality [J]. Social Forces, 1940, 18 (4): 560-568.

[51] Michels, R. Political Party [M]. New York: Free Press, 1968.

[52] Moynihan, D. P. & Pandey, S. K. The Role of Organizations in Fostering Public Service Motivation [J]. Public Administration Review, 2007, 67 (1): 40-53.

[53] Nwosu, H. N. Nigerias Third National Development Plan, 1975-80: Major Problems to Implementation [J]. Africa Today, 1977, 24 (4): 23-38.

[54] O'Brien, T. Stuck in the Middle: Maintaining the Organizational Legitimacy of the Regional Environmental [J]. International Journal of Voluntary and Nonprofit Organizations, 2010, 21 (3): 339-357.

[55] Perrin, B. Disability and labour Market Integration: Clarifying Federal Responsibilities in the Evolving Social Union. In Federal Task Force on Disability Issues, The Will to Act for Canadians with Disabilities: Research Papers. Ottawa: Minister of Public Works and Government Services Canada.

[56] Perrin, B. Effective Use and Misuse of Performance Measurement [J]. Ameircan Journal of Evaluation, 1998, 19 (3): 367-379.

[57] Perry, J. L. Antecedents of Public Service Motivation [J]. Journal of Public Administration Research and Theory, 1997, 7 (2): 181-197.

[58] Pfeffer, J. & Salancik, G. R. The External Control of Organizations: A Resource Dependence Perspective. Stanford Business Books [M]. Stanford, CA: Stanford University Press, 2003.

[59] Rainey, H. G. & Bozeman, B. Comparing Public and Private Organizations: Empirical Research and the Power of the A Priori [J]. Journal of Public Administration Research and Theory, 2000, 10 (2): 447-469.

[60] Rainey, H. G. & Bozeman, B. Public and Private Managers'Perceptions of Red Tape [J]. Public Administration Review, 1995, 55 (6): 567-574.

[61] Resh, W. G. & Marvel, J. D. Loopholes to Load-Shed: Contract Management Capacity, Representative Bureaucracy, and Goal Displacement in Federal Procurement Decisions [J]. International Public Management Journal, 2012, 15 (4): 525-547.

[62] Resh, W. G. & Pitts, D. W. No Solutions, Only Trade-Off s Evidence about Goal ConflIct in Street-Level Bureaucracies [J]. Public Administration Review, 2013, 73 (1): 132-142.

[63] Sagan, S. D. The Perils of Proliferation: Organization Theory, Deterrence Theory, and the Spread of Nuclear Weapons [J]. International Security, 1994, 18 (4): 66-107.

[64] Sampson, A. A. & Albertson, K. Near Rationality in a Principal-Agent Framework [J]. Journal of Institutional and Theoretical Economics, 2000, 156 (2): 325-334.

[65] Sappington, D. E. M. Incentives in Principal-Agent Relationships [J]. The Journal of Economic

Perspectives, 1991, 5 (2): 45-66.

[66] Sarri, R. C. & Baik, Y. Goal Displacement and Dependency in South Korean - United States Intercountry Adoption [J]. Children and Youth Services Review, 1998, 20 (1): 87-114.

[67] Scott, W. R. Reflections on Half a Century of Organizational Sociology [J]. Annual Review Sociology, 2004, 30: 1-21.

[68] Stazyk, E. C. & Goerdel, H. T. The Benefits of Bureaucracy: Public Managers' Perceptions of Political Support, Goal Ambiguity, and Organizational Effectiveness [J]. Journal of Public Administration Research and Theory, 2011, 21 (4): 645-672.

[69] Smith, K. B. & Larimer, C. W. A Mixed Relationship: Bureaucracy and School Performance [J]. Public Administration Review, 2004, 64 (6): 728-736.

[70] Warner, W. K. & Havens, A. E. Goal Displacement and the Intangibility of Organizational Goals [J]. Administrative Science Quarterly, 1968, 12 (4): 539-555.

[71] Weber, M. Essays in Sociology: Bureaucracy [EB/OL]. https://library.saylor.org/handle/1/12691, 1946.

[72] Wolman, H. Organization Theory and Community Action Agencies [J]. Public Administration Review, 1972, 32 (1): 33-42.

[73] Zhou, X. The Institutional Logic of Collusion among Local Governments in China [J]. Modern China, 2010, 36 (1): 47-78.

Reviews of Determinants of Goal Displacement: From Different Perspectives

Liu Huan, Wu Jiannan, Xu Mengmeng

Abstract: From the perspectives of Resource Dependency Theory, Promotion Incentives Theory, Principal – Agent Theory and Public Service Motivation Theory, we review the determinants and formation mechanisms of goal displacement. We also probe some representative empirical studies. The results show that different scholars have different cognitive dimensions for goal displacement. They also have different foci on the conceptualization and operationalization of goal displacement. This is a result of the lack of overall understanding of determinants of goal displacement. Based on this, taking the pressures of different stakeholders on local governments' officials as the breakthrough point, we put forward the formation mechanism model of goal displacement, and suggest that future research should synthesize system factors, organizational factors, policy factors and leadership factors, public participation and the competitor factors of goal displacement. Empirical studies can then be used to identify the key determinants of goal displacement. Finally, we give some suggestions to reduce the degree of goal displacement.

Key Words: Goal Displacement; Promotion Incentives; Resource Dependency; Research Review

有限政府与分权管理

——美国公共管理模式探析*

竺乾威

【摘要】 美国的公共管理是在一个非常独特的社会结构和社会文化环境中进行的。作为这一社会结构和文化的产物,有限政府和分权管理构成美国公共管理的一个重要特征。本文从制度、过程和文化三个方面对此进行探索,并指出在国家发生灾难和危急时刻,美国人希望政府有所作为和表现,但在平常时期,美国人通常又不愿意政府积极干预,权力过大,而危机在美国的国家历史发展中毕竟只是较为短暂的一刻。危机一旦过去,民众心目中的政府仍然应是一个受到制约的、相对消极的政府。

【关键词】 有限政府;分权管理;政府过程;政治文化与价值

一

有限政府和分权管理实质上是一个问题的两个方面。如果把有限政府当作一种理念的话,那么分权管理在某种程度上则是有限政府的一种表现形式。有限政府,顾名思义,政府的权力是有限的,政府的权力是受到制约的。而政府权力的分散,是有限政府得以实现的一个重要条件。

美国公共管理的本质特征是分权,美国国家体制就是在横向和纵向分权的基础上建立起来的。从历史上来说,这一分权的制度性结构一方面是 18 世纪欧洲思想家尤其是洛克的分权思想的产物,另一方面是对英国殖民地时期殖民政府的专断蛮横的一种反映。当然,它也是在美国人民的一种在殖民统治下形成的恐惧并憎恶政府权力的文化中建立起来的。《联邦党人文集》和美国宪法都反映美国建国者将政府权力分散并对其进行制约的决

---

* 本文选自《上海师范大学学报》(哲学社会科学版)。
[基金项目] 国家社会科学基金重大项目(10zd&009)。
[作者单位] 竺乾威,复旦大学国际关系与公共事务学院。

心。《联邦党人文集》51篇中指出:"防止把某些权力逐渐集中于同一个部门的最可靠办法,就是给予各部门的主管人抵制其他部门侵犯的必要法定手段和个人的主动……野心必须用野心来对抗"(亚历山大、约翰和詹姆斯,2004)。就公共管理而言,与其他西方国家一般意义上的分权(即立法、司法、行政三权分立)不同,美国的分权带有一些独特性,它表现较高意义上的权力的分立、制约和平衡。

首先,在横向的分权中,与议会制国家不同,美国三权分立中的总统制与司法审查制度是非常独特的。在议会制国家(以英国为典型),政府是由在大选中赢得议会多数席位的政党组成的。这样,在行政与立法之间往往表现出合一的特点。由于政党纪律的严格,行政与立法之间一般不会发生严重的冲突,一些重大行政问题的决定通常能较顺利地得到立法机构的批准。

与此相比,美国制度结构中的总统制与司法审查制是议会国家所不具备的。这一制度结构对公共管理产生的影响是:第一,由于代表行政权的总统是民选的,这样首先就排斥立法机构对行政首脑在去留问题上的制约(除非是在一些非常特殊的情况下,如弹劾,美国历史上曾有一位总统遭弹劾),从而保证行政系统极大的独立性。第二,民选的结果往往造成当选总统与立法机构的多数属不同的党派,形成共和党的总统与民主党的国会,或民主党的总统与共和党的国会,而由此引发的行政与立法的冲突在美国历史上是一种家喻户晓的事。第三,美国宪法赋予总统相当的权力(众所周知的人事任免权、行政权、军事权、外交权、立法权、否决权等),这些权力使总统在行动中构成对立法机构的相当的独立性。罗斯福曾经说过,总统为了维护国家利益,可以采取任何行动,只要是不为法律所明文禁止的。总统一个非常重要的权力是对国会通过的法律等具有否决权,这一点在议会制国家的行政管理结构中是不存在的。尽管国会能以2/3的多数再次最终否决总统的否决并通过决定,但美国的历史表明,总统的否决大多数都能得以通过。第四,对美国公共管理产生重大影响的另一种制度性安排是最高法院享有司法审查权。它可以审查政府行为或国会的法案等是否违宪,从而肯定或取消某一政府行为或某一法案。在其他一些西方国家,一般来说,改变政府组织结构或功能的正式途径是修改宪法。在美国,由于修宪相对不易(由国会两院以2/3的票数通过提出宪法修正案,然后交由各州议会批准,获3/4的州批准时,宪法修正案得以生效),因此最高法院享有的对宪法的解释以及司法审查表现这一制度性结构的灵活性。此外,就司法审查而言,美国的行政程序法规定,如果认为行政机关的裁决、命令、规章违宪违法或不当时,人们有权上诉法院请求修正或废除。例如对州际商务委员会、联邦贸易委员会、联邦交通局等管制机构的裁定可直接上诉美国上诉法院。这样,司法审查得以从两个层面对政府的行政行为加以制约。在美国历史上,政府公共管理涉及的一些重大事件有不少是由司法干预而完成的,例如有对黑人、白人分校,以及黑人、白人乘公共汽车等对黑人歧视的为非法的裁定,它不仅干预了政府的行为,而且推动了社会的进步。

其次,在横向的分权中,美国的一个奇特之处在于行政系统内的分权。这在议会制国家根本找不到,就是在美国宪法中也找不到依据,在美国实行首长负责制的行政体制中似乎也不可思议。然而,美国政府行政运行的实践表明,大结构的三权分立也影响政府行政机构内部。这表现在不同行政部门的利益因社会上的利益集团以及代表某一利益集团的国会有关委员会的干预有时难以形成整体,比如农业部会补贴种植烟草的农民,而健康与福利部则鼓励民众不要吸烟。而不同行政部门之间为自己的地盘而进行的利益争夺有时会使政府发出两种甚至更多的不同声音,比如,"国务院与国防部可能都致力于如何解决外交政策危机——是以外交手段还是使用武力解决问题,部门都会从自己的角度去看问题"(拉里爱尔,1995)。而这种状况在英国式的议会内阁制的管理结构中是不会出现的,因为内阁是以集体的名义行事的。

最后,美国公共管理的分权还表现在它独特的纵向分权上,这就是著名的联邦体制,它形成美国独特的两级管理体制(进入20世纪60年代后,也有学者认为出现三级管理体制,即联邦、州和地方政府三级管理,原因是联邦与地方政府的联系日益密切)。这一制度结构的特征在于:第一,两级政府在各自权力的范围内行事,联邦政府只能行使宪法中所列举的权力。根据美国著名的宪法修正案第十条规定,"宪法不授予美国的权力、不禁止授予州的权力,由州或人民保留。"这样,州在很大程度上得以防止联邦权力的侵犯。当然,在某些权力上,两级政府可以共享,如征税、举债等。第二,两级政府的关系表现在既冲突、又合作,这是权力上下分割带来的一种必然现象,尽管合作是主要面。随着时事的变迁,联邦政府通过财务方面的权力而日益入侵州政府的权力领域,以至于有人把政府间的关系看成是三级而非两级政府间的关系。但不管怎样,联邦体制的本质特征并未改变。联邦政府的权力在纵向的伸展中受到严重的制约。20世纪70年代和20世纪80年代出现过的"新联邦主义"就是遏制联邦政府权力扩张的一种努力。

当然,需要指出的是,这种制度结构上的分权在使行政权在较高程度上独立于立法权的同时,它的行使也受到立法权的制约。这种制约主要表现在:第一,政府机构设置的法令由立法机构规定;第二,行政机关的活动经费由立法机构调拨;第三,立法机构对行政机关的活动有调查权,以考察其行为是否不当或违法,以防权力滥用;第四,立法机构的决定,以及通过的法律,行政机关必须执行;第五,对行政机关的财务有审计权,对行政人员有弹劾权。这样,在人、事、财这些主要资源方面,行政机构受到制约。这种状况一方面导致在议会制国家少见的立法与行政在某些问题上的严重对立(例如在预算问题上),另一方面也给行政机构的行动带来阻碍,影响其效率的发挥。

在指出美国公共管理的这一制度性结构安排后,我们要探讨的问题是这一分权结构如何影响政府的行政过程。

二

如果把政府过程看作是一个由输入、转换和输出构成的连续体的话,那么由于分权结构的作用，美国公共管理的过程总的来说表现出输入的多样性、转换的分散性和输出的不定性。从输入方面来看，这一多样性在政府层面上表现为来自横向的（立法、司法）和纵向的（联邦、州、地方）资源极为丰富。这里既有支持，也有制约；既有合作，也有冲突。

首先，这一分权结构给行政运作带来以下的优点：第一，减少决策的风险。由于联邦和各州自成体系，因此做决定时可以避免在集权体制中会产生"把所有鸡蛋放在一个篮子里"的风险。第二，在一些可能引发社会分裂的重大问题上提供一种灵活的选择机制，比如在堕胎问题上制定一个全国性的政策可能是危险的，因为支持和反对的人旗鼓相当。而分权提供的一个现实选择就是在禁止堕胎的州的人想堕胎，可以到不禁止堕胎的州去堕胎，问题也随之解决。第三，由于分权，使地方政府可以针对面临的大量的管理问题在自己管辖的领域里自由地采取有效的解决措施，而不会像在集权体制中采取"一刀切"的做法。比如，在美国许多州竞相下放文官管理的权力时，佐治亚州则取消该州的文官制度。

其次，分权结构的问题在于，分权导致的互为矛盾和互为冲突的资源输入提高行政系统进行转换的难度。由于在达成共识方面颇费时间和精力，它延缓转换的速度，增加转换的成本。它甚至会造成政府工作的中断。例如20世纪90年代中期美国共和党的国会和民主党总统克林顿在预算问题上的冲突，其结果导致联邦政府关门达10天之久。又例如最近的"财政悬崖"，由于国会和总统在削减政府开支和向富人增税问题上迟迟达不成共识，以至拖到"财政悬崖"限期的最后一天才勉强达成协议。分权结构隐含的行政与国会的冲突在这些事件中表现得淋漓尽致，政府的难以作为表现了它的有限权力。

再次，这一多样性在社会层面上表现为来自政府外部的各种资源极为丰富。美国社会的多元结构使各种利益集团极为活跃。各利益集团之间的冲突以及各集团对政府的施压，导致行政部门因自身利益驱动而出现彼此不一致和不协调，或在一些政策上无所作为。这一利益集团有政府内的，也有政府外的。比如，在美国，州和地方政府都有自己的利益集团，如"州政府会议""全国都市联盟"会设法向华盛顿的联邦政府施压，以获取补助金、保护性契约、联邦建设计划、都市更新或低价住宅补助等。社会利益集团的一个著名例子是"全国步枪协会"。美国屡屡发生枪击惨案，但严格枪支管制或禁枪却一直遥遥无期。尽管禁枪很难做到（因为美国宪法第二条修正案保证美国人有持枪的权利），但大多数美国人还是倾向于严格持枪规定。2008年盖洛普调查显示，"49%的认为控枪规定应该更加严格，30%的认为应该像以前一样，只有11%的认为应该放松这方面的规定"（尼尔坦纳，2010）。然而，大多数的意见一直在政府政策上得不到体现，由于"全国步枪协会"反对，虽然人数不多，但组织精良，影响力强，而当政者又怕在选举中丧失选票，因而在这一问题上一直没有进展。此外，进入20世纪80年代后，随着新公共管理改革运动中政府职能外包的兴起，政府原有垄断提供的公共服务项目被越来越多的社会组织和私人企业所承包，使大量的外部输入资源更是直接进入政府的转换过程。

最后，这一输入的多样性还来自国际社会经常不定的变化。这一输入也可能导致不同行政部门因不同的自身利益,以及行政部门与立法机构的不同立场和观点而产生政策上的不一致和前后矛盾。比如,中国人可能还记忆犹新的一个例子是20世纪90年代克林顿政府时期中国台湾地区领导人的访美事件,美国行政当局曾以明确的语言表明不欢迎中国台湾地区领导人访美,并拒发签证,但这一政府决定最终因国会对政府决定持反对意见而得以改变。

分权的结构又导致政府转换过程的分散性。这主要表现在:第一,转换过程缺乏一个"全面指路"的中央机制。由于行政官员置身于许多互相抗衡和冲突的利益集团之间,因此,"对于应该做什么,应该服从谁,几乎不曾有过什么确定的、为大家所接受的标准"(诺顿朗,1988)。此外,分散的权力结构使立法、司法和官僚得以分享权力,这为他们之间的冲突提供基础。第二,分散的权力结构、输入资源的丰富性以及输入资源之间的矛盾和冲突导致在转换过程中产生大量的行政自由裁量权,这意味着政府或政府的中下层政府官员能有较多的机会来做出影响执行的决定,或是抵制执行有关的决定。比如,美国国会在1973年通过的《康复法》有一条款规定,在任何接受联邦资助的项目中,禁止歧视残疾人。政府的交通部要求大城市的公交车都要安装帮助坐轮椅的残疾者上车的装置。第三,分散的权力结构同时也导致在转换过程中出现较多的"权力真空",并存在一些未被严格定义的权力,因而对它的执行就产生问题。这是转换过程中行政与立法、联邦与州之间出现冲突的重要原因。同时,它也意味着在转换过程中各方会努力竞争某些权力,以增加其影响。在诺顿朗看来,"各个行政管理机构——公共机构,各部、局以及派出机构都在不断地为政治生存而斗争。在这场无情的行政管理竞争中,官僚们为了维持他们组织的生存,都竞相向下属团体、立法机构、执行机构以及一般公众争夺有限的权力源泉"(诺顿朗,1988)。第四,分散的权力结构导致一个完整的转换过程被割裂成几个部分。完整的转换应表现为高层官员制定政策并对政策的执行负责。过程被割裂导致的一个结果是,每一部分的责任的确定视结构、功能和政治等诸方面的因素组合而定。这一状况使行政者成为"政治游戏中的一员"(乔治,1986),而行政的相对独立性有时被抛弃。

转换过程中的这种分散性,集中表现在联邦政府决策过程中存在铁三角和问题网络。铁三角是由国会小组委员会、政府部门官僚和社会上的利益集团三方构成。利益的分合使转换的分散性显得尤为明显。在铁三角的结构中,国会小组委员会通常联系并监督有关的政府行政部门,比如美国国会中的农业小组委员会就关注农业部。小组中的议员受到社会利益集团的制约(因为能否当议员,利益集团的选择是极为重要的),而利益集团之间在一些问题上又往往会发生对立。官僚是专家和实际的运作者,政策的制定者和执行者。这样,转换活动的中心往往集中于一些与机构管理权限有关的领域,作为有关完整的政府过程就被割裂了。除了铁三角,休·赫克罗认为还存在"问题网络"。在赫克罗看来,"问题网络"是一个分散性的集团,无数个博弈者都在这个短暂的网络之中出入,但是又没有任何人明显地控制着规划或政策。如果说铁三角的根基是利益的话,问题网络更多包含的是知识和情感。问题在于,"这一网络的参与者都试图依靠自身的专业知识和经验来获得权力和影响,使本来易于解决的问题变得更为复杂"(理查德,2004)。转换过程的分散性意味着，行政部门的首要工作并非尽快地处理多种输入（将输入的资源转换为输出），而是"形成一个不同结构和政府层次的联盟"（佛雷德，1986）。组成联盟的主要目的是使政策产生的问题有较少的变动。此外，转换过程中的这种分散性还表现在随着政府项目的外包越来越多，以及政府在这些项目上垄断地位被打破，政府的相关权力日益落入这些承包者手中。这种状况甚至改变政府的管理形态，也就是在原有单一的等级式管理之上又多了一种平行的网络式管理，正如菲利普·库珀所说，美国今天的"公共管理者是在垂直的权威模式和平行的协商模式相互交叉的情况下运作的。垂直模式的权威、资源和影响力来自治理核心的宪政过程。平行关系建立在合同概念之上"（菲利普，2007）。这样，政府过程的输出就产生一种不确定性，最终的输出结果视各种力量的分合而定。影响各种力量分合的主要变量有：立法与行政合作的程度、利益集团的参与和影响程度、各行政部门之间的合作程度、自由主义和保守主义思潮影响的程度、总统以及高级官僚的个人素质、社会组织和企业的影响力等。在这里，任何一种变量的变化都可能对输出产生重大的影响。例如，美国推出使用原子弹的决策，其中既有立法机构成员的心领神会，也有最高行政官的审时度势，又有高级官员的力陈利害，从而最终使一股强大的反对力量得到压抑（史汀生，1988）。此组合的变量中若有一个变量稍微发生变化，那么使用原子弹的决定可能就会有所变动，也可以从另一方面来说明因变量的变化而导致政策（即输出结果）的彻底修正。此外，由于越来越多的社会组织和企业在公共服务项目上参与政府的输出（这两者的关系通常被称之为"伙伴"关系），这就导致服务质量往往因提供者而异，而这些不确定的质量的高低同政府是脱不了干系的，这反过来又导致政府对此类的输出加强监管，而监管又往往会出现政府官员"被俘"现象。

三

输入的多样性、转换的分散性以及输出的不确定性之间存在的逻辑关系表明，分权结构对政府功能的影响是巨大的。这里我们进而要探讨的问题是，导致产生并支撑这一分权结构的文化因素是什么？这就会涉及价值问题。从社会所接受的价值观念的角度对这一结构做一番分析是必要的，因为只有当一种思想、理念成为多数人所接受的社会价值，成为一种社会文化时，由这种思想观念转化而成的制度性结构的运作才会有最可靠的保证。此外，价值角度的分析也有助于理解支撑美国公共管理基本框架的信念，理解它们对过程的影响。

美国社会的政治价值之一是对权力的一种天生恐惧。这种价值，尤其是保守主义的观点，把政府权力看作是一种恶，一种必要的恶，"从内心深处怀疑政府人员的忠诚和动机"（罗伯特，1976）。美国开国元勋之一的托马斯·杰弗逊的这段话集中表达了这样的一种观点，并为有限政府定下了基调："自由政府是建立在猜疑之上，而不是建立在信任之上的。因此，在权力问题上，不要再听相信人之类的话，而要他受法的约束而不致为害"（詹姆斯，1993）。美国宪法第二条第四款："合众国总统、副总统及其他所有文官，因叛国、贿赂，或其他重罪或轻罪而遭弹劾并被判定有罪时，应予以免职。"权力导致腐败，权力滥用伤及无辜，当官必贪这一基于人性恶的哲学出发点，构成了制度建设的一个思想基础。公共选择理论以冷峻的语言对此做出最明晰的断言。这一理论认为，人是经济人，是理性的自利主义者。他们的行为动机都是自私的。此外，在行动上又是理性的，能最充分地利用一切来达到自身利益的最大化。政府官员也一样，他们都有自己的私欲，因而必然以追求自身利益的最大化作为行为的准则。问题在于对政府官员来说，对私欲的追求不能以牺牲公益为前提。因此，政府并非救世主，对其权力必须加以制约，以使社会免受因其权力的滥用而遭受痛苦。

在这样一种对权力猜疑和防范的社会政治价值中，有两个概念占据相当重要的地位，即主权在民和有限政府（当然，有限政府既可以是一种理念，也可以是一种制度结构设计）。主权在民思想并非美国的产物，但却根植于整个美国社会。它反映的是一种管理最终由被管理者来担任的思想。这意味着两点：第一，政府权力并非来自神授，而是由人民赋予；第二，人民有权参与政治活动和国家行政活动。林肯在1861年第一任就职演说词中说："总统的一切权力都是人民所赋予的。"在相当程度上，这是美国社会的一种共识。总统由民选产生被写入美国宪法。与欧洲一些国家相比，美国人的国家意识淡薄，因而政府权威相对弱化，这当然与美国社会在历史上没有经历过封建阶段及美国是个移民国家有关，但主权在民的意识是个重要因素。

主权在民的思想在美国社会的表现形式有个人主义和多元主义。前者意味着个人参与政治过程以及追求自身的目标，后者则强调集团组织作为一种取得保护集团利益的手段的适当性。美国社会中各种利益集团的活跃和对国家行政事务的干预，以及整个社会对这种干预的认可，反映主权在民思想在社会中所具有的活力。政治学家理查德·贝济曾指出："作为一种理性与实践，多元主义假设集团是好的。公民有权组织起来提出他们的利益，具有不同利益的集团会互相谈判和竞争，而这种谈判和竞争的结果有利于全体人民"（理查德，1971）。理查德在这里并未提及集团之间的不均衡性，以及权势集团和大资本集团在整个活动过程中具有相对较重的分量。毫无疑问，在美国的体制下，主权在民这一价值有时难以避免大资本的歪曲。不过，不能以此来简单地否定美国政治和行政过程中代表各种利益的集团的存在，以及它们对政府政策的影响；不能以此来低估美国人民本身的思想能力和由此产生的行动能力（尤其是在民众的教育文化程度已经达到较高水平的情况下）；不能低估一种社会共识所能产生的物质力量。"占领华尔街"运动一度风靡（甚至蔓延到其他一些西方国家），这一运动事实上表达美国民众对华尔街金融资本极度贪婪的抗议，奥巴马第二任内实施的对富人征更多的税的政策或许在某种程度上是对此的一种回应。

此外强调主权在民是对政府的戒心。美国宪法制定者的一个占主导的思想是，政府对个人的自由构成为一种基本威胁，从而产生一种有限政府的思想，而这一思想逐渐成为一个全社会所接受的共识。从结构上讲,有限政府是通过分权制衡和司法审查的机制得以实现的,这一点前文已有论述。而有限政府的功能则随着社会发展的变化也发生变化。这主要表现在行政权力相对地膨胀和扩大,特别是罗斯福新政以后。因此,随着政府行政权力的扩张,有限政府是否因而变成无限政府? 回答此问题先考虑这种行政权力的扩大是否已经突破美国宪法确立的分权制衡的框架,如行政权是否凌驾于立法权或司法权之上? 回答应该是否定的。行政权力的扩大首先是社会发展带来的。美国联邦政府从最初的3个部发展到今天的15个部(最新的一个部是在"9·11事件"后建立的国土安全部),表明政府管辖的事务随着国家领土的扩大和人口的增加以及美国在国际事务中的重要性的增强而得到急剧的扩张。比如,美国宇航局在19世纪是不可想象的。因此,政府职能的扩大是现代社会的一种必然要求。当然,作为一种利益集团,政府本身具有一种天然的扩张意向。但必须同时也要看到美国社会中制约政府权力扩张的努力。尽管保守主义和自由主义思潮在政府作用问题上有不同的看法,美国社会占主导的社会价值观念依然是政府规模不能过大,人员不能太多,花费不能太多,对社会事务干预不能太多。从"财政悬崖"事例中可以再次看出国会对削减政府开支的强硬决心以及政府的妥协。

正是这样一种社会政治价值观念,支撑美国社会在政府管理几个基本问题上进行选择时所持的立场。首先是民主和效率问题。美国的权力分散和制衡结构决定政府行动相对缓慢。在一些重大问题上的不同意见,尤其是立法与行政之间的对立,常常导致一项政策的难产或变更,这种拖延使很多重大问题迟迟得不到解决(比如克林顿上台伊始就着手进行的医疗保障方面的改革,在八年后卸任时依然没有进展)。正如理查德·施罗德所说的,这种情况"有时不及将权力集中于一人或一个小集团的政府来得有效。但美国在整个历史过程中所得到的经验是,草率的政府行动往往考虑欠周,而且有害。如果所有重大问题都由公众充分辩论导致效率的相应丧失,那么这是合理的代价,也是美国人民愿意付出的代价"(理查德,1981)。当然,现在也有对民主越来越多的批评,其中的一个批评是以党派形式出现的民主往往绑架国家利益,政党有时为了选票而将政党的利益置于国家利益之上。

其次是单一与多元。保持政府行动的一致通常是社会管理提出的一个基本要求。但是,由于横向的分权不仅导致各种利益集团对决策过程的介入,而且还导致政府各部门之间为自身利益发生冲突;由于纵向的分权导致联邦和州政府拥有各自的领域、司法审查拥有裁决问题的最高权威,因而在美国也就出现州政府起诉联邦政府、国会与联邦政府对着干、州政府在一些重大问题上彼此不一(如2003年夏,马萨诸塞州最高法院判定同性恋可以在该州结婚,然而随后不久在2004年1月,美国有17个州投票反对同性恋结婚)之类一些在其他国家甚至难以想象的事。像之前提到过的因预算危机而迫使联邦政府关门达10天之久,以及在"财政悬崖"事件中立法机构与行政机构在期限的最后一天才匆忙达成协议等之类的事,或许也只有在美国出现。有意思的是,社会对此的指责,要么针对国会,要么针对总统,但很少有人针对导致这一状况产生的制度性机制。正如詹姆斯·威尔逊等指出,尽管自20世纪60年代以来,民众对政府的信任度有所下降,"但是,在我们对此现象深表不安之前，我们应该记住，人们说的是美国政府官员，而不是美国的政府体制"（詹姆斯，2011）。这从另一面表明这种美国式的分权管理具有非常深厚的文化土壤。

最后，积极还是消极。政府到底应该扮演一个积极的角色还是消极的角色？分权的政府是否必然是一个消极的政府？美国人在这一点上的看法是矛盾的。受美国历史上反政府文化的影响，"美国公众对政府的态度通常是负面的，把政府看作是大的、非人性的和无效的"（阿兰，2009）。这表明，美国人一般来说不喜欢有一个积极的政府，不喜欢有一个大政府。此外，"他们又喜欢从政府项目中得到福利，希望政府保护他们。如 2010 年的墨西哥湾石油钻井的大泄漏。它导致数人死亡以及每天 19000 加仑的石油溢入大海，造成生态灾难。这时一些以往反对政府有作为的人要求政府干些什么来制止这场灾难"（苏珊，2012）。这一点在美国人有关美国政府开支的看法中也表现出来。"他们要削减政府自身的开支，但同时在一些国内项目（教育、健康、环境、退休、失业、执法）上要求增加开支"（苏珊，2012）。但问题在于不具一定规模的政府又如何能提供远大于这一规模的服务呢？这种看似矛盾的状况也反映在政府对这种社会文化和情绪的迎合上。比如，克林顿政府在新公共管理改革时期的一个著名口号和目标就是"花更少的钱，做更多的事"，以"通过削减不必要的开支来把人民放在首位，服务于他们的顾客，授权给雇员，帮助社区解决他们自身的问题以及提供优良的公共服务"（阿兰，2009）。一般来说，在国家发生灾难和危急时刻，美国人希望政府有所作为和表现，但在平常时期美国人通常又不愿意政府积极干预，权力过大，而危机在美国的国家历史发展中毕竟只是较为短暂的一刻。危机一旦过去，民众心目中的政府仍然应是一个受到制约的、相对消极的政府。

参考文献

[1] 亚历山大·汉密尔顿，约翰·杰伊，詹姆斯·麦迪逊. 联邦党人文集 [M]. 北京：商务印书馆，2004：264.

[2] 拉里爱尔·维梓. 美国政府与政治 [M]. 桂冠图书股份有限公司，1995：32.

[3] 尼尔坦纳·赫尔. 美国政府：政策与政治 [M]. 朗曼出版社，2010：150.

[4] 诺顿朗. 权力和行政管理 [A]. 理查德·斯蒂尔曼. 公共行政学：概念与案例 [Z]. 北京：中国社会科学出版社，1988：210.

[5] 乔治·戈登. 美国的公共管理 [M]. 圣马丁出版社，1986：47.

[6] 理查德·斯蒂尔曼. 公共行政学：概念与案例（第七版）[M]. 北京：中国人民大学出版社，2004：668.

[7] 佛雷德·里克雷恩. 当前行政问题 [M]. 老马丁出版社，1986：51.

[8] 菲利普·库珀. 合同制治理 [M]. 上海：复旦大学出版社，2007：12.

[9] 史汀生. 使用原子弹的决定 [A]. 公共行政学：概念与案例·下册 [Z]. 理查德斯·蒂尔曼. 北京：中国社会科学出版社，1988：34－35.

[10] 罗伯特·佛莱德. 美国官僚的运作 [M]. 小布朗出版社，1976：179.

[11] 詹姆斯·伯恩斯. 美国式民主 [M]. 北京：中国社会科学出版社，1993：35.

[12] 理查德·贝济. 美国公共管理的意识与哲学背景 [A]. 德怀特·沃尔多. 动乱时期的公共管

理［Z］. 查尔德出版社，1971：59－73.

［13］理查德·施罗德. 美国政府简介［M］. 美国使馆文化处编译出版，1981：84.

［14］詹姆斯·威尔逊，简迪鲁罗，米纳多斯. 能够政府：制度与政策［M］. 沃兹沃斯出版公司，2011.

［15］阿兰·杰尔森，罗伯特·德利. 美国政府［M］. 沃兹沃斯出版公司，2009：335.

［16］苏珊·韦尔奇. 理解美国政府［M］. 沃兹沃斯出版公司，2012：16.

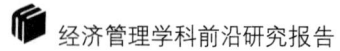

经济管理学科前沿研究报告

Limited Government and Decentralized Management
——An Analysis of Public Management Pattern of the USA

ZHU Qianwei

Abstract: The public management of the USA is performed under a very specific social structure and cultural environment, characterized by the limited government and the decentralized management. The paper probes into the issue from the perspective of system, process and culture. Finally, the paper points out that American people hope that the government should "do something" during the period of crisis and emergence, while during the time of peace, the American people are reluctant to witness the interference of government with the public management. The period of crisis only stays short, and after the crisis, the US government is still seen as a restricted and passive one by the public.

Key Words: limited government; decentralized management; governmental process; political culture and value

政府质量：国家治理结构性指标研究的兴起

臧雷振　徐湘林

【摘要】 国家治理的现实关怀和理论探索离不开对其结构性解析，而政府质量作为国家治理的主要结构指标正引起国内外学界关注。本文先分析有关政府质量概念的内涵特征、影响因素和测量验证，以及政府质量如何反映国家治理水平，进而与相关"竞争性概念"比较凸显其研究价值，如官僚体制质量和组织绩效、治理与善治、国家能力和国家建设。在此基础上通过进一步分析呈现政府质量研究在理论深化和事实佐证上对探索完善国家治理的重要意义。

【关键词】 政府质量；国家治理；替代性指标；竞争性概念；关系

一、导语

探寻国家治理过程可资运用的工具和技术，提升国家治理发展可资比较的质量和能力，并最终实现国家治理有效性的学术探索。鉴于其重要的理论价值和现实意义，近年来逐步受到关注（如图1所示）。从当前国内研究文献来看，主要集中在以下几方面：一是国家治理分析框架的构建和完善，如包含国民价值文化观到经济绩效到社会发展等国家治理体系建构（徐湘林，2010）；二是国家治理相关命题的类型学分析，如不同国家形态对国家治理实践的选择与影响（杨光斌、郑伟铭，2007），不同类型治理概念背后所蕴含的国家治理本源（臧雷振，2011）；三是国家治理目标的实现，如府际关系重构（林尚立，2011），国家审计作用的发挥（刘家义，2012），激励制度安排（任剑涛，2012），基层社区建设等（杨敏，2007）；四是基于本土化视角的中外国家治理比较，如美国进步时代国家治理转型对中国的启示（马骏，2008），反映中国政治体制特征的"项目制"在国家治理中作用（渠敬东，2012），运动型治理及成本分析（周雪光，2012；2013）等。

---

* 本文选自《公共行政评论》2013年第5期。
［基金项目］国家社会科学基金（06AZZ004）；教育部人文社会科学重点研究基地基金（06JJD810160）。
［作者单位］臧雷振，北京大学政府管理学院；徐湘林，北京大学政府管理学院。

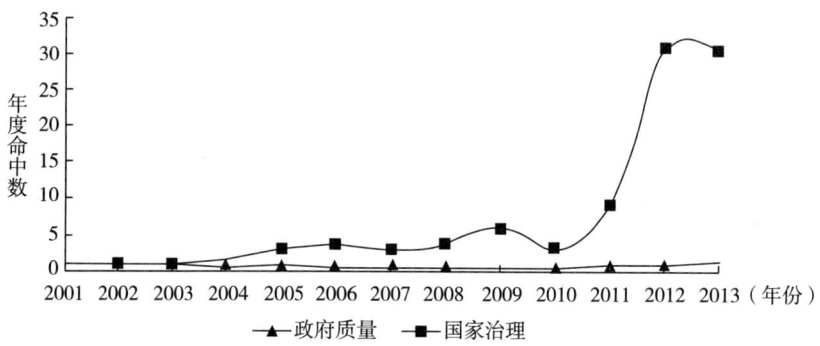

图 1　中文学界政府质量与国家治理研究趋势

资料来源：万方学术数据库知识脉络分析，纵轴表示年度命中文献数。http://trend.wanfangdata.com.cn/Compare?wd=国家治理，政府质量（访问时间 2013 年 10 月 25 日）。

上述研究为国家治理的进一步探讨奠定了基础，初步给出国家治理分析的框架轮廓，但多是一种基于经验性观察，而非有效性测量。当然也许有人会说国家治理作为一抽象概念难以有效的进行数理测量，或称国家治理相关可直接测量的变量及样本选取困难，进而导致此类测量成本太高。其实现代社会科学研究中大多数概念解析均存在上述原因，但又如何实现对这类概念的数量化分析呢？此时"替代性指标"变得十分重要，一般而言有效的替代性指标包括结构指标（Structural Indicator）、过程指标（Process Indicator）、结果指标（Outcome Indicator）。如常用 GDP/GNP 作为衡量国家或地区经济发展水平就是结果性替代指标使用的体现，而企业生产活动中的流动资产周转率、员工满意度等则是过程性替代指标使用的表现。政府作为国家治理中重要的结构性要素，是推行国家治理过程重要参与者，是国家治理政策实践执行者。政府组成的数量比例与结合方式、政府行为的次序选择与发展变化反映国家治理的理念与特征，因此政府质量（Quality of Government, QoG）高低也就可以客观反映国家治理水平的高低。此外由于现代政府对经济社会个人的渗透与影响无处不在，其深嵌国家与社会联系的结构之中，所以将政府质量作为国家治理分析的结构性指标再恰当不过。基于此，本文从近年来国际 SSCI 刊物等主要英文研究文献中梳理政府质量相关议题，并将其与相关"竞争性概念"如治理、国家能力、政府绩效等进行对比凸显研究价值，指出借助政府质量作为结构性指标，从技术层面分析比较国家治理的意义。以期开阔国家治理研究视野、奠定深化国家治理研究基础。

二、什么是政府质量

不良政府机构的危害已被广泛认知（Holmberg et al., 2009）。建设公正廉洁效能胜任的高质量政府是应对环境改善、经济发展及社会和谐的关键。回顾最近三十余年全球范围的政府改革也可见始终以追求政府质量提升为目标,如改革路径大多强调寻求制度的合理化、财产权确认、法制实施、廉洁与反腐败、公共产品提供,投资环境转变等框架性调整。除这种实践层面对政府质量改善探索外,在理论研究中政府质量也构成新崛起的研究焦点。在汤姆森科技信息集团开发的数据库(Web of Science)中以"政府质量"为主题检索英文世界 SSCI 文章(Article),可以获得 5899 份记录。若将研究方向设定为公共管理(Public Administration)方向则可进一步精练到 451 篇论文,接近文献总数的 8%。其相应的每年出版文献和文献被引用率呈现逐年稳定增长趋势(如图 2 和图 3 所示),尤其在被引用频率上超过公共管理领域研究论文篇均 8 次,体现了这类研究主题的学者关注度逐年攀升。

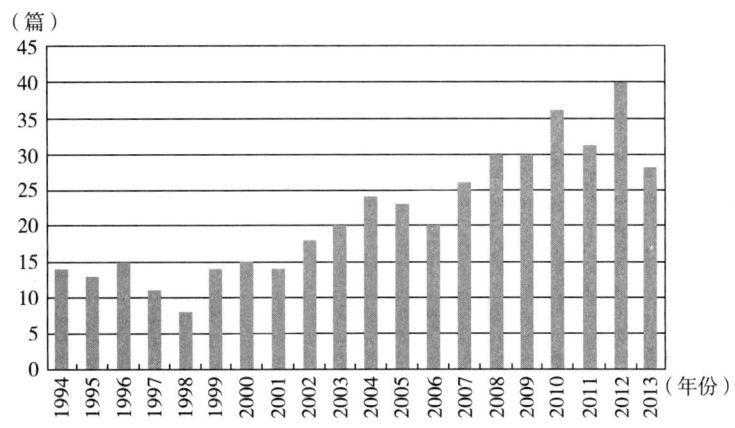

图 2　近 20 年该主题 SSCI 文献出版记录

资料来源:笔者根据网站 http://apps.webofknowledge.com/数据整理得出,访问时间 2013 年 7 月 1 日。

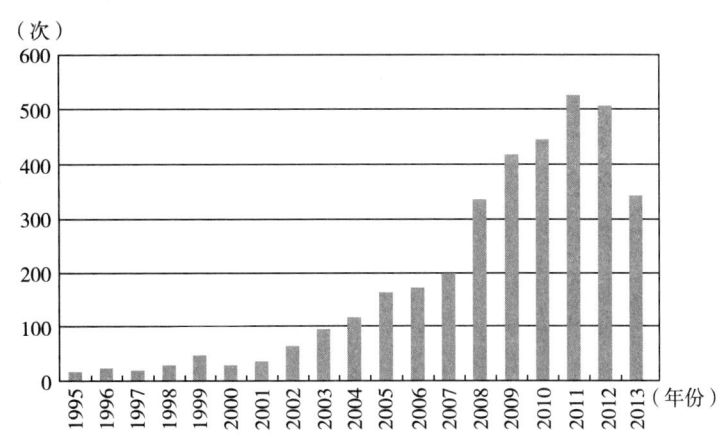

图 3　近 20 年该主题 SSCI 文献被引用记录

资料来源:笔者根据网站 http://apps.webofknowledge.com/的数据整理得出,访问时间 2013 年 7 月 1 日。

（一）政府质量内涵特征与功能意义

什么是政府质量呢？对其内在特质的解析有助于进一步澄清与相关概念的区别及对学术研究的意义。政府质量的定义最初延展自世界银行对治理的界定：权力在一国运行的传统和制度，包括选举、监督和替换政府的过程，政府有效制定和实施良好政策的能力以及对管理经济社会互动的制度和公民的尊重等。所以，早期研究中政府质量没有摆脱"治理"等研究框架的影响，诸多学者认为政府质量的功能主要在于促进经济增长（Williamson，2000；Acemoglu et al.，2002），同时将政府质量与政府绩效（La Porta et al.，1999；Knack，2002），制度质量（Rothstein，2003）等混合使用。随着研究推进，近几年越来越多学者开始着重分析并区分政府质量对社会及公众个体的影响，如公民幸福感、信任与支持（Frey & Stutzer，2000；Delhey & Newton，2005；Anderson & Tverdova，2003；Helliwell & Huang，2008；Rothstein & Eek，2009），政治合法性和政府信誉（Kumlin，2002；Gilley，2006），社会冲突、社会凝聚力（Fearon & Laitin，2003），对政府支持度、民主化的稳定度（Mungiu，2006），公共环境（Morse，2006），公共服务提供效率（Collier，2006），公民福利、移民福利（Holmberg et al.，2009；Rothstein，2011；Agnafors，2013a），公共部门效能（Angelopoulos et al.，2008），健康与死亡率（Holmberg & Rothstein，2011）等。

上述研究的转变和深入使学者愈加发现政府质量是理解一国经济发展和社会福利的关键因素，没有像其他分析概念一样过于偏重关注经济增长，还展现出对社会发展和个体福利的强烈价值关怀，并赋予与经济发展同样的比重，这一视角已经跳出对政府和政治研究中过于关注如实物资本、自然资源和人力资本等分析的局限；还超越以往关注政府文化特征和社会资本等思辨研究的争论；也跳出传统思维中对政府判断"小即是美或大即是美"的武断。这里面涉及两个层面，一是政府规模的大小，二是政府实施政策的多少。所以，政府质量是有关政府提供政策和实施政策质量（而非数量）的反映，通过以政府质量作为整体分析对象，代替以往研究中对腐败控制、政府绩效、法制、治理等个体分析，这既是源自经验总结，又是因为这些个体性指标高度联系和相互影响，难以确保分析结果的客观性和公正性。

如罗斯坦和特奥雷尔（Rothstein & Teorell，2008）强调政府质量评价不受社会公民的经济政治文化种族等差异影响。而诸如腐败、法制等指标显然部分人由于行贿或隶属于特定政党及社会网络而会获益，这类受益者在对此现象进行评估时难以客观。政府质量还可以体现为政治权力公正的被运转。一般而言，公民在两个维度与政治密不可分，一是输入端参与政治，二是在输出端受政府政策实施的影响。而其他概念如民主仅仅强调起点或者说是输入端的公正，至于权力当选之后如何被公正运作则被忽略。前美国中央情报局（CIA）分析师皮勒（Pillar，2013）新近在《国家利益》（*National Interest*）的博客中发问：为什么民主国家近年来街头抗议活动愈演愈烈呢？如当前的土耳其和巴西。这就是典型的民众在享受政治输入端公平之后，当选者随后的政策制定和执行等输出端中忽略公民的利益诉求而招致新的社会抗争。所以，罗斯坦和特奥雷尔认为政府质量所意涵政治权力运行的公正性特征重新重视其他概念所忽略的诸如贫富差距等社会公正问题，且是基于政治过程的公正。

除了上述基于公正视角对政府质量概念和功能进行解读外，还有基于效能给出的定义和实证观察的定义。这些定义指出政府质量的特征与其他相关概念的差异，但也有学者指出这类概念界定要么过于狭隘，如公正论调依然拘囿于从康德到罗尔斯的义务道德论调，忽略其他道德视角；要么忽略定义的要求，仅仅描绘实证经验中感知性轮廓，所以最新研究中学者试图给出更为复杂、更为全面和可被接受性的概念，指出政府质量界定应该通过对道德与概念界定的语言规范、普世性理论与特定价值取向等方面审慎思考、权衡和调试达到一种平衡。在这样的考量下有学者给出政府质量构成要素包括：公共精神、良好的政策制定、信息公开（政策制定原因的说明，比透明度更高的层次）、善的原则（更高的秩序性原则）、法制、效率和稳定性。当然这种解释包含诸多构成要素，而对于这些要素之间的比重在政府质量概念中如何分配则难以给出准确的界定（Agnafors，2013b）。

由此可见，虽然近年来对政府质量研究的兴趣持续增加，但找到政府质量恰当的定义依然困难，大多数学者从比较政治学、发展研究等专业领域视角给出定义，这种定义也反映这类学科的研究取向，强调结果产出，可测量性，或者政治过程。虽然概念界定是多元的，但相关政府质量研究所体现的功能和意义则是确定性的，而这种确定性也进一步反映在其影响因素及测量上。

（二）政府质量的影响因素及测量

上述分析中体现政府质量的研究意义，但什么因素决定政府质量呢？只有明晰影响政府质量高低的因素，才能有针对性的进行改进。当前在全球化背景下民众对公共服务不断增长的需求和政府质量萎缩的不匹配，使世界各国遇到空前的危机，特别在全球化进程中各国相互依赖稀释传统国家政策工具的影响力。对于政府质量影响因素可分为外生性影响因素和内生性影响因素。外生性影响因素主要指来自国际社会、市场、社会发展过程中对政府质量变迁的压力和促进，内生性影响因素主要有政府部门内部组织、制度和文化变迁带来政府质量的改变。

从外生性影响因素来看主要体现在以下几个方面：首先是伴随国际组织发展，其对于政府质量提升促进作用愈加明显。如国际组织可以降低国家机构的腐败（Sandholtz & Gray，2003）。其次，信息技术发展带来政府质量的转变。计算机促进信息的存储和扩散，带来政府透明度提升的独特新形势，减低腐败，提升政府质量（Meijer，2009）。当然独裁者官僚机构也可能通过限制自由媒体使政府质量提升空间被扼杀（Egorovetal.，2009）。最后，经济发展与人均收入。有学者通过（Charron & Lapuente，2010）考察130个民主政体和非民主政体发现，从政府质量供需（政府作为提供方而国民为需求方）函数来看，经济发展可以形成政府质量转变的需求，但人均收入的提升并不会反过来促进政府质量改善，特别是在精英集团和既得利益影响下，收入增长对政府质量的负反馈甚至产生国家俘获现象，此时经济增长和政府质量提升存在非线性关系。

政府质量的内生影响因素体现在制度层面。因为制度结构的根本性和稳定性决定惩罚和激励实现，塑造社会行为，形成集体行动。制度的静态效能（Static Efficiency）和动态效能（Adapt ability or Dynamic Efficiency）可促进有效均衡以实现技术保障下的最大社会收益和以规范性框架有效调节社会主体行为，并使社会信用内化于社会主体奖惩措施中，通过降低人际交往和互动中的不确定性和风险，促进社会主体适应社会变迁（Alonso & Garcimartín，2013）。就具体性制度影响而言，如一党制国家强劲经济增长会令人认为相比其他类型政府，其更倾向建立高质量的政府（Wright，2008）。因为一党集权制由于存在结构性机制来传递公民诉求，比其他极权体制能够更好的回应公民诉求，对政府质量确实有正面作用。所以实证研究表明一党制国家的人均收入高时，政府质量也高，反之亦然，但君主和军事极权国家领导者只有具备长远执政目光时，其政府质量才高（Charron & Lapuente，2011）。此外，体现在历史文化层面的内生性因素。如在拥有相同政治制度的国家却常呈现不同区域差异化的政府质量表现，如南部意大利和北部意大利地区差异（Schmidtlein，2004），说明地方传统文化中保护主义网络带来的路径依赖最终导致不同地区的政府质量差异。因此对不同政治经济文化背景下的政府质量分析将成为未来重要研究焦点，对特定背景下的政府质量分析也有助于澄清其政策效应。

政府质量影响因素的确立既有利于明晰提升政府质量的努力方向，又有利于对其更好的衡量。当然目前对一国行政部门和官僚机构的评定多是概念性的。福山新近从理论层面提出四种测量国家政府质量的路径：程序性测定（如韦伯式现代官僚制标准）、国家专业化运用资源的能力和水平、产出水平和官僚自主性水平（Fukuyama，2013）。他推荐采取政府能力和自主性作为行政机构的测量标准，一般而言低收入国家需要降低其行政机构自主性，而高收入国家需要增强机构自主性。

而在实践测量检验中通过不断剔除不显著影响因素，新增显著性影响因素以逐步完善政府质量的测量。比如有学者指出政府质量的测量由民主发展层次和非制度化影响机制组合而成（Adsera et al.，2003），也有通过实证检验分析政府质量受区域经济发展、社会信任感、分权影响，而与人口和国家面积大小等变量无关（Schmidtlein，2004）。最新的研究则强调影响政府质量的核心的三个要素是公民对教育、医疗、法制公共服务水平的评价，这三个要素也分别体现政府的官僚制水平、公正性和寻租空间。此时对政府质量的测量主要从腐败控制、公平、政府效能、产权保护、法制等变量出发（Charron & Lapuente，2013）。总之，伴随对政府质量议题研究的重视和扩展，这方面的检验和测量还将继续带来新的认识和知识。

（三）以政府质量替代国家治理测量的实现

上文初步展现政府质量研究的现状，诚如文初所提到政府质量可以恰当地作为国家治理分析的结构性替换指标。那么政府质量究竟是如何实现这种技术性替代反映的呢？而政府质量作为国家治理测量的替代性指标的执行和实现首先需要建构二者之间的桥梁以达成相关测定内容的传导及相互映射，还要保证这种传导机制的稳定性、可靠性和可比性。

从前一要求来看，社会科学中概念测量多是难以测量的，并借助替代性概念测量来实现数量化的表达。如经济学家很想测量家庭消费值用作反映家庭经济状况的一个指标，但许多社会统计调查并不包括家庭所有消费信息，研究者多根据家庭拥有的资产如白色电器等作为反映家庭消费指标的替代品，因为收集有关这类资产量的数据要容易多。在采取这种变通做法的时候，其相应的假设就是家庭拥有特定的资产量能够可靠地预估出家庭整体消费水平，当然这其中还需要去验证和评估用替代品来预测类似消费支出这类变量的信度和效度（臧雷振，2012）。此外，对理论概念的测量必须嵌入理论，如此方能充实概念并使测量变得有意义，进而将概念置于学者整体建构的意义矩阵当中，否则容易陷入对一个理论性概念的非理论性测量。这就要求对需要测量的概念公开反复的评估和理论修正，而且研究计划的每一部分，如理论推导、假设形成、实证检验等，都必须准备接受评议。量化在遇到自相矛盾时，只有通过在普世的客观方法面前放弃学者的主观判断，让数字"自己为自己说话"，此时的结论才会变得合法并易于接受，才能达到科学测定的目标。虽然社会科学定量研究存在上述困难，但伴随社会科学量化研究的理论推进，以及统计学在社会科学进一步应用和各种统计软件的风靡，众多技巧和工具被用在概念测量检验的过程中而有所克服，为提升概念测量的效度和信度提供有力帮助。

从稳定性和可靠性要求来看，这里又蕴含两个层面的问题，第一是政府质量测量的稳定性，第二是传导机制反馈的稳定性和可靠性。前者我们可以通过案例来说明，基于2008年欧洲社会调查（Europe Social Survey，ESS）的29个国家数据分析表明对于政府质量的专家判断结果和普通公众对其认知具有高度一致性（Svallfors，2013），为什么专家评价和公众评价一致性非常重要？因为无论是公众还是专家都可能会忽略公共事务的本源，夸大或低估政府质量；或者基于个体的偏见给出不实的政府质量反馈；再者就是实施这方面测量过程中所使用的国际调查问卷在不同语言转译后可能存在意义失真导致测量的误差。但从欧洲社会调查实践来看政府质量的测量反馈是具有较高的测量稳定性。而就第二个传导机制的稳定可靠性来看，政府质量较高的测量稳定性提供了良好的传导基础。学者指出国家治理包括"大众认同的核心价值体系、良好的决策支持系统及政府执行体制、政治互动和政治参与、适度的经济发展和社会保障制度"（徐湘林，2011）等六个维度，这六个维度构成对国家治理的评判标准和检验水准，但是如果依赖于这两个指标实现对国家治理的测量显然存在这一问题：如何加权分配六个指标在国家治理结果中所占的比例。政府质量的高低无不关系国家治理的六个维度在现实国家治理中的实现，因此在难以实现的六个维度中测量国家治理水平情况下，借以政府质量高低来判断国家治理的高低变得十分有意义（如图4所示）。

综上所述，政府质量测量稳定性与传导反馈的客观性和公正性等特征，可以较好地过滤统计误差和个体差异；既可以反映政府质量对国家治理六个维度的直接作用，还可以展示政府质量对国家治理的间接作用，由于现实世界事物之间相互作用的复杂化，间接作用的反映能够弥补传统回归分析或判别分析中仅考虑直接作用的缺憾。

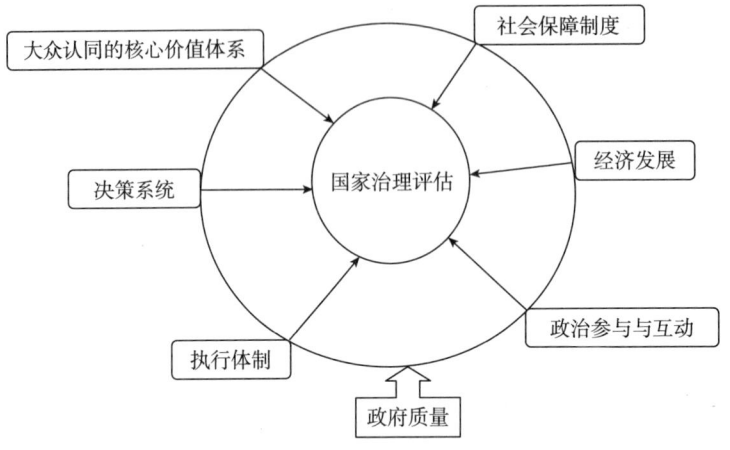

图 4　国家治理与政府质量支撑映射关系

三、政府质量与其他竞争性概念比较

上述简要分析了政府质量的特征、影响要素、测量检验及替换国家治理测量的实现等问题，也指出政府质量研究早期学者常将其与治理等概念混合使用，这既是一种传统研究形成的路径依赖，又体现传统研究思维与创新研究思维之间的张力。如新近福山的论文中还是不做区分的交替使用"国家质量""国家能力""官僚制质量""治理质量""政府质量"等概念（Fukuyama，2013）。在此我们将这些形似或神似、高度相关易混淆使用而又存在本质差异的概念称为学术研究中"竞争性概念"，这类概念在针对同一社会现象进行解释时，构成相互竞争的关系，不难发现在学术史中许多竞争性概念有的昙花一现，也有的独领风骚。我们认为只有那些具有较强专业性、稳定性、概括性、保真性和延展性的概念才能在当代激烈的学术竞争中被广泛传播和持续使用。以下通过将政府质量和政府组织绩效、治理与善治、国家能力与国家建设等相关竞争性概念的比较来进一步展现其学术价值。

（一）政府组织绩效

诺贝尔经济学奖获得者雷德利与西蒙（Ridley 和 Simon，1943）早在"二战"期间出版的《市政工作衡量：行政管理评估标准的调查》一书引发各国政府组织绩效的关注，再到 20 世纪 80 年代澳大利亚和新西兰等地兴起的绩效测量运动，以及 20 世纪 90 年代初英美相继实施的绩效测量推广，特别是美国于 1993 年通过的《政府绩效与结果法》，将绩效测量聚焦于公共管理的评估之中，其目的也由抵御 20 世纪经济危机转向现代化政府建设，并与新公共管理的思潮相呼应，成为理论与实践关注的热点。有学者分析过去25年英国公共管理领域的核心期刊发现：所有发表文章集中在两个维度，而其中之一就是公共服务和组织绩效评估，包括绩效评估的理论和概念分析以及个案中的指标分析、政策影响、框架建构等内容。对组织绩效提升的主要建议集中在如改变组织环境；改变组织结构、文化、战略过程、领导体系；改变公共服务产品内容三个方面（Boyne，2004）。

政府绩效涉及两个方面：一是效率（能否及时且最小成本提供公共服务）；二是效能（能否提供符合公民需求的公共服务）（Rauch & Evans，2000）。经典文献分析趋向于在一般认识与特定意义上展现政府绩效的作用：如国家或区域的经济增长和效率，公共政策和项目实践的效能、民主产出如参与、代表制度及公平性。近十余年来强调重点在于公共政策分析和设计、政府部门功能和项目实践评估、政府绩效网络及公私合作安排等。研究表明影响政府组织绩效的核心主客观因素主要体现在：组织、正式权威的代表、规则、分类预算、信息交换与报道需求、操作性机制等（Lynn & Robichau，2013）。具体而言主观因素如选民对组织绩效评价的短视行为影响民主选举责任性对社会整体福利提升的效果（Bechtel & Hainmueller，2011）。从政治仿真试验中也发现对政府绩效表现与公民的主观满意度相关（VanRyzin，2006）。这也体现政府组织绩效的评价具有强烈的主观性。

客观因素如任期规则，研究指出执政者在任期有限的"跛脚鸭"（Lame Duck）影响下，不能续任者更加缺乏激励导致执行力降低进而影响财政组织绩效（Besley & Case，1995）。对美国州政府研究发现：存在任期限制的政治家财政绩效较那些试图连任者表现更差（Altetal，2011）。其他客观因素还包括政府结构的影响，若以美国市级政府市长产生形式的七种类型来比较，则发现美国地方政府组织绩效差异与其结构形式和特征密切相关（Nelson & Svara，2010；2012）。但现实组织绩效评估往往采用较为标准化的统一评估体系，忽略了各类政府部门的差异性，各种偶然因素均会对地方公共网络绩效带来显著影响，也让试图通过组织绩效评估比较来探寻一种普遍适用的最佳政府改革路径成为难以完成的任务（Spanetal，2012）。

以上总结政府绩效的影响因素及研究聚焦表明：首先，政府绩效的研究对象具有较强的单一性，仅仅强调针对特定部门或单一部门的测定；其次，政府绩效的功能定位于促进经济发展和政府现代化管理水平提升，而不具备国家治理改善的宏观视界；最后就其测量指标和测量主体而言，包含客观性指标和主观性指标聚合，测量主体则不同国家体现不同，如有的以上级考核作为测量主体，有的以同级间的评估作为测量主体。这些特征使政府绩效难以形成有效且完整的国家治理替换性指标。

（二）治理与善治

治理在20世纪60年代还被视为"政府所做职责及内容"的同义词，如1955年《牛津英语字典》定义治理为"统治的行为和方式，被管理的状态"。20世纪80年代后期，通过学者的努力，治理学术的定义出现在国际关系和公共行政学领域。如国际关系学者（Rosenau，1992）用治理来解释20世纪80年代国际合作等问题。随后20世纪80年代末期到 90 年代初期在公共行政学变革的影响下,学者不断挑战传统的自上而下的等级结构范式,寻求公共部门管理改革的新范式(Rhodes,1996)。

在实践领域,援助国和援助机构不断强调"治理"在经济发展中的重要性。如世界银行研究人员在一份有影响力报告中提出的结论:对外援助只有在政府具备实施良好治理政策条件的国家里才能发挥作用,世界银行在过去二十年从其所认为的"增进国家或区域发展"的角度大力推广这一备受争议概念,相关治理问题也从先见于北欧诸国逐步遍及世界,形成论国事"言必称治理"的火热局面。除了发展中国家受到来自国际援助组织的压力外,发展国家对治理改善的要求也还受到政府自身治理能力的限制,公民希望参与更多决策的压力,以及对公共管理复杂化的认知和不同知识的需求(Armitage et al.,2008)。其实不良治理(Bad Governance)不仅是存在于发展和转型国家中的问题,也是发达国家所面临的问题(Rothstein,2011),但强加于他国的治理工具没有考虑不同国家的背景和行政能力,造成治理异化并加剧治理困境。所以治理赤字不可能被一次性的解决,制度和能力建设都需要时间的保证,考虑国家或地区的历史背景、先后序列、时间安排等是实现治理改善的前提。

在理论分析中,治理近年来作为学者研究的核心词汇,相关英文 SSCI 文章自 1990 年以来,以治理为主题的研究论文已经增长了 30 倍。1980 年只有 30 篇文章,1990 年则有 39 篇,而到 2003 年则有 1100 篇,1990 年相关治理论文占 SSCI 全部文章 0.03%,但到 2003 年则上升为 0.75%(Werner,2005)。在对治理溢出效应及实现的影响因素的实证研究中,大样本分析(Large - N)趋向于发现国家经济社会发展与善治之间的一致性,而小样本分析(Small - N)趋向于验证发展是不完全依赖于"治理正确"。由于这些分析多依赖于跨国数据而非历史性数据,样本中不同发展层次的国家代替各国治理历史和发展条件的变化,这种回归结果多呈现为以下一般性的结论:①治理制度发展对经济增长有促进作用,同时经济增长反过来促进治理制度完善(Levine,1999;Rauch & Evans,2000),可以有效减低贫困(Chong & Calderón,2000);②政府信用促进投资和增长(Brunetti et al.,1997);③在良好经济管理背景下,国际援助能促进增长(Burnside & Dollar,1998);④不稳定的政治背景导致低水平投资(Barro,1991);⑤腐败与政府低效和低增长相关(Friedman et al.,2000);⑥财政分权与善治正相关(Huther & Shah,1998)。在因果关系的探索上,学者认为治理和增长不仅是相关,且呈因果效应,善治使发展变得更加可能。世界银行(World Bank,2000)根据以往 40 个不同学者研究结果总结为,正如在高收入国家的测验,压倒性研究结果表明善治对成功的发展至关重要。个体案例研究表明少量的制度和政策改变同样能促进经济增长,如中国和越南是两个常被提及的例子。所以初期小规模的重要制度改进对刺激发展很重要,而长期善治制度的建立才将会影响经济发展的可持续性。

在对治理测量探索中,具有代表性和影响力的当属考夫曼(Kaufmann)等创立的世界治理指数(World Governance Index,WGI),该指标提供了可比指数和多层治理测量相结合的新途径,抽取 25 个(到 2009 年已经上升为 32 个数据源)不同来源(如公共部门、商业机构等)第三方有用变量进而重新调整为 WGI 六项指标对世界 200 余个国家和地区的治理现状进行测量和评估(Kaufmann et al.,2009),新聚合而成的六项指标具体如下:①表达与问责(Voice and Accountability, VA);②政治稳定与暴力程度(Political Stability and Absence of Violence, PV);③政府效率(Government Effectiveness, GE);④规制水平(Regulatory Quality, RQ);⑤法治(Rule of law, RL);⑥腐败控制(Control of Corruption, CC)。WGI 采用综合聚类方法形成此六项指标,较之单独数据来源包含了更丰富的内容,让治理问题的相关探讨更加实证化(Kaufmann & Kraay,2008)。但这一指标在跨国比较、模型假设验证、测量概念界定、数据透明度及可验证性等方面的理论自洽也面临诸多批评的声音(臧雷振,2012)。同时也由于其嵌入较多的规范性政策偏好指标可能影响其最终的结果,比如难道因为我们不喜欢美军入侵伊拉克就可以认为美军治理质量差吗?

综上可见,治理和善治的理论框架同样较多的集中于其对经济社会发展影响,且这种影响机制和层次在研究中也没有取得一致性结论。虽然治理和善治研究的目标对象是确定的,但其测量中往往隐匿意识形态的判断和偏见,如世界治理指标在聚合数据时候时少数机构自身决定什么是"好"数据,使什么数据合法化,而拒绝另外一些数据。此外,次级数据的过分商业化及不透明性难以客观反映国家治理的现状。正如有研究指出当前治理的逻辑分析框架仅是"公共行政学说的一般性替代分析框架"(Hill 和 Hupe,2002),其依然没有走出政府绩效评估的思维,最新的研究希望聚焦于治理网络(Governance Network),以此来摒弃以往对治理分析的单一化视角,通过网络化的整合寻求公共政策改善的新角度(Giguere,2003),提升政治合法性,弥补社会分裂和复杂性活力带来的治理困难(Torfing,2005),但这只是一种尚在探索中的尝试。

(三) 国家能力与国家建设

当 20 世纪五六十年代行为主义在西方政治学研究中风行并占据主导地位时,"国家"这一概念被政治学者认为不合乎要求、含糊不清而摒弃,但到 20 世纪后期,人们"强烈呼吁使国家回到政治分析中来",……"现在人们已经相当普遍地把'国家'作为分析的核心定向范畴予以采纳和适应"。行为主义研究的固有缺陷也令后行为主义研究下的"政治科学中的一个旧式术语'国家'再度成为研究的热点"(伊斯顿,1999),掏空国家的理念已经失去往日的光彩。进而由精英理论和古典管理理论演进来的国家中心研究路径(State—centered Approach),在学术史上体现出有别于建立在社会、阶级和经济等政治行为主义研究范畴下不完整性,并在此基础上形成国家回归学派,其指出存在于"国家"之中的官僚制结构吸纳社会个体的作用被传统研究所忽略(Skocpol,1985),而重新探讨国家自主性及国家能力将有助于理解国家与社会结构、个体层面政治行为等关系。对国家研究的重视既体现出奈特尔(Nettl,1968)20 世纪 70 年代将国家引入社会科学研究之后新一波对国家变量的关照,又是 20 世纪 80 年代国家建设(State Building)研究兴起的延续(Tilly,1975;Fukuyama,2004)。

国家研究回归政治学话语之后,随之与其相关的国家能力(State Capacity)概念逐渐兴起。其实从20世纪50年代至20世纪60年代，有关联合国开发计划署（The United Nations Development Programme，UNDP）提出的制度建设（Institutional Building）和社区能力概念就初具雏形，但当时多聚焦于提高农村地区个体的技术水平和自救能力，随后从聚焦农村转向发展国家的行政部门，彼时曼（Mann，1984）通过分类现代国家专断性能力（Despotic Power）和基础性能力引起学者对此议题的巨大兴趣，以及麦格达尔（Migdal等，1994）在彼时曼的研究基础上又进一步将国家能力划分为国家的社会渗透能力、调节社会关系的能力、汲取资源以及按既定的方式拨款或使用资源的能力。国家能力作为政治学一个重要概念，也从最初仅强调国家增加税收的能力，转向再分配、监管等能力建设上，而对于像中国这样的后发国家要想获得有效运行和生存，学者认为需要包括以下四种能力：汲取能力（Extractive Capacity）、调控能力（Steering Capacity）、合法性能力（Legitimation Capacity）、强制能力（Coercive Capacity）（Wang，1995）。

国家能力也总与弱国家（Weak or Fragile State）及运作良好国家（Well functioning State）等概念相联系（Rice & Patrick，2008；Carothers，2007）。但由于国家建构是一长期持续的过程，其外生性影响因素包括外部力量对国家建设过程的介入，如"二战"期间马歇尔计划对相关国家的援助与支持；而内生性视角则强调国家社会关系的内部紧张导致国界之内的国家重建，如美国内战后形成的现代国家建构。所以无论是弱国家还是运作良好国家，其国家能力的比较或联系都是十分复杂的关系。

国家回归学派分析中，一贯被忽略的批评是来自阿尔蒙德的观点，其指出国家回归运动并没有带来学科知识和研究范式的转变，没有提供更好的分析工具（Almond，1988），虽然他的文章被一些学者反驳（Nordlinger et al.，1988）。但不可否认，国家回归学派视角下分析过于强调国家本位，忽略了社会力量在国家建设中作用，忽略国家与社会互动，片面强调通过有效性解决合法性的短期政治实践，同时对制度和政策之间效果差异通常不做区分，这反而带来学术研究和分析的偏颇，如忽略吸引私人部门参与国家建设促进国家能力提升的作用。所以20世纪末期伴随公民社会在东欧民主化进程中的促进作用及其相关研究的兴起，国家的分析框架彻底沉没在对社会力量分析的重视之中。此外国家建设和国家能力分析过程中还存在内在的冲突，比如当对于提升国家能力建设的动力来看，传统观点认为民主选举政府为获取连任及选民满意而希望提升国家能力，但现实来看更多发展中国家的独裁政府为了汲取更多税收而更愿意提升国家能力建设（Brautigam et al.，2008），而民选政府中的政治博弈和政治游说反而使国家能力建设方面充满阻力。再者就是依托国家宏大视角，对于国家能力如何测量，国家建设如何评估都面临显而易见的困难。

四、结语

上文概要性呈现了政府质量及其相关竞争性概念的比较，虽然20世纪以来，有关组织效能、善治、国家能力与国家建设等作为政治学探索中的新兴概念均逐步成为研究重点（见表1），但综上分析可见这些研究视角中存在以下共性问题：首先，有的研究概念过于离散化与单一化，如对组织效能分析缺乏对由不同组织部门构成的政府综合评价，往往聚焦于单一部门的评估；跨国比较评价同样匮乏，而跨国研究对理论发展和管理实践具有重要意义，其揭示理论普遍化和概括化过程中问题，揭示理论适用的边界。其次，指标设置与测量的主观性，如世界治理指标（WGI）中大比例的主观赋值，包含不清晰的价值判断，对于专家打分的过分依赖（Expert Coding）（Coppedge et al., 2011），特别是"判定"（Judgment）因素的过多使用，其主观性和囿于现有知识的局限性进而带来偏见、模糊和不真实的测量结果，难以证明一个国家得分高于其他国家就意味着其治理水平更高。再次，意识形态强调差异。社会科学研究中或多或少含有一定的意识形态特征，这也直接影响到相关研究的结论和推理过程。所以裹挟强烈意识形态色彩的研究取向，伴随知识的输出还蕴含忽略他国传统和历史背景的国民价值同化，政府质量借相对客观的价值批判尽力减低意识形态的困扰。最后，数据来源，诸多指标缺乏足够的精度和可靠性，主要是由于其数据来源主要依赖于报纸、档案数据，私人部门或调研等。私人部门数据的结构性缺陷如系统性供应不足和数据生成的低效（Schedler, 2012），而问卷则由于成本限制及无应答比例上升常以简化的测试尺度来获取数据（Montgomery & Cutler, 2013），这种现实困难使学者常采取柔性测量（Soft Measures）手段，虽然带来分析的进步，但也带来显而易见的问题。

表1 相关"竞争性概念"比较

	目标对象	意识形态强调	功能定位	次级指标获取方式	反映国家治理现状优缺点
政府组织绩效	单一行政部门	一般	探索政府对经济发展影响	问卷、商业部门、政府与报刊数据	单一性
治理与善治	单一部门或国家	强烈	探索政府对经济发展影响	问卷、商业部门、政府与报刊数据	模糊
国家能力与国家建设	国家	一般	探索国家的建立与延续	问卷、商业部门、政府与报刊数据	模糊
政府质量	政府与国家	较少	比较政府及国家的发展	政府部门数据与学术机构问卷	综合性

从认识论角度来看组织效能是结果分析，治理与国家能力建设是现象分析，而政府质量则是过程与结构分析的综合，其完整再现了公共政策发起、执行的过程，并将政府效能、规模与国家能力的各测量要素包含其中。所以将政府质量引入国家治理结构性分析中，首先，实现国家治理规模与荷负评价的可测量。国家治理的庞杂性难以直接测量和形象感知，而政府质量作为替代性指标使其变得更加容易获取客观性认识。因为政府作为国

家的象征，通过政府质量评估，更好地间接实现对国家治理态势的评价。其次，有利于实现国家治理过程的比较分析。国家治理研究不仅取决于国家在其领土内所拥有的主权行使结果，其行使过程同样也塑造人们对国家的认知，政府作为国家主权行使的主体，其政策过程完整再现国家主权行使过程。这样政府质量基于中观层面国家治理过程的现象观察、经验总结研究更具可操作性，架构研究中宏观理论与微观理论、客观世界与主观认知之间桥梁（徐湘林，2004）。最后，政府质量作为分析的数据可避免大量对私人数据的使用，避免大量对主观性数据的使用，避免大量不同数据源的聚合。这种分析框架在运用于比较研究中时更具稳定性、整体性、可比性、价值中立、可靠性、完全性、保真性。通过客观的比较分析，增加对其他文化理解才能减少政治学研究中的相互误解。

综上所述，初步分析了政府质量研究在理论深化和事实佐证上对探索完善国家治理的重要意义，试图为中国相关领域研究提供新的学术视角和理论借鉴。当然，作为新兴概念和研究热点，无论是政府质量还是国家治理都还有诸多需要完善和改进的空间，本文初步构建和呈现了以政府质量代替测量国家治理水平的分析框架，下一步的研究将在此框架下通过实证验证来不断检验、调整和完善，本文只是这一过程的千里跬步。

参考文献

[1] 戴维·伊斯顿. 政治生活的系统分析 [M]. 王浦劬译. 华夏出版社，1999.

[2] 林尚立. 重构府际关系与国家治理 [J]. 探索与争鸣，2011（1）.

[3] 刘家义. 论国家治理与国家审计 [J]. 中国社会科学，2012（6）.

[4] 马骏. 经济，社会变迁与国家治理转型：美国进步时代改革 [J]. 公共管理研究，2008（6）.

[5] 渠敬东. 项目制：一种新的国家治理体制 [J]. 中国社会科学，2012（5）.

[6] 任剑涛. 在正式制度激励与非正式制度激励之间 [J]. 浙江大学学报（人文社会科学版），2012，42（2）.

[7] 徐湘林. 从政治发展理论到政策过程理论：中国政治改革研究的中层理论建构探讨 [J]. 中国社会科学，2004（3）.

[8] 徐湘林. 转型危机与国家治理：中国的经验 [J]. 经济社会体制比较，2010（5）.

[9] 徐湘林. 中国的转型危机与国家治理：历史比较的视角 [J]. 复旦政治学评论·第九辑，世纪出版社、上海人民出版社，2011.

[10] 杨光斌，郑伟铭. 国家形态与国家治理 [J]. 中国社会科学，2007（4）.

[11] 杨敏. 作为国家治理单元的社区 [J]. 社会学研究，2007（4）.

[12] 臧雷振. 治理类型的多样性演化与比较 [J]. 公共管理学报，2011（4）.

[13] 臧雷振. 治理定量研究：理论演进及反思 [J]. 国外社会科学，2012（4）.

[14] 周雪光. 国家治理规模及其负荷成本的思考 [J]. 吉林大学社会科学学报，2013，53（1）.

[15] 周雪光. 运动型治理机制：中国国家治理的制度逻辑再思考 [J]. 开放时代，2012（9）.

[16] Acemoglu D., Johnson S., Robinson J. A. Reversal of Fortune [J]. The Quarterly Journal of Economics，2002，117（4）：1231 – 1294.

[17] Adsera A. Boix C., Payne M. Are You Being Served [J]. Journal of Law, Economics, and Organi-

zation, 2003, 19 (2): 445-490.

[18] Agnafors M. Quality of Government and the Treatment of Immigrants [J]. Ecumenical Review Sibiu, 2013a, 5 (1): 25-41.

[19] Agnafors M. Quality of Government: Toward a More Complex Definition [J]. American Political Science Review, 2013b, 103 (3): 433-445.

[20] Almond G. A. The Return to The State [J]. The American Political Science Review, 1988, 82 (3): 853-874.

[21] Alonso J. A., Garcimartín, C. The Determinants of Institutional Quality [J]. Journal of International Development, 2013, 25 (2): 206-226.

[22] Alt, J. de Mesquita, E. B., Rose S. Disentangling Accountability and Competence in Elections [J]. Journal of Politics, 2011, 73 (1): 171-186.

[23] Anderson C. J., Tverdova Y. V. Corruption, Political Allegiances, and Attitudes Toward Government in Contemporary Democracies [J]. American Journal of Political Science, 2003, 47 (1): 91-109.

[24] Angelopoulos K., Philippopoulos A., Tsionas E. Does Public Sector Efficiency Matter [J]. Public Choice, 2008, 137 (1-2): 245-278.

[25] Armitage D. R., Plummer R., Berkes F., Arthur R. I., Charles A. T., Davidson-Hunt I. J., Wollenberg E. K. Adaptive Co-management for Social-ecological Complexity [J]. Frontiers in Ecology and the Environment, 2008, 7 (2): 95-102.

[26] Barro R. J. Economic Growth in A Cross Section of Countries [J]. The Quarterly Journal of Economics, 1991, 106 (2): 407-443.

[27] Bechtel M. M., Hainmueller, J. How Lasting Is Voter Gratitude [J]. American Journal of Political Science, 2011, 55 (4): 852-868.

[28] Besley T., Case A. Does Electoral Accountability Affect Economic Policy Choices [J]. The Quarterly Journal of Economics, 1995, 110 (3): 769-798.

[29] Boyne G. A. Explaining Public Service Performance [J]. Public Policy and Administration, 2004, 19 (4): 100-117.

[30] Brautigam D., Fjeldstad O. H., Moore, M. (Eds.) Taxation and State-building in Developing Countries [M]. Cambridge University Press, 2008.

[31] Brunetti A., Kisunko G. V., Weder, B. Institutional Obstacles to Doing Business [M]. (No. 1759). Washington, DC: World Bank, 1997.

[32] Burnside C., Dollar D. Aid, the Incentive Regime, and Poverty Reduction (No. 1937). Washington, DC: World Bank, 1998.

[33] Carothers T. How Democracies Emerge [J]. Journal of Democracy, 2007, 18 (1): 12-27.

[34] Charron N., Lapuente V. Does Democracy Produce Quality of Government [J]. European Journal of Political Research, 2010, 49 (4): 443-470.

[35] Charron N., Lapuente V. Which Dictators Produce Quality of Government [J]. Studies in Comparative International Development, 2011, 46 (4): 397-423.

[36] Charron N., Lapuente, V. Why Do Some Regions in Europe Have Higher Quality of Government [J]. The Journal of Politics, 2013, 75 (3): 567-582.

[37] Chong A., Calderon C. Causality and Feedback Between Institutional Measures and Economic Growth [J]. Economics and Politics, 2000, 12 (1): 69 - 81.

[38] Collier P. African Growth: Why A "Big Push" [J]. Journal of African Economies, 2006, 15 (suppl 2): 188 - 211.

[39] Coppedge M., Gerring J., Altman D., Bernhard M., Fish S., Hicken A., Teorell J. Conceptualizing and Measuring Democracy [J]. Perspectives on Politics, 2011, 9 (2): 247 - 267.

[40] Delhey J., Newton K. Predicting Cross - national Levels of Social Trust [J]. European Sociological Review, 2005, 21 (4): 311 - 327.

[41] Egorov G., Guriev S., Sonin K. Why Resource - Poor Dictators Allow Freer Media [J]. American Political Science Review, 2009, 103 (4): 645 - 668.

[42] Fearon J. D., Laitin D. D. Ethnicity, Insurgency, and Civil War [J]. American Political Science Review, 2003, 97 (1): 75 - 90.

[43] Frey B. S., Stutzer A. Happiness, Economy and Institutions [J]. The Economic Journal, 2000, 110 (466): 918 - 938.

[44] Friedman E., Johnson S., Kaufmann D., Zoido - Lobaton P. Dodging the Grabbing Hand [J]. Journal of Public Economics, 2000, 76 (3): 459 - 493.

[45] Fukuyama F. State Building. Cornell University Press, 2004.

[46] Fukuyama F. What Is Governance [J]. Governance, 2013, 26 (3): 347 - 368.

[47] Giguère S. Managing Decentralisation and New Forms of Governance. Managing Decentralisation: A New Role for Labour Market Policy, 2003, 11 - 27.

[48] Gilley B. The Determinants of State Legitimacy [J]. International Political Science Review, 2006, 27 (1): 47 - 71.

[49] Helliwell J. F., Huang H. How's Your Government [J]. British Journal of Political Science, 2008, 38 (4): 595 - 619.

[50] Hill M. J., Hupe P. L. Implementing Public Policy: Governance In Theory and Practice [M]. London: Sage, 2002.

[51] Holmberg S., Rothstein B. Dying of Corruption [J]. Health Economics Policy and Law, 2010, 6 (4): 529 - 547.

[52] Holmberg S., Rothstein B., Nasiritousi N. Quality of Government [J]. Annual Review of Political Science, 2009, 12: 135 - 161.

[53] Huther J., Shah A. Applying A Simple Measure of Good Governance to The Debate on Fiscal Decentralization (No. 1894). Washington, DC: World Bank, 1998.

[54] Kaufmann D., Kraay A. Governance Indicators [J]. The World Bank Research Observer, 2008, 23 (1): 1 - 30.

[55] Kaufmann D., Kraay A., Mastruzzi M. Governance Matters VIII. World Bank Policy Research Working Paper, (4978), 2009.

[56] Knack S. Social Capital and The Quality of Governmen [J]. American Journal of Political Science, 2002, 46 (4): 772 - 785.

[57] Kumlin S. Institutions - experiences - preferences. In B. Rothstein & S. Steinmo Eds.: Restructuring

the Welfare State. London: Palgrave.

［58］La Porta R. , Lopez – de – Silanes F. , Shleifer A. , Vishny R. The Quality of Government ［J］. Journal of Law, Economics, and Organization, 1999, 15（1）: 222 – 279.

［59］Levine R. Law, Finance, and Economic Growth ［J］. Journal of Financial Intermediation, 1999, 8（1）: 8 – 35.

［60］Lynn L. E. , Robichau R. W. Governance and Organisational Effectiveness ［J］. Journal of Public Policy, 2013, 33（2）: 201 – 228.

［61］Mann M. The Autonomous Power of The State ［J］. European Journal of Sociology, 1984, 25（2）: 185 – 213.

［62］Meijer A. Understanding Modern Transparency ［J］. International Review of Administrative Sciences, 2009, 75（2）: 255 – 269.

［63］Migdal J. S. , Kohli A. , Shue, V. Eds. State Power and Social Forces ［M］. Cambridge University Press, 1994.

［64］Montgomery J. M. , Cutler J. Computerized Adaptive Testing for Public Opinion Surveys ［J］. Political Analysis, 2013, 21（2）: 172 – 192.

［65］Morse S. Is Corruption Bad for Environmental Sustainability ［J］. Ecology and Society, 2006, 11（1）: 22.

［66］Mungiu A. Corruption: Diagnosis and Treatment ［J］. Journal of Democracy, 2006, 17（3）: 86 – 99.

［67］Nelson K. L. , Svara J. H. Adaptation of Models Versus Variations in Form ［J］. Urban Affairs Review, 2010, 45（4）: 544 – 562.

［68］Nelson K. L. , Svara J. H. Form of Government Still Matters Fostering Innovation in US Municipal Governments ［J］. The American Review of Public Administration, 2012, 42（3）: 257 – 281.

［69］Nettl J. P. The State As A Conceptual Variable ［J］. World Politics, 1968, 20（4）: 559 – 592.

［70］Nordlinger E. A. , Lowi T. J. , Fabbrini, S. The Return to The State: Critiques ［J］. The American Political Science Review, 1988, 82（3）: 875 – 901.

［71］Pillar P. R. Revolts in Democracies ［M］. The National Interest Blog, 2013.

［72］Rauch J. E. , Evans P. B. Bureaucratic Structure and Bureaucratic Performance in Less Developed Countries ［J］. Journal of Public Economics, 2000, 75（1）: 49 – 71.

［73］Rhodes R. A. W. The New Governance ［J］. Political Studies, 1996, 44（4）: 652 – 667.

［74］Rice S. E. , Patrick S. Index of State Weakness in the Developing World ［M］. Global Economy and Development, Brookings Institution, 2008.

［75］Ridley C. E. , Simon H. A. Measuring Municipal Activities ［M］. The International City Managers´ Association, 1943.

［76］Rosenau J. N. Governance, Order, and Change in World Politics. In Rosenau, J. N. & Czempiel, E. O. Eds. Governance Without Government. Cambridge: Cambridge University Press, 1992.

［77］Rothstein B. Social Capital, Economic Growth and Quality of Government ［J］. New Political Economy, 2003, 8（1）: 49 – 71.

［78］Rothstein B. Creating Political Legitimacy Electoral Democracy Versus Quality of Government ［J］. American Behavioral Scientist, 2009, 53 (3): 311 – 330.

[79] Rothstein B. The Quality of Governmen. University of Chicago Press, 2011.

[80] Rothstein B., Eek D. Political Corruption and Social Trust An Experimental Approach [J]. Rationality and Society, 2009, 21 (1): 81 – 112.

[81] Rothstein B., Teorell J. What is Quality of Government [J]. Governance, 2008, 21 (2): 165 – 190.

[82] Sandholtz W., Gray M. M. International Integration and National Corruption [J]. International Organization, 2003, 57 (4): 761 – 800.

[83] Schedler A. Judgment and Measurement in Political Science [J]. Perspectives on Politics, 2012, 10 (1): 21 – 36.

[84] Schmidtlein F. A. Assumptions Commonly Underlying Government Quality Assessment Practices [J]. Tertiary Education and Management, 2004, 10 (4): 263 – 285.

[85] Skocpol T. Bringing the State Back In: Strategies of Analysis in Current Research. In Evans, P. B. et al Eds. Bringing the State Back in. Cambridge: Cambridge University Press.

[86] Span K. C., Luijkx K. G., Schols J. M., Schalk R. The Relationship Between Governance Roles and Performance in Local Public Interorganizational Networks [J]. The American Review of Public Administration, 2012, 42 (2): 186 – 201.

[87] Svallfors S. Government Quality, Egalitarianism, and Attitudes to Taxes and Social Spending [J]. European Political Science Review, 2013, 1 (1): 1 – 18.

[88] Tilly C. Western State – making and Theories of Political Transformation. The Formation of National States in Western Europe [M]. Princeton University Press, 1975.

[89] Torfing J. Governance Network Theory [J]. European Political Science, 2005, 4 (3): 305 – 315.

[90] Van Ryzin G. G. Testing the Expectancy Disconfirmation Model of Citizen Satisfaction with Local Government [J]. Journal of Public Administration Research and Theory, 2006, 16 (4): 599 – 611.

[91] Wang S. The Rise of the Regions. In Walder, A. G. Ed. The Waning of the Communist State. Berkeley: University of California Press, 1995.

[92] Werner J. Modern Governance. In Fraser – Moleketi, G. Ed. The World We Could Win. IOS Press, 2005.

[93] Williamson J. What Should the World Bank Think About the Washington Consensus [J]. The World Bank Research Observer, 2000, 15 (2): 251 – 264.

[94] World Bank. Reforming Public Institutions and Strengthening Goverance. Washington, DC: World Bank, 2000.

[95] Wright J. Do Authoritarian Institutions Constrain [J]. American Journal of Political Science, 2008, 52 (2): 322 – 343.

The Quality of Government: Structural Indicator of State Governance

Leizhen Zang, Xianglin Xu

Abstract: The structural analysis of state governance is essential for its development of real concerns and theoretical exploration and the quality of government, as a main structural indicator of state governance, has drawn widespread attention from domestic and international scholars. This article first analyzes the connotation characteristics, influencing factors, related measurements and verification of the quality of government, thus revealing that the quality of government can reflect the current level of state governance in different countries. Furthermore, the article highlights the research value of the quality of government, by comparing it with several other competitive concepts such as organizational performance, governance and good governance, as well as state capacity and state-building. In conclusion, the essay notes that the research on quality of government can shed new light on exploring the process of state governance, from the aspects of theoretical deepening and empirical implementation.

Key Words: Quality Of Government; State Governance; Substitute Indicator; Competitive Concepts; Relationship

我国公共管理研究方法的统计分析及演进路径研究[*]

范柏乃　楼晓靖

【摘　要】 缺乏规范的、严谨的研究方法，已成为制约我国公共管理学术研究质量的提升和学科进一步发展的瓶颈。本文从公共管理学恢复重建、萌芽和成长三个阶段各随机抽取了300篇（实际选取共858篇）学术论文作为研究对象，对我国公共管理学研究方法进行了统计分析。研究结果表明，我国公共管理学研究方法经历了从演绎到归纳、从理论到实证、从定性到定量，研究规范性从不规范到逐步规范，数据分析方法从简单到复杂，统计变量从单元到多元，统计手段从手工到信息化的演进过程。公共管理研究者能力的提升、研究数据可获得性的提高、研究主题的深化、学术交流的增多和研究信息化水平的提高是公共管理研究方法演进的重要原因。

【关键词】 公共管理学；研究方法；演进路径

一、引言

任何一门学科的发展都离不开研究方法的有力支撑，研究方法的成熟程度和独特性，是判断学科独立性和发展潜力的重要标准。无论何种学科领域，"最伟大而艰难的奋斗是关于理论基础和研究方法的"。一门学科的研究方法成熟与否，体现了该学科的发展程度，决定了这门学科的研究视野与理论深度，决定了该学科的发展方向。公共管理研究方法的成熟与发展，直接影响着公共管理向科学性、合理性、现实性方向发展。

自1982年夏书章教授发表《把行政学的研究提上日程是时候了》一文开始，无论是称

---

[*] 本文选自《公共管理学报》2013年第2期。
［基金项目］国家社会科学基金重大招标项目（10zd&019）；教育部哲学社会科学重大招标项目（09JDZ0006）。
［作者单位］范柏乃，浙江大学公共管理学院；楼晓靖，义乌工商职业技术学院。

为行政管理学、公共行政学还是公共管理学,我国的公共管理学的研究都取得了长足的进步和发展。单从学科的教育上看,30多年来,一些主要的大学都建立了行政管理专业。20世纪90年代末到21世纪初,中国公共管理学启动了博士教育和MPA教育。这些都说明公共管理学已经取得了自己应有的学术地位和社会地位,已经形成了相对独立的教学科研体系。

虽然我国公共管理学取得了快速的发展,但还是有许多学者认为,目前我国公共管理研究方法单一、落后,所采用的研究方法"尚属于手工作坊式的初级阶段",无法实现与国外同类学科的平等对话,"陷入了一种缺乏反思的自说自话的境地",缺乏规范的、严谨的研究方法,已经严重制约了我国公共管理学学术研究质量的提升和学科的进一步发展。

上述学者的观点停留在对当前我国公共管理学的感性认识层面上,缺乏对公共管理学研究方法的统计分析数据的有力支撑,因而有待检验。本研究在清晰界定公共管理学学科领域的基础上,将我国公共管理学的发展分为恢复重建、发展、调整与逐步完善三个阶段,并从这三个阶段各选取了300篇公共管理研究领域的学术论文作为研究对象,系统分析我国公共管理学研究方法的演进路径,并提出了相应的对策建议。

二、公共管理学研究主要范围的界定

研究公共管理研究方法的发展,有必要对公共管理学研究的主要范围做出清晰界定。目前,对于作为一个学科的公共管理学存在三种不同理解:一是将公共管理学等同于公共行政学;二是把公共管理学当作公共行政学的一个分支学科,是关于公共行政的项目设计、组织结构化、政策和管理计划,经由预算系统的资源配置、财政管理、人力资源管理、项目评估和审计的应用方法论方面的总的看法;三是将公共管理看作一种不同于传统的公共行政和政策分析的一种新途径、新范式或新的学科框架。本研究采用的是第一种观点,即公共管理学等同于公共行政学。

国内外不同学者对公共管理学研究的主题进行了系统梳理和研究,Perry等(1986)认为主要有行政理论、公共管理、公民参与、公共政策、计划、职责、人事、财政(预算)、政府间关系、城市和区域政府、州政府、联邦政府、其他。

Larry(2005)认为主要包括公共管理、比较(国际化)、公共行政报告、治理/民主/法律、绩效管理、反思性实践者、公民/公共参与、公共政策、预算、人力资源管理、私有化、代表性官僚/种族、公共责任与财务责任、地方政府、学科问题探讨、官僚体制、政府再造、公共行政理论、研究方法、环境政策、中央政府、非盈利管理、电子政务/技术、恐怖主义/本国安全、组织理论、公共服务、伦理、学术领域的公共行政、公共与私人部门、领导、其他。

何艳玲(2007)认为研究主题主要有行政组织与职能、行政决策、公共政策、公共财政、公务员制度与人力资源、绩效评估(行政效率)、行政改革、政府间关系、行政哲学、行政伦理、NGO、学科发展、研究方法、其他。陈辉（2008）认为主要是行政理论、公共政策、公共管理、电子政府、行政伦理、制度研究、绩效评估、行政改革、公共财政。

Raadschelders（2011）将公共管理学的研究主题分为问责制、官僚制、公民参与、行政改革、教育问题、伦理、预算和财政、治理、行政学理论/行政历史、政府间关系、信息/电子政府、行政法、绩效管理、公共组织、人事管理、公共政策、政治问题、社会问题、研究方法、恐怖主义和其他。

由此可见，公共管理研究的主题主要包括：公共政策、财政与预算、公共管理、行政理论、电子政务、公民参与、政府绩效管理、政府再造、NGO、公共行政、恐怖主义、公共服务、行政伦理等。

三、公共管理学研究方法研究述评

自威尔逊提出"政治与行政二分"以来，公共管理学经历了100多年的发展，其间有大量的国外专家、学者对公共管理研究所运用的研究方法、技术及其变化趋势进行了回顾和评论，强调了定量分析方法对公共管理研究的重要性。Perry和Kraemer（1986）研究了1975~1984年发表在"*Public Administration Review*"（以下简称PAR）上的289篇文章的研究方法的演变趋势，发现只有不到3%的文章采用数学模型或文献综述，他们认为在公共管理领域的研究中应更广泛地使用多元分析和高级定量研究方法。Stallings等（1988）对Perry和Kraemer的研究做了进一步地扩展，他们考察了1940~1984年发表在PAR上的文献，得出结论：PAR上的大部分研究都是概念性的，很少采用其他社会科学刊物中较常使用的更加高级的多元变量分析。Houston等（1990）学者分析了公共管理领域的6本学术杂志（1984~1988年），归纳分类了61篇论文所采用的统计方法，指出公共行政研究中很少涉及理论验证，即使有，也主要是单变量和双变量统计，很少运用复杂的因果模型或非线性的统计技术。Bingham（1994）和Cleary（2000）也分别对公共管理的研究方法进行了回顾。蓝志勇等（2005）以公共管理领域水平最高的8本期刊上的634篇学术论文（1993~1995年）为样本数据进行了研究，结果表明公共管理领域的研究者几乎动用了所有的社会学研究方法，运用描述法和中级推理统计法的文献超过30%，一些更为先进的研究方法，如回归分析、罗杰指数分析、时间序列分析、结构方程和事件历史分析等也运用到公共管理领域的研究当中，约占13.1%。

我国公共管理研究虽然起步较晚，但在30多年的发展过程中，也有许多学者从不同角度对公共管理领域所采用的研究方法进行了系统回顾，并提出了一些发展公共管理研究方法的措施和路径。

董建新等（2005）采集了中国公共管理学中有代表性的五种学术期刊2000年1月到2004年6月共855篇行政学学术研究论文，并按照概念演绎、问题演绎、定性实证和定量实证将这些论文分为四类,发现概念演绎的论文共 479 篇,占 56%;问题演绎的论文共 335 篇,占 39.2%;定性实证的论文共 36 篇,占 4.2%;定量实证的论文共 6 篇,占 0.58%。

何艳玲(2007)对发表在 1995~2005 年的有关公共行政学的 2729 篇文献进行了统计,结果表明我国公共行政学研究缺乏规范性,既无文献引用又无理论对话的论文几乎占总样本的 43.6%,有文献引用无理论对话的论文占 41.8%,有理论对话的论文占 14.9%;在统计方法的运用方面,94% 的论文无统计运用;即便有统计,一般是描述统计,很少运用其他统计方法。

尚虎平(2009)通过对比 2002~2007 年发表在 PAR 和《中国行政管理》(CPA)上有关绩效评估的论文,得出中美公共部门绩效评估所采用的研究方法区别较大,"PAR 的论文运用最多的是实证研究中的非实验研究和案例研究;CPA 运用最多的是理论研究中的思辨研究和规范研究"。

丁东洋(2011)认为定量分析方法的应用是公共管理学研究走向成熟的标志,研究发现我国公共管理学的研究在应用定量分析方法上有上升趋势,但还存在不足,应注重对公共管理学专业定量分析能力的培养以促进公共管理学科的发展。

姜国兵(2012)认为:"公共管理领域的学术刊物和会议上,大量充斥着思辨性的论述、空洞的词汇和概念的讨论以及没有实证根据和想当然的结论……在研究假设、抽样、统计分析等各个定量研究方法环节都可能存在问题"。

从上述文献上看,国外公共管理领域的学者对公共管理所运用的研究方法做了大量的回顾,20 世纪 90 年代以前,公共管理领域的学者很少采用多元分析、复杂因果关系模型和非线性模型,20 世纪 90 年代以后,一些学者尝试将回归分析、罗杰指数分析、时间序列分析、结构方程和事件历史分析等高级定量研究方法引入到公共管理研究领域。而我国公共管理领域学者采用的研究方法多是思辨研究和规范研究,很少有学者采用定量的研究方法,说明我国公共管理的研究还无法与国外同类研究进行平等对话。

上述文献在一定程度上指出了我国公共管理研究所采用的研究方法的现状,但存在很明显的缺陷:只从总量上说明公共管理学研究方法的不规范,缺乏从时间维度对我国公共管理学研究方法演进的分析,因而无法有效认识我国公共管理学研究方法是如何发展的,其发展趋势如何。

四、统计分析项目及数据采集

(一)统计分析项目

本研究将统计分析项目分为研究属性、研究规范性、数据采集方法、统计方法层次、数据分析方法、统计软件运用等重要子项,针对这些项目设计相应的研究指标,制作成完

整的编码框,并按编码框采集数据后进行计量分析。具体而言:

研究属性方面进行了"归纳/演绎、理论/实证、定性/定量"几个维度的区分。

研究规范性方面的主要研究项目分为"有假设/无假设、有模型/无模型、参考文献数量"。

在数据采集方法上,本研究区分了"文献法、问卷法、访谈法、观察法、实验法和仿真模拟法"这六类常用的数据采集方法。

在数据分析方法上,本研究将公共管理学研究中常用的研究方法区分为"描述性分析、相关分析、回归分析、方差分析、因子分析、聚类分析、路径分析、结构方程、神经网络、面板数据、数据包络分析、网络拓扑"12类。

在统计变量运用上,区分了"无统计运用、单变量分析、双变量分析、多变量分析"四类。

在统计软件运用方面,本研究区分了"无统计软件运用/有统计软件运用"两类,并列举了常用的统计软件 Excel、SPSS、Stata、SAS、Amos、Lisrel、Eviews、Matlab、Pajek。

(二)数据采集

何艳玲(2009)认为我国行政学研究反思工作分为两个阶段,1996~2005年为第一阶段,研究重点是对我国行政学研究中存在的问题进行描述性分析;2006年至今为第二阶段,研究的重点开始转向对我国行政学研究进行量化评估。

本研究认为,我国公共管理研究方法的发展经历了三个阶段:1982~1995年为第一阶段,是我国公共管理学的恢复重建阶段,这一时期公共管理研究主要以介绍国外公共管理的理论为主,因此主要研究方法是演绎研究和理论研究。1996~2005年为第二阶段,这一时期从事公共管理研究的学者开始反思我国公共管理研究,并对我国公共管理研究中存在的问题进行了描述性的分析,一些定量的研究方法开始运用到公共管理研究中,因此命名为发展阶段。2006年至今为第三阶段,公共管理研究重点开始转向对我国公共管理学研究进行量化评估,研究方法向多元化发展,因此将其命名为调整与逐步完善阶段。

在此基础上,在中国知网"主题"一栏中输入前文确定的公共管理学研究主题,"发表时间"一栏选择分为三个阶段:第一阶段为"1982年1月1日至1995年12月31日",第二阶段为"1996年1月1日至2005年12月31日",第三阶段为"2006年1月1日至2012年10月31日",分阶段进行检索,并在"排序"一栏点击"主题",意即对检索结果进行排序,以选出与本研究主题最相关的文章。每阶段各选取排序最靠前的文献300篇,共900篇。在数据处理过程中,剔除述评、会议综述、领导讲话、译文等文献,最后获得文献858篇,其中第一阶段文献263篇,第二阶段文献295篇,第三阶段文献300篇。为便于比较,本研究最终将数据都处理成百分比或平均数的形式。

五、数据分析与讨论

(一) 研究属性

由图1至图3可以发现,我国公共管理学研究中演绎研究逐步减少,归纳研究逐步增多;理论研究逐步减少,实证研究逐步增多;定性研究逐步减少,定量研究逐步增多。由此可见,我国公共管理学研究经历了从演绎到归纳、从理论到实证、从定性到定量的过程。然而即使是在现阶段,演绎法和定性研究方法仍在我国公共管理学的研究中占据主导地位,分别占62.7%和88.3%;虽然实证研究获得了长足的进展(占54.3%),但是定量研究仍然很少,仅占11.7%,大量的研究仍使用定性研究法。

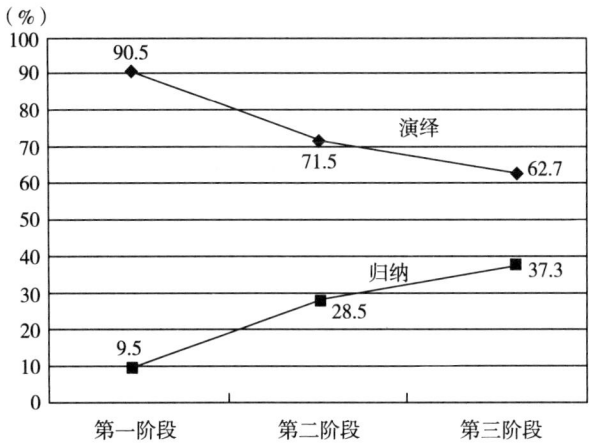

图1 三个阶段演绎、归纳研究方法趋势

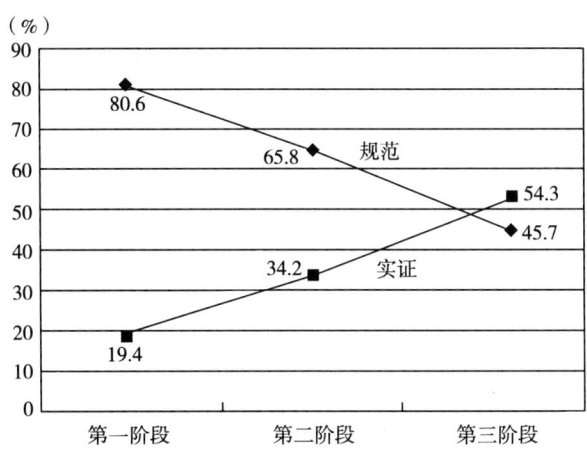

图2 三个阶段规范、实证研究方法趋势

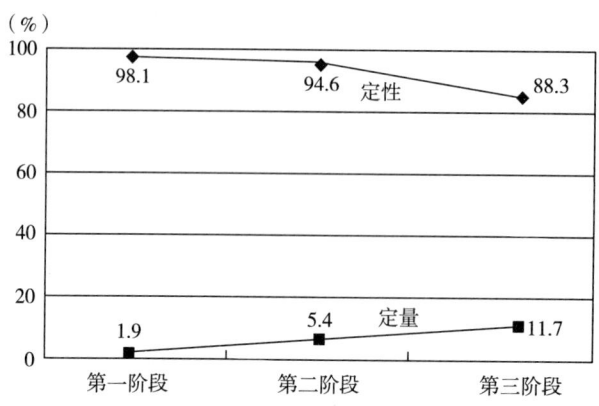

图3　三个阶段定性、定量研究方法趋势

（二）研究规范性

由图4可以发现，我国公共管理学研究明确提出假设模型的文献占比从第一阶段的0篇上升到第二阶段的12篇（占4.1%），到第三阶段的25篇（占8.3%）。第一阶段，我国公共管理学明确提出假设模型的文献为0，说明当时我国公共管理学研究很不规范，其一个重要原因是公共管理学处于恢复重建阶段，学界尚未与国际接轨。第三阶段，明确提出假设模型的文献占比为8.3%，说明我国公共管理学经过30多年的发展，研究的规范性有了一定进展，但是规范的速度不快，规范程度有待进一步增强。

由图5可以发现，平均参考文献数量有了显著的增长，从第一阶段的平均2.73篇上升到第三阶段的15.06篇，说明我国公共管理学研究平均参考文献数量有了长足的发展，研究正逐步趋于规范。

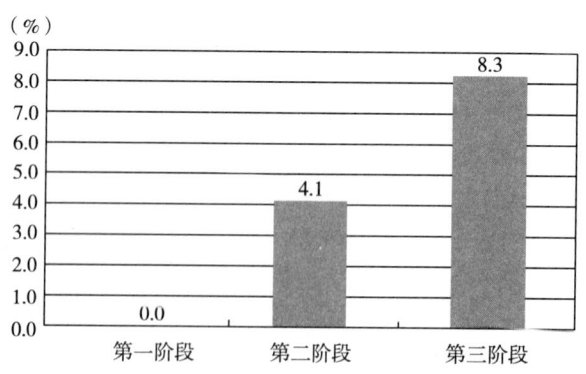

图4　三个阶段明确提出研究假设模型的比例

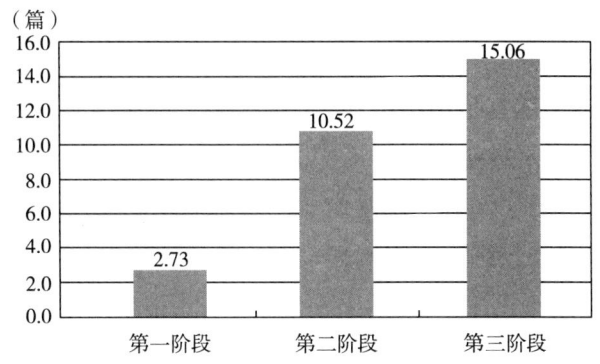

图5 三个阶段平均参考文献数量

(三) 数据采集方法

成功的科学研究离不开数据的采集和分析工作,采集数据与分析数据是定量研究工作中的一项基础性工作。数据不充分,研究就难以为继;数据不可靠,研究工作就失去了意义,没有了价值。

由于第一阶段仅有5篇定量分析的文献,而且没有运用任何统计方法,因此只分析第二、第三阶段包含定量分析的文献的数据采集方法。经统计,在具有明确的研究假设和研究模型的前提下,第二阶段共有定量分析文献12篇,第三阶段共有定量分析文献25篇。由图6可以发现,我国公共管理学研究中,数据采集最主要的方法首先是文献法(两个阶段分别占66.7%和84%),包括从各类统计年鉴、互联网、已发表文献中收集数据。其次是问卷法(两个阶段分别占16.7%和24%)。除此之外,访谈法、观察法、实验法、仿真模拟也被尝试着运用到公共管理研究之中。

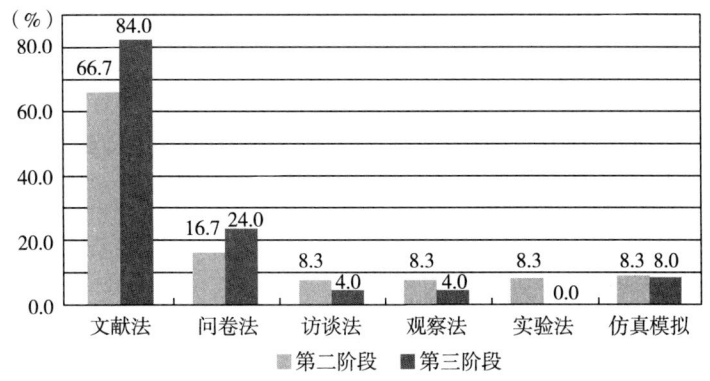

图6 第二、第三阶段数据采集方法运用情况

（四）数据分析方法

由图 7 可以发现，定量研究的文献中，许多文献并没有运用统计方法，第二阶段占 25%，第三阶段占 28.6%。第二阶段中，应用最多的方法依次是描述性分析、回归分析和相关分析。第三阶段，应用最多的依次是描述性分析、回归分析和面板数据分析。第三阶段呈现出多元化的趋势，一些高级的定量研究方法，如路径分析、神经网络分析、数据包络分析、网络拓扑分析等，也被尝试着运用到公共管理学的研究当中。

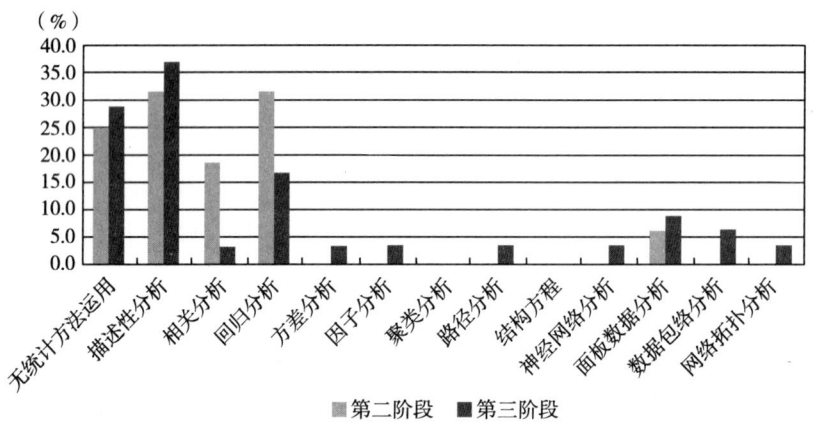

图 7　第二、第三阶段数据分析方法运用情况

由图 8 可以发现，多变量分析的文献逐渐增多，占比从第二阶段的 20% 上升到第三阶段的 45% 左右，说明我国公共管理学研究中采用的统计变量朝多变量、复杂化方向发展。

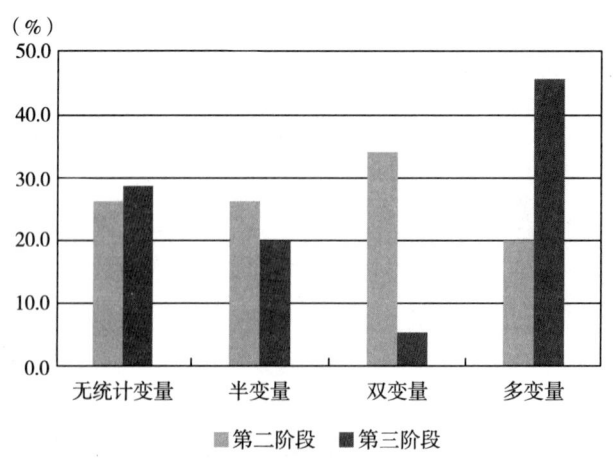

图 8　第二、第三阶段统计变量运用情况

(五) 统计软件运用

由于我国公共管理学研究中定量分析的文献不多,导致样本数量过少,很难统计软件的运用情况。但基本上可以发现,第一阶段的文献尚无发现运用统计软件的情况。第二阶段,一些学者开始运用 Excel、SPSS、Eviews 等软件,进行了描述性分析、相关分析、因子分析、回归分析和面板数据分析。进入第三阶段,由于数据分析方法趋于多元化和复杂化,一些新的统计软件被运用到公共管理学的研究当中,如颜佳华等 (2005) 应用 Matlab 软件提出了一种基于 BP 神经网络的电子政务绩效综合评价方法,张宁等 (2006) 应用 DEA 软件运用数据包络分析评测了中国各地区健康生产效率,康伟 (2012) 应用 Pajek 软件对突发事件网络舆情关键节点进行了社会网络分析。由此可见,在当前我国公共管理学研究中,统计软件的运用也趋于多元化、复杂化。

六、结论及展望

(一) 研究结论

本研究通过文献计量法发现,我国公共管理学研究方法经历了从演绎到归纳、从理论到实证、从定性到定量,研究规范性从不规范到逐步规范,数据分析方法从简单到复杂,统计变量从单元到多元,统计手段从手工到信息化的演进过程。由此也验证了三个阶段的划分是基本正确的。

目前,我国公共管理领域的研究方法取得了一定的发展,如数据分析的方法逐步向复杂化和多元化方向发展,理论研究和实证研究并重,等等。但是在现阶段,我国公共管理学研究仍以演绎法为主,归纳法为辅,以定性研究为主,定量研究为辅;研究数据采集方法仍以文献法为主,调研法为辅,很少采取实验法等获取第一手资料的数据采集方法。这些都说明我国公共管理学研究还不成熟,有待进一步发展和完善,这也在一定程度上验证了董建新 (2005)、何艳玲 (2007) 等的研究。

因此,本研究尝试将公共管理学研究的三个阶段分别命名为:恢复重建期 (1982~1995 年);萌芽期 (1996~2005 年);成长期 (2006 年至今)。

(二) 结论探讨

深入分析我国公共管理学研究方法的演进过程及原因,有助于促进我国公共管理学研究的规范化和科学化。本研究认为推动我国公共管理学研究方法发展的主要原因有:

(1) 公共管理研究者能力的提升。自 20 世纪 50 年代开始至 20 世纪 80 年代初,我国政治学与行政学研究中断。1982 年开始,行政管理学重建,其研究者主要来自马克思主义哲学或中共党史专业,没有经过严格的方法论训练。他们的优势在于思辨,或者使用历史分析方法、内容分析、案例研究、面谈、参与观察等定性研究方法。这批学者的弟子(即公共管理的第二代研究者)沿袭师传,也缺乏方法论的训练。因此,大量的公共管理的学术论文充斥着思辨哲学和定性研究方法等非定量的研究方法。随着经过科学方法论训练的第三代公共管理学研究者的成长,公共管理学的研究逐步向科学化和规范化发展。

(2) 公共管理研究数据可获得性提高。在我国,政府部门缺乏技术性的官僚。因此,公共管理研究者主要来自高校,他们很难从政府官员那里拿到第一手的材料,政府公布的大量材料都是经过处理的"二手材料",材料的准确性和科学性大打折扣。而在美国,政府专门设立了"美国政府数据公开网站",主要公布政府公共领域中的数据和统计信息,提供三种类型的数据集:原始数据(RawData)、使用工具利用的数据(UsingTools)和地理数据(GeodataCatalog),供广大学者研究和群众监督之用。由于数据的难获得性,我国公共管理研究者很难做经验式的数据分析从而建立理论分析模型。近些年来,随着政府政务的逐步公开和统计信息网的普及,公共管理研究数据可获得性不断提高,这也进一步促进了公共管理研究的发展。

(3) 公共管理研究主题的深化。随着我国经济体制改革的不断深化,社会体制、政治体制改革也在稳步推进。我国公共管理的聚焦点也逐渐从政府行政管理,逐步向社会公共组织管理转变,研究的主题不再拘泥于行政理论及政府应该做什么,而是日益向多元化发展。

(4) 公共管理学术交流的增多。随着研究者素质的提高,越来越多的学者开始推动公共管理研究的国内外对话,公共管理国内外学术交流日益增多。2005 年,第一届公共管理国际会议顺利召开,至今已成功举办 8 届。全国公共管理与政策研究方法高级研修班已成功举办 6 届,推广了公共管理的研究方法。这些学术交流的增多,促进了公共管理研究的发展。

(5) 研究信息化水平的提高。随着计算机技术的发展及电脑的普及运用,电子资料库(如 CNKI、EBSCO、JSTOR 等)日益发展,研究者可以很方便地查阅国内外文献资料。统计软件(如 SAS、SPSS、Stata 等)的发明和不断发展及运用,使以前需要大量手工统计的运算变得简单,也进一步提高了公共管理研究的科学化发展。

(三) 研究不足与展望

本研究以定量的方式对我国公共管理学研究方法的演进路径进行了统计分析,研究设计取样标准客观明确,研究结果对于提升我国公共管理的研究水平具有一定的参考意义。但本研究存在以下几个不足:

(1) 对研究主题的确定是基于前人研究的基础之上的,不可避免地存在研究者的主观判断因素。

(2) 公共管理学研究三个阶段的划分存在一定的主观因素,其合理性有待进一步商榷。

(3) 三个阶段共选取了858篇文献，在浩瀚的公共管理学研究文献中略显单薄，而且取样难免出现偏差。

(4) 样本中定量研究的文献过少，样本略显单薄。到底有哪些数据统计方法已经被运用到我国公共管理研究中？运用最多的数据统计方法有哪些？其演进路径如何？这些问题在本研究中都无法体现。

因此，在后续的研究中，本研究团队拟进一步增加文献数量，尝试用更多的阶段划分，做更科学、更深入的研究。

参考文献

［1］Bingham R. D., Bowen W. M. "Mainstream" Public Administration over Time: A Topical Content Analysis［J］. Public Administration Review, 1994, 54 (2): 204–208.

［2］Cleary R. E. The Public Administration Doctoral Dissertation Reexamined: An Evaluation of the Dissertations of 1998［J］. Public Administration Review, 2000, 60 (5): 446–455.

［3］Houston D. J., Delevan S. M. Public Administration Research: An Assessment of Journal Publications［J］. Public Administration Review, 1990, 50 (6): 674–681.

［4］Larry D. T. Reflections and Assessment: Public Administration Review, 2000~2005［J］. Public Administration Review, 2005, 65 (6): 643–645.

［5］Perry J. L., Kraemer K. L. Methodology in the "Public Administration Review" 1975–1984［J］. Public Administration Review, 1986, 46 (3): 215–226.

［6］Raadschelders J. C. N., Lee K. H. Trends in the Study of Public Administration: Empirical and Qualitative Observations from Public Administration Review, 2000~2009［J］. Public Administration Review, 2011, 71 (1): 19–33.

［7］Stallings R. A., Ferris J. M. Public Administration Research: Work in PAR, 1940~1984［J］. Public Administration Review, 1988, 48 (1): 580–587.

［8］陈辉. 中国行政学研究评估：基于高校学报的分析［J］. 公共管理学报，2008 (6): 181–191.

［9］陈振明，李德国. 走向规范化的中国公共管理学研究［J］. 东南学术，2009 (2): 98–102.

［10］陈振明. 什么是公共管理（学）——相关概念辨析［J］. 中国行政管理，2001 (2): 13–16.

［11］陈振明. 中国公共管理学科发展的下一步［N］. 中国社会科学院报，2009-03-10 (4).

［12］丁东洋. 定量分析方法在公共管理学研究中的应用［J］. 教育探究，2011, 6 (3): 52–55.

［13］董建新，白锐，梁茂春. 中国行政学方法论分析：2000~2004［J］. 上海行政学院学报，2005, 6 (2): 50–55.

［14］何艳玲. 问题与方法：近十年来中国行政学研究评估 (1995~2005)［J］. 政治学研究，2007 (1): 93–104.

［15］何艳玲. 我国行政学研究反思工作述评 (1996~2008)［J］. 公共行政评论，2009 (5): 157–175.

［16］何颖. 公共行政研究方法及其走向评析［J］. 中国行政管理，2005 (10): 104–108.

［17］姜国兵. 公共管理定量研究方法刍议［J］. 广东行政学院学报，2012, 24 (2): 5–10.

[18] 康伟. 基于SNA的突发事件网络舆情关键节点识别——以"7·23动车事故"为例 [J]. 公共管理学报, 2012 (3): 101-128.

[19] 蓝志勇, 凯瑟琳·安德逊. 当代公共管理研究的范式观——一项经验研究 [J]. 公共管理学报, 2005, 2 (3): 12-22.

[20] 马骏. 中国公共行政学: 回顾与展望 [J]. 中国行政管理, 2012 (4): 7-11.

[21] 马骏. 中国公共行政学研究的反思: 面对问题的勇气 [J]. 中山大学学报 (社会科学版), 2006 (3): 73-76.

[22] 尚虎平. 美国与中国公共部门绩效评估研究的比较——基于《公共管理评论》与《中国行政管理》2002~2007年数据 [J]. 科研管理, 2009 (3): 56-66.

[23] 夏书章. 把行政学的研究提上日程是时候了 [N]. 人民日报, 1982-01-29 (3).

[24] 颜海娜, 蔡立辉. 公共行政学研究方法: 问题与反思 [J]. 公共管理学报, 2008 (4): 109-128.

[25] 颜佳华, 宁国良, 盛明科. 基于BP神经网络的电子政务绩效评价研究 [J]. 中国管理科学, 2005 (6): 125-130.

[26] 张梦中, 马克·霍哲. "公共行政学研究方法论"专栏总序 [J]. 中国行政管理, 2001 (8): 40-41.

[27] 张宁, 胡鞍钢, 郑京海. 应用DEA方法评测中国各地区健康生产效率 [J]. 经济研究, 2006 (7): 92-103.

Research Methodology Evolution of Public Administration in China

Fan Bonai, Lou Xiaojing

Abstract: In order to enhance public administration academic research, this paper made a systematic review of the application of public administration research methods. From three stages of public administration restoration and reconstruction, the germination and growth, the article selected 300 papers each stage (total 858 papers actual) and made a statistical analysis. The result shows that public administration research in China has experienced from deduction to induction, from the theoretical to empirical, from qualitative to quantitative study; methods of data analysis from the simple to the complex; statistical variables from the unit to a pluralistic; statistical methods from manual to information technology adoption. The paper also draws a conclusion that the promotion of the public administration researchers' capacity, the increasing of research data's availability, the deepening of the research themes, the increasing of academic exchanges and the enhancement of research information's level, are the reasons for the evolution of public administration research methods. This paper indicates that the development trend of public administration research methods calls for more extensive use of meta-analysis and advances quantitative methodologies, and is very helpful to improve public administration research.

Key Words: Public Administration; Research Methodology; Evolution Path

"扩权强镇"改革的绩效研究
——基于对绍兴市28个中心镇的实证调查[*]

胡税根　刘国东　舒　雯

【摘　要】以浙江省绍兴市为研究对象，在回顾绍兴市扩权强镇改革历程基础上，采用"4E"方法对改革的绩效进行经济性、效率性、效益性和公平性等维度的评估。总体而言，这次改革是比较成功的，尤其是在促进经济建设和发展，提高镇政府工作效率方面；但改善民生和统筹城乡发展方面还有待完善。在扩权强镇改革未来的发展进程中，应重视促进乡镇产业集聚，增加农民和城镇居民的收入；完善配套设施建设，改善民生；加大财政扶持力度，增强乡镇政府可持续发展能力；推进行政性分权向法治性分权的转变，实现权责利统一；加快乡镇职能转变，提高社会管理和公共服务能力。绍兴市的扩权强镇改革具有推广意义，可供其他地区未来的改革发展作参考。

【关键词】扩权强镇；改革；绩效；绍兴市

一、问题提出

"扩权强镇"是近年来我国基层地方政府改革和创新的一个热点问题。小城镇作为连接城乡的交汇点，既是城市层级结构的基点，也是推动农村经济社会发展的核心。尤其是现阶段我国经济社会发展形势严峻，各级政府都致力于转变经济发展方式，扩大内需，促进城乡统筹以实现科学发展。在这转型关键期，加快小城镇建设，对于解决"三农"问题与维护社会和谐稳定具有重要意义。按照我国现行的法律法规，县市级及以上政府才具有行政审批、执法与规划和建设等权限。而现实中我国经济发达地区的一些乡镇已经具备

---

[*] 本文选自《公共管理学报》2013年第1期。
［基金项目］浙江省哲学社会科学规划课题（12JCZZ02YB）。
［作者单位］胡税根，浙江大学公共管理学院；刘国东，浙江物产金属集团有限公司。

了较强的经济实力，其经济总量甚至超过了不少其他地区的县市。但这些乡镇缺少有效的审批、执法与行政管理手段和权力，相应的财权、公共服务能力、管理机构等不能适应镇域经济和社会发展的需要，"小马拉大车"的问题日益突出。扩权强镇改革，旨在解决乡镇权小责大、责权倒挂的问题，扩权即是通过授权、委托和交办等形式赋予乡镇部分县级经济社会管理权限。因此，扩权强镇改革不仅能改变"车大马小"制约经济强镇进一步发展的问题，而且通过创新管理体制、扩大管理权限，对当地的经济、社会发展有着一定促进作用，也加快了城镇化的步伐。就目前而言，在全国范围内开展扩权强镇工作较早的地区主要是浙江省和广东省，其中浙江省最早开展实践，积累的经验也最为丰富。从本质上看，扩权强镇改革源于经济发达省份的政府为强镇破除体制限制的诉求。纵观1978年以来我国政府行政体制改革的历程，虽然有一定反复，但总体上可以发现一条主线，就是权力逐渐由中央向地方乃至基层乡镇政府转移。从浙江省来看，1992年浙江省为在经济上和上海接轨，在省内选择13个经济发展较快的县（市）进行扩权改革，下放部分外商投资项目、技术改造和基本建设的审批权。1997年，浙江省加大扩权力度，对余杭和萧山等县（市）下放部分地级市的经济管理权限。2002年，浙江省又对温岭、绍兴和慈溪等17个经济强县（市）下放313项审批权。在率先推行"扩权强县"改革的浙江省，强县扩权改革已经较为成熟，相关经济管理权限下放也较为充分。

　　与此同时，随着强镇经济的迅速崛起，乡镇政府的经济社会管理权限已与乡镇经济社会发展不相适应。乡镇政府公共服务供给能力不足，乡镇治理结构与区域发展的矛盾也日益突出，这些都影响了县域经济社会发展。为解决县域经济社会发展中所面临的这些问题，2007年，浙江省政府在《关于加快推进中心镇培育工程的若干意见》中提出了中心镇培育的目标——"有重点地选择200个左右中心镇，分期分批进行全方位的培育，在全省形成一批布局合理、特色明显、经济发达、功能齐全、环境优美、生活富裕、体制机制活、辐射能力强、带动效应好、集聚集约水平高的小城市。"绍兴市作为浙江省开展扩权强镇工作的先行地区，在多年的探索中已经总结出一套比较完整的发展思路。

　　本文的研究目的是通过对绍兴市扩权强镇改革的绩效进行研究，深入挖掘扩权强镇工作中可供借鉴并加以推广的经验及存在的问题。这对我国基层政府行政管理体制改革的研究具有重要理论价值，同时对探索乡镇政府管理体制改革以及社会管理创新实践也具有现实意义。

二、文献综述

　　关于乡镇政府职能界定、乡镇治理模式及扩权强镇的绩效，国内学者分别从不同角度开展了研究。为充分发挥乡镇政府作用，必须对其职能有明确界定，在这点上，学者的观点较为清晰。一般而言，乡镇政府的职能主要包括经济发展职能、社会管理职能、农村公共服务职能等。苏柏佳（2007）将地方政府的角色定位于：一是以中央政府为指导，明确城乡统筹，突出乡镇政府的规划功能；二是以加快农村经济发展为重点，突出乡镇政府的制度供给功能；三是以加快城乡体制改革为途径，突出乡镇政府的服务保障功能；四是以完善政策，强化服务为抓手，突出乡镇政府的组织建设功能。刘红云、张晓亮（2007）认为应在服务型政府、有限型政府、调控型政府和法制型政府的原则要求下，将乡镇政府的角色定位于公共产品和服务的提供者、公共事务的组织者和领导者、利益冲突的协调者、农业产业化的组织者以及农民素质提高的培训者。阮兴文（2009）认为中国乡镇体制始终处于恶性膨胀与债务递增的循环怪圈，有效提供公共服务的职能几乎丧失。乡镇行政机关的性质定位、经济建设中心论的职能定位和不适应新农村建设实际需要等是导致问题的机制根源。社会公益性咨询服务应成为中国乡镇职能的新定位。王艳成（2009）从城镇化的角度出发，将乡镇政府职能定位于：一是引导促进乡镇经济的发展；二是推进农村基层民主建设和文化建设；三是维护城乡社会稳定和社会公平。陈建东（2009）指出乡镇政府应该立足于农村经济、政治、文化、社会建设，围绕农村经济社会发展这一主题，把职能结构的重心定位到社会管理职能、公共服务职能、发展经济职能、基层建设职能上来。周平（2010）提出乡镇政府职能的主要内容是为居民基本生活提供必要的服务，维护本地域的社会秩序和安全，促进当地社会经济与其他方面的发展。作为基层地方政府，乡镇政府的职能从内容上看，大都同当地居民日常生活密切相关；从性质上看，较多地呈现出社会管理的特性。章韬、陈诗超（2011）指出，在推动新农村建设过程中，合理定位乡镇政府职能应作如下思考：转变思想观念，更新乡镇政府治理理念；突出乡镇政府的规划职能，明确城乡统筹发展；突出乡镇政府的服务保障职能，建立统一的城乡公共服务体制；积极培育和发展农村社会组织，尤其是农民专业经济合作组织；进一步完善和推进基层民主发展，实现村民自治。

关于乡镇治理模式的研究，相关学者的态度分歧较大。沈延生（1998）主张强化乡镇政权体制，将社会体制的下线延伸至村，实行"乡治村政"，即主张将村级组织的行政功能扩大并制度化，建立村级行政化体制。徐勇（2004）主张弱化乡镇政权体制，认为现行"乡政村治"的治理结构随着市场化、现代化和民主化的发展，不适应性愈加明显，主张实行"县政、乡派、村治"。随后，他指出下一步乡镇体制改革应该按照工农分业和乡镇分治的原则，精乡扩镇，将现有的乡镇政权改为县派出的基层行政组织；同时，扩展镇的自主权，将镇政权改为基层地方自治组织，实行乡派镇治，建立纵向集权、横向分权的现代乡镇治理机制。以赵树凯（2005）为代表的学者则主张在乡镇撤并的基础上进一步精简机构。于建嵘（2002）、李昌平（2005）等主张撤销乡镇政府，实行乡镇自治。他们认为应当撤销乡镇政府，建立自治组织；健全和强化县级职能部门的派出机构；充实和加强村级自治组织。温铁军（2003）建议把乡镇政府改制为乡公所，乡以下实行村自治，本来不应在乡一级"设立财政'六套班子'，更不允许'条条系统'下伸，增加近千万向农民伸手要钱才能生存的冗员"。

关于扩权强镇绩效的研究，目前学术界对该问题的研究尚处开端，相关文献较少，研究视角也较单一。对于扩权强镇改革的绩效评价，学者基本都持肯定的观点。张红日（2009）认为扩权强镇是指在暂时不涉及行政区划层级调整的情况下，将一部分属于县市的经济社会管理权通过适当的途径赋予乡镇一级政府，以推进乡镇经济社会的发展。刘炳东（2010）指出，扩权强镇改革实质上是一场基层行政管理体制的改革，顺应了农村经济社会发展的内在需求，有利于调整理顺市、县、镇三级政府的权责关系，有利于加快基础设施向农村延伸、公共服务向农村覆盖、现代文明向农村传播；有利于镇级政府以更强的实力和能力，更好地解决"三农"问题；是有效解决当前经济发展面临的困难和问题的重大举措，有利于加快落实中央扩大内需，促进经济增长的决策部署，通过减少审批环节，加快投资项目审批，推动项目建设进程。冯文华（2011）评价扩权强镇改革的绩效表现在以下三个方面：一是体制突破，深入实施公开制度，努力做到以制度管权、管人、管事；二是经济松绑，促进乡镇政府职能转变，强化公共管理和社会服务，加快要素聚集，推进镇村统筹发展；三是百姓受益，中心镇对农村辐射能力显著增强，城乡差别逐渐缩小。胡税根等（2011）认为扩权强镇作为一项地方政府创新活动，对其绩效和影响的评估与衡量总体上可以从三个层面切入：一是评估扩权强镇工作本身的实施情况，以及扩权强镇工作在实施过程中多大程度上是按照扩权强镇改革本身的要求和制度进行的，其制度化程度如何，制度的执行情况又如何等；二是评估扩权强镇对政府公共治理的绩效与影响，如是否有利于优化政府间关系，是否有利于转变政府职能，是否有利于提高行政效率，是否有利于提升政府治理能力等；三是评估扩权强镇对区域经济社会发展的绩效与影响，如是否有利于推动经济增长，是否有利于促进社会公平，是否有利于增进人们的幸福感，是否有利于提升居民的政治文化素质等。谢庆奎（2012）认为当前乡镇政府在职能发挥和权力运行方面存在着许多问题，突出表现为"职能缺失"和"权小责大"。扩权强镇旨在解决乡镇"责权倒挂"问题，尝试委托执法方式，赋予乡镇部分县级经济社会管理权限，从而增强乡镇政府的公共服务和社会管理能力。

三、绍兴市"扩权强镇"改革的回顾

绍兴市"扩权强镇"改革根植于浙江省经济社会发展的大环境。浙江省经济发展的核心可归于其民营经济的先发优势，改革开放初，随着民营经济的迅猛发展，乡镇企业不断促进小城镇的演变，其集聚所形成的块状经济成为浙江经济建设的一大特色，表现为"一镇一品""一镇一业"。大批的经济强镇不亚于诸多县市，如2005年绍兴市有32个镇入选全国千强镇，其中更有6个入围百强，镇域经济的快速发展是浙江以及绍兴经济的鲜明特色。当时，绍兴市绍兴县为解决乡镇经济发展中的权责不统一问题，按照"重心下移、能放则放"的思路，本着"统一管理、乡镇运作、部门指导"的原则，对农村中直接影响稳定、发生比较频繁、县机关鞭长莫及、管理容易滞后的一些执法管理职能问题，以委托执法的方式,在3个试点镇把环保、安监、劳动和社会保障、林业等执法部门的检查、监督权及部分审批、处罚权委托给专门成立的镇综合执法所。但是,其中涉及审批及处罚的事项,盖章权仍留在县主管职能部门。经过一年的实践工作,取得良好效果。在此基础上,2006年底,绍兴县选择经济发达的钱清、杨汛桥、平水等镇实行"强镇扩权"改革。2007年2月,绍兴在全省率先出台《关于积极培育中心镇的若干指导意见》,确定了12个省级、16个市级中心镇为重点培育乡镇,从产业培育、基础建设、集约用地、职能授权和干部配备五个方面对中心镇进行政策扶持,赋予这些乡镇部分县级经济社会管理权限与相对独立的财权,加大对中心镇的培育力度。

经过几年的试点与酝酿,依照分批推进的要求,绍兴市逐渐具备实施扩权强镇改革的现实条件,各中心镇也有能力、有需求推行扩权改革。2009年7月,绍兴市颁发了《关于积极推进扩权强镇工作的若干指导意见》,在总结绍兴各地扩权改革经验的基础上,明确了未来改革的方向,提出"简放并举、能放就放、权责一致、提高效能"的总体要求,以向中心镇下放经济社会管理权限为核心,理顺县镇两级政府的事权关系,围绕创新管理方式与提升服务水平,积极探索政府职能转变的有效途径,着力提高中心镇政府对区域经济社会发展的统筹、自主决策和公共服务能力,为中心镇政府全面履行职能提供制度保障。此文件将扩权范围推广到全市28个省级、市级中心镇,在扩权事项上按照全面扩大中心镇政府管理权限的要求,下放有关经济社会管理事项。此外,绍兴市《关于积极推进扩权强镇工作的若干指导意见》(绍市委发〔2009〕56号)还提出要根据"突出重点,兼顾一般"的原则,除财政、人事、土地等扶持政策外,中心镇享受的其他经济社会管理权限,按照"确需、合理、条件具备"的原则,积极推进一般乡镇扩权。此举旨在进一步理顺区、县(市)和中心镇两级政府的权责关系,建立权责明确、行为规范、公正透明、廉洁高效的中心镇行政管理体制和运行机制,以主动"扩权"达到"强镇"的目的,称为"扩权强镇"。

至2011年6月30日,绍兴市已经将原属于县级的部分行政审批权和决策权授予所辖五县(市)一区的28个中心镇(20个省级中心镇,8个市级中心镇)。按照"依法下放、能放则放"的原则,绍兴市编制了放权指导目录,涉及15个方面、72项事权,赋予中心镇部分县级经济社会管理权限,强化中心镇政府农村科技、信息、就业和社会保障、义务教育、公共医疗卫生等十大公共服务职能。

四、绍兴市"扩权强镇"改革绩效的实证分析

本文采用"4E"评估法对绍兴市扩权强镇改革的绩效开展研究,并从经济性(Economy)、效率性(Efficiency)、效益性(Effectiveness)和公平性(Equity)四个维度进行评价(胡税根,2005)。

本研究调研过程中，分别在绍兴市发改委、绍兴县发改委、上虞市发改委、嵊州市发改委和新昌县发改委，以及较为典型的钱清镇、兰亭镇、枫桥镇、松厦镇、丰惠镇、长乐镇和儒岙镇等召开了座谈会，了解公众对绍兴市扩权强镇工作实施情况及扩权强镇对政府公共治理、区域经济社会发展影响的意见和看法，同时在绍兴市范围内的市县区及28个中心镇发放调查问卷，调查各类公众对绍兴市扩权强镇改革绩效的态度和评价。问卷调查工作于2011年7月至2011年8月进行，调查对象包括绍兴市越城区、绍兴县、诸暨市、上虞市、嵊州市和新昌县共28个中心镇的政府工作人员、城镇居民、农村村民以及企业人员等。样本选取采用分层抽样方式，一是在不同市、镇按照人口总数等比例分配，二是在每一调查区域，政府工作人员、企事业单位人员和群众各占1/3。此次问卷调查共发放问卷1600份，期间得到绍兴市发改委和绍兴市各县市区发改委的大力支持，并由浙江大学课题组7位教师和20余名研究生对受访者进行辅导，共回收1498份问卷，回收率为93.6%。其中越城区77份、绍兴县321份、诸暨市371份、上虞市318份、嵊州市260份、新昌县151份，分别占样本总量的5.1%、21.4%、24.8%、21.2%、17.4%和10.1%。以样本职业来看，涉及市级党政机关干部、县（市、区）级党政机关干部、镇级党政机关干部、科教文卫事业单位人员、社区工作人员、企业负责人和管理人员、企业一般员工、农业生产人员、离退休人员、学生、自由职业者、失业人员及其他，分别占2.6%、4.5%、27.3%、2.8%、14.9%、15.0%、9.3%、9.7%、2.5%、0.7%、7.3%、2.1%、1.2%。从问卷的取样情况来看，样本总量充足，并涉及各年龄阶段、各学历层次、各户籍人口和各种职业人员，具有较充分的代表性。对调查数据我们采用SPSS18.0系统进行统计分析，并用目前社会科学研究最常使用的克隆巴赫系数（Cronbach's Alpha）进行了信度检验。一般而言，Cronbach系数的值在0~1。当计算出的Cronbach系数值即a值小于0.35时，对应数据的可靠性相当低；若介于0.35~0.7，则尚可接受；若大于0.7，则可靠性相当高。此次调查问卷数据的Cronbach系数值是0.963，充分说明其可靠性。

（一）扩权强镇改革的经济性评估

经济性评估主要是指对扩权强镇改革后中心镇经济建设和发展方面的成效及公众主观态度的评价。扩权强镇改革后，绍兴市按照"强工、兴商、优农"的总体思路和"优化产业布局、促进要素集聚、合理错位发展"的原则，高度重视产业结构调整和转变经济增长方式，着力打造一流的生产与品牌基地，做强"一镇一品"。中心镇的产业特色更趋明显，经济社会更快发展，有效提升了中心镇可持续发展能力。2009年，28个中心镇国内生产总值、财政收入、工业总产值分别为738.2亿元、67.8亿元、3269.6亿元，与2006年相比，增幅分别为41.2%、56%、54.1%。在创新能力方面，2006年，中心镇的新增授权专利数（含受理）为1845件，市级以上驰名商标、知名品牌总数为265个。2009年，中心镇当年的新增专利数（含受理）为3982件，市级以上驰名商标、知名品牌总数达到451个，增幅分别达到115.83%和70.19%。同时，通过集镇产业的集聚发展，农村宅基地置换、欠发达山区农民跨区域转移以及外来务工人员等人口的增加，促使中心镇镇区人口快速集聚，人口积聚效应明显增强，28 个中心镇建成区人口集中度达 43%，比上年提高 10 个百分点。同年，绍兴市人民政府还出台了《关于加快推进中心镇基础设施建设和社会事业项目建设的意见》，在基础设施建设方面重点推进"一路（高标准进镇公路）、二厂（自来水厂、污水处理厂）、三网（自来水供应网、垃圾收集运转处理网、通村公交网）"等设施的建设和完善，因此，扩权强镇后乡镇基本公共服务供给能力大大提升。

经济性评估关于公众主观态度评价部分在问卷中以"推动中心镇成为产业集聚区""推动中心镇招商引资工作""推动中心镇成为人口集中区""推动中心镇基础设施（如道路、绿化、通信、电力、自来水等）的建设""中心镇经济发展更快，更有活力"以及"中心镇积聚的资源更多，对当地和周边地区的带动力更强"等进行表达。

我们将"成效非常大"和"成效比较大"定义为成效显著，将"成效比较小""成效非常小"和"不清楚"定义为成效不显著。根据表 1 的数据可知，扩权强镇改革在推动中心镇经济建设和发展方面的成效得到了大部分公众认可，尤其是对中心镇产业集聚区的形成以及基础设施建设的促进作用较显著，对中心镇招商引资工作以及经济发展起到了促进作用。但是，在招商引资工作中，人口集中区的形成以及资源集聚、对周边地区的带动方面，还存在改善的空间。

表 1 扩权强镇改革的经济性评估

经济性	成效选择比例（%）					
	非常大	比较大	一般	比较小	非常小	不清楚
推动中心镇成为产业集聚区	28.0	50.2	18.1	1.2	0.7	1.9
推动中心镇招商引资工作	29.5	46.1	17.9	2.5	0.7	3.2
推动中心镇成为人口集中区	28.2	43.4	22.0	3.1	0.5	2.8
推动中心镇基础设施的建设	29.7	48.2	18.4	1.9	0.3	1.5
中心镇经济发展更快，更有活力	28.3	45.6	21.5	2.2	0.7	1.7
中心镇积聚的资源更多，对当地和周边地区的带动力更强	27.8	45.3	21.7	2.2	1.1	1.9

（二）扩权强镇改革的效率性评估

效率性评估主要是指对扩权强镇改革后政府管理工作效率及公众的主观态度进行评价。县级政府对乡镇政府下放一定的经济社会管理权限，对于理顺县镇关系，化解权责矛盾以及提高行政执法效率有着重要的作用。长期以来，乡镇政府管理中存在的一个突出问题是缺乏独立的决策与行政权力，财权小于事权，政府对于很多直面农民的问题无力管理与服务，这成为政府高效发挥行政职能的一个桎梏；另外，行政许可、行政处罚等权限的缺乏往往使一个简单的事项需要民众多次奔波于县镇之间,造成大量时间、精力与资金的浪费。针对财权与事权不统一,绍兴市规定从2007年起除了上缴中央和省级财政的部分,增收部分不再由县镇两级共享,而是全部返还给乡镇。财权的扩大,能够促使乡镇政府将更多的资金支出在公共服务领域。"扩权强镇"赋予了乡镇政府一定财权,使之与公共事务管理权相匹配,为理顺财权与事权关系奠定了基础(姚莉,2009)。同时,行政审批权的下放使公众的许多事项可在镇级政府一次性办理,行政审批事项办理速度加快;涉及行政处罚事项也能就地处理,按照法律法规,周期缩短,既好又快,群众满意,大大提高了行政效率,减少了行政成本。特别是镇经济社会发展服务中心运行以来,由于企业、群众要求办理的大多数事项不用去县里办理,大大缩短了办理时间,绝大部分可实现当日办结,提高了服务效率。

效率性评估关于公众主观态度评价部分在调查问卷中涉及"改善镇政府的服务,企业办事更加方便""使镇政府机构设置更加合理""提升中心镇党政机关工作效率""提升中心镇行政执法能力"以及"加快旧城改造和城镇建设的步伐""提高镇政府的社会管理能力,社会更加安全和稳定"等问题。

我们将"作用非常明显"和"作用比较明显"定义为作用显著,将"作用不太明显""没有作用"和"不清楚"定义为作用不显著。根据表2统计数据可知,大部分公众认为扩权强镇后政府自身运行与执法效率有很大程度的提高。尤其是中心镇在改善服务、加快旧城改造和新城建设以及提高社会管理能力三个方面表现较好。但是,在中心镇政府的机构合理设置、党政机关工作效率以及行政执法能力提升等方面有待进一步改善。

表2 扩权强镇改革的效率性评估

效率性	推动作用选择比例(%)					
	非常明显	比较明显	一般	不太明显	没有作用	不清楚
改善镇政府的服务,企业办事更加方便	27.8	46.7	20.5	1.5	1.1	2.3
使镇政府机构设置更加合理	27.7	39.5	24.4	3.8	1.3	3.2
提升中心镇党政机关工作效率	28.8	43.1	20.0	4.1	1.0	3.0
提升中心镇行政执法能力	28.1	41.2	23.0	4.1	0.8	2.7
加快旧城改造和城镇建设的步伐	30.4	44.0	19.6	3.2	0.7	2.1
提高镇政府的社会管理能力,社会更加安全和稳定	28.5	46.8	19.5	2.6	0.5	2.1

(三)扩权强镇改革的效益性评估

效益性评估主要是指对扩权强镇改革后民生改善的程度及公众的主观态度进行评价。随着城镇基础设施和社会事业项目的实施,中心镇各方面条件逐步完善,一批与人民群众生活息息相关的民生工程逐步建成,使城镇居民的生活环境得到很大改善。与2006年相比，2010年基础设施投入增长137.2%，28个中心镇建成区面积增加64.8平方千米，建成区人口集中度提高11.5%，达到44.5%（赵杰，2011）。中心镇逐步向"设施配套、功能齐全、环境优美、文明和谐、特色明显、辐射能力强、带动效应好、集聚集约水平较高的小城市"发展。农民人均纯收入也有明显增加，2010年比2006年增长47%。此外，通过对下放权力的规范运行，强化公共服务质量，推动民生改善；提升社会管理能力，使群众安全感提升；居民医疗养老保险覆盖面扩大。在社会保障方面，绍兴市通过扩大企业职工社保面、推行农民养老保险、实施城乡老年居民生活补贴制度和提高被征地农民养老保险、低保户和新型农村合作医疗的享受标准等完善社会保障体系。2006~2009年中心镇新增就业岗位的环比增速分别为20.93%、0.06%、17.26%，2008年参加社会及合作医疗保险人数比例首次突破90%，2009年再次提高两个百分点达到93.71%。

效益性评估方面涉及的公众主观态度评价，在调查问卷中通过"城镇居民收入增加""农民收入提高""公共交通更加方便""城乡居民就业机会增加""居民享受更好的教育文化服务""城乡居民养老保障覆盖面扩大""城乡居民医疗保障覆盖面扩大""享受到更好的社区医疗卫生服务""社会治安状况改善"和"居民生活幸福感增强"等问题来反映。

我们将"影响非常大"和"影响比较大"定义为影响显著，将"影响比较小""影响非常小"和"不清楚"定义为影响不显著。根据表3统计数据可知，公众对于扩权强镇给城乡居民生活带来的影响评价总体来看是积极的，其中影响最大的3项为"城乡居民养老保障覆盖面扩大""城乡居民医疗保障覆盖面扩大"和"公共交通更加方便"。可见扩权强镇对于社会保障在城乡的覆盖工作成绩是良好的。但在城乡居民收入提高和社会治安状况改善方面尚待加强，尤其是农民收入的提高工作仍任重而道远。这说明绍兴市在推进扩权强镇改革过程中仍需在民生方面做出更大的努力。

表3 扩权强镇改革的效益性评估

效益性	影响力选择比例（%）					
	非常大	比较大	一般	比较小	非常小	不清楚
城镇居民收入增加	19.5	43.0	31.9	2.3	1.6	1.7
农民收入提高	18.2	39.9	36.0	2.7	1.7	1.5
公共交通更加方便	26.3	47.9	21.7	2.2	0.7	1.2
城乡居民就业机会增加	23.9	44.9	25.8	2.6	1.0	1.7
居民享受更好的教育文化服务	24.5	43.5	26.7	2.7	1.1	1.4
城乡居民养老保障覆盖面扩大	27.8	47.7	19.6	2.3	1.3	1.3
城乡居民医疗保障覆盖面扩大	29.1	46.7	19.8	2.1	0.9	1.4
享受到更好的社区医疗卫生服务	26.6	44.6	24.1	2.1	1.3	1.4
社会治安状况改善	21.4	42.1	29.0	4.6	1.5	1.4
居民生活幸福感增强	21.0	42.8	30.1	2.8	1.6	1.6

（四）扩权强镇改革的公平性评估

公平性评估主要是指对扩权强镇改革过程中政府管理及社会发展的公平性进行评价。公众参与是衡量现代社会民主化程度和水平的一项重要指标，客观上要求透明政府的建立，能够便捷获取政府信息，以避免信息不对称造成的无效参与，并且通过满意度评价实现与政府的良性互动。绍兴市的扩权强镇工作是在中心镇建设基础上开展的，作为中国特色城镇化道路之一，择优发展中心镇对我国城乡统筹发展具有关键作用。经过多年发展，扩权强镇改革促进了乡镇经济发展，缩小了城乡差距，加快了农村现代化的步伐。在社会事业发展方面，2009年，全市农村客运通达率达99.2%，城镇集中供水覆盖农村人口增加18.9万人，新增教育基本现代化乡镇15个，创建村级社区服务中心918个，新增电气化村247个、信息化示范村75个。绍兴市的扩权强镇改革促进了基本公共服务向农村延伸，是实现城乡公共服务均等化的重要举措。

公平性评估中的公众主观态度评价，主要包括"理顺县（市、区）政府与镇政府的关系，实现权责利统一""推动镇公共财政向民生工程的投入""推动中心镇成为新农村建设示范区，使城乡发展更加均衡""推动基本公共服务向农村延伸（如义务教育、基本医疗卫生服务和公共交通等）"四个方面。

我们将"作用非常明显"和"作用比较明显"定义为作用显著，将"作用不太明显""没有作用"和"不清楚"定义为作用不显著。根据表4统计数据可知，扩权强镇工作在促进城乡统筹、公共服务向农村延伸方面的成绩获得了较多的公众认可，公平性开始得到一定的保障。而对于乡镇政府权责利的统一和推进公共财政向民生工程的投入，则需要各级政府进一步加强努力。

表4 扩权强镇改革的公平性评估

公平性	促进作用选择比例（%）					
	非常明显	比较明显	一般	不太明显	没有作用	不清楚
理顺县（市、区）政府与镇政府的关系，实现权责利统一	25.3	41.0	24.6	4.2	0.9	3.9
推动镇公共财政向民生工程的投入	28.2	41.2	22.8	4.2	0.6	3.0
推动中心镇成为新农村建设示范区，使城乡发展更加均衡	27.7	45.6	19.8	3.5	1.0	2.4
推动基本公共服务向农村延伸（如义务教育、基本医疗卫生服务和公共交通等）	31.3	44.5	19.5	2.5	0.3	1.9

（五）扩权强镇改革的总体评价

对于扩权强镇改革绩效的总体评价主要涉及"知晓度"和"满意度"这两个维度的

公众评价。

对于知晓度,问卷设计了"您对绍兴市开展的扩权强镇工作是否了解"问题。表5统计数据总体上说明扩权强镇工作的知晓度还是比较高的。但是,仍有15.8%的调查对象对"扩权强镇"工作"不太了解"甚至"没听说过",可见"扩权强镇"的宣传工作还有不足,需要加大宣传"扩权强镇"工作。

对于满意度,问卷设计了"就总体而言,绍兴市开展的扩权强镇工作是否让您满意"问题。由表5统计数据可知,公众对绍兴市开展的"扩权强镇"工作的满意程度较高,另外还有3.1%的公众对"扩权强镇"工作的开展情况持不满态度,这也反映出今后需要继续提升扩权强镇工作的质量。

同时,我们也对绍兴市下辖不同县市区的公众对扩权强镇的知晓度和满意度进行了调查分析,结果见表6。

表5 扩权强镇改革的知晓度与满意度

知晓度	非常了解	比较了解	一般了解	不太了解	没听说过
比例(%)	9.9	34.0	40.2	13.1	2.7
满意度	非常满意	比较满意	一般满意	比较不满意	非常不满意
比例(%)	13.4	46.3	37.2	2.4	0.7

表6 不同县市区扩权强镇改革的知晓度分析

县市区	知晓度比例(%)				
	非常了解	比较了解	一般了解	不太了解	没听说过
越城区	9.2	47.4	32.9	9.2	1.3
绍兴县	12.1	36.6	40.1	9.2	1.9
诸暨市	10.5	35.5	35.0	16.0	3.0
上虞市	9.2	35.4	38.2	13.4	3.8
嵊州市	9.6	25.1	49.4	13.1	2.8
新昌县	6.6	30.5	45.7	15.9	1.3
总体评价	9.9	34.0	40.2	13.1	2.7

总体而言,有84.1%的调查对象对于绍兴市开展的"扩权强镇"工作相对了解,总体上的知晓度较高。而绍兴市不同县市区的知晓度如果按照高低顺序排列依次是:越城区、绍兴县、嵊州市、上虞市、新昌县、诸暨市,由此看来,越城区、绍兴县和嵊州市公众对绍兴市开展的"扩权强镇"工作的知晓度较高;而上虞市、新昌县、诸暨市公众的知晓度相对较低,因而上虞市、新昌县、诸暨市在"扩权强镇"工作的宣传还有改善和提升的空间。

总体而言，有96.9%的调查对象对于绍兴市开展的"扩权强镇"工作相对满意，总体上的满意度非常高（见表7）。而具体到各个县市区来看，按照满意度高低顺序排列依次是：越城区、上虞市、嵊州市、诸暨市、绍兴县、新昌县，由此看来，越城区、上虞市、嵊州市、诸暨市和绍兴县的公众对绍兴市开展的"扩权强镇"工作的满意度较高。新昌县"扩权强镇"工作的满意度相对较低，我们通过座谈发现，这与新昌县中心镇的数量较少和规模偏小以及没有发挥充分的作用有着直接的关系。

表7 不同县市区扩权强镇改革的满意度分析

县市区	满意度比例（%）				
	非常满意	比较满意	一般满意	比较不满意	非常不满意
越城区	16.2	50.0	33.8	0	0
绍兴县	12.8	47.2	36.4	3.0	0.7
诸暨市	14.0	46.4	36.7	2.3	0.6
上虞市	14.5	51.0	32.6	1.3	0.7
嵊州市	11.1	40.6	45.5	2.0	0.8
新昌县	13.0	42.5	37.7	5.5	1.4
总体评价	13.4	46.3	37.2	2.4	0.7

五、研究结论与政策建议

扩权强镇是对政府组织扁平化、地方政府纵向分权与乡镇治理等理论的新探索，也是政府统筹城乡发展、推进小城市建设、实现农村现代化的战略选择。总体而言，绍兴市扩权强镇改革取得了明显的成效，主要表现在：

（1）扩权强镇改革有力地推动了中心镇成为产业集聚区，推动了城镇基础设施建设，对中心镇的经济发展起到一定的促进作用。

（2）扩权强镇改革有效提高了镇政府的社会管理能力，改善了中心镇政府的服务，企业办事更加方便，并加快了旧城改造和城镇建设的步伐。因此，地方政府在扩权强镇改革中的办事效率得到一定程度的提高。

（3）扩权强镇改革推进了城乡居民医疗保障、养老保障覆盖面的扩大，使公共交通也更加便利，由此可见，扩权强镇在一定程度上改善了民生。

（4）扩权强镇改革很大程度上推动了基本公共服务向农村延伸，推动中心镇成为新农村建设示范区，使城乡发展更加均衡，在一定范围内缩小了城乡差距，有助于统筹城乡发展。另外，扩权强镇改革有较高的知晓度与满意度。其中，知晓度达到了84.1%，满意度更是达到了96.9%。

从绍兴市扩权强镇改革绩效的总体情况来看,扩权强镇以中心镇建设为基础,择优发展中心镇,推动乡镇经济社会发展,提高基层公共服务供给能力,是中国城镇化道路和乡镇管理体制变革中的有益探索。但是,这项改革也还存在着一些需要完善之处,主要表现在以下几个方面:

(1)从扩权强镇改革的经济性来看,公众认为扩权强镇改革对"推动中心镇招商引资工作""推动中心镇成为人口集中区"及"中心镇积聚的资源更多,对当地和周边地区的带动力更强"三项消极评价的比例分别为6.4%、6.4%和5.2%,这说明扩权强镇对中心镇招商引资工作、人口集聚、资源积聚及带动力的影响还需强化。

(2)从扩权强镇改革的效率性来看,公众对"使镇政府机构设置更加合理""提升中心镇党政机关工作效率""提高中心镇行政执法能力"三项消极评价的比例分别为8.3%、8.1%和7.6%。由此可见,中心镇的机构设置、行政效率及执法能力还有待改善。

(3)从扩权强镇改革的效益性来看,公众对"社会治安状况改善""居民生活幸福感增强"和"农民收入提高"三项消极评价的比例分别为7.5%、6.0%和5.9%,这表明扩权强镇在对社会治安、居民生活幸福感以及农民收入提高等方面工作还要更加重视。

(4)从扩权强镇改革的公平性来看,公众对"理顺县(市、区)政府与镇政府的关系,实现权责利统一""推动镇公共财政向民生工程的投入"二项消极评价的比例为9.0%和7.8%,因此,扩权强镇改革今后还应在实现权责利统一和公共财政向民生倾斜方面加大努力。另外,开展扩权强镇改革工作的地方政府还需要进一步加大对相关工作的宣传力度。

上述问题的存在,究其缘由,是存在着放权不到位以及权力承接的障碍。镇政府与县政府之间纵向权力配置的处理,是扩权强镇改革的难点。对"扩权强镇"改革未来的发展,我们提出如下的政策建议:

(1)重视促进城镇产业集聚,增加居民(尤其是农民)的收入。中心镇的发展必须以经济发展为支撑,而经济发展的关键是促进产业集聚。因此,要把产业培育作为各中心镇发展的核心任务来抓,积极搭建经济发展平台。构造以工业为主导,商贸服务业、生态农业和旅游业加快发展的新格局,创造更多的就业机会,增加居民的收入。

(2)完善乡镇配套设施建设,推进民生事业的发展。中心镇建设的目标,不是一般乡镇的简单放大与机械扩大,而是打造"宜业宜居"的现代化小城市。重点解决好基础设施建设,完善学校、医院、道路、供水、燃气、供电等基础配套设施建设,安排好文化、娱乐、体育场所等社会服务设施的建设。加快发展各项社会事业,改善民生,增强居民的幸福感。

(3)加大财政扶持力度,增强乡镇政府可持续发展能力。加大财政扶持力度需要创新财政结算体制,合理提高对中心镇的财政分成比例。同时,还要加大对乡镇人才队伍建设的支持力度。针对中心镇干部队伍中专业人才薄弱的实际问题,要适当提高专业人才比例,并建立弹性用人制度,允许中心镇在规定编制限额内,委托职能部门招聘高层次专业人才和各类紧缺人才,并给以相应的待遇。

(4) 推进行政性分权向法治性分权的转变,实现乡镇权责利统一。从现行法律规定来看,乡镇政府缺乏行政执法主体资格和没有一级财政都制约着扩权改革向纵深发展。这表现为一些县级政府部门以自身利益为先,"明放暗不放、放小不放大、放虚不放实、放差不放好"(胡税根等,2011),导致乡镇政府急需的审批权、决策权、财政权等未完全到位。在缺乏法律依据的情况下,这些问题难以得到有效的解决。因此,应推进省级乃至国家级的立法进程,这对于规范扩权行为,化解县镇两级之间权责不一的矛盾具有重要的意义。

(5) 加快职能转变,提高乡镇社会管理和公共服务能力。乡镇政府管理体制创新的根本是提升乡镇政府的社会管理和公共服务能力,为此必须加快政府职能转变,建设服务型政府。上级政府要充分授权,确保乡镇政府权责利的统一,既要下放事权,也要保障财权与人事权的匹配。乡镇政府的角色应由管理者向服务者过渡,将镇级政府建设成为管理有序、服务完善、充满活力的公共服务组织。

自扩权强镇在浙江与广东两省取得明显成效之后,这一改革已向全国范围推进。江苏、河北、河南、吉林、四川、山东等省也从行政审批、财政、税收、户籍、规划、社会保障、城市管理执法权等方面着手推进扩权改革。绍兴市的扩权强镇改革是在中心镇建设基础上开展的,中心镇的经济、社会、文化生态有着对"扩权"的迫切需求,因而也催生了绍兴市较为成功的扩权强镇创新实践。但是,如何做到合理合法地下放权力、科学地规范权力运行、有效地监督权利等将是未来值得审慎对待的问题。因此,未来的相关研究,一方面可以从总结我国各地乡镇扩权改革和创新实践的成功经验入手,研究扩权强镇的示范带动效应,探究其可推广性与可持续性,以推动乡镇治理理论的发展;另一方面可以从现有乡镇扩权改革实践入手,继续深化相关的改革实践,重视加强扩权后乡镇权力规制的研究,构建权责利相匹配、科学规范有效的乡镇权力运行机制,推进乡镇权力运行的制度化建设。

参考文献

[1] 苏柏佳. 乡镇政府在新农村建设中的角色定位 [J]. 法制与社会, 2007 (7): 558-559.

[2] 刘红云, 张晓亮. 新农村建设中乡镇政府的角色定位 [J]. 农村经济与科技, 2007 (7): 51-52.

[3] 阮兴文. 新农村建设视野下的乡镇职能新定位 [J]. 经济研究导刊, 2009 (10): 30-31.

[4] 王艳成. 城镇化进程中的乡镇政府职能研究 [D]. 上海: 华东师范大学, 2009.

[5] 陈建东. 新农村建设中乡镇政府的职能定位 [J]. 安徽农学通报, 2009 (21): 11-14.

[6] 周平. 当代中国地方政府 [M]. 北京: 高等教育出版社, 2010.

[7] 章韬, 陈诗超. 论新农村建设中乡镇政府职能的合理定位 [J]. 经济研究导论, 2011 (12): 37-38.

[8] 沈延生. 村政的兴衰与重建 [J]. 战略与管理, 1998 (6): 1-34.

[9] 徐勇. 县政、乡派、村治: 乡村治理的结构性转换 [J]. 江苏社会科学, 2002 (2): 27-30.

[10] 徐勇. 精乡扩镇、乡派镇治：乡级治理体制的结构性改革 [J]. 江西社会科学, 2004 (1)：24-29.

[11] 赵树凯. 乡镇改革如何走出迷途 [J]. 瞭望新闻周刊, 2005 (18)：29-30.

[12] 于建嵘. 乡镇自治：根据和路径 [J]. 战略与管理, 2002 (6)：117-120.

[13] 李昌平. 乡镇改革与乡镇干部 [J]. 中国改革, 2005 (1)：48-49.

[14] 温铁军. 如何进行新一轮农村改革 [J]. 山东农业（农村经济版）, 2003 (3)：7.

[15] 张红日. 浙江扩权强镇改革的背景、实践与政策建议 [J]. 政策瞭望, 2009 (7)：27-28.

[16] 刘炳东. 浅析扩权强镇的必然性 [J]. 吉林农业, 2010 (10)：200.

[17] 冯文华. 以"扩权强镇"提升"中心镇" [J]. 今日浙江, 2011 (2)：38-39.

[18] 胡税根等. 扩权强镇与权力规制创新研究——以绍兴市为例 [M]. 杭州：浙江大学出版社, 2011：79, 128.

[19] 谢庆奎. 扩权强镇背景下权力规制创新的演进与省思 [J]. 中国行政管理, 2012 (6)：126.

[20] 胡税根. 公共部门绩效管理——迎接效能革命的挑战 [M]. 杭州：浙江大学出版社, 2005：26-27.

[21] 姚莉. 财权与事权配置视角下的乡镇改革趋势——兼评"乡财县管"与"强镇扩权" [J]. 农村经济, 2009 (2)：8-11.

[22] 赵杰. "扩权强镇"的绍兴样本 [J]. 中国新闻周刊, 2011 (26)：39-41.

Research on the Performance of "Enlarging Powers to Develop Towns" Reform
——A Case Study of Shaoxing City

Hu Shuigen, Liu Guodong, Shu Wen

Abstract: This paper focus on "Enlarging powers to develop towns" (EPDT), which is a hot issue about the local government reform and innovation in recent years. In theory, EPDT is a new exploration of flat organization, vertical decentralization of local government and township governance theory. And in practice, it is the strategic choice of balancing urban and rural development, constructing small city and realizing rural modernization. Shaoxing city, as a leading region of EPDT in Zhejiang Province, has concluded a series of relatively complete developing thought from its explorations in these years. This paper, taking Shaoxing as an object, reviews the progress of EPDT reform and adopts "4E" method to assess the performance of the reform in economy, efficiency, effectiveness and equity, analyzes the achievement and potential problems within it, and puts forward countermeasures and development plan in the future. On the whole, the reform is relatively successful, especially in economic construction and development, and government efficiency improvement. However, it still has some points on the improvement of people's livelihood and the balance of urban and rural development. In future, we should promote town industrial concentration, and enlarge people's incomes; complete supporting facility construction and make people's living better; support and increase the investment in people's livelihood project; promote administrative decentralization to decentralization by law and realize the unity of power, responsibility and benefit; accelerate government function transformation and enhance the ability of social administration and public service. The EPDT Reform in Shaoxing city has significance for popularization. Other cities or regions, in their coming reform and development, can learn something from the EPDT Reform.

Key Words: Enlarging Powers to Develop Towns; Reform; Performance; Shaoxing City

网络围观下的政府效率：
从"睡狗行政"到非满意
——基于50个网络焦点案例的探索

尚虎平　惠春华

【摘　要】 近年来"网络围观"大大影响了政府行政，也造成了巨大的社会反响。为了弄清特定网络事件发生后如何进入网络渠道并引起围观，继而进入政府的公共政策系统并产出公共政策，本文力图在尽可能宽广的范围内收集发生且政府已经对其做出了反应的网络围观事件进行多案例分析。在此基础上，努力探寻网络围观到底促进了政府效率提升，还是促进了群氓暴政，或者促进了其他问题。研究发现：网络围观将处在隐匿状态的公共权力放到了众目睽睽之下，以"凝视"权力制约了行政权力不作为；被代表的"民意"与志趣相投者的极化，使"无组织的组织"产生了超组织力量；天生的"政治动物"一旦获得参与机会，其政治原生正义与原生野蛮、黄色同时显现；行政权力万能与"睡狗行政"——不打不动，打了乱动；初现的浮躁与理性并存的公民社会监督政府与要挟政府。受一定的条件限制，对于网络围观的内部机制、机理、大数规律的探究还不够深入，信度、效度也值得商榷。

【关键词】 网络围观；应对；规律；政府效率

一、问题提出

中国互联网络信息中心（CNNIC）《第22次中国互联网络发展状况统计报告》显示，

---

* 本文选自《公共管理学报》2013年第1期。
［基金项目］国家社科基金重大项目（11&ZD057、11&ZD070）。
［作者单位］尚虎平，兰州大学管理学院；惠春华，兰州大学管理学院。

早在2008年6月30日,我国网民总人数已达2.53亿人,跃居世界第一,截至2011年6月底,我国网民规模进一步达到4.85亿人①。麦肯锡公司在一份报告中指出,到2015年中国网民数量将达到7.5亿人,占世界网民的一半②。按照梅特卡夫定律"网络价值等于上网人数的平方"来说,日渐庞大且不断增长的网民人数昭示了我国不可逆转的网络社会的到来,随着网络社会在我国的高速发展,各行各业都卷入了其中,深受其影响。

在各行各业中,政府受到网络的冲击最大、最直接,影响也最大。"为谁说话"事件、"周老虎"事件、"我爸是李刚"事件、"天价烟"事件、"药家鑫"事件等一系列后来被称之为"网络围观"的热点事件将政府深深地卷入了网络,迫使房产局长、烟草局长、厅级干部等纷纷落马。2009年1月,《人民日报》和人民网联合调查发现,一旦遇到社会不良现象时,99.3%的网民会选择网络曝光。社会上甚至流传着这样的说法:"上诉不如上访,上访不如上网"。2005年,美国《纽约时报》专栏作家纪思道发表了一则在国际范围流传甚广的观点:"中国政府遇到了真正的对手——互联网",尽管这种论断有故意吸引眼球之嫌,但它也确实道出了我国各级政府面对互联网挑战的应对之艰。《人民论坛》2010年调查发现,70%的受访官员患有"网络恐惧"症。面对网络的冲击,江泽民同志在2001年初的全国宣传部长会议上就提出,"要高度重视互联网的舆论""不断增强网上宣传的影响力和战斗力,使之成为思想工作的新阵地,对外宣传的新渠道。"胡锦涛总书记也反复强调,要"进一步加强和完善信息网络管理,提高对虚拟社会的管理水平,健全网上舆论引导机制"③。2008年6月20日,胡总书记甚至亲自到"强国论坛"同网友在线交流,成为"中国第一网民";国务院总理温家宝同志也多次在网上与网民互动,谈话内容涉及几乎所有网上网下敏感话题,如铁道部部长刘志军问题、物价上涨过快、大学生就业难等问题。

随着中央领导、中央政府对于网络民意的重视,我国各级、各地政府逐渐加大了应对网络的力度。青岛市在2009年宣布,将网络问政作为考核政府部门政务公开的重要组成部分。2010年,地方政府应对网络的探索更多:我国24个省、市、自治区的31位党委和行政主要领导通过人民网向网友拜年。广东省委书记汪洋为了征集民意,特意通过网络论坛抽选了150名群众讨论《珠江三角洲地区改革发展规划纲要》。人民网、中国共产党新闻网正式推出了中央领导人和中央机构留言板"直通中南海"。时至2011年,地方政府应对网络,地方政府接受网络问政已经有了燎原之势:北京、上海、西安、成都等天南海北的地方政府纷纷开通了政务微博。《2011年新浪政务微博报告》显示,截至2011年11月,仅仅经过新浪网认证的政府机构微博账号就超过了1万个。可以说,网络问政、通过网络影响政府行政已经走向常态化,逐渐"飞入寻常百姓家,飞入寻常政府中"。

目前我国网民影响政府行政最有效、影响力最大的方式要数"网络围观"了,已经

---

① http://zhidao.baidu.com/question/339216146.html.
② http://jjckb.xinhuanet.com/2011-02/25/content_290210.htm.
③ http://www.jcrb.com/IPO/gov/leaders/201107/t20110718_574600.html.

引起了巨大社会反响的网络事件如"我爸是李刚""七十码事件""药家鑫事件"等都属于"网络围观"的范畴。甚至可以说，目前网络对政府的冲击主要是"网络围观"的冲击，政府应对网络，至少就眼前来说还主要是解决"网络围观"问题。正是有了"网络围观"，才使一批官员很快被问责，一批人民权益很快被维护。但网络围观也引起了广泛争议，主要有三种观点：①网络围观充满了良性因素，对促使政府改进服务态度，对提升绩效有莫大帮助，它促进了政府正义，也是新的监督手段，能够促进政府的透明与责任。②网络围观是"祸水"，给政府管理带来了无尽的麻烦，是一种匿名的狂欢与人性恶性本质的显现，它造成了民意的歪曲，引起了人与媒介关系的嬗变，超越了道德与法律的边界。③网络围观是"双刃剑"，既有利于监督政府提高效率，也可能增加政府管理的难度与成本，它虽然解决了一些问题但也存在着明显的暴力化倾向，在限制政府侵犯人民权利的同时也带来了网络冗语、网络暴力等问题。

尽管已有的探索发现了网络围观中的诸种问题，但不论持乐观、悲观，还是中间态度者，他们对网络围观到底如何影响了政府，是促进了政府效率，还是促进了政府"乱说乱动"都还缺乏可资信赖的经验案例或者经验数据来证明，目前的各种说法主要还是建立在主观思辨的基础上。为了弥补这种缺憾，本研究收集了 50 个曾引起重大社会反响、政府都采取了行动的围观案例，并将它们尽可能地开发为可分析的数据进行定类统计，以便能够从中发现网络围观的诱发机制和对政府的影响。

二、研究设计

本文力图在尽可能宽广的范围内收集已经发生且政府对其做出了反应的网络围观事件进行多案例分析，力争从中发现网络围观如何发生、政府在围观中的组织心理和组织动机、政府的应对措施。在此基础上，力争发现网络围观到底促进了政府效率提升，还是促进了群氓暴政，或者促进了其他问题。

（一）研究逻辑与路线

本研究的目标在于弄清特定事件发生后是如何进入网络渠道并引起围观，继而进入政府的公共政策系统并产出公共政策结果的。如图 1 所示，从逻辑上讲，一开始尽管特定的事件已经发生，但它并未引起网络反响，属于"无言的网络"事件，此时围观并未发生，但我们需要考察该阶段政府的行动，因为它是围观后政府行动比较的标杆。当特定事件影响扩大，进入网络系统之后，各种观点、各种论调开始盛行，这就是图中 e 部分的 a、b、c、y、z 等言论，此时已经形成了围观。在网络围观发生后，需要进一步弄清楚围观是如何运行的，最终它通过形成什么样的围观产品引起了政府的警觉与重视，这就是图中的第一个问号需要澄清的问题。在网络围观引起政府重视之后，还需要弄清楚政府是出于何种目的、出于何种追求开始对网络围观进行反应的,这是图中第2个问号需要解决的问题。在反应过程中,还要澄清政府行为、政策产品有哪些,效果如何,这就是"围观后政府行为"需要厘清的问题,这一部分需要与围观前政府行为进行对比以发现行为变异的规律;在弄清楚这一系列问题的基础上,本研究力图如泊松所说的那样,从大量无规、纯粹随机性的事件中寻找"大数定律(Law of Large Numbers)"(菲利普,2010),力求能够从较多的案例中总结出我国转型期网络围观影响政府行政行为的规律。

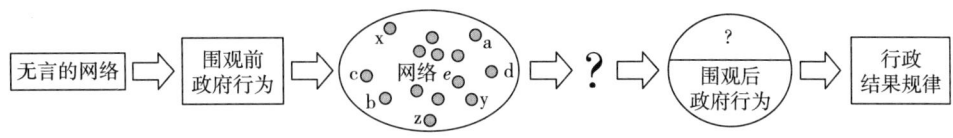

图1　研究逻辑与路线

(二)研究对象

要弄清网络围观中的"大数定律",首先需要确定出寄托规律的"大数"载体——研究对象。本文研究对象的选取基于新浪网、搜狐网、网易、天涯社区、人民网、优酷、土豆等著名网络的论坛、博客、微博展开。我们选择了那些社会反响大、政府已经做出了反应的网络事件作为研究对象。本研究最早展开于2007年,笔者在网上收集了当时引起重大反响的一系列焦点事件,并对它们进行了分析,收集的焦点事件部分呈现在了《是"公共能量束"而非"公共能量场"在解决着我国"焦点事件"》一文中,课题组后来坚持对这些网络围观式的"焦点事件"库进行了逐年更新。本文的研究对象就选自于"焦点事件"库。

将特定"焦点事件"编制成规范的案例,输入"焦点案例库"使之成为研究对象需要一定的程序。以"小悦悦事件"为例,2011年10月13日,两岁的小悦悦(本名王悦)在佛山南海黄岐广佛五金城相继被两车碾压,7分钟内,18名路人路过但都视而不见,漠然而去,最后一名拾荒阿姨陈贤妹上前施以援手。事件发生后,优酷网上出现了网络视频。随着视频的陆续出现,网民很快就在该视频网页的留言处形成了巨量围观,浏览该视频的人数一天之内就超过了10万人次,而积极参与评论的在短时间内就超过了1万人。之后,每天浏览、留言的围观人数成倍剧增,使"小悦悦事件"成为了一个专有名词,成为我国各类媒体、网站、民众热议的话题,甚至引起了国外众多知名媒体的关注。朝日电视台、美国第11频道电视台特地做了关于"小悦悦事件"的专题片,抨击我国屡次发生的见死不救事件。由于"小悦悦事件"影响极其恶劣,使政府压力急剧增大,佛山市公安局、南海公安分局马上组织有关部门全力破案。13日晚9时,公安局确定了第二辆肇事车逃逸的司机蒋某。随后在警方的强大攻势与舆论压力下,16日下午1时,第一辆肇事车辆的驾驶员胡某在其岳父的陪同下,到大沥交警中队投案。晚上,两名肇事司机均涉嫌交通肇事罪被警方刑事拘留。10月14日，西安警方还行政拘留了一名冒充肇事司机的西安市民。2011年10月21日零时32分小悦悦抢救不及离世，2011年10月31日上午，悦悦父亲王持昌取出捐款中的6万元，捐给一名素不相识的25岁的白血病小伙。2011年11月2日中午，小悦悦父亲王持昌又向一位急性再生障碍性贫血患者捐出3万元善款。他表示，将会捐出所收到的全部善款，善款将用于帮助有急切需要的儿童，并希望以此唤起社会各界人士对儿童的关爱。至此，"小悦悦事件"基本结束。

在"小悦悦事件"收集过程中，我们记载了围观网民的数量，围观网民中支持者、反对者、态度居中者的人数，记录了政府在此事发生过程中的行动、效率，并查阅了之前佛山市公安局、南海公安分局类似事件的侦办效率等，将其纳入了"焦点事件库"中。其他网络围观事件的采集过程也与此类似。总体而言，我们一共采集到了50个既有围观、也有政府行动的围观事件，它们是本文的研究对象。按照统计学原理来说，大于或等于30的样本会呈现正态分布的态势，符合泊松的"大数定律"要求，具有一定的客观性和普遍性。

（三）研究变量

研究对象只是案例式的质性载体，为了使它们能够被用来进行统计分析，我们按照数据转换的逻辑，将这些质性材料转换成了定类、定序、定距数据（李怀祖，2004）。尽管这三类数据在定类→定序→定距→定比的数据序列中还处于较低层次，但按照性质来说，它们又比纯粹的案例等质性材料要科学得多，在无法获得网络围观的定比数据的情况下，将这些案例开发为这三类数据也相当于在"通过相对真理的方式接近绝对真理"，这在目前网络围观探究以定性思辨为主的背景下，也算是一种方法上的拓展。

（1）围观范围。它考察的是特定网络围观事件的初次影响广度，也就是该事件在首次曝光的网络新闻网页、论坛帖子、网络视频等载体上的关注次数（点击数量），这是该事件形成的初次影响力，在这之后可能还会有电视、报纸、其他网络、论坛等的跟进与转载，这部分内容过于离散，本研究不对它们进行追踪。我们认为只考察初次影响度在资源、时间有限的情况下对于发现"大数规律"来说也基本够用，这也符合统计抽样原理。对围观范围我们设置了4个变量值：A. 1000以内；B. 1000～5000；C. 5000～10000；D. 10000以上。

（2）围观手段。这主要考察围观中的积极程度对于围观结果的影响。一般而言，最积极的往往会自己发言，比如发帖、跟帖等，最不积极的只是点击新闻或者帖子。本文主要衡量了5个变量值：A. 发帖；B. 跟帖；C. 发起新话题；D. 改变题目跟帖；E. 只看不回。

（3）围观过程。此变量主要考察网民在围观过程中所采取的方式对围观结果的影响，它考量了网民支持政府还是支持事件中的行政相对人。我们评估了5种变量值：A. 起哄；B. 支持相对人；C. 支持政府；D. 均不支持，自有观点；E. 只看不说话。

（4）围观前政府介入效率。这是考察围观后政府介入效率的参照变量，以此来判断政府后期行为是政府一贯的做法，还是政府迫于压力而"破天荒"的行为。我们对4类变量值进行了统计：A. 推诿不作为；B. 有行动，但较迟缓；C. 有行动，且行动迅速；D. 有表征性行动。

（5）围观后政府介入效率。这是考察网络围观后政府反应效率的变量，用其考察政府对网络围观的回应速度，并将其与变量4进行对比，以发现政府行为的惯常与反常逻辑。我们主要对4类变量值进行了考察：A. 推诿不作为；B. 有行动，但较迟缓；C. 有行动，且行动迅速；D. 有表征性行动。

（6）围观结果。这是展示网络围观最终处理结果的变量，它考察了网络围观后事件是否解决，解决到什么程度，事件中行政相对人是否满意、广大网民是否满意、政府是否满意等问题。我们主要考察了两类共8个变量值，第Ⅰ类考察的是涉事相对人的满意情况，第二类考察的是人民满意情况。具体为：

第Ⅰ类：A. 事件解决，相对人满意；B. 事件不了了之，相对人不满意；C. 事件未解决，相对人不满意；D. 事件解决，相对人不满意。

第Ⅱ类：A. 事件解决，人民满意；B. 事件不了了之，人民不满意；C. 事件未解决，人民不满意；D. 事件解决，人民不满意。

三、我国50个网络围观事件的解析

从"焦点事件库"中选取了"小悦悦事件""泰国军人枪杀我国渔民"等50个对象案例进行了变量赋值，具体案例的赋值结果见表1。需要说明的是，在变量"围观手段"和"围观过程"中，变量值采取了组合值的方式，它主要表现的是一种值的优先性，比如在"小悦悦事件"的"围观手段"中"E＞B＞D＞A＞C"的组合值的意涵是：采取E围观手段的网民数要多于采取B手段的网民数，而采取B手段的网民数又多于采取D手段的网民数；在"围观过程"中，"E＞A＞B"的组合值意涵是：持有E态度的网民数多于持有A态度的网民数，而持有A态度的网民数又多于持有B态度的网民数。

（一）50个网络围观案例的基本情况

对表1按照定类、定序、定距变量的特性进行了统计分析，形成了第一众数、第二众数、第三众数、组合众数和上下四分位数值。一般而言，众数、上下四分位值就可以发现质性材料的一般规律，但为了探究网络围观中每个变量除了传统意义上的众数（第一众数）外其他出现频率较少的值（第二众数、第三众数）究竟对于形成围观规律有无作用，有何作用，此处特意统计了这些值。另外，"组合众数"是对网络围观中值的较为固定的优先序组合的判断，通过它们来检测网络围观是否与这些序有关。"约四分位值"是将所有值排列组合之后，上下四分位上出现的值，除了少量值为精确数据外，其他的都是近似值，因此称为"约"。表2通过值的方式较为直观地反映了50个网络事件的基本情况。

从围观范围来看，变量值D是第一众数，也就是在围观中出现次数最多的范围值，这说明在50个典型案例中，绝大多数（78%）初次影响力都超越了10000人以上，这表明围观事件一旦形成，仅仅初始网站、论坛等的影响力就已经很广，关注度已经很高。另外22%的案例网络初次影响力也在5000~10000，这也是说，一旦网络围观形成，它的最小初次影响力也能够达到5000~10000人次的关注度。上下四分位值为D、C也进一步证明了这一点。

在这50个焦点案例中，网民采用最多的围观手段是"只看不回"，其比率达到了100%，这是一种真正的围观，它证明"网络围观"绝非"浪得虚名"。从统计数据来看，排第二、第三位的手段分别为"跟帖""改变题目跟帖"，这也是每一个案例中都同时出现在第二、第三众数位置上的值。组合众数值"E＞B＞D＞A＞C"的频率达到了92%，说明在网络围观中绝大多数围观手段都以"只看不说话"领衔，除此之外，依次为"跟帖""改变题目跟帖""发帖"和"发起新话题"，上下四分位值也印证了这种排序。

在围观过程中，第一众数是"只看不说话"，这也是典型的"围观者"做派，其频率也达到了100%。第二、第三众数倒印证了鲁迅笔下的围观者心态——"起哄"（A）成了仅次于"只看不说话"的方式，其频率也达到了100%。第三众数"均不支持，自有观点"给网络围观带来了一抹亮色，证明"围观"不仅是人云亦云，也有坚持己见者的话语，且比例尚不算低，下四分位的值也为"均不支持，自有观点"进一步说明，约1/4的围观者并非"看白戏"，他们有着自己的独到看法。

从表1和表2来看，在围观前政府对待同样的事件首选措施往往都是"推诿不作为"，其频率达到了54%，而围观之后政府的表现立马转变，其首选措施马上变为"有行动，且行动迅速"。从第二、第三众数来看，围观前政府除了采取推诿之外，第二选择是对事件进行拖延，从统计来看"有行动，但较迟缓"的频率达到了40%。围观前上四分位值为"推诿不作为"和"有行动，但较迟缓"进一步证明了围观前政府的主流是拖延与推诿。围观后的第二众数频率仅占4%，且下四分位值仍为"有行动，且行动迅速"，进一步说明围观后政府直接效率有了明显提升，政府的"动作"足够迅速。

从两类围观结果来看，"事件解决，相对人不满意"的最多，其频率达到了58%。当然，在围观后还是解决了相对人的一些诉求的，这也是结果Ⅰ中第二众数值为"事件解决，相对人满意"的原因，其频率值为30%，上下四分位值也为"事件解决，相对人不满意"和"事件解决，相对人满意"，进一步证明从相对人的视角来看，他们对大多数的行政结果并不满意，但也有超过四分之一的相对人感觉满意。当然，相对人满意与否都不意味着作为人民代表的广大网民满意，尽管他们与这些事件没有利害关系，但他们代表了一种人民的诉求，人类的基本善。从统计来看，在第Ⅱ种结果中，人民不满意的频率达到了80%，仅有15%的事件中人民感觉政府处理相对满意。在结果Ⅱ中，上下四分位值同为"事件解决，人民不满意"，这意味着尽管在围观中政府表面上解决了问题，但人民并不满意。

表1 网络围观案例及变量值

事件名称	围观范围	围观手段	围观过程	观前个人效率	观后个人效率	围观结果 I	围观结果 II	事件名称	围观范围	围观手段	围观过程	观前个人效率	观后个人效率	围观结果 I	围观结果 II
小悦悦事件	D	E>B>D>A>C	E>A>B	B	C	A	A	定边"老百姓就是多"	D	E>B>D>A>C	E>A>B	A	C	A	D
泰国军人枪杀我国渔民	D	E>B>D>A>C	E>A>C	D	C	A	C	上海钓鱼执法	D	E>B>D>A>B	E>A>B	A	C	D	D
温州动车事件	D	E>B>D>A>C	E>A>B	C	C	A	D	最牛团长夫人	D	E>B>D>A>C	E>A>D	A	C	A	D
3Q大战	D	E>B>D>C>A	E>A>D	A	C	D	C	上海"楼脆脆"	D	E>B>D>A>C	E>A>D	A	C	A	D
三亚招考门	D	E>B>D>A>C	E>A>D	D	C	D	D	成都"楼歪歪"	D	E>B>D>A>C	E>A>B	A	C	A	D
局长日记门	D	E>B>D>A>C	E>A>D	A	C	D	D	辽宁跨省追捕记者	D	E>B>D>A>C	E>A>B	C	C	A	A
仇子明事件	D	E>B>D>A>C	E>A>D	B	C	D	D	罗彩霞事件	D	E>B>D>A>C	E>A>D	C	C	D	D
我爸是李刚	D	E>B>D>A>C	E>A>D	B	C	D	D	BT关停	C	E>B>D>C>A	E>A>D	C	D	D	D
成都主任直播官场冷暖	D	E>B>D>A>C	E>A>D	A	C	A	A	逯军"替谁说话"门	D	E>B>D>C>A	E>A>D	A	C	—	D
赵作海事件	D	E>B>D>A>C	E>B>A	B	C	A	A	考研泄题	D	E>B>D>A>C	E>A>D	A	C	D	D
钱云会之死	D	E>B>D>A>C	E>A>B	A	C	D	D	湖北挎尸案	D	E>B>D>A>C	E>A>D	B	C	D	D
沪重大火灾事故	D	E>B>D>A>C	E>A>B	B	C	D	D	许霆取款案	D	E>B>D>A>C	E>A>B	A	C	D	D
医院回扣门	C	E>B>D>A>C	E>A>B	A	C	D	D	南京患儿徐宝宝之死	D	E>B>D>A>C	E>A>D	A	C	D	D
泼熊门	C	E>B>D>A>C	E>A>D	B	C	D	D	张海超开胸验肺	D	E>B>D>A>C	E>A>B	A	C	D	D
产妇肛门被缝	D	E>B>D>A>C	E>A>D	A	C	—	D	孙丹勇丢失手机跳楼	D	E>B>D>A>C	E>A>D	A	C	D	D
微博开房门	D	E>B>D>A>C	E>A>D	A	C	—	D	谷城"艾滋女"	C	E>B>D>A>C	E>A>D	A	C	—	A
周久耕天价烟	D	E>B>D>A>C	E>A>D	A	C	A	D	呼和浩特越狱案	C	E>B>D>A>C	E>A>B	B	C	D	D
邓玉娇刺官案	D	E>B>D>A>C	E>A>B	B	C	D	D	黑龙江矿难	D	E>B>D>A>C	E>A>D	B	C	D	D
赣宜黄拆迁自焚	D	E>B>D>A>C	E>A>B	A	C	D	D	成都公交车燃烧	C	E>B>D>A>C	E>A>D	B	C	D	D
唐福珍事件	D	E>B>D>A>C	E>A>D	A	C	—	D	湘中学踩踏事故	D	E>B>D>A>C	E>A>D	B	C	D	D
科长日记门	D	E>B>D>A>C	E>A>D	C	D	D	D	清洁工梁丽捡金	C	E>B>D>A>C	E>A>D	B	C	D	D
大连PX项目	C	E>B>D>A>C	E>A>B	B	C	A	A	发改委官员艳照门	D	E>B>D>A>C	E>A>D	B	C	—	D
"躲猫猫"事件	D	E>B>D>A>C	E>A>D	B	C	D	D	石首群体事件	D	E>B>D>A>C	E>A>D	B	C	D	D
杭州"70码"事件	D	E>B>D>A>C	E>A>D	B	C	A	D	药家鑫事件	C	E>B>D>A>C	E>A>B	B	C	A	D
重庆打黑系列事件	D	E>B>D>A>C	E>A>C	B	C	A	A	厦门PX事件	D	E>B>D>A>C	E>A>B	B	C	A	A

表2　50个网络围观案例变量值的统计

项目	参数					
	众数（M_1）	次众数（M_2）	第三众数（M_3）	组合众数（M_4）	约上四分位数（$Q_{ua-upper}$）	约下四分位数（$Q_{ua-upper}$）
围观范围	D 39（78%）	C 11（22%）	-	-	D 39（78%）	C 11（22%）
围观手段	E① 50（100%）	B 50（100%）	D 50（100%）	E>B>D>A>C 46（92%）	E 50（100%）	D 50（100%）
围观过程	E 50（100%）	A 50（100%）	D 50（100%）	E>A>D 27（54%）	E 50（100%）	D 50（100%）
观前介入效率	A 27（54%）	B 20（40%）	D 2（4%）	-	A 27（54%）	B 20（40%）
观后介入效率	C 48（96%）	D 2（4%）	-	-	C 48（96%）	C 48（96%）
围观结果	Ⅰ D 29（58%）	A 15（30%）	/②	-	D 29（58%）	A 15（30%）
	Ⅱ D 40（80%）	A 8（16%）	C（4%）	-	D 40（80%）	D 8（16%）

注：①此处是一个组合型变量值，实际上每一个值在每个案例中都同时出现，只是在序上有优先性，因此它们都属于全频率众数；在四分位数值上，这些组合值可以通过序列显示分位位置值，但分位数也是全频率值。"围观过程"的值与此类同。

②"/"是案例中的"无数据"的取值，不是此处没数据。

（二）50个网络围观案例蕴含的深层规律

埃奇沃思在解答人们对于经济学规律的质疑时曾说，经济学家的目标"与其说是打下某一只特定的鸟，不如说是向鸟群中最密集的地方开枪，为的是打下最多的数量来"（菲利普·鲍尔，2010）。本研究也力图从50个案例中"打下最多的鸟"，找到更深层的规律。

（1）网络围观将处在隐匿状态的公共权力放到了众目睽睽之下，以"凝视"权力制约了行政权力不作为。在哲学家如福柯看来，公共场合的"凝视""注视"本身就是一种权力（Power），在注视与凝视过程中，权力会被再生产、再分配（严铎，1997）。福柯考察了现代社会中无所不在的注视、监视的力量，提出了"凝视"是一种权力的理论。他以医院、圆形监狱来说明现代社会是如何运用无所不在的凝视来达到只有权力才有的监督功能的。在他看来，将需要监督的事务、事物暴露在众目之下，便会使人变得"温顺""合乎规则"，就像用现代军事理论武装起来的被驯服的士兵一样，随时以"服从命令为天职"，这是一种"权力的自动运作"、一种"权力的化境"，这就是"凝视"权力（米歇尔，2001；米歇尔，2007）。从50个案例来看，网络围观中也确实存在着凝视权力。从微观范围来看，基本上每个案例的初次围观数量都超越了10000以上，而围观的最重要手段"只看不回"、围观过程中"只看不说话"也进一步阐释了"围观"的真谛，正是这些"围观"形成的"凝视"权力，才使原来推诿的政府选择了高效率的行动来回应网民需求。它起到了将处在隐匿状态的公共权力放到了众目睽睽的网络之上，被网民"围观"

"凝视""注视",使处于管理黑箱中的政府权力暴露在了公众眼前,实现了卢梭所倡导的透明状态,解决了他所称"处在无公共监督之下的隐匿状态"的问题,防止了"如帝王般独断权力"的形成,在一定程度上实现了福柯所说的"一种虚构的关系自动产生出一种真实的征服"(米歇尔,2001)。从统计来看,网络围观将易于黑箱化、易于脱轨运行的行政权力变成了一个能够被公开审视的对象(Object),使行政权力得到了监督,甚至得到了一定程度的控制,这从围观前主要以"推诿不作为",围观后主要以"有行动,且行动迅速"的对比就可见一斑。

(2)被代表的"民意"与志趣相投者的极化,使"无组织的组织"产生了超组织力量。就围观范围而言,尽管在这些案例中围观者超过10000人次的占到了78%,剩余的22%围观频率也达到了5000~10000,但这些人数相对于我国14亿人口的比例,还是一个很小的比例,以此而言,网络围观只代表了部分人的"民意",这往往存在着非理性因素,甚至存在着桑斯坦(Sunstein)所揭示的"群体极化"现象。他发现,进行讨论的一个群体的成员通常到最后所采取的立场与讨论前成员所持有的倾向总体相同,而且更为极端,这就是"群体极化"(布迪厄和华康德,1998)。在他看来,网络社会里志同道合的团体更容易极化。从50个案例来看,无论是围观手段还是围观过程,第一众数都是纯围观性质的"只看不回""只看不说话",但第二众数却是"跟帖""起哄",这就是说,在第一众数吸引了大批围观者蜂拥而至的情况下,这些看客看到的却是第二众数、第三众数"跟帖""起哄""改变题目跟帖"的现象,看到的是这些变量值在"创造并维持着自己"(凯斯,2010),这就是为什么案例中最终往往会按照第二众数来行动的原因,因为不论是围观者还是参与者,最终都通过第二众数来表达此次围观的结果(作为围观的第一众数是没有实体内容的变量值),这也就是极化问题,从第一变量值到第二变量值的转变也就是桑斯坦谓之为"流瀑效应"的极化转变过程(亚里士多德,1997)。通过"流瀑"由第一众数向第二众数的转化,围观手段、围观过程都转向了第二众数的"跟帖""起哄""改变题目跟帖",这样便产生了集体性的结果,使网络上"多向度"网民又转变为"单向度"的极化,甚至迫使政府产生了行动,使网络中的"乌合之众""无组织的力量"产生了极化后的"组织力量"(右斯塔夫,2010),这便是网络围观中一开始众声喧嚣,但到最后却形成了"同唱一首歌"的极化规律。实际上,在更多本文未涉及的网络事件中存在着更严重的极化现象,在各种论坛中,兴趣爱好相近的网民更容易聚集在一起,逐渐形成了所谓的"圈子",其他"浏览"论坛的网友也会被卷入"旋涡",他们的观点会得到越来越多人赞同,反对的观点则随着旋涡的反作用越来越渺小,不敢发声,形成了"静默的螺旋"。

(3)天生的"政治动物"一旦获得参与机会,其政治原生正义与原生野蛮、原生黄色同时显现。亚里士多德认为,"人类在本性上,也正是一个政治动物"(亚里士多德,1997),网络围观案例再一次证明了该命题的正确性。即使是虚拟社会的网民也表现出了明显的"政治动物"本性,从围观范围来说,网民首先表现出了极大的政治参与热情,几乎每个案例在首先曝光出来的网络上都有数以万计的网民对该事件进行围观,且围观人数以秒剧增；在围观范围和手段上，网民也展现了不同的政治参与技术与手段，比如"发帖""跟帖""另辟新帖"等，使政治参与深度逐渐增大，观点渐趋统一，并迫使政府采取一定的行动；在围观后果上，这些围观展现了强大的政治监督能力，具有明显的以权利制约权力的痕迹，这使绝大多数政府由围观前的推诿变成了围观后的积极行政。总体来说，这些案例展示了网络围观中网络民意通过极化而集中爆发，对政府（行政权力）进行了"一边倒"的质疑，这是典型的公民政治监督的做法。当然，与所有倾向的"动物人"一样，"政治动物"也有着天然的劣根性——难以摆脱政治生活的低格调，产生"市井政治""哄客政治""秀丑政治"等"黄色政治"现象。在这些案例中从第二众数开始就有了"起哄"现象。此外，还有相当数量"路过""顶""UP""TMD"等无意义的围观，甚至有充满了挑拨性质的低格调政治参与行为。在本文未曾触及的其他类型的网络围观中，这种低格调的"黄色政治"行为要更多一些，有假消息泛滥，也有低格调事情屡屡呈现，还有秀丑博公众关注事件迭出。总体来说，有"政治动物"就有"动物"劣根性在网络围观中显现。

（4）行政权力万能与"睡狗行政"——不打不动，打了乱动。网络围观案例还显示了一个严重问题，即行政权力万能。在网络围观前，几乎清一色的"推诿不作为"，而围观之后，随着"凝视"权力的制约与网络政治参与的监督，迫使政府急于"挽回声誉"，急于"表现自己"，这从围观之后的表现可见一斑。在围观之后，政府的行动有96%都转换为了"有行动，且行动迅速"，这无疑彰显了行政权的特殊行动能力。但依照系统管理原理，在这些事件的处理过程中，政府只是关键主体之一，很多事件还要牵涉到人大、政协、党委、检察、法院，甚至高校、国有企业、NGO等组织，按照法制程序，政府不应该越过这些机构，而且还很可能必须首先由这些机构来处理，但现实中都是政府出面解决一切。严格来说，这并非成熟的政府行政模式，它还有着典型的前现代救火行政、青天行政的痕迹，用瞬时性、尽可能快的方式来获得行政合法性，取悦于人民，这体现了我们政府残留着浓厚的懒政痕迹。美国政治学家阿尔蒙德认为现代公民是一些"沉睡的睡狗"（加布里埃尔，1989），而从本研究来看，人民已经开始动了起来，通过网络监督政府，但政府还处在沉睡中，它表现了典型的"睡狗行政"特质——不打不动，打了乱动，打了甚至能发生"狗吃虎"的"疯狗"现象，这使行政权完全成了无约束的权力，发生了网络围观中的"返魅"现象，回到了韦伯所说的前现代行政轨道（马克斯，1997）。之所以说它是"睡狗行政"与"乱动""狗吃虎"是因为从统计的结果来看，在围观结果中80%的人民不满意，58%的行政相对人不满意，这样以大多数人不满意为结果的行政，只是变成了政府取悦于人民但却未真正把握人民需求、人民心声的自我表演与独角戏。其实这种"返魅"问题在现实的政府管理中业已存在，甚至受到了政府领导的批评，如陕西省榆林市委常务副书记路志强就曾在一次内部会议上炮轰中国基层政府存在着行政权力万能问题（参见2006年2月27日《都市快报》），令人意外的是，在虚拟世界这种"返魅"现象依然十分严重。

（5）初现的浮躁与理性并存的公民社会监督政府与要挟政府。网络围观还凸显了一种早期网络公民社会的痕迹。无论是围观人数，还是围观者积极参与的手段，到最终围观造成政府出面解决问题的结果，都彰显了公民自主组织自己积极参与公共事务的态度，这是现代公民社会的鲜明特点。通过网民的参与，许多政府推诿不作为的事件在短时期内形成了结果，尽管这些结果很多并不令行政相对人满意、不令人民满意，但至少促进了政府效率的改善，颇有几分"弱者的武器"的特色。当然，从最终围观结果来看，之所以产生了诸多人民不满意、涉事行政相对人不满意的结果，这与目前网络公民社会的不成熟有关，在围观中存在着众多的非理性因素，有的回帖甚至提出了"政府不行动就证明收了黑钱"等过激言论，在泰国劫匪枪杀我国船员的案例中，甚至有不少帖子喊出"我们的 ZF（政府）还不如清 ZF"等荒谬和具有违法倾向的口号，我们也不能忽视，可能正是这种言论逼迫、要挟了政府在短期内做出行政行为。而由于时间所限，这些行政行为可能并未解决现实中的各种纠纷与矛盾，没处置好相关各方的利益，这就产生了人民不满、相对人不满的结果。这属于尚不完善的公民社会建设中的"逆向冲动"现象，它们往往表现为对所发生的事件采取"说坏不说好"的方式来表现自己的参与，有着颇为鲜明的"群氓暴政"的痕迹，这是网络公民社会构建中应该引起重视并竭力根除的现象。

（6）较为确定的线性结果与较为确定的发生机制。Helbing 在著名的"草地上的小路"的模拟研究中指出，由于进入草地的人民进入点和目的位置受到了一定的限制，这才使大家能够踩出一条路来，从而形成了无序活动中的规则与秩序（Helbing, 1994）。在网络围观中，由于介入的是公共事件，且目的在于影响政府以达至问题的解决，它本质上也符合 Helbing 的理论原则，因此，它也应该有着一定的运行规律与发生的机制秩序。

笔者将 50 个案例中的数据输入 Micexcel 2007 软件中，利用散点拟合功能探究了这些案例的围观范围、围观手段、围观过程、围观前政府介入效率、围观开始后政府介入效率、围观结果的变量值所呈现的规律性，这些散点表现出了一定的线性规律，如图 2 所示，它们围绕 $y = -0.293x + 0.9275$（$R^2 = 0.1084$）这条线形成了一定的规律性，这就是网络围观最可能的结果线。它意味着，在目前我国特定的转型期内，一旦发生网络围观事件，一旦围观的范围低峰值达到 10000，网民一般都会首选只看不回的方式来"围观"，在围观过程中也以只看不说话为首选。在具备前述条件的情况下，政府在围观前会推诿不作为，而围观后会马上采取行动，且行动效率很高，但最终形成的结果往往是——事件虽然解决，但涉事的相对人并不满意，从人民的角度来说，结果也往往是事件虽然解决，但人民也不满意。特别重要的是，这些最有可能发生的结果如果编制成数据库并将其可视化，它们基本上会围绕 $y = -0.293x + 0.9275$（$R^2 = 0.1084$）这条线变动，呈现出明显的线性特征，这是 50 个案例呈现出的较为确定"大数定律"。

除了发生规律，笔者发现从网络围观发生到围观形成、政府应对、结果产生基本上遵循了图 3 所示的机制逻辑。①在特定事件发生之后，由于它还没有引起网民的关注，此时网络表现一片平静。②尽管特定事件已经发生，但由于没有超过 10000 的围观范围，尚未成为热点事件，有管辖权与公共服务责任的政府在此阶段往往采取"和稀泥"的态度，以推诿拖延不作为的行政方式为主，这从我们统计的围观前政府介入效率数据可见一斑，也与上文所述的"睡狗行政"一致，在此阶段，政府处于"睡"的阶段。③一旦因为某个网民或某个行政相对人出于特定目的将发生的事件在网络上公开且被10000以上网民围观后，各色人等（a、b、c等）就会形成各种观点（x、y、z等）。④随着围观人数的增长和各类观点的出现，逐渐形成了讨论该事件的"公共话语场"，它既具有哈贝马斯所说的"公共领域"的特质，也具有 Fox 与 Miller 所倡导的"公共能量场"的特征（1993）；在公共话语场中，各种观点交锋，逐渐出现了前文所述的"流瀑"现象，在流瀑的推动下，形成了极化后果，终于使话语逐渐统一，做到了"用同一个声音说话"，实现了"无组织"的"组织力量"，这就是具有中国拐点行政特色的"公共能量束"，笔者之前就已经发现一旦产生公共能量束，能量就会传导到政府，促动政府行动（尚虎平，2008）。⑤政府为了在尽可能短的时期内重拾民心，获得行政合法性，往往会采取前现代的"青天行政"来促进事件解决，它往往采用疾风骤雨般的"救火行政"模式，通过立军令状的形式在短期内促进事件的解决。⑥随着"救火"与"军令状"的出现，睡狗行政就发展到了"打了乱动""狗吃老虎"的"疯狗"阶段，通过一阵暴风骤雨般短平快方式解决了这次事件。⑦尽管事情解决得极有效率，但结果却往往是人民、涉事相对人并不满意。这就是目前我国网络围观发生、运行的机制逻辑的一个完整流程。

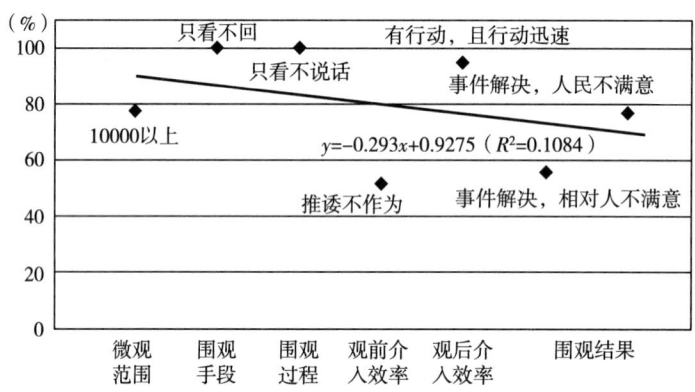

图 2　网络围观最可能结果线

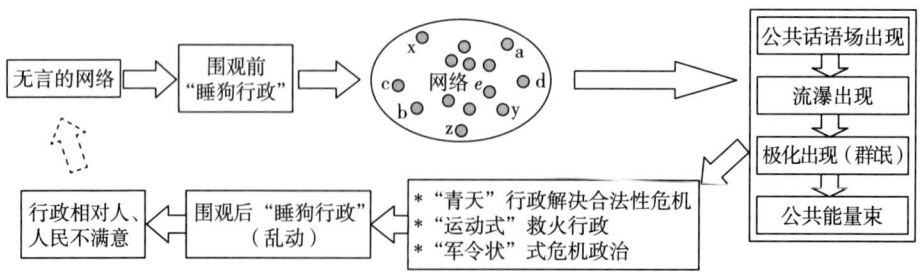

图 3　网络围观的发生机制

四、政府在网络围观中的"应然"措施

笔者认为,依照"大数定律"和发生机制,未来政府在下面的"应然"措施中选择行动方向,可能更有利于网络围观的合理解决:

(1) 网事网上解,在网络空间应对网络围观。我国各级政府在应对"网络围观"时往往都以实体性行动为主,且采取了"快刀斩乱麻"的方式来解决,但这样做的结果却是相对人、人民不满。之所以如此,是因为政府没能够辨识哪些问题属于纯粹网络问题,哪些属于需要现实行动的问题,哪些又属于两者结合行动的问题。笔者以为,对于纯粹虚拟性质的网络问题,最好的方式是采用"网事网上解"的方式,哪怕是后两种类型的网络围观,也可以"网事网上解"。面对网络围观中林林总总的信息,五花八门的围观手段、围观态度,更有效的手段,或者说处理无论何种网络围观的第一手段、"元手段"都应该是网上问题网上解决。在具体操作中,政府部门可以主动出击,在自己的门户网站,甚至在引起了网络围观的论坛、网页等处设置三类意见对比栏目,一个栏目由网民专门陈述正面意见,另一个栏目由网民专门陈述反面意见,最后一个栏目由政府及时公开相关事件的事实真相,这样在三种意见的交错辉映下,网民们自己也会逐步搞清楚事实真相,避免了极化问题。在操作中,甚至还可以设置专门公共话语网站或者公共话语论坛,按照360°利益主体的方式来设置多个栏目群,比如为政府,涉事的甲方、乙方、丙方,网民,记者,研究机构等设置不同的公开发言栏目,让他们及时更新消息,这样自然会使虚假消息在信息的公开、丰富、多样面前无法遁形,实现了"网事网上解"的追求。

(2) 正确判断极化方向,做出有针对性应对。网络围观后政府疾风骤雨般投入行动,虽然这种"特事特办"的做派值得赞扬,但不分青红皂白的行动,难免欲速则不达、好心办坏事。要解决这种问题,首先需要分清网络围观到底属于正向围观(有正当的利益诉求,能够促进行政相对人个人、家庭正当利益维护,或者能够促进公共利益、人类主流价值观、人类基本善的实现等的围观),还是负向围观(追求实现个人、集团的非正当利益,歪曲人类主流价值观,危害公共利益,妨害人类基本善的围观)。对于正向围观,政府除了采取"网事网上解"的方式外,还需要在现实生活中去解决这些问题,保证网络围观中涉事相对人的利益,并尊重公共利益和人类基本善的追求,这才会引致相对人和人民的双方满意。而面对负向围观,如果政府贸然行动,往往会被虚拟利益集团、网络打手、网络推手、网络冗语等俘获,使政府做了坏人的打手,甚至被网络暴民所利用,将政府行动变成了公开的群氓暴政。

(3) 推进"网络审议行政",以审议行政解决人民不满,并依此来限制行政权万能。要解决网络围观中行政权力万能和"疯狗"行政问题,可以推出"网络审议行政"或者"网络参与行政",这是借鉴了 Gutmann 等(2004)的说法,"审议民主主要强调的是公民

及其代表需要对其决策之正当性进行证明。无论是公民还是其代表,都希望对方对他们提出的原则和规定进行说明。"我们所界定的"网络审议行政"是一种强调网民要参与到政府解决网络围观时的政府行政行为中去,不仅要参与对该事件的行政决策,还要参与到具体行政执行中去,甚至要参与到对行政行为结果的评价中去,从而做到"全面网络行政参与"。通过网民的全程参与,不仅可以保证行政的民主性,更能随时将人民的需求、呼声融入行政过程中去,这样形成的行政结果就不会与人民的需求相背离,保证了人民所追求的主流价值观,使事件不仅是"结束",而是在多方满意的情况下解决。这对于解决网络围观中单向度极化、人民对行政结果不满意有重要作用,对于约束行政权万能具有决定性作用。实际上,温家宝总理提出的"让权力在阳光下运行"与我们此处的想法基本一致,即通过网民的参与将行政行为中的决策权、执行权放到了网民参与"阳光"监督下,实现了行政的透明化与责任化,这样基于人民参与的行政行为,人民的满意度一定要比无参与情况下高得多。

(4)规范"网络围观"中相关机构的行动界限,明确网民的公开监督权,促进法治范围内的合理解决。在网络围观中,尽管通过"救火行政""青天行政"短期内确实可能为政府挽回一些声誉(尚虎平和李逸舒,2011),但从长远看这无异于饮鸩止渴。从本研究统计来看,政府在"救火"过程中,经常跨越了其他部门的权力范围,造成了行政权力对其他权力的侵害。要解决此问题,还需要从法律、制度上明确网络围观中各类国家机构、事业单位、公民、其他类组织的行动界限,比如规定政府需要审查该围观事件中涉事的政府公务员、办事员的行政过失,如果发现已经违法或者犯罪则应马上提请公安机构介入,当公安部门发现犯罪之后必须马上提请检察、法院等组织介入,任何组织都必须在法律与国家相关规章、制度的范围内行事,否则即使这件事解决了,又会滋生新的问题,使最终形成恶性循环,以至于人民持续不满意。我们不能指望用节日打牙祭的加餐方式吃成胖子,也不能指望用荆轲般的刺客灭掉一个国家。在转型期的中国,还需要科学的制度、科学的管理工具来解决网络围观问题。如果从法律、制度上规范了网络围观中各类组织、人民的行动界限,并从制度上规定网民的公开监督权,就一定能够消除"上诉不如上访,上访不如上网"的不正常现象。

(5)由第三方调查"网络围观"的真实状态,政府根据结果来行动,这是网络治理中的政府与其他组织的伙伴关系模式。网络围观中相对人和人民不满意往往是对整个事件的调查过程、取证过程、询证过程等持有怀疑态度,认为政府偏袒自己人、偏袒强势群体,忽视了弱势群体和人民大众的需求。针对这种情况,可以引入新公共管理中的政府与其他机构的伙伴关系形式,将适合由异地政府、企业部门、专业机构等调查、取证、询证的业务以合同形式外包、委托给更具公正性、更具专业能力的非利益相关机构去调查,比如账务问题可以委托会计师事务所进行审核,法务问题可以委托律师事务所进行审查,本部门人员渎职行为可以委托异地政府调查等,通过这种第三方调查评估的方式,解决网络围观中政府行动的"瓜田李下"之嫌(尚虎平,2008),让调查、取证、询证从形式、内容上都能满足行政相对人和人民的需求,提升事件解决后两者的满意度和政府的美誉度,从而提升政府的行政合法性。

（6）处理好第四媒体的"减压阀"作用但要警惕第四媒体的"报复性增长"和"报复性内容"。我国传统的公共传播机制对于普通人民大众的话语权重视不够，使人民大众的声音往往难于在第一时间公开表达出来。随着网络社会的发展，它逐渐具备了一种新型公共传播机制的功能，具备了哈贝马斯所说的公共领域的功能，并被联合国称之为"第四媒体"。从本研究来看，网络围观是这种新媒体监督政府、暴露社会问题、显现人民利益受损的一种有效形式，它通过新媒体的方式暴露了问题，使问题能够提早解决，具有一定的社会"减压阀"功能。通过它的尽早曝光、暴露等"减压"功能，让政府、社会、人民认识到问题所在，避免小问题积累成大问题，小矛盾积累成大冲突。然而，由于中华人民共和国成立以来我国传统媒介均为国有，私人不准办电台、电视台以及报纸，这使网站成了私人媒介的唯一领地，而随着网络社会的形成并发展成一种新兴媒体与公共传播机制，各类事件通过网络传播的概率甚至大大超过了其他类型的媒体，在我们欣喜获得了一种"减压阀"的同时，更应该看到由于一直缺乏民间媒体的现实，造成了这种新的、产生于民间的媒体产生了报复性增长。报复性增长主要表现在两个方面，一是数量增长，二是"鞭挞"性内容激增。在数量方面，我国各类网站已经达到了230万个，网页数量达到了866亿个①；在内容方面，各种网络对政府、对事业单位、对领导干部等的鞭挞已经成为了一种风气，无论是门户网站的新闻网页上的"评论"，还是各种论坛上的帖子，都充斥着对政府、对事业单位、对领导干部等涉及公共管理的组织与个人的谩骂、质疑、斥责等。这种报复性增长里面存在着很大的非理性成分，政府在应对中需要辨明情况，区分极化的性质，不能一概而论的采取积极行动，更不能"以睡狗行政"中的"疯狗"行动来应对。

五、研究的不足与展望

由于网络围观中网民来源的复杂性，我们很难通过有效的实地调查来获得网络围观中网民的真实心理，为了回避这个问题，本研究主要采用了多案例的形式，将质性案例开发为了定类、定序、定比三种数据进行统计分析，但这三类数据毕竟处于数据的较低层次，从数据的数学性质而言，还很难依靠它们发现更深层次的问题。另外，即使"多"案例，也仅仅只有50个对象案例，离"大样本"的要求还差距较大。由于受这两方面限制，本研究对于网络围观的内部机制、机理、大数规律的探究还不够深入，信度、效度也值得商榷，这是今后需要重点改进的地方。

---

① 资料来源：http：//news.idcquan.com/news/32681.shtm.

参考文献

[1] Fox C. J, Miller H. T. Postmodern Public Administration: A Short Treatise on Self - referential Epiphenomena [J]. Administrative Theory & Praxis, 1993, 15 (1): 5 - 14.

[2] Gutmann A., Thompson D. Why Deliberative Democracy? [M]. Princeton: Princeton University press, 2004: 1.

[3] Helbing D. A Mathematical Model for the Behavior of Individuals in a Social Field [J]. Journal of Mathematical Sociology, 1994, 19 (3): 189 - 219.

[4] P·布迪厄, L·华康德. 实践与反思：反思社会学引论 [M]. 李猛, 李康, 译. 北京：中央编译出版社, 1998: 159.

[5] 菲利普·鲍尔. 预知社会——群体行为的内在法则 [M]. 暴永宁, 译. 北京：当代中国出版社, 2010.

[6] 古斯塔夫·勒庞. 乌合之众——大众心理研究 [M]. 冯克利, 译. 桂林：广西师范大学出版社, 2010: 69 - 71.

[7] 加布里埃尔·A·阿尔蒙德, 西德尼·维巴. 公民文化：五国的政治态度与民主 [M]. 马殿军, 等译. 杭州：浙江人民出版社, 1989: 571.

[8] 凯斯·R·桑斯坦. 极端的人群 [M]. 尹宏毅, 郭彬彬, 译. 北京：新华出版社, 2010: 77.

[9] 李怀祖. 管理研究方法论 [J]. 西安：西安交通大学出版社, 2004: 107 - 109.

[10] 刘春湘, 姜耀辉. 话语理论视角下政府应对网络群体性事件的善治之道 [J]. 情报杂志, 2011 (12): 13 - 17.

[11] 刘慧卿. 如何使网络围观现象发挥积极效应 [J]. 传媒观察, 2011 (8): 11 - 13.

[12] 刘建华. "微博救父"：一场民意、权力、法律的博弈 [J]. 小康, 2011 (8): 50 - 51.

[13] 马克斯·韦伯. 经济·社会·宗教：马克斯·韦伯文选 [M]. 郑乐平编译. 上海：上海社会科学院出版社, 1997: 127.

[14] 孟隋. 网络围观：技术征服权力 [J]. 杂文月刊, 2010 (1): 20.

[15] 米歇尔·福柯. 规训与惩罚 [M]. 刘北成, 杨远婴译. 上海：生活·读书·新知三联书店, 2007: 219 - 255.

[16] 米歇尔·福柯. 临床医学的诞生 [M]. 南京：译林出版社, 2001: 16.

[17] 莫高义. 管得住记者, 管不住网民 [J]. 青年记者, 2010 (5): 4.

[18] 钮鸣鸣. "微新闻"的负效应 [J]. 网络传播, 2011 (9): 50 - 51.

[19] 彭昊. 论网络围观的伦理意蕴 [J]. 网络财富, 2009 (11): 114 - 115.

[20] 戚鸣. 网络暴力与道德"普世主义" [J]. 新闻与传播研究, 2011 (5): 11 - 13.

[21] 尚虎平, 李逸舒. 我国地方政府"一票否决"式绩效评价的泛滥与治理——基于356个案例的后实证主义无干涉研究 [J]. 四川大学学报, 2011 (4): 113 - 124.

[22] 尚虎平. 是"公共能量束"而非"公共能量场"在解决着我国"焦点事件" [J]. 社会科学, 2008 (8): 32 - 43.

[23] 尚虎平. 我国地方政府绩效评估：高绩效下的政治安全隐患 [J]. 管理世界, 2008 (4): 69 - 79.

[24] 王道勇. 匿名的狂欢与人性的显现——对2006年若干网络集群事件中网民行为的分析 [J].

当代青年研究, 2007 (3): 33-39.

[25] 王君玲. 网络环境下群体性事件的新特点 [J]. 甘肃社会科学, 2011 (3): 154-156.

[26] 夏德元. 数字时代的媒介互动与传统媒体的象征意义 [J]. 学术月刊, 2011 (3): 25-31.

[27] 谢冬辉. 网络暴力事件与网络围观 [D]. 南昌: 南昌大学, 2010.

[28] 亚里士多德. 政治学 [M]. 吴寿彭, 译. 北京: 商务印书馆, 1997: 7.

[29] 严锋. 权力的眼睛——福柯访谈录 [M]. 上海: 上海人民出版社, 1997: 154-159.

[30] 严州夫. 微博反腐揭破七扇"门" [J]. 检察风云, 2011 (11): 20-23.

[31] 杨涵. "围脖"、围观、围堵——微博空间中的民意表达与政府监管研究 [D]. 上海: 复旦大学, 2011.

[32] 杨育谋. 网络民意: 一把锋利的双刃剑 [J]. 上海信息化, 2010 (6): 20-23.

[33] 郑燕. 网民的自由与边界——关于微博公共领域中言论自由的反思 [J]. 社会科学研究, 2012 (1): 187-191.

The Government Performance Improvement in "Network Crowding": Polarization, Citizen's Satisfaction or "Sleeping Dog" Administration?

Shang Huping, Hui Chunhua

Abstract: In recent years, the "network crowding" events have greatly affected the Governments and caused enormous social repercussions. The objective of this study is to clarify how the specific events enter into the network channels and causes the "network crowding", and how the events enter into the public – policy – system after the network crowding. It attempts to collect the "network crowding" events that occurred within the possible wide range and they have been already responded by the governments. It strives to discover how the "network crowding" events happened, how the governments responded, and why they responded in the way. Based on that, it strives to find whether the "network crowding" events have promoted the government efficiency, promoted the tyranny of the mob, or caused other types of problems in the end. Although the cases we collected in this paper belongs to qualitative data, we transformed them into nominal, ordinal, and interval measuring data to calculate the variable values so as to find the rules behind the network crowding. After analyzing the 50 cases of network crowding by the variables of crowding scope, crowding means, crowding agenda, government intervening efficiency ahead of crowding, and government intervening efficiency after crowding, we find some rooted rules under the appearances of network crowding events. However, due to the complexity of the net – citizen sources in the "network crowding" events, we can hardly using the effective practical survey to get the true psychology of them in the "network crowding" events. In addition, there are only 50 cases, even if it is called "multi – cases", it is far away from the requirements of the "large sample". Under the limitations, this paper is not deep enough for the internal mechanism and the large – number law of the "network crowding" events.

Key Words: Network Crowding; Responding; Rules; Government Efficiency

构建城乡基础教育均衡发展的制度体系：以成都试验区为例*

姜晓萍　黄　静

【摘　要】 促进城乡基础教育均衡发展，关键在制度建设。成都市作为全国统筹城乡综合配套改革试验区和国家统筹城乡教育综合改革试验区，按照科学发展观要求，从破除城乡教育二元体制入手，着力构建了以发展规划、办学条件、师资配置、经费投入、教育质量、评估标准"六个一体化"为主要内容的城乡基础教育均衡发展制度体系。成都的实践表明：要实现城乡基础教育均衡发展，必须确立公平共享的制度设计理念，必须坚持政府主导的教育发展路径，必须建立全域统筹的资源配置机制，必须形成城乡互动的共同发展格局。

【关键词】 成都试验区；基础教育；城乡二元体制；均衡发展；制度建设

　　城乡基础教育均衡发展既是促进城乡教育公平、缩小城乡教育差距、推动城乡同发展共繁荣的核心内容，也是保障城乡居民享有起点公平和机会公平的发展权，让农民平等参与现代化过程，使发展成果更多更公平惠及全体人民的关键环节。要真正实现城乡基础教育均衡发展，关键在制度建设，即彻底破除长期形成的城乡教育二元体制，真正构建起城乡教育一体化的体制机制。

　　成都市自2007年被国务院批准为全国统筹城乡综合配套改革试验区、2009年被教育部批准为国家统筹城乡教育综合改革试验区以来，按照科学发展观要求，在"全域成都城乡居民子女共享优质教育"理念的指导下，坚持政府主导、全域统筹、城乡互动，努力构建以城乡基础教育发展规划、办学条件、师资配置、经费投入、教育质量、评估标准"六个一体化"为主要内容的新型制度体系，在促进城乡基础教育均衡发展方面取得了积极进展。本文旨在从制度分析的角度透析成都试验区破除城乡教育二元体制、探索城乡基础教育均衡发展机制创新的实践，并在此基础上提炼出具有推广价值的主要经验，为更大

---

* 本文选自《中国行政管理》2013年第6期。
　[基金项目] 国家社科基金重点项目"建设服务型政府与完善地方公共服务体系"（项目编号：07AZZ011）；四川大学2012年中央高校基本科研业务费项目"农村基本公共服务质量控制与绩效评估"（项目编号：skqy201201）。
　[作者单位] 姜晓萍，四川大学公共管理学院；黄静，四川大学公共管理学院。

范围、更深层次深化教育体制改革提供参考。

一、破除制约城乡基础教育均衡发展的体制障碍

制约城乡基础教育均衡发展的根本障碍是城乡教育二元体制，而城乡教育二元体制实质就是城乡二元体制在教育公共服务领域的集中体现。城乡二元结构是我国实现社会主义现代化所面临的主要差距和问题，而造成这一问题的体制根源就是城乡二元体制（厉以宁，2008）。众所周知，城乡二元体制源于20世纪50年代"以农补工、城乡分治"的制度安排，其核心是1953年开始实行的统购统销政策和1958年开始实行的二元户籍制度，并在此基础上形成了包括二元行政管理体制、二元教育就业制度、二元福利保障制度、二元财政投入制度等在内的一系列社会制度体系（褚宏启，2009）。这一体制在我国由一个落后的农业国迈向强盛的工业国进程中曾发挥了巨大的历史作用。随着改革开放的深入推进，我国城乡改革发展取得了很大成效，但由于长期形成的制度惯性、利益格局和思维定式，以身份壁垒和不平等交换为基本特征的城乡二元体制的核心要素并没有根本改变，并随着社会主义市场经济体制的逐步建立以及城镇化的快速发展，越来越成为制约我国经济社会持续健康发展的瓶颈因素。要解决这一问题，必须推进统筹城乡发展。基于此，党中央全面审视城乡关系，立足现代化发展规律，在党的十六大做出了"统筹城乡经济社会发展"的重大部署，在党的十七大又进一步提出要"加快形成城乡经济社会发展一体化新格局"，并根据新时期全面建成小康社会的要求，在党的十八大做出了"加快推进城乡发展一体化"的战略部署，对城乡关系的认识和处理达到了一个新高度，为我国实现城乡共同发展繁荣、城乡居民共享改革发展成果指明了方向、提供了保证。

教育作为社会的重要组成部分，在城乡二元体制下，也形成了独特的城乡教育二元体制。在这种教育体制下，优质的教育资源集中在城市，在校舍、设备、师资水平、教学质量等方面城乡成为两个世界（张旺，2012）。大量的研究成果表明：城乡教育二元体制，表现在城乡教育资源配置的严重不均衡，关键在城乡分离分治的教育管理体制，根源在城乡居民不平等的教育权利，难点在长期形成并固化的既得利益格局。深入分析可以发现：从政策取向上看，城乡教育二元体制源自"城市教育优先"的中小学教育发展方式，无论是改革前的"城市教育国家办、农村教育集体办"，还是改革后的"城市教育国家办、农村教育靠集资"（邵泽斌，2010），都充分体现了这种倾向性的制度安排。从思想根源上看，城乡教育二元体制主要源自对城市和农村、市民和农民在国家发展总体格局中所处地位的认知没有随着经济社会发展及时改变，"重城轻乡"的政策体系和法律法规没有及时进行调整和完善。从微观层面上看，以"重点校""示范校""改制校"等为主要内容的基础教育分级政策制度，也导致了城乡中小学资源配置的落差（王唯，2003）。随着中央统筹城乡发展基本方略的实施，国家开始从城乡统筹的高度思考和谋划城乡教育的发展

方式，打破体制机制障碍、促进城乡教育均衡发展逐步成为国家战略选择。2005年5月《教育部关于进一步推进义务教育均衡发展的若干意见》正式将"教育均衡发展"上升到国家政策层面；2006年6月新修订的《义务教育法》全文六处强调"教育均衡"，标志着"教育均衡发展"政策在法律层面得到了确认和维护。《国家中长期教育改革和发展规划纲要（2010－2020年）》则把"促进义务教育均衡发展"作为促进教育公平的重点，并据此于2012年9月出台了《国务院关于深入推进义务教育均衡发展的意见》，标志着基础教育均衡发展正式成为国家战略。

根据党中央"统筹城乡经济社会发展"的新思路，2003年以来，成都市开展了一场统筹城乡发展、推进城乡一体化的探索实践，并把破除城乡教育二元体制、促进基础教育均衡发展作为重点领域，率先进行改革探索。其改革大致经历了三个阶段：一是以"硬件均衡"为重点的自主探索阶段（2003年至2007年）。这一阶段主要瞄准农村教育事业硬件建设"短板"，以优化农村中小学布局、推进标准化建设为重点，全面实施农村学校办学条件提升工程，使所有农村中小学生享受到了与城区学生相近的基础教育资源。二是以"制度创新"为重点的国家战略阶段（2007年至2010年）。这一阶段主要立足成都先后被批准为"全国统筹城乡综合配套改革试验区和统筹城乡教育综合改革试验区"的重大机遇，按照国务院、教育部的要求，着力破除城乡教育二元体制、构建城乡基础教育均衡发展的制度体系。主要做法是按照"全域成都"的理念，以统筹城乡教育的思路和办法，以优质基础教育资源的城乡交流共享为抓手，推进"发展规划、办学条件、师资配置、经费投入、教育质量、评估标准"六个方面的城乡一体化，缩小城乡差距，促进城乡基础教育均衡发展。三是以"优质均衡"为重点的改革深化阶段（2010年至今）。2010年，在已有改革探索取得积极进展的基础上，成都被国务院确立为国家教育体制改革试点城市，重点探索"推进城乡教育一体化，促进全域成都教育优质均衡发展"的改革项目，标志着成都市城乡基础教育进入"优质均衡"发展阶段，也意味着成都城乡教育一体化改革进一步迈入攻坚阶段。

在十多年的探索实践中，成都市始终坚持以制度创新推进城乡基础教育均衡发展，形成可持续的长效机制。围绕城乡基础教育均衡发展的核心内容与关键环节，成都市先后出台了134个相关政策文件。其中，综合导向性文件有12个，经费投入、教育资助、城乡教育互动发展、教师资源配置文件各有6个，标准化建设文件有7个，提高教师素质和教育质量文件27个，进城务工人员子女接受义务教育文件有8个，建立健全评估机制文件有7个（吕信伟等，2012）。这些政策共同构成了成都统筹城乡基础教育均衡发展的制度体系，为促进城乡基础教育均衡发展提供了基本保障。

二、构建"六个一体化"的城乡基础教育均衡发展制度体系

近年来，成都市针对破除城乡教育二元体制这一重大难题，围绕城乡居民教育权利平

等这一核心,以城乡基础教育发展规划、办学条件、师资配置、经费投入、教育质量、评估标准"六个一体化"为主要内容,初步构建了符合基础教育特点、具有成都特色的新型制度体系。

一是发展规划一体化。科学规划是科学发展的龙头和依据,也是城乡基础教育均衡发展的引领和向导。在促进基础教育均衡发展过程中,成都市力图打破城乡办学分割格局,根本解决"分而治之"的历史难题。坚持"全域成都"理念,把全市城乡幼儿园、中小学建设全部纳入城乡一体化发展规划,贯穿于城乡建设、产业发展全过程,做到基础教育资源布局与城乡基础设施建设同步规划、同步实施。

二是办学条件一体化。办学条件是城乡基础教育均衡发展的基础。成都市在改革之前,与其他城市一样,在城乡教育二元体制的影响下,城乡学校办学条件差距明显,农村学校远远落后于城区学校。为改变这一格局,成都市在科学规划的基础上,着力推进城乡办学条件的一体化,以标准化建设为突破口,实施"全域统筹"的重大项目和工程,促进资源向农村地区和薄弱学校倾斜,全面改善农村办学条件。同时,充分依托现代信息技术,加快实现教育信息网络满覆盖、教育教学资源满覆盖、教育信息技术应用满覆盖,并提高师生综合运用信息技术能力,以教育信息化推进教育均衡化,使农村学生享受到与城区学生相近的硬件资源。

三是师资配置一体化。师资水平是影响教育质量的关键,也是促进城乡基础教育均衡发展的核心因素。改革城乡教师的配置机制是当前教育体制机制改革的重点环节。针对这一问题,成都市在解决办学硬件条件的基础上,着力在师资一体化配置上进行了机制创新。在实践中,主要是按照"全域统筹"理念进行教师配置,促进教师资源在城乡之间均衡配置。第一,建立"交流共享"的城乡教师流动机制,实现教师的统筹配置,促使城区优秀教师和干部向农村流动。例如实施中小学校长定期交流轮换制度,选派了100名城区学校校长到农村学校任职,市级财政设立专项目标奖励经费;实施中小学教师定期支教制度,从城区学校选派1%的教师到农村学校定期服务,并把支教一年以上作为晋升高级职称的必要条件;实施名校集团定期交流制度,名校集团龙头学校与成员学校之间、城乡结对学校之间按一定比例,统筹干部教师相互交流。第二,统筹实施"特岗教师"计划,实施学段从义务教育阶段扩大至非义务教育阶段,实施范围从农村中小学校扩大到城区(镇)中小学,招募范围扩大到30个学科,有效地解决了偏远地区的师资紧缺问题。第三,统筹城乡干部教师培训培养,将城乡干部和教师的培养纳入了统一体系,特别是开展为期一年的城乡1081名校长参加的"千名校长大练兵"活动,基本建立了"研训一体、实践导向、问题探究、合作共赢"的校长研修共同体,促进城乡校长在制度化的交流互动中实现共同提高。第四,统筹保障城乡教师培训经费,将教师培训经费列入政府预算,统一构建市、区(市)县、校三级培训体系,在考核标准和培训机会上充分体现城乡标准统一与平等共享的同时,有区别地加大对农村教师培训的投入。第五,统筹提高教师待遇,在全面落实全市义务教育学校教师绩效工资的同时,按照政府引导、市场运作、社会参与、教师自愿的原则,通过集中建设、政府补贴等多种方式,为农村教师建设住房，基本解决了全市农村中小学教师住房困难问题。

四是经费投入一体化。经费投入是城乡基础教育发展的基础性保障，过去的教育投入体制是导致城乡教育水平巨大差距的主要原因之一。因此，成都市在改革实践中，始终将建立城乡一体化的经费投入体制作为重点来抓。第一，针对"以县为主"的农村义务教育财政体制的不足，确立了"以市为主、分级承担，分类指导、区别对待"的经费分担原则，实行义务教育经费预算单列，确保教育投入的"三个增长"。第二，明确坚持政府投入为主，按照"支持城区、补助近郊、扶持远郊"的思路，将新增教育经费主要用于农村，确保农村教育经费持续稳定增长；加大市本级向农村的转移支付力度，弥补农村教育经费"短板"，着力提高"倾斜农村"的经费保障水平，实现城乡教育投入均衡化；统一并提高城乡生均公用经费标准和教育事业费，实现均衡共享。

五是教育质量一体化。质量是均衡发展城乡基础教育的生命线。成都市在改革实践中，重点抓住两个方面进行突破，推进城乡基础教育质量在高水平基础上的均衡发展。第一，全面实施素质教育，以全面提高学生综合素质为目标，从"区域推动"到"全域实施"，从"单纯减负"到"内涵发展"，全市一盘棋，以内涵发展为核心，聚焦课堂，实现"轻负高效"。特别是建立和完善符合素质教育要求的学生学习和成长的综合素质评价体系，完善教学指导和质量监测体系，完善教学业务捆绑帮扶制度、课堂教学评价标准以及教学质量监测评估等形成性评价制度，保证素质教育的实施和课堂教学效益的提高。第二，促进优质教育资源全域满覆盖，以建立城乡互动交流机制为核心，通过统筹配置全市优质教育资源，形成优质教育资源在城乡间有效流动的机制。特别是通过组建名校集团和建立城乡互动联盟，推进名校捆绑式发展和城乡共享，引导城市优质教育资源向农村流动。依托这些城乡互动机制平台，开展城乡百校结对，形成合作互动的发展团队，实现共同教研科研、共同培训、共享前沿信息、共享教育资源、共享发展成果。组织城乡师徒牵手，是城市业务精湛的教师与农村一般教师结对，切实提升农村教师的专业化水平。

六是评估标准一体化。成都市坚持把评估标准城乡一体化作为督促手段和检验标准，以评价、监测体系为杠杆，以督导评估为导向和保障，建立起"城乡统一"的基础教育督导评估标准，以促进城乡基础教育均衡发展，缩小校际之间、区域之间、城乡之间的教育质量差异。第一，建立城乡教育均衡发展监测和评价体系，研究拟定城乡教育均衡发展实现度、教育公平度等指标体系，每年进行监测并发布监测报告。第二，建立城乡素质教育的监测机制，制定学生学业水平质量监测体系、基础教育学能监测体系和科学的评价制度，形成了有利于推进素质教育的考评监测体系。第三，制定城乡教育现代化的评估标准，参照中等发达国家 21 世纪初的教育发展水平和国内教育现代化先行省市的共同性、代表性指标，统筹拟定了成都市、区（市）县、各级各类学校实现教育现代化的指标体系和评估标准，制定成都小学、初中、高中学校的教育现代化标准，为深入推进城乡基础教育均衡发展提供了重要依据。

城乡基础教育均衡发展的"六个一体化"，共同构成了一个相对完整的制度体系。通过实施和运行这一新型制度体系，成都市在破除城乡教育二元体制、促进城乡基础教育均衡发展方面取得了积极进展。体制机制的转变，促进了城乡中小学从差距过大到基本均衡，不仅办学条件得到了同步改善，而且师资配置水平、教育教学质量等方面的差距也大为缩小。根据《成都市义务教育校际均衡监测总报告（2012）》，2011年，成都市各区（市）县义务教育均衡总指数平均值为0.39，各区（市）县域小学、初中校际均衡差异系数平均值分别为0.49和0.43，均小于国家规定的基本均衡差异系数标准（小学小于等于0.65，初中小于等于0.55）。同时，全市农村中小学许多均值指标已经大于或等于城镇中小学均值指标（表1列出了小学的基本情况，中学的情况基本类似，故略掉）。

表1　14个郊区（市）县城镇小学均值与农村小学均值比较

监测指标	全市均值	城镇均值	农村均值	农村/城镇
生均公共财政预算教育事业费支出（元）	5055.82	4691.67	5492.36	1.17
生均公共财政预算公用经费支出（元）	917.39	990.07	830.25	0.84
生均教学仪器设备值（元）	1206.04	1259.42	1142.02	0.91
生均图书册数（册）	16.59	16.07	17.22	1.07
百名学生拥有计算机数（台）	8.89	9.39	8.30	0.88
生均体育运动场馆面积（m²）	5.22	3.33	7.48	2.25
生均教学及辅助用房面积（m²）	4.29	4.03	4.61	1.14
专科及以上学历专任教师比例（%）	86.47	94.06	79.47	0.84
中级及以上专业技术职务教师比例（%）	66.73	64.28	68.99	1.07
骨干教师比例（%）	26.17	31.81	20.96	0.66
生师比（x:1）	17.48	19.86	15.28	0.77
班额达标比例（%）	49.65	42.35	57.72	1.36
小学六年巩固率（%）	99.31	99.67	98.95	0.99
小学毕业考试一次性全科及格率（%）	95.94	98.54	93.32	0.95

资料来源：成都市义务教育校际均衡监测总报告（2012），载吕信伟等著. 国家教育综合改革试验区前沿报告[M]. 北京：科学出版社，2012：78-94.

三、创新城乡基础教育均衡发展的战略模式

总体上看，城乡基础教育均衡发展，既是一种发展目标，也是一个发展过程；既是一

种教育发展目的,也是一种促进基础教育发展的指导思想(中国民主促进会上海市委员会课题组,2006)。成都的实践探索,使我们深刻认识到:促进城乡基础教育均衡发展,既需要我们从战略的高度考虑政策制定的科学性、前瞻性、系统性,确保价值理性与工具理性的契合。也需要我们从实施路径的角度考虑制度设计中创新性与现实性的结合,针对性和操作性的结合。具体体现在以下几个方面:

一是必须确立公平共享的制度设计理念。理念是行动的先导,也是制度建设的依循。促进城乡基础教育均衡发展,首先要确立科学的制度设计理念。平等地接受教育的权利,是国家赋予每位公民的基本权利,而教育公平是国家已经确定的基本教育政策。构建城乡基础教育均衡发展的制度体系,首先要坚持的价值追求就是城乡居民对优质教育资源的公平共享。从成都市的实践看,在推进城乡教育一体化进程中,不仅要在规模和数量方面注重基础教育的城乡公平共享,而且更要在内涵、质量与效益方面注重基础教育的城乡均衡,促进城乡居民子女共享基础教育改革发展成果。

二是必须坚持政府主导的教育发展路径。基础教育作为一项基本公共服务,其供给主体无可争议应该是政府。而且在当前城乡存在明显收入差距和生活差距的情况下,靠市场机制"无形的手"是无法自动实现优质教育资源要素从城市向农村逆向流动(邬志辉,2012)。因此,推进城乡基础教育均衡发展,政府无疑应该发挥主导作用。特别是要在改革实践中,鲜明地明确政府在制定基础教育事业发展规划、配置基础教育资源、改革基础教育体制、完善保障体系等方面的主体职责。同时,必须明确划分各级政府职责,科学界定各级政府的管理重点,在有效消除政府职能交叉、重叠和错位现象的基础上,使政府真正成为教育体系的规划者、教育条件的保障者、教育服务的提供者、教育公平的维护者、教育标准的制定者和教育质量的监管者(褚宏启,2010)。但政府主导并不意味着政府包揽一切,也必须发挥社会的协同作用和办学主体的基础性作用。特别是要建立现代学校制度,加大学校管理自主权,促进学校在教师发展、课程实施、学生成长等关键要素上能够自主决策、有所作为,真正形成"教育统筹层级和投入重心上移,学校管理重心下沉,城乡教育制度一体化"的城乡基础教育均衡发展新模式。

三是必须建立全域统筹的资源配置机制。基础教育"以县为主"的管理体制,虽然较好解决了乡镇学校、农村村小等问题,但因其统筹能力有限、财力差异大,导致穷县办"穷教育"、富县办"富教育",造成了基础教育发展的"碎片化"现象。解决这一问题的根本途径就是提高统筹的层级和重心,真正实施市级"全域统筹"。成都市在推进城乡一体化进程中,在全国创造性地提出了"全域成都"理念,即打破行政区划的体制障碍,将全市市域范围1.24万平方千米作为整体进行规划、建设和管理,系统推进城市和农村的现代化。按照这一理念,成都市打破行政区划,对"全域成都"范围内基础教育发展统一规划、科学布局,系统整合并优化配置城乡教育资源,有效消除了地域、经济等原因导致的教育不公平等问题。因此,要实现城乡基础教育均衡发展,必须要按照"全域统筹"的理念,构建"全市一盘棋"的资源配置机制,促进优质教育服务城乡全面覆盖、全域充分交流,进而实现城乡基础教育一体化发展。

四是必须形成城乡互动的共同发展格局。打破城乡教育二元体制，目的在于促进教育资源要素在城乡之间合理流动和优化配置。实现这一目标，关键在于形成城乡教育互动交流、共同发展的新格局。从成都的改革实践看，必须要按照以城带乡、城乡互动、优势互补、共同发展的要求，着力打破区域壁垒、行政壁垒和体制壁垒，通过捆绑式发展等政策措施，引导城市优质教育资源向农村流动，同时突显农村教育的乡村特色，实现城乡教育资源双向交流、互促共进，从而形成城乡基础教育动态均衡发展的整体结构①，有效提升全域范围内基础教育质量。同时又要妥善化解城乡教育二元的利益矛盾，既尊重和保存二者的个性和优势差异，又以科学的政策措施促进二者的利益融合（李玲等，2010），真正使城乡基础教育均衡发展，不是"削峰填谷"式的"零和"均衡，而是"抬峰填谷"式的城乡共进。

参考文献

［1］厉以宁．论城乡二元体制改革．北京大学学报（哲学社会科学版）［J］．2008（3）．

［2］褚宏启．城乡教育一体化：体系重构与制度创新——中国教育二元结构及其破解［J］．教育研究，2009（11）．

［3］张旺．城乡教育一体化：教育公平的时代诉求［J］．教育研究，2012（8）．

［4］邵泽斌．理念变革与制度创新：从城乡教育均衡到城乡教育一体化［J］．复旦教育论坛，2010（8）．

［5］王唯．基础教育均衡发展研究综述［J］．上海教育科研，2003（10）．

［6］吕信伟等．国家教育综合改革试验区前沿报告［M］．北京：科学出版社，2012：164．

［7］四川大学成都科学发展研究院，四川大学公共管理学院，成都大学统筹城乡教育发展研究中心．成都市城乡教育一体化发展研究报告（2003－2010）［R］．成都：城市教育现代化论坛，2011年11月．

［8］中国民主促进会上海市委员会课题组．上海基础教育均衡发展研究［J］．教育发展研究，2006（2）．

［9］邬志辉．城乡教育一体化：问题形态与制度突破［J］．教育研究，2012（8）．

［10］褚宏启．教育制度改革与城乡教育一体化——打破城乡教育二元结构的制度瓶颈［J］．教育研究，2010（11）．

［11］李玲等．城乡教育一体化：理论、指标与测算［J］．教育研究，2010（2）．

---

① 全国教育科学"十五"规划 FFB011148 课题成都子课题组．《成都市构建城乡教育一体化发展模式研究》的研究报告（摘要）［J］．成都教育学院学报，2006（7）．

测量乡镇治理
——基于10省市20个乡镇的实证分析*

马得勇

【摘　要】对"治理"概念的操作化和测量是国内学术界很少触及的研究课题。笔者对如何测量中国乡镇层次的政府治理水平做了探讨，并根据田野调查收集到的数据，运用统计学的因子分析方法，对10个省市的20个乡镇的治理水平进行了量化评估。在此基础上，笔者运用回归分析方法分析了影响乡镇治理水平的三个宏观因素：经济发展、民主发展和社会福利水平。分析结果发现，民主和社会福利水平会影响乡镇治理水平，但是经济发展水平却不会。对乡镇治理的量化测评在国内乡镇治理研究中属开拓性研究，测评结果也将有助于人们对乡镇层级的基层政府治理展开更为深入和系统的研究。

【关键词】乡镇；治理；政府绩效

20世纪90年代以来，治理一词成为学术界频繁使用的学术概念之一。本文的目的不打算在抽象层面过多探讨治理的含义，而是在对该概念进行简要分析之后，探讨用这一概念来衡量地方政府以及制度运行的效果，以便找到一种能够更好地测量乡镇政府治理绩效的方法。以全国10个省市选取的20个乡镇的调查资料为素材，我们对乡镇政府治理的测量指标体系进行初步的检验，作为进一步完善测量乡镇治理绩效的基础。

一、治理与政府绩效

从概念的内涵上来讲，政府绩效（Government Performance）或者治理并不相同。政府绩效更加强调政治系统的产出（Output），即政府的制度运行和政策执行的结果和效能。治理的含义则更加宽泛，不仅包含了政府的政策效果，而且包含了政府的产生、政策的制

---

*　本文选自《中国行政管理》2013年第1期。
　［作者单位］马得勇，南开大学周恩来政府管理学院。

定等环节。在中国，学界和舆论界更倾向于使用政府绩效这一概念。对政府绩效及其测量的相关研究要比以治理及其测量的研究多得多。不少学者在研究中也使用了治理的概念。这一概念在学术上的含义与日常生活中的含义略有不同。日常生活中人们使用的治理，更多的包含了"管理""整顿""统治"的意思，而2000年以来从英文"Governance"翻译而来的"治理"则包含：①政府被选择、监督和替换的过程；②政府有效制定和执行正当政策的能力；③公民对公民和国家之间管理经济社会互动制度的尊重（kaufmann et al.，1999）。从这一概念可以看出，治理强调的是公民对公权力的有效制约和政府与公民之间的平等互动，强调公共秩序和公共产品的主体的多元，强调政府对政策的执行能力。俞可平（2000）被认为是最早将治理概念引入学术界的学者之一。2000年以后，越来越多的社会科学研究者在研究中开始使用这一概念，但是多数学者在使用这一概念时，对治理的确切含义并未做详细解释，多数情况下是被作为一贴"便签"随处粘贴。

然而，从实证研究的测量指标来看，治理和政府绩效却十分相似。国内对政府绩效的评价主要集中于地方政府，有关评价体系及其应用的研究成果大量涌现，不胜枚举。有学者将地方政府绩效评价体系总结为四种模式：甘肃模式、青岛模式、思明模式和珠海模式（包国宪和曹西安，2007）。也有学者将目前的省级政府绩效评价归纳为"福建""广东"和"深圳"三种模式（郑方辉和段静，2012）。大量涌现的研究成果和地方政府在绩效评估方面的各种尝试足以反映出我国政界学界对该问题的重视。然而，这里不得不指出的是，尽管每年发表的相关研究成果数以百计，但是这些研究基本要么是围绕政府绩效评价体系的设计和测量，要么是对各地方的绩效评价实践的总结。从研究方法论的角度来看，这些研究基本是围绕概念界定及其测量展开的。尽管这些研究重要，但对于一个概念（比如政府绩效）如何界定、如何进行操作化处理、如何设计指标进行实地测量，这仅仅只是科学研究的基础性工作，或者说研究才刚刚开始。社会科学研究，特别是实证研究，其最终目的在于发现两个概念之间的相关或者因果关系。也就是说，研究者的最终目标是要证明或者证伪某一种理论。如果具体到政府绩效或者治理相关的研究上而言，那么科学研究的目的在于发现政府绩效与其他变量之间存在什么样的关系。我国目前的政府绩效研究可能对改善和提高地方政府绩效具有积极的借鉴意义，但是在社会科学的创新和发展方面的贡献是有限的。不做相关或因果关系的研究，那么我们就很难发现隐藏在事物表面背后的根本规律，也未必会找到解决问题的基本思路和方法，因而也就很难生产出高质量的研究成果。因此，对于影响政府绩效的诸因素和政府绩效对其他政治领域的影响的分析不论在学术层面还是政策层面都是十分必要的。

与政府绩效研究相对照，国内学术界从治理角度对政府治理水平进行量化研究的成果却非常罕见。虽然此前有研究对如何从治理角度对中国的地方治理水平进行测量和评估，但是这些研究不管在理论层面还是经验层面都还处于初级水平，而本文则希望在这方面进行进一步的尝试（马德勇和段静，2012）。

二、测量地方治理

一般来说，对于治理或者政府绩效评价可从主观和客观两个角度来进行。主观性指标一般以公民对政府各项政策、政府机构和政府领导人的满意度为主要测量指标，比如在青岛市推行的政府绩效评估中就采纳了部分主观性指标，并通过统计局的社情民意调查中心来电话访问居民对党委、政府各项工作的评价（桑助来，2009）。客观性指标主要以政府财政收支、转移支付、提供的公共物品和公共服务为主，如人均 GDP，人均受教育水平、空气污染指数、刑事案件发案率等（桑助来，2009）。然而，这些指标体系存在的问题也很明显：第一，中国的政府绩效评估指标体系都是由各个地方政府根据地方情况自行设计，且设计的指标侧重从政府自身来考虑，偏重管理侧面而忽略了从治理的角度综合评估制度运行和政策执行的效果。第二，各地方政府设计的测量指标在分类、测度等各方面均不同，而且考核指标庞大复杂，使地方之间很难直接进行比较，因而无法知道各地方政府的治理绩效的水平高低，更无法通过较为严谨的计量分析方法来探讨影响治理绩效的因素。第三，测量指标未能充分体现以"人民为本"的公共服务宗旨。大多数的政府绩效和干部考核体系"很大程度上脱离了群众的需求，考核指标和考核方法的置顶均没有农村居民的真正参与，考核结果也没有很好地反映群众的意见"（托马斯和雷内，2012）。即使一些地方近年来开始注重公众参与考评，但在参与者的抽样方式、调查机构中立性、调查问卷设计等方面，存在问题较多。

联合国曾经对世界上 24 个城市的治理水平进行过测量①。从这些测量指标来看，仍然是坚持了主观性指标和客观性指标相结合的原则（见表1）。联合国的城市治理测量指标虽然很好地考虑了政治系统的输入、输出等环节，但是这个指标体系如果用来测量中国的地方治理，显然过于理想化且有点"水土不服"，其中很多指标在中国不可能获得。世界银行在 2006 年曾经发布过一份中国 120 个城市的治理水平的报告，但是这份报告的指标过于侧重治理结果和一些效率性的指标，而且该指标基本从静态的、客观性的指标（如人均绿地面积、空气质量、女童受教育率）来衡量各城市治理水平，把治理的重要行为主体——普通民众排除在调查之外，对"居民需要何种公共服务、满意度如何"这样的问题未作任何分析，使该指标的综合性和可靠性（即效度）大打折扣②。

---

① List of Indicator [EB/OL]. http：//hdr. undp. org/docs/network/hdrstats net/ListIndicators. doc.
② The World Bank. Governance, Investment Climate and Harmonious Society: Competitiveness Enhancements for 120Cities in China. Report No. 37759 – CN. 2006.

表 1 联合国的城市治理指标

原则	含义	指标
有效	用于测定现存的机制和社会政治环境下在财经管理和计划、提供服务和对公民社会关注事项的反应等方面的制度效率	（1）地方政府收入的主要来源（细分为4个方面） （2）地方政府预算的转移支付的可预见性 （3）制定出版了达成绩效的标准的出版物 （4）顾客（居民）对政府提供服务的满意度 （5）城市发展前景目标（是否存在、如何制定、是否为参与式的）
平等	用于衡量在城市生活的基本需要方面（营养、教育、就业、健康饮水安全、卫生等）对弱势群体（贫困、妇女、老弱病残、少数群体）所具有的包容性和无歧视	（6）居民在享受基本服务方面的权利（是否出版类似《公民宪章》之类的正式文件） （7）地方政府中女性官员的比例（包括两个小指标） （8）基础性服务上存在有利于穷人的价格政策（住房等方面） （9）非正式产业的刺激（在主要零售区允许摆摊）
参与	通过包容、自由和公平的选举促进地方代议民主机制。同时包括参与式决策过程，以便识别在何处存在公民性资本（Civic Capital）、和议（Consensus）和公民权（Citizenship）	（10）是否以民主的程序选举产生市议会 （11）选举产生市长 （12）参与投票的性别状况（2个小指标） （13）公共论坛（应包括人民议会、城市咨询会、邻里顾问委员会、市镇会议等形式） （14）每万人市民组织数
责任	以透明和可预见的方式、有效及时运转地方政府职能、向上级地方政府的负责、对当地民怨做出反应、制定公务人员的专业性和个人诚实的评价标准，衡量法治水平及制定公共政策	（15）存在有关合同、编制、预算、会计的正式公开出版物 （16）来自上级政府的控制 （17）有无官员、公务员行为准则的出版物 （18）民怨处理机构（有无、是否便利） （19）反贪委员会（监督、报告腐败事件） （20）官员及家属收入、财产的公开情况 （21）审计的独立性（是否制度化、审计结果广泛公开）
安全	为了确保公民的人身安全和健康、环境安全，存在充分的机制、过程、系统。同时强调，通过制定实施适宜的环境、健康、安全方面的地方政策来确保冲突化解机制的存在	（22）预防犯罪情况（预防犯罪的政策） （23）每万人的警力 （24）冲突解决（有无调解机构） （25）反对妇女的暴力行为 （26）艾滋病政策

注：实际调查中的指标项目要比上述指标更为详细。

资料来源：http://hdr.undp.org/docs/network/hdrstats_net/List_Indicators.doc.

由于中国的地方政府层级较多，各个地方在经济社会发展、社会文化背景方面都存在很大差距，因此在设计地方治理指标时，既要考虑到城市和农村治理的差异，也要考虑到大城市和小城市的差异。笔者认为，从方法论角度考虑，开发中国地方治理指标体系应坚持以下一些原则：①普遍性与特殊性相结合；②指标便于收集和观察，并且可信；③注重指标的综合性；④主观因素和客观因素相结合的动态性指标（马德勇和张蕾，2008）。

由于地方治理的测量中有很大一部分数据资料需要由政府相关部门提供，但是目前中国的地方政府在透明性、开放性等方面水平很低，这给建立地方治理数据库带来很大难度。不仅如此，层次越高的政府，收集数据的工作越复杂、越困难，接触这些政府机构的难度也就越大。对于研究者来说，比较可行的办法是，可以先从乡镇、村委会这些相对容易接近的基层政府或自治组织着手，选取少量代表性乡镇作为试验样本展开调查研究来构建基层地方治理数据库，待条件成熟后再向较高层级的地方发展。此前，我们根据乡镇和村级治理的特点设计过一些测量指标（马得勇和张蕾，2008）。在随后的实地调研中，我们发现由于各种条件的限制，目前尚不可能按照理想的标准去测量乡镇层级的治理水平。因此，我们重新设计了一个指标体系。这一指标体系以当地居民和乡镇干部的主观评价为基础，从乡镇政府的民主建设、政府对公民要求的回应、政策执行力、经济发展、公共服务提供、治理能力提高、制度和政策的透明度以及对政府总体评价等方面进行了乡镇政府治理绩效的评估（见表2）。

表2 乡镇治理绩效评估指标

测量目标	指标
对乡镇政府的总体评价	（1）本地乡或镇政府和居民的关系
	（2）地痞流氓、黑恶势力、偷盗等扰民事件严重性
	（3）当地公安机关在处理纠纷上是否公平
	（4）去乡镇政府办事是否方便
	（5）去乡镇政府办事时的干部的态度
	（6）与10年前相比，乡镇服务是否提高
	（7）与10年前相比，乡镇干部工作态度是否改变
	（8）乡镇干部称职与否
	（9）本地乡或镇政府工作的总体满意度
	（10）对乡镇政府的贪污腐败感知度
	（11）政府是否重视公民参与政府决策
对乡镇政府各项具体工作的评价	（12）发展本地方的经济
	（13）乡镇政府此项工作上的评价：维持治安，打击违法犯罪活动
	（14）改善乡村道路、供水等基础设施建设
	（15）对乡村老弱孤残的救助工作
	（16）解决村民看病难等医疗卫生问题
	（17）提供农产品相关信息、种植、养殖技术指导等
	（18）政府工作人员的服务态度和工作态度
	（19）政府政策、决策的透明度

续表

测量目标	指标
对乡镇政府各项具体工作的评价	（20）政府对老百姓的困难、要求、意见的处理和答复
	（21）改善本地方中小学教育环境的条件
	（22）保护本地的环境，治理和防止环境污染
	（23）执行上级政府救济、惠农政策的力度
	（24）调解家庭、邻里纠纷
	（25）村委会民主建设工作的指导
	（26）乡、镇政府自身民主建设

为什么本文未将主观和客观的指标结合起来测量乡镇治理水平？在当初的设计中，我们也曾设计了若干客观性指标，但通过实地考察发现，很多客观性指标看似客观，实际上很难反映当地政府的实际治理水平，因为这些指标和当地的乡镇政府治理之间不存在明显的因果作用机制，如人均收入、道路、供水等公共设施和教育条件等。以人均收入为例，目前对人均收入产生重要影响的因素有距离城市的远近、乡镇原有的经济基础、乡镇所在地区的总体经济发展水平等，而乡镇治理水平未必能通过人均收入体现出来。道路和供水同样和该地方的宏观经济水平有很大关系，也取决于上级政府的转移支付能力和乡镇政府自身治理水平，但之间并不存在必然联系。因此，此类公共物品供给水平同样也不能反映乡镇政府的治理水平。

本文中未使用客观性指标的另外一个原因是，除了人均收入可以量化外，其他的指标，如道路、供水、教育条件等，很难量化和分出等级，如此一来，就很难将这些指标变为可测量的变量。在我们用设计好的客观性指标去测量各乡镇的治理时，却发现这些指标在大部分地方是同一个水平（见表3）。如道路，在国家财政的支持下，现在大部分乡镇均实现了道路的硬化（即"村村通"），如果以道路作为测量地方政府的指标之一，就会发现这一指标的取值几乎是个常量。而且修路所需要的资金大部分为上级政府的专项基金，需要各地方政府去争取，但能否争取到存在很大的不确定性。乡镇领导未能争取到项目并不意味着他们工作不努力。而且，这种努力也无法通过量化的方式来观察和测量。

表3 20个乡镇基本信息

乡镇代号	所属地区	地理位置	经济发展（人均收入）	道路	供水	民主发展
ZB镇	天津市XQ区	大城市近郊	12069*	良好	自来水	低
YL镇	云南红河SP县	SP县城附近山区	2580*	一般	自取/自来水	高
MD镇	河南南阳SQ县	农村	3600*	一般	自取	低
QT镇	河南南阳SQ县	农村	2500*	一般	自取	低

续表

乡镇代号	所属地区	地理位置	经济发展（人均收入）	道路	供水	民主发展
LQ 镇	四川成都 XD 区	大城市远郊	8160	良好	自来水	高
BJ 乡	四川 YA 市 YC 区	YA 市远郊	5012	一般	自取/自来水	低
CB 镇	四种 YA 市 YC 区	农村	5828	一般	自取/自来水	低
YH 乡	四川 PS 县	农村	5200	一般	自来水	高
HGQ 镇	湖北 XN 市	XA 市远郊	5000	一般	自取	中
CTY 镇	湖北 XN 市	农村	5396	一般	自来水	中
WL 镇	甘肃 JY 县	JY 县城近郊	3940	一般	自来水	低
MT 乡	甘肃 JY 县	农村	3520	一般	自取/自来水	低
XH 镇	浙江 WL 市	农村	11885	良好	自来水	中
CD 街道办	浙江 WL 市	WL 市城乡结合部	11373	良好	自来水	中
LJ 镇	河北 WQ 县	农村	3428	一般	自来水	低
AL 镇	河北 WQ 县	县城远郊	3800	一般	自来水	低
XW 乡	江苏 SY 县	农村	6500	一般	自来水	中
QX 街道	江苏 SY 县	农村	6382	一般	自来水	中
ZSY 镇	北京 YQ 县	农村	11000**	良好	自来水	低
XY 乡	北京 YQ 县	农村	9600**	良好	自来水	低

注：人均收入中带 * 标志的数据为 2008 年度，带 ** 标志的数据为 2010 年度，其他为 2009 年度。道路状况：所有乡镇主要路面均已硬化，"良好"和"一般"是研究者根据实地观察来划分的。供水：通过访谈来了解各乡镇的饮用水状况，根据情况分为三个等级：全部使用自来水、部分地区使用自来水部分自取、全部自取。制度创新：是否推行过任何显著的制度创新或体制改革。在本研究中，成都新都区的 LQ 镇、四川彭山县的 YH 乡、云南红河州石屏县的 YL 镇在过去的三年中推行过乡镇长或党委书记的公推直选，民主程度设定为"高"。湖北咸宁市的 HGQ 镇和 GTY 镇推行自称之为"咸安政改"的改革，浙江温岭的 XH 镇和 CD 街道是"民主恳谈"的创新地区，江苏沭阳县推行过"公推公选"乡镇领导的改革，将这三个地方的民主发展程度定为"中"，其他无明显制度创新地方设为"低"（马得勇和王正绪，2012）。

综上所述，就目前的研究条件，在乡镇层次上，采用主观性指标来测量治理是比较可行而且合适的。如果使用这些所谓的"客观性"指标来测量乡镇治理，那么在方法论上将出现严重的"效度"问题，即为了测量概念而选取的指标不能反映概念本身。主观性指标通过测量当地居民对地方政府在各个方面的服务评价，从而直接地、动态地反映了各个乡镇政府对本地居民的要求的回应程度，而这正是治理理念所强调的根本宗旨所在，也与当前我国提倡构建服务型政府的目标相契合。当然，完全使用主观性指标未必就能全面测量乡镇治理，但目前条件下不失为一种次优的选择。

三、数据收集

对乡镇治理绩效的测量数据,我们使用的是研究者在 2009 年 7 月至 2011 年 4 月收集的"基层民主发展调查"数据库。该调查自 2008 年 7 月开始后的近 3 年的时间里,在全国范围内选取了 10 个省或直辖市的 24 个乡镇,收集了大量一手资料。其中,2008 年进行了 5 个乡镇的试验性调查,本文所使用的是 2009 年正式调查开始后收集的 20 个乡镇的数据。在展开分析之前,我们首先对此次调查的基本情况做一下介绍。

(一)调查点的选取

在正式展开调查之前,我们在湖北 XA、河北 JZ 两个县级市各选取了 2 个乡镇,在天津市近郊选取了 1 个乡镇进行了试验性调查。通过这 5 个乡镇的调查,我们积累了一些如何进行田野调查的经验,重新修改了调查问卷和访谈内容。2009 年 7 月,我们正式展开了 10 个省市、20 个乡镇的调研工作。考虑到联系调研点的难度、经费限制等因素,我们未能采取严格的抽样调查选取调研点。为了便于比较,我们刻意选取了一部分曾经进行过"公推直选"等形式的基层民主改革或者行政体制创新试验的乡镇,其他乡镇则作为参照,根据"方便安排调研"的原则选取。在每个乡镇选取了 2~3 个村,随机入户,以问卷调查的方式调查了 100~110 户(每户一人)左右的村民。最终我们收集到了 2221 份村民问卷,这 20 个乡镇的基本情况参见表 3。

(二)问卷调查的可信度

虽然国内很多机构和学者都做过各种问卷调查,但是由于问卷调查方法的差异,调查的可信度方面也存在很大差异。即使是中国的权威统计机构——国家统计局,其发布的统计数据一直以来也受到国内外的质疑(戴蕾蕾和张歌,2008)。美国学者曼宁也曾抱怨中国的学术性社会调查"在调查方法上提供的信息过少,以至于无法判断调查的质量好坏"(Melanie,2008)。在此次问卷调查过程中,我们也感受到,问卷调查的任何一个细微环节都会影响问卷的可信度,造成调查结果大相径庭。我们在这里特意把包括问卷调查在内的田野调查的若干细节加以叙述,以便读者判断此次问卷调查的可信度。

为了确保调查问卷的可靠性,与多数问卷调查不同,本调查过程中,课题负责人亲自带领调查小组,全程跟踪整个调查过程,随时进行现场指导,并以调查员身份参与了所有乡镇的村民和乡镇干部的问卷调查。在每次调查开始前,带队教师均要召开一次简单的培训会。每次调查都考虑了调查员的新老搭配、性别搭配,以便相互交流学习调查经验。据笔者了解,目前国内学术机构和学者实施的全国性大规模问卷调查,研究者作为调查员亲自参与并且全程陪同和跟踪整个调查的情况是非常少见的。尽管已经采取了很多控制措施

行政管理学学科前沿研究报告

来保证调查的可信度，但我们仍然不能宣称此次调查数据百分之百客观、真实和可信。但是，我们可以保证此次调查至少是最接近现实情况的调查之一。

四、分析结果

因子分析是社会科学定量研究中经常使用的方法之一。通过因子分析，研究者可以把用来测量同一概念的多个指标简化为较少的公共因子，在简化分析的同时尽可能减少原有信息的损失。在本研究中，我们将用于评估政府治理绩效的 26 个指标通过因子分析方法，提取出一个公共因子，我们将其命名为"乡镇政府治理绩效因子"，各指标的因子负荷量见表 4。KMO 和 Bartlett 检验结果表明，我们选取的 26 个指标适合作为因子分析的因子（参数见表 4 注）。

表4　20 个乡镇治理指标的因子分析

指标	因子荷载量
（1）总体来讲，您认为本地乡或镇政府和老百姓的关系怎么样？	0.632
（2）您认为本地的地痞流氓、黑恶势力、偷盗等扰民事件严不严重？	-0.274
（3）如您和别人发生了矛盾和纠纷，需要公安机关来解决。如果不找关系，您觉得警察会公平的对待你吗？	0.541
（4）您觉得现在去乡或镇政府办事（如办手续、开证明）方便吗？	0.655
（5）您觉得现在去乡或镇政府办事（如办手续、开证明），政府干部的态度怎么样？	0.648
（6）和 10 年前相比，您觉得现在去乡或镇政府办事（如办手续、开证明）是不是更方便了？	0.564
（7）和 10 年前相比，您觉得现在去乡或镇政府干部在工作中的态度和作风是不是变好了？	0.638
（8）总体来讲，您觉得本地的乡镇干部称职吗？	0.669
（9）总体来讲，您对目前本地乡或镇政府的工作满意吗？	0.729
（10）您认为下列各级政府或村民自治组织中贪污情况普遍吗？——乡镇政府	0.546
（11）在关系到老百姓的生产生活的重大事情上，比如征地、调整土地，您认为您们政府重视村民的意见吗？	0.549
（12）您认为本乡镇政府此项工作做得好吗？发展本地方的经济	0.584
（13）您认为本乡镇政府此项工作做得好吗？维持治安，打击违法犯罪活动	0.580
（14）您认为本乡镇政府此项工作做得好吗？改善乡村道路、供水等基础设施建设	0.500
（15）您认为本乡镇政府此项工作做得好吗？对乡村老弱孤残的救助工作	0.616
（16）您认为本乡镇政府此项工作做得好吗？解决村民看病难等医疗卫生问题	0.570
（17）您认为本乡镇政府此项工作做得好吗？提供农产品相关信息、种植、养殖技术指导等	0.570
（18）您认为本乡镇政府此项工作做得好吗？办事时政府工作人员的服务态度和工作态度	0.747
（19）您认为本乡镇政府此项工作做得好吗？政府财政、发放救济、计划生育等方面的透明度	0.670

续表

指标	因子荷载量
(20) 您认为本乡镇政府此项工作做得好吗？政府对老百姓的困难、要求、意见的处理和答复	0.724
(21) 您认为本乡镇政府此项工作做得好吗？改善本地方教育条件	0.515
(22) 您认为本乡镇政府此项工作做得好吗？治理和防止环境污染	0.588
(23) 您认为本乡镇政府此项工作做得好吗？落实和执行上级政府的政策，比如发放救济金、农业补贴等	0.589
(24) 您认为本乡镇政府此项工作做得好吗？调解家庭、邻里纠纷	0.611
(25) 您认为本乡镇政府此项工作做得好吗？村委会工作的指导	0.705
(26) 您认为本乡镇政府此项工作做得好吗？乡、镇政府民主建设	0.715

注：样本数：2221。提取方法：主成分分析法，共提取了 1 个公共因子。KMO 和 Bartlett 检验：0.959，$P < 0.001$。方差贡献率：37.485%。

我们再以乡镇为单位，将提取的公共因子取平均值，作为各乡镇治理水平的指标，这样就获得了 20 个乡镇治理绩效的测评结果。如图 1 所示，因子值越大表示乡镇治理绩效水平越高（图中排在上部），值越小则表示治理水平越低（图中排在下部）。排在最上面的乡镇依次为云南红河州的 YL 镇、天津的 ZB 镇、北京的 ZSY 镇、成都的 LQ 镇和河北的 LJ 镇。YL 镇和 LQ 镇分别为"公推直选"乡镇领导的试点乡镇，ZB 镇和 ZSY 镇显著特征是这两个乡镇在村民福利上是 20 个乡镇中最好的。LJ 镇属于一般乡镇。治理水平最低的是河南社旗县的 QT 镇。在我们的实地调研中也了解到，这里的官—民关系是我们调查过的 24 个乡镇里最差的。对官—民关系影响最大的事件是 QT 镇政府在 20 世纪 90 年代曾经以高额利息为回报向当地村民非法集资搞开发，后来经营不善，大批资金无法收回。至今，镇政府仍然每年在偿还欠债。治理水平比较低的乡镇还有雅安市下属的两个乡镇：BJ 乡和 CB 镇。而据笔者的田野调查，雅安虽然在 21 世纪初推行过公推公选乡镇领导的试验，但是这一制度并没有坚持下来。在对村民的采访中我们了解到，BJ 乡的村民对政府征地补偿过低的意见比较大，这可能是导致其治理水平较低的重要原因。而同一辖区下的 CB 镇也同样存在拆迁补偿过低、政府态度强硬的问题。不仅如此，CB 镇不少村民反映村委会选举贿选现象严重，民众已对村委会选举失去信心。有关其他乡镇的情况限于篇幅这里不再一一介绍。

在获得各乡镇治理测量结果后，我们对可能影响乡镇治理的三个主要的宏观因素：经济发展水平、民主发展程度和社会福利水平与乡镇治理的关系进行了分析。通过回归分析我们发现（见表 5），社会福利水平和民主发展程度均对乡镇治理水平产生显著的正面的影响（$P < 0.05$），但是经济发展水平（在回归模型中用人均收入来表示）对乡镇治理水平却未产生显著影响（$P > 0.1$）。这一结果也佐证了我们的观点：经济发展与乡镇治理不仅在逻辑上不存在因果关系，而且在统计上也不存在相关关系。总之，对 20 个乡镇治理水平的测量结果将为今后探讨乡镇治理的影响因素、乡镇治理与政治信任、乡镇治理与制度创新等研究课题奠定基础。

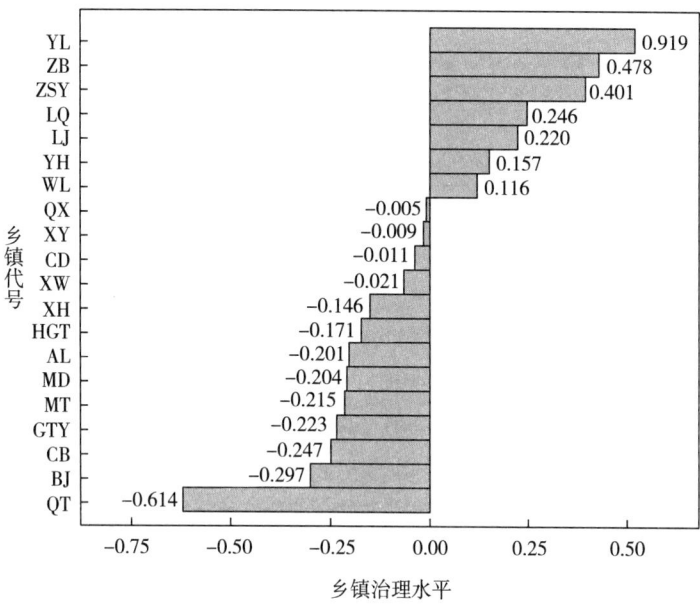

图 1　20 个乡镇治理水平

表 5　乡镇治理绩效的回归分析

	回归系数	标准化回归系数
（常量）	−0.771	
社会福利	0.447**	0.822
民主发展	0.253**	0.672
人均收入	−0.090*	−0.262
R^2（调整后 R^2）		0.544（0.459）
样本数		20

注：**：$P<0.01$；*：$P>0.1$。已通过多重共线性诊断。社会福利：按村民享受的福利待遇分为"高""中""低"三个等级。民主发展：20 个乡镇分为三个等级；3 = 高（实施过"公推直选"乡镇长或书记）；2 = 中（其他推行过公推公选等改革的乡镇）；1 低（未推行过任何体制改革）。人均收入：3 = "8000 元以上"；2 = "4000 ~ 7999 元"；1 = "4000 元以下"。

五、结　语

哈佛大学政治学教授罗伯特·普特南的《使民主运转起来》之所以成为 20 世纪 90 年代之后政治学、公共管理学乃至整个社会科学领域的经典之作，其学术贡献并不仅仅是设计出了一套完善的测量意大利地方民主制度绩效的指标体系，更重要的是在于他发现了影响这一制度绩效的重要因素——社会资本，从而构建出了影响整个社会科学界的社会资本理论。在社会科学研究中，研究者的最终目的就是要像普特南那样去发现现象背后隐藏的规律。这些规律在社会科学方法论上称之为理论。理论的本质是因果关系，而构建因果关系首先必须确定两个概念（自变量和因变量），明确界定他们的合理内涵和边界。如果要在现实中去检验某一种理论，那么首要的任务就是对概念（或变量）进行观察和测定。一个概念未必在现实中能够直接观察到，比如治理、社会资本、信任等，这就需要研究者开发一套能够科学测量这些概念的指标。然而遗憾的是，治理在国内学术界广泛使用，但是很少有学者去探讨这一概念的含义以及在实证研究中如何观察和测量它。作为一个学术性概念，学术界有必要对治理的内涵以及如何在现实中去观察和测量进行分析研究，而不是作为一个标签随意乱贴。

本文研究者在简要分析治理的内涵、对国内外有关测量治理的现有研究成果整理分析之后，根据乡镇政府治理的自身特点和田野调查中收集的资料和数据，设计出了一套测量乡镇治理的指标体系。运用这些指标体系，我们对全国10个省市20个乡镇的治理水平进行了测量。这一量化测评在国内乡镇治理研究中尚属首次。运用测量结果，我们简要分析了影响乡镇治理水平的三个宏观因素，发现社会福利和民主发展水平对乡镇治理水平具有显著的正面的影响，而经济发展对乡镇治理没有显著影响。应该说，对乡镇治理的测量仅仅是我们研究的第一步，对这一测量结果，还可以用于乡镇治理与政治信任、社会资本、民主化等相关理论的研究，但这已经超出本文的范围。当然，由于对治理的定量化测量的研究成果在国内还很少见，也由于研究者在经费、人力等各方面的限制，本研究在指标设计上仍然有待完善和改进，特别是需要开发出一套主观和客观指标相结合的测量体系。但笔者希望此文能够抛砖引玉，期待更多的学者能够对乡镇治理乃至更高层次的地方治理及其测量展开更为系统的研究。

参考文献

[1] Kaufmann, D., Aart Kraay, Pablo Zoido – Lobaton. Governance Matters [R]. The World Bank (Policy Research Working Paper 2196), 1999: 1.

[2] Melanie Manion. An Introduction to Survey Research on Chinese Politics [J]. The China Quarterly, 2008 (196): 757.

[3] 包国宪, 曹西安. 我国地方政府绩效评价的回顾与模式分析 [J]. 兰州大学学报（社科版）, 2007 (1).

[4] 戴蕾蕾, 张歌. 统计救赎 [EB/OL]. http://www.legalweekly.cn/content.jsp?id=167281&lm=%25E6%2597%25B6%25E6%2594%25BF（检索日 2011 – 6 – 9）

[5] 马得勇, 王正绪. 竞争与参与：乡镇民主发展评估 [J]. 政治学研究. 2012 (4).

[6] 马得勇, 张蕾. 测量治理：国外的研究及其对中国的启示 [J]. 公共管理学报, 2008 (4).

[7] 桑助来. 中国政府绩效评估报告 [M]. 中共中央党校出版社, 2009: 297 – 327.

[8] 托马斯·海贝勒, 雷内·特拉培尔. 政府绩效考核、地方干部行为与地方发展 [J]. 经济社会体制比较, 2012 (3).

[9] 俞可平. 治理与善治 [M]. 北京：社会科学文献出版社, 2000.

[10] 郑方辉, 段静. 省级"政府绩效评价"及比较 [J]. 中国行政管理, 2012 (3).

Measuring Township Governance: An Empirical Study of 20 Townships in 10 Provinces and Cities of China

Ma Deyong

Abstract: Few researches touched the measurement and operationalization of governance in Chinese academia. In this paper, the author distinguishes governance and government performance, and discusses the methodology of measuring governance. Using the datacollected from 20 townships of 10 provinces, the author tests the index system designed to measure the level of governance at township level in China. Based on the empirical analysis, the author argues that the results would contribute to future researches on this topic.

Key Words: Governance; Township Level; Government Performance

多重逻辑下的社区变迁
——武汉市千里马社区治理模式研究*

曹志刚

【摘 要】 在千里马社区治理的变迁过程中，有不同类别的行动主体——城市基层政府管理者、相关商业组织。社区居民对外部环境变化的认知及由此过程中权力关系变化产生的行动策略的"耦合"，共同促使了这一社区治理模式的形成。它的特色之处是回应社区治理技术性问题方面的要求较为主动，回应社区治理制度性问题方面的要求较为被动，这种思路适应了从20世纪末到目前为止我国城市社区中社区居民"从单位到社会"公共事务的管理需要和公共服务提供的供给需要。但从长期来看，社区内部产生的变化有可能促使该社区治理模式进一步发生组织制度变迁。

【关键词】 多重逻辑；社区变迁；行动主体；组织制度变迁

一、问题的提出：社区变迁的多重逻辑

当前的社区研究可以大致归为两类，其一是在微观层面来自社区内部的，它从实体论的角度出发，关注的内容大致与社区各种公共事务的管理及各种公共服务内容的提供有关；其二则是宏观层面来自社区外部的，它从方法论的角度出发，关注的核心内容是将"社区"置为我国社会管理的基本社会单元，学者或多或少基于"单位"到"社区"的宏观历史视角，探讨社区或社区建设、社区转型的目标在于"见微知著"，分析其在社会转型中的典型启示意义（肖林，2011）。这两种研究取向的第一种，把社区看作是社区居民实现其各种目

---

* 本文选自《中国行政管理》2013年第12期。

［基金项目］国家社会科学基金青年项目"农民工社会网络对其迁移意愿影响研究"（12CSH030）。教育部人文社会科学研究青年项目"社会网络视野中的农民工迁移意愿研究"（11YJC840003），2013年度华中科技大学自主创新项目"中央高校基本科研业务资助"《新制度学派视角下的城市社区治理模式比较研究》（2013WQ016）。

［作者单位］曹志刚，华中科技大学社会学系。

标的外在环境变量，第二种则把社区看作是外部环境约束下国家实现社会管理、控制的中介手段，某种程度而言，"社区"此时在相当程度上失去了原有的鲜活意义。

从上述两种基本的研究取向中，可以归纳出社区研究中的规范主义倾向。这一倾向可能在一定程度上存在"简化论"的嫌疑，即理论模型与现实实践存在距离的问题。而组织社会学的近期发展趋势，是志在研究组织变迁过程中"理论模型与实际发生过程中的种种偏差"问题（周雪光和艾元，2010）。组织社会学研究的近三十年，对组织的理解经历了从理性系统、自然系统到开放系统的转变（理查德，2002）。这一转变，也同样适用于对社区及社区变迁的理解。社区不仅仅是社区居民实现其各种目标的外在环境变量，也不仅仅只是外部环境约束下国家实现社会管理。控制的中介手段，社区作为一个开放系统，它容纳了各个相关层面的行动主体。各个行动主体在其中的相互关系，是我们在中观层面推进社区研究的一个重要突破点。

近二十年里，我国的社区经历了巨大的变迁，如果能够认识到社区中各个相关层面行动主体的实践逻辑，则有可能还原社区变迁的具体演变过程。这种关注与以往规范研究倾向不同的是，它不再追求社区研究中单一机制解释。它以不同行动主体的多重行动逻辑来理解社区变迁，需要的是还原社区生动面貌的实践研究策略。"强调变迁过程中多重制度逻辑及其相互作用，旨在解释中国社会正在发生的制度变迁现象。制度变迁是由占据不同利益的个人和群体之间相互作用而推动和约束的，而不同群体和个人的行为受其所处场域的制度逻辑制约。因此，制度变迁的轨迹和方向取决于参与其中的多重制度逻辑及其相互作用。需要在多重制度逻辑的相互关系中认识它们的各自角色，在行动者群体间互动中解读制度逻辑的作用，并关注制度变迁的内生性过程"（周雪光和艾云，2010）。

虽然组织研究的内部仍然存在着种种争论，但是组织研究超出以往对组织内部系统的狭隘关注，将研究视野投注到组织所嵌入的更大的关系系统则是组织研究者所享有的基本共识。制度主义的一个核心观点是，如果离开个人所嵌入的更大文化背景和所处的历史阶段，我们就难以理解个人的偏好和选择（保罗和沃尔特，2008），这些思维，为分析社区中各个相关行动主体如何理解周围环境发生的变化，和在周围环境的变化中"抓住机遇"利用权力关系的变化为自身获取利益，提供了相当启发意义。基于此，笔者在下文的分析，将尝试从组织社会学的基本观点出发，以社区变迁中的多重逻辑来解释湖北省武汉市一个典型社区治理模式的形成过程。

二、研究对象、分析策略与社区变迁的不同时期

（一）研究对象

目前常住居民达 12 万人的千里马社区，作为获得中国首届"中国人居环境范例奖"

"全国创建文明社区示范点""全国城市物业管理优秀示范小区"等60余项国家级奖项的样板型社区,早已引起各界的广泛关注。根据笔者的调研及相关研究的总结,这一社区治理模式不同寻常的治理效果主要体现在(张艳国等,2010):其一,社区各项公共事务管理效果的良好实现,具体体现为该社区的社区治安、社区卫生、社区救助、社区管理等,仅体现在社区治安、卫生中的"入住多年以来没有一户居民家中被盗、没有一辆自行车被偷、没有一个人越级上访、没有一起黄赌毒事件、没有一起未成年人犯罪、没有一起火灾,无违章搭建、无开窗设点、无占道经营、无油烟扰民、无泥巴路、无牛皮癣式小广告、无居民摘花踩草、道路及两旁绿地无烟头果皮纸屑等"(张艳国等,2010)就令人难以置信。其二,以"万家宴"为代表的社区文化的繁荣和以"网格化"为特征的社区志愿者队伍的踊跃,体现了该社区建设的突出成效,同其他商品房社区相比较,该社区显然不能用"社区失落论"的观点来看,它确实有滕尼斯所说的古典社区的浓厚味道。其三,社区中各项社区公共服务内容的提供,"涵盖从就业到医疗保健,从文化教育到家庭生活,从婚姻介绍、婚礼操办、小孩接生、幼儿教育到养老百年"(张艳国等,2010)等,实现了社区居民在社区中的良好归宿感。

(二)分析策略:相关方如何分析目前处境和行动所带来的权力关系变革

在"单位"到"社区"的社会治理转型背景和过程中,社区治理中所涉及的两个基本问题是:其一,各个相关方如何分析目前所处的环境,换言之,它们是如何理解和认知外部环境变化所带来的组织运作过程的变化(体现为"单位"制到"社区"制)的,这一组织变化给它们带来了何种历史机遇和生活机会,会形成何种"场域"的生态环境?这也涉及他们如何适应环境和在环境中生存。其二,各个相关方基于对组织变化的认知,是如何创造性的利用这种变化带来的契机,来采取何种行动的?正如克罗齐埃(1989)所说"任何孕育着社会深刻突变的危机,都必然要重新碰到一切集体生活中所具有的基本问题:权力问题",社区模式形成中的权力关系是本文的主要关注。本文所涉及的相关方主要包括:城市基层政府管理者(包括街道和居委会)、商业组织、社区居民等。这些不同的相关方在社区治理模式的形成历史中并不完全被动,他们"创造性"的运用着他们对外部环境变化的理解,并借此展开行动。

(三)四个阶段:社区变迁不同时间节点

在千里马社区治理模式变迁过程的具体分析中,笔者借鉴了尼尔·弗雷格斯坦的策略(保罗和沃尔特,2008),他着重探讨了组织变迁的四个阶段:其一,现有策略、结构以及一种给定的权力分配,在阻止组织变迁和促进组织惰性中具有重要作用。其二,组织场域中的混乱,具有各种利益的行动者以其在组织中的位置为基础,通过这种混乱主张其新策略,并有力量执行和实施这种策略。其三,进入某个已经存在的场域的新组织,为其他组织提供一种榜样的作用。其四,制度化的力量,在这一阶段,某种模式成为同类组织模仿的对象。笔者在研究中关注了该社区治理模式形成过程中四个阶段的具体作用形式和过程，需要说明的是，笔者重点关注的是第二个阶段和第三个阶段，因为这两个阶段在千里马社区治理模式历史中的重要性要高于其他二者。

三、千里马社区治理模式中的四个阶段

（一）社区治理模式的静默期——积极行动着的城市基层政府管理者和积极配合着的"单位"

1978年邓小平以对"两个凡是"的破解开启了我国改革开放的道路，并在1992年以南方谈话的方式对国家宏观治理思路加以了确认，这就是以经济领域经济发展的突飞猛进和政治社会领域制度改革的相对保守变化为典型特征的"中国特色社会主义路线"。在1998年之前，国有企业还未推行大规模改革、福利分房、城市居民获得住房的主要渠道，"单位制"理所当然的成为政府进行社会管理的主要方式。

在这一宏观社会背景下，作为城市基层政府管理者的居委会和单位（企业组织）在社会管理中的步调基本上是高度协调一致的。居委会和单位在履行社区公共管理职能和提供社区公共服务职能的工作上都是积极行动的，它们共同维护着国家对基层社会进行社会管理的主要目标。在这一时期，社区治理模式基本处于静默之中——单位和社区居民基本不需要也不能够提出任何与当时居委会相左的要求，社区居民在社会利益还未多元化的时期也基本不会对居委会提出任何额外要求。在这一时期社区治理除所涉及的除居委会和单位之外，其他参与的主体和与之对话的主体基本没有，换言之，社区还处于前社区治理阶段——"现有策略、结构以及一种给定的权力分配，在阻止组织变迁和促进组织惰性中具有重要作用"（保罗和沃尔特，2008）。

（二）社区治理模式的萌芽期——积极行动着的商业组织和相对消极的城市基层政府管理者

1998年发生的重大变革——大规模的国有企业改革和全方位取消福利分房制度，使社区这一基层组织所面对的"场域"环境不再稳定，从外部环境方面给组织的转型既带来了外在压力，也带来了契机。这也是既有组织研究成果所强调"组织场域外部发生的变化往往成为组织转型的一个必要条件"观点的体现（保罗和沃尔特，2008）。

"组织场域中的混乱，具有各种利益的行动者以其在组织中的位置为基础，通过这种混乱主张其新策略，并有力量执行和实施这种策略"（保罗和沃尔特，2008），在上文所论及的历史背景下，城市基层政府管理者们面对着相当棘手的问题：其一，周围国有企业中单位制的解体使大量基层公共事物处于应对无力的状况。其二，上级政府管理者并没有就单位制解体后基层政府管理的改革具体方向和目标做出明确指示——中央政府的宏观政策思路是经济政策迈大步、政治社会政策迈小步，它给整个社会中各个构成部分塑造了一个变革的"底线"，成为各个社会构成部分必须遵循、不能逾矩的"潜规则"，但是对具体能怎么做并没有做出具体说明，一切有赖于城市基层政府管理者的"摸着石头过河"。其三，宏观政治、社会变革的政策底线的约束决定了他们所能够动员的实际资源相当有限。其四，他们需要与他们的竞争者们（同一城市其他城市基层政府管理者们）在一个类似于"锦标赛"的科层制晋升体制中争夺其上级管理者"有限注意力"（周飞舟，2009），以获取体系中职务晋升的资本，争取少数晋升的机会。这个问题在城市之间基层政府管理者中间也存在。

城市基层政府管理者的这些处境决定了他们可能采取的社区管理思路，是将主要精力放在解决社区管理中的技术性问题——满足居民社区管理、社区服务、社区文化等方面的要求，而在社区管理中的制度性问题——从"单位制"到"社区"治理制度及模式的根本转变，则保持相对消极的态度。当然，这一看上去"与外部环境相遵从"的思路并不恒定不变，他们会在社区管理的技术性问题和制度性问题中侧重性的取舍，其基本出发点是如何取得对他们更有利的权力资源和行动主导权，这一特点将在社区模式发展的第三阶段具体说明。

城市基层政府管理者在千里马社区所采取的这一思路，和同时期其他城市基层政府管理者的相似思路给予了社区治理模式中其他行动主体——在千里马社区中主要体现为千里马集团，拥有了一定建构性地参与社区治理的实践机遇，这一时期国内大部分城市社区治理模式都处于萌发期，具有的共性特征是"高度建构性同时低度秩序化"，给予了其他行动主体更多的实践机遇。

千里马集团在该社区治理模式的萌芽期扮演了至关重要的角色。该集团在千里马小区进行建设之初曾以"某某安居发展工程有限公司"为名，其公司的创始人和高管中有多人拥有在武汉市建委及相关政府部门公务员的经历。千里马集团在社区中的大量经济资源投入，以在社区医疗卫生中甚至以将集团盈利划拨一部分，补贴社区居民医疗经费的超常规举动为典型特征。它远远超出企业物业服务的，对社区居民提供的各种服务，实际上取代了城市基层政府管理者的相当部分职能。对于当时限于外部环境能够实际动员资源有限的城市基层政府管理者而言，它有效地缓解了政府有限资源在面对社区大量公共事务和服务中的技术性缺陷，解决了城市居民因环境变化给城市基层政府带来的社区治理中的技术性问题，例如社区服务、社区文化、社区治安等的压力。此外，它以不需要城市基层政府大量资源投入，尤其是不需要对城市基层政府的组织运行造成制度性变革压力的特征——一定程度上解决了社区治理中的制度性问题，迅速的取得了城市基层政府的接纳，而不是基层政府的反感和反对。

为什么千里马集团作为一个商业组织会参与到城市基层社会公共管理和公共服务的过程中来，单纯的追求企业社会价值似乎并不能完全解释得通，特别是对于当时还处于企业草创之初的千里马集团来说。"法团主义可以界定为一种利益表达系统，在其中各种选民单元被组织成独特的、强制的、非竞争的、等级制地排列的、功能分化的、数量有限的类型,这些私利集团类型(即使不是政府创造的)也会得到政府的承认和许可,并且在为了获得他们对选择领导的控制权而进行的交易中,以及在表达自己的利益要求和支持方面,被征服赋予他们在各自的组织类型中具有一种深藏不露的垄断代表权"(Philippe,1974),考虑到国内房地产行业与政府行为之间的密切联系,千里马集团的组织策略与当地基层政府管理组织行为之间的相互配合似乎更容易得到理解。

对于处于不稳定市场经济秩序中的国内民营企业来说,获取相关政府部门的庇护,对于它们的商业行为来说,不一定需要理解为经营腐败,这种庇护关系对于企业和其经营活动所涉及的其他政府相关部门进行沟通时,能极大程度的减少交易成本,这对于企业的发展壮大来说有着至关重要的作用。

(三)社区治理模式的成长期——积极行动着的城市基层政府管理者和积极行动着的商业组织

并不能用一个简单的"组织惰性"完全解释城市基层政府管理者的所有行为,事实上,他们并不一定总是消极的。在千里马社区治理模式的成长期,城市基层政府管理者就采取了积极的行动态度。这跟他们对社区治理模式的认识,以及从社区治理模式能够获得的利益有关。

在该社区治理模式的萌芽期之后,该社区因其引人瞩目的治理效果逐渐引起了各级政府的关注,城市基层政府管理者积极行动起来了,参与和逐渐主导了该社区治理模式的总结和阐发(如"三个必到,五个必访""4321思想")。城市基层管理者相对于作为商业组织的商业集团而言,更熟悉城市政治话语体系,更能够以对自己有利的方式来阐发已产生的社区治理效果。例如,在该社区的"交叉任职"模式——"党委成员实行'双向进入,交叉任职',社区党委5名成员分别兼任社区各级组织的领导职务,党委书记是BBT集团的董事长,也是BBT社区的居民,党委副书记兼任社区管理委员会主任,其他党委委员分别是政府职能部门、社区居委会自治组织成员"(张艳国等,2010),就远非单凭商业组织之力可以办到,这时候我们看到的是踊跃行动着的城市基层政府管理者。

制度环境是分化性的、同时也是竞争性的,即使是处于技术环境中的组织,也可能进行与其制度环境相关的"策略性选择"(保罗和沃尔特,2008)。千里马社区治理模式中社区治理的基层实践者们与其说是顺应了社会治理的时代潮流和社会潮流,还不如说是与其上级管理者在共享了一套关于"改革"的底线程度的基本共识之后,再具体推进社区治理的一系列工作。身处社会管理序列中同一个管理层级的不同城市基层社区在探索社区治理的实践工作时,也在相互观望、相互监察,确保他们的工作在顺应社会呼声的同时,没有越出上级政府的底线要求。而这些底线,没有明确的文件规范和指令要求,只能是在实践工作的一次次来回争论中取得"默契"。这里面值得引起重视的一个问题是:在城市基层政府管理中,谁能率先一步抢占"话语"的领先权,在众多城市基层政府管理者中,即在科层制的政府管理体制中赢取了合法性资本的制高点,诸如"全国城市社区建设试验区""全国社区建设示范市"等制度奖励将会纷至沓来。这种榜样作用不仅能为城市基层政府管理确立合法性,更能为城市基层政府管理者获取大量政治资本。

同时,千里马集团也从千里马社区治理模式的成功中得到了显而易见的、极其荣耀的政治资本[①]。由一个名不见经传的房地产公司发展壮大成为 20 多家全资和合资下属企业,拥有员工 2000 多名,年投资额过 20 亿元,税收名列湖北省民营企业前茅。成为了进入全国民营企业 500 强的湖北八家企业之一,连续两年被评为"全国房地产百强"企业、湖北省十大民营企业。可以说,千里马集团与城市基层政府管理者所共同谋划的"千里马社区治理模式"对其企业组织商业成功的意义是不可否认的,正是因为这一模式在城市基层政府管理中的制度符号性作用,该企业才能够将其原有社区的规模一再扩大,社区居民从无到有,从原来规划的 3 万人到现在的 12 万人,再到预期规划的 30 万人。企业自身也从名不见经传到发展壮大,甚至获取了其他企业难以企及的政治性符号支持。

(四) 社区治理模式的成熟期?——积极行动着的社区居民

在单位制到社区的组织转型过程中,城市居民关心的首要问题是公共事务管理的提供和公共服务的获取。而究竟公共事务管理和公共服务由何种渠道提供,以何种方式提供,他们暂时无暇顾及,更暂时不具有此种意识。在两者不能兼得需要进行取舍时,他们往往满足于公共事务管理和公共服务提供的实现结果而非过程。正是基于此,千里马社区治理模式中的城市基层政府管理者和千里马集团才以优先解决组织变迁中的技术性问题、而暂时不触及组织变迁中的制度性问题的方式迎合了该社区居民的需要。因此,无论是企业管理者在该社区的发展中精力投入、集团对社区公共医疗的额外经费投入、社区居民在社区文化的参与,社区居民在面对外部人士的参观考察中有意识的保留,以及部分社区居民对该社区治理模式的真正赞同等,都体现了该社区治理模式的成功之处并不仅仅在于它是城市基层政府管理者有意识的塑造,它与城市化进程中的其他商品房社区相比,在满足社区居民对社区公共事务管理和公共服务的需要方面确实具有独到之处,社区居民对此也是充分配合和支持的。

但是,当该社区治理模式被总结和阐发,并在上一级政府乃至各个部委的肯定批示,甚至部分中央领导的参观、肯定之后,这一社区治理模式即被固定成型,对组织合法性的关注远远超出了对组织能否适应组织面对的技术性问题的关注。该社区治理模式中制度性问题的缺憾(诸如社区停车费的制定规则和程序、社区居民的自主参与等)则被有意识的选择性的忽略了。与此同时,因为社区规模不断扩大带来的社区居民异质性的增强和社区居民自主性的不断增强,社区居民并不总是对社区的公共事务管理和公共服务提供完全被动。一方面,他们选择在该社区中居住即是在考量该社区相比其他社区能够给他们带来的公共事务管理和公共服务提供中的实际益处;另一方面,他们在社区公共事务管理和公共服务提供中如果发现缺陷时(例如新近不断发生的社区居民围绕停车位、公共绿地等产生的争端),他们也会通过各种渠道寻求自身利益目标的实现。相信随着该社区居民异

---

① 中国杰出女企业家网. 社区小总理 [EB/OL]. http://www.ccwew.com/news/detail.php?id=5332.

质性不断的增强，居民利益的不断分化，该社区内的各种冲突在短期内还有急剧增长的可能。

由此产生了一个问题：社区治理模式的一大特点在于该模式形成的早期，城市基层政府和商业企业作为两种组织系统具有不同的特点。政府组织对制度合法性压力的关注超出了其对技术性问题解决的关注，而商业组织在不触及组织制度变迁的前提下提供了城市居民技术性问题的解决办法，城市基层政府和商业企业在社区中出现了高度的"默契"。那么，在目前因为外部环境变化，尤其是社区居民不断增长的社区事务自主权的要求等，带来的制度性压力和技术性压力面前，该社区治理模式还能以、还将以何种形式来容纳这些新的变化和要求？我们是把社区居民参与的这些冲突当作该社区治理模式成熟期的正常事务，还是可能给该社区治理模式带来进一步改变的契机，这可能是千里马社区治理模式中的各个行动主体不得不去深思的问题。在该社区治理模式还未能较好解决社区居民的各项权益诉求之前，这一社区治理模式还很难被称为进入了成熟期。

四、简要小结与讨论

从前文分析的情况来看，我们很难说该社区治理模式是在一开始就以明确的目标形式确立。我们并不能以某一单独行动主体对该社区治理模式的行动逻辑，来替代该社区治理模式的形成历史过程或者预测该社区治理模式的发展趋势、前景。该社区治理模式的变迁，是该社区中多个行动主体对周围环境的认识，以及在此过程中的权力关系变化的互动过程中形成的。在该社区治理模式的前三个阶段中，正是城市基层政府管理者、相关商业组织、社区居民这三个独立的行动主体由对外部环境变化产生的认知及由此逻辑下产生的相关行动的"耦合"而不是冲突，促使了这一典型社区治理模式的形成。

而笔者对于该社区治理模式第四阶段的分析，则提醒相关研究者，城市社区治理模式的发展前景，也同样可能取决于以上逻辑。目前，正是社区居民对外部环境的认知及由此产生的行动逻辑，与其他的行动主体对外部环境的认知和行动逻辑之间的"不相耦合"，给该社区治理模式带来了冲击。如果该社区治理模式能够以一定程度的变迁方式（部分的抑或是根本的）来容纳社区居民基于自身利益或者社区公共事务争端的利益主张，那么该社区治理模式或可真正进入稳定的成熟期。同样的推断亦可适用于该社区治理模式的前期，如果在该社区治理模式变迁的前三个阶段，就已经大量出现各个行动主体之间行动逻辑的冲突、争端而不是耦合，那么该社区治理模式的变迁过程和方向就不会是目前所见之状。笔者在本文中对于社区变迁的多元逻辑和耦合的强调，正是基于此。

笔者认为，千里马社区治理模式的成功之处在于，当组织变迁同时面对着制度性问题和技术性问题时，该社区治理模式选择了回应社区治理技术性问题方面的要求较为主动，而在回应社区治理制度性问题方面的要求则较为被动。它适应了20世纪末到目前为止我国城市社区中社区居民"从单位到社会"公共事务管理和公共服务提供的转变需要，这一转变的显著特征是低度的组织制度性变迁，"制度红利"或者"制度惰性"即是这一社区变迁过程的一体两面。组织变迁是一个长期的过程，某种制度形式一旦得到支持并固定下来，这种制度就往往会重构自身，构筑屏障防止自己受到外界的影响。在本文所展现的千里马社区治理模式中，组织研究的这些观点得到了生动的体现。

以往社区研究的一个重要缺陷是对社区治理的现状多有描述，对社区治理的变迁方向也多有期许，但对社区治理现状如何与社区变迁方向连接，则缺乏足够说明，本研究即是力图在这一方面在以往社区组织变迁研究的基础上有所推进。本文在探索社区内微观的行动主体与宏观的制度变迁是如何连接的这一问题，亦即社区变迁的具体组织机制方面，存在多个主体的相互影响和制约做出了回答。本文也提醒将来的社区研究应该相当的研究关注集中于社区变迁的组织过程机制，只有将这一问题回答清楚，社区以及其他组织形式的组织变迁过程中的动力机制才有可能阐明，社区研究才会具有更强烈的现实意义而不仅仅是规范意义。同时，笔者对该社区变迁的解释并不期望建立一个因果模型，这也是组织研究中的一个固有难点。但笔者认为，该社区治理模式虽然在武汉市可以被看作是一个特色典型，但是与其他国内部分社区治理模式对比而言，可能该社区治理模式中蕴含的不同行动主体多重逻辑的耦合并不是一个孤例，这也有待于相关研究对社区组织过程变迁的进一步推进。

参考文献

[1] Philippe C. Schmitter. Still the Century of Comoratism? in The New Corporatism. eds. By F. B. Pike and T. Smith. Notre Dame Press，1974：85 – 131.

[2] 保罗·J. 迪马吉奥，沃尔特·W. 鲍威尔. 组织分析的新制度主义 [M]. 上海：上海人民出版社，2008：13，26，35，67，134，189.

[3] 克罗齐埃. 被封锁的社会 [M]. 北京：商务印书馆，1989：88.

[4] 肖林. "'社区'研究"与"社区研究"——近年来我国城市社区研究述评 [J]. 社会学研究，2011（4）.

[5] 张艳国，胡盛仪，李广平. 社会生活共同体建设中的千里马发展之路——武汉市千里马花园社区调查 [J]. 江汉论坛，2010（6）.

[6] 周飞舟. 锦标赛体制 [J]. 社会学研究，2009（3）.

[7] 周雪光，艾云. 多重逻辑下的制度变迁：一个分析框架 [J]. 中国社会科学，2010（4）.

[8] [美] 理查德·斯科特. 组织理论 [M]. 北京：华夏出版社，2002：5 – 89.

Multiple Logic of Community Change
——A Research on Qianlima Community Governance Model in Wuhan

Cao Zhigang

Abstract: Different types of actors, including local city government manager, business organizations and community residents' cognition of changes in external environment since 1998, and thus the "coupling" of different subject's action strategies produced in the cognition of changes in power, commonly generate a particular community governance pattern in the process of the transformation of Qianlima Community. Its features are responding to technical problems need in community governance more actively, but responding to system problem demands in community governance more passively, such ideas adapt to the changes of whole external environment—"from the unit to the society", and solve the problem of the supply of public service and public administration. But changes in internal community are likely to induce to a further organization system change in the long run.

Key Words: multiple logic; community change; action subject; changes in organization system

第二节

英文期刊论文精选

Article：Citizen, Customer, Partner: Rethinking the Place of the Public in Public Management

Author：John Clayton Thomas

Source：Public Administration Review, Dec. 2013

Abstract：Scholars and practitioners have long debated what role the public should play in public management. When members of the public interact with the administrative side of government, should they be treated as customers, as citizens, or in some other manner? This article takes as its premise that members of the public assume three principal roles relative to public management: as customers, as partners, and as citizens. After placing these roles in the context of the history of public administration, the article draws from recent research to recommend guidelines for how public managers can work effectively with the public in these several capacities.

文章名称：公民、顾客还是伙伴：重思公共管理中的大众位置

作者：John Clayton Thomas

来源：《公共行政评论》2013年12月

内容摘要：学者和实践者们已经就大众在公共管理中所应扮演的角色争论了很长时间。当大众成员与政府的行政方进行互动时，他们应该被作为顾客、公民还是以其他方式来被对待？本文将以下作为前提，即大众成员承担了三种与公共管理有关的角色：作为顾客、作为伙伴，以及作为公民。通过将这三种角色置于公共行政历史背景下，针对公共管理者在这几种能力之中如何能够与大众展开更有效的工作，本文从近期研究中总结并提出了一些指导建议。

Article: Public Administration in a Globalized Asia: Intellectual Identities, Challenges, and Prospects

Author: M. Shamsul Haque

Source: Public Administration and Development, 2013

Abstract: In most Asian countries, the domain of public administration continues to bear the legacy of colonial rule and postcolonial modernization led by Western nations. It remains crucial to highlight this exogenous formation of administrative systems in this age of globalized New Public Management. Such imposed or borrowed Western models of administrative practices have often been ineffective because of their incompatibility with the indigenous Asian contexts, and they led to the worsening society – administration gaps and pathological outcomes. Beyond the continuing Western (especially American) intellectual hegemony in the field's knowledge – building, the prominent Asian scholars themselves have been educated mostly in foreign universities and institutions, which is not conducive to the construction of indigenous administrative knowledge based on an Asian perspective. In this context, it is imperative to explore the displacement of pre – colonial administrative traditions by colonial and postcolonial interventions, to examine how the contemporary administrative systems in Asia are based on exogenous models, and to assess the feasibility of constructing an overarching intellectual perspective that could be claimed as Asian public administration. This article attempts to explore these intellectual concerns with specific reference to selected cases in East, South, and Southeast Asia.

文章名称：全球化亚洲中的公共行政：知识分子身份、挑战与展望

作者：M. Shamsul Haque

来源：《公共行政与发展》2013年

内容摘要：在大部分亚洲国家，公共行政领域继续担负着由西方国家带来的殖民统治和后殖民现代化的"遗产"。在这样一个全球化的新公共管理时代，强调这些行政体制的外生形成仍然是重要的。这些被强加或借鉴来的西方行政实践模式一直以来经常失效，因为它们具有与亚洲情境的不相容性，而且它们造成了比较糟糕的社会—行政割裂和病态的后果。除了本领域知识建构中的西方知识霸权之外，那些著名的亚洲学者自身已几乎是在外国大学和机构中获得教育的，而这一点对于构建基于亚洲视角的本土行政知识是不利的。在这一背景下，我们有必要通过殖民和后殖民介入来探究对前殖民行政传统的替代问题，去检验亚洲当代的行政体制是如何建立在外生模式之上的，以及对构建一个可被称为亚洲公共行政的包罗万象的知识观的可行性进行评估。本文试图通过具体参考一些选择性案例来探讨这些内容，而这些案例位于东亚、南亚和东南亚。

经济管理学科前沿研究报告

Article: Another Size Fits all? Public Value Management and Challenges for Institutional Design

Author: Richard Shaw

Source: Public Management Review, 2013

Abstract: The talk is of a new public value paradigm that is challenging the dominance of the new public management. In some quarters, however, public value is criticized as a reheated version of other public administration narratives. This article supplements the debate with an assessment of the ramifications of public value for institutional design in the public sector. It scans the literature for premises that might inform the structuring of public agencies. An institutional prescription is advanced and appraised. The article concludes that, while promising, public value's institutional project remains incomplete.

文章名称：又一个万能的理论？制度设计中的公共价值管理和挑战

作者：Richard Shaw

来源：《公共管理评论》2013 年

内容摘要：本文涉及一个新的公共价值范式，它正在对新公共管理的支配地位构成挑战。但是，在一些地区，公共价值正被批评为又一个公共行政叙事的再热版本。通过对公共部门制度设计中的公共价值的后果进行评估，本文补充了这一辩论。针对那些可能揭示公共部门结构的一些前提，我们回顾了相关文献。一个制度性对策被提出和评价。本文结论认为，虽然富有前景，但公共价值的制度项目仍是不完整的。

行政管理学学科前沿研究报告

Article：Can the Same Key Open Different Locks? Administrative Values underlying Performance Measurement in China

Author：Hon S. Chan and Jie Gao

Source：Public Administration，2013

Abstract：Can one policy instrument be used to accomplish administrative values with different or even conflicting attributes? In his well-known theoretical framework of three clusters of administrative values, Hood argues that management designs that prioritize certain values will be less capable of accomplishing other values. An incompatibility problem exists if one seeks to integrate different sets of values into the same management design. This article further develops Hood's framework by introducing a new set of values that are highly stressed in regimes with a unified politics-administration. Based on a case study of the Chinese performance measurement system, this article argues that different sets of values can be accomplished, though unevenly, by the same management design. Although incompatibility appears, its extent can be neutralized to a degree so that all sets of values are more or less accomplished, without some succeeding at the cost of others.

文章名称：一把钥匙能开不同的锁吗？中国绩效测量之下的行政价值

作者：Hon S. Chan And Jie Gao

来源：《公共行政》2013年

内容摘要：一种政策工具能否被用来实现一些带有不同甚至是冲突属性的行政价值吗？在他著名的三组行政价值理论框架中，Hood认为，对特定价值进行优先次序划分的管理设计将更无能力实现其他价值。如果一个人追求去将不同组的价值整合进同一个管理设计中，那么一个不相容问题是存在的。本文通过介绍一组新的价值来进一步发展Hood的框架，该组新的价值在一些具有一元化的政治—行政的国家被高度强调。基于对中国绩效测量体系这样一个案例进行研究，本文认为，不同组的价值能够通过同一管理设计而被不同程度地实现。虽然不包容性会出现，它的程度能够被抵消到一个合适水平，以便于所有组的价值或多或少地被实现，而在之后没有对其他方面构成损害。

Article: Repositioning American Public Administration? Citizen Estrangement, Administrative Reform, and the Disarticulated State

Author: Robert F. Durant, Susannah Bruns Ali

Source: Public Administration Review, Apr. 2013

Abstract: Levels of citizen estrangement from government in the United States have risen rather consistently since the late 1960s and have reached all-time highs in recent years. Evidence is accumulating in political science research to suggest that public administrative theory may have contributed to this trend since the Progressive Era in the early 1900s. The authors develop this thesis by arguing that administrative theory in the United States has persistently portrayed public managers as "bridge builders" who link an expertise-challenged citizenry to government in ways that emphasize bureaucratic over democratic administration. Moreover, despite claims of yet another "new" paradigmatic shift for the field, collaborative governance scholarship to date exhibits similar tendencies. To support this argument, the authors assess the common citizen marginalizing tendencies of three sets of administrative reforms in American public administration: the progressive, associationalist, and polycentric heritages. They offer counterarguments to this thesis and call for critical self-reflection by the field and a more empirically robust research agenda on this topic.

文章名称：恢复美国公共行政？公民疏离、行政改革，以及脱节的国家

作者：Robert F. Durant, Susannah Bruns Ali

来源：《公共行政评论》2013年4月

内容摘要：在美国，公民与政府的疏离水平自20世纪60年代以来已经持续上升了，而且已经在最近几年达到了历史最高点。来自政治科学研究的证据越来越多，并认为公共行政理论可能自20世纪初导致了这一趋势。本文作者认为美国的行政学理论一直以来将公共管理刻画为"桥梁建设者"，这一角色是通过一些强调官僚制行政而非民主行政的方式来将质疑专家的全体国民与政府相互连接。而且，尽管为该领域提出了另一个新的范式转型，合作治理研究直到今天呈现了同样的趋势。为了支持本观点，本文作者评估了美国公共行政中三组行政改革的共同排斥公民的趋势：进步主义、*associationalist* 以及多中心遗产。它们对文章提出了反驳，而且通过该领域和一个更为经验性的、稳健的研究计划来呼吁对这一主题进行批判性的自我反思。

Article: Public Voices from Anonymous Corridors: The Public Face of the Public Service in a Westminster System

Author: Dennis Grube

Source: Canadian Public Administration, March 2013

Abstract: Under the traditions of the Westminster system, prime ministers and ministers give countless public speeches each year, while their loyal public service quietly and anonymously carries out the daily business of public administration. Current practice suggests that this traditional picture no longer holds true. In the 21st century, bureaucratic leaders are prepared to give public speeches on their own authority – adopting a "public face" as contributors to public debate. This article examines the extent to which key bureaucratic leaders in Canada have adopted an independent public face through public speeches, and how the Canadian experience compares to other Westminster jurisdictions. It argues that contemporary Canadian practice has taken a middle road between independent policy advocacy and quiet anonymity.

文章名称：来自匿名走廊的公共声音：威斯敏斯特体制中公共服务的公共面孔

作者：Dennis Grube

来源：《加拿大公共行政》2013年3月

内容摘要：在威斯敏斯特体制传统下，首相和其他内阁部长每年会进行无数的公共演讲，然而他们忠诚的公共服务静静地且不记名地贯彻着公共行政的日常事务。目前的实践表明，这一传统图景不再有效。21世纪，官僚领导们准备好了去凭借自己的权威来进行公共演讲：作为公共辩论的参与者而采取一种"公共面孔"。本文检验了加拿大关键官僚领导已经通过公共演讲来采取一种独立公共面孔的程度，以及加拿大的经验如何与其他威斯敏斯特行政辖区进行比较。本文认为，当代加拿大实践已经在独立政策倡导和安静匿名者之间采取了一条中间道路。

Article: Public Administration Reform In Post – Conflict Societies：Lessons From Aceh, Indonesia

Author：Ben Hillman

Source：Public Administration and Development, 2013

Abstract：Post – conflict reconstruction programs increasingly include components designed to strengthen the performance of the public service and to support public sector reform. Although there is a growing body of literature on the relationship between public administration, and peace and development, there have been few case studies of donor efforts to strengthen public administration as part of post – conflict reconstruction. This study examines efforts to strengthen the civil service in Aceh, Indonesia, following the province's first post – conflict elections in 2006. It examines the impact of a donor – funded program designed to assist Aceh's first post – conflict administration (2007 – 2012) to reform its personnel management practices. The case study sheds light on weaknesses in current donor approaches to public administration reform in post – conflict situations.

文章名称：后冲突社会中的公共行政改革：来自印度尼西亚亚齐省的经验

作者：Ben Hillman

来源：《公共行政与发展》2013 年

内容摘要：后冲突再建规划不断加进一些成分，旨在加强公共服务绩效和支持公共部门改革。虽然关于公共行政之间的关系、和平与发展等的文献日渐增多，但是至今很少有这样一些关于捐助努力的案例研究，即这些捐助努力是为了将公共行政作为后冲突再建的一个部分来加强。2006 年该省第一次后冲突选举之后，本研究检验了印度尼西亚亚齐省加强公共服务的努力。本文也检验了一个捐资规划的影响，用于帮助亚齐第一次后冲突行政（2007 – 2012 年）来改革它的人事管理实践。这一案例研究揭示了后冲突情形中公共行政改革的当前捐助方法所具有的弱点。

行政管理学学科前沿研究报告

Article：Implementing Open Innovation in the Public Sector：The Case of Challenge. gov
Author：Ines Mergel，Kevin C. Desouza
Source：Public Administration Review，October 2013

Abstract：As part of the Open Government Initiative, the Barack Obama administration has called for new forms of collaboration with stakeholders to increase the innovativeness of public service delivery. Federal managers are employing a new policy instrument called Challenge. gov to implement open innovation concepts invented in the private sector to crowd source solutions from previously untapped problem solvers and to leverage collective intelligence to tackle complex social and technical public management problems. The authors highlight the work conducted by the Office of Citizen Services and Innovative Technologies at the General Services Administration, the administrator of the Challenge. gov platform. Specifically, this Administrative Profile features the work of Tammi Marcoullier, program manager for Challenge. gov, and Karen Trebon, deputy program manager, and their role as change agents who mediate collaborative practices between policy makers and public agencies as they navigate the political and legal environments of their local agencies. The profile provides insights into the implementation process of crowdsourcing solutions for public management problems, as well as lessons learned for designing open innovation processes in the public sector.

文章名称：在公共部门中实施开放式创新："Challenge. gov"案例
作者：Ines Mergel，Kevin C. Desouza
来源：《公共行政评论》2013年10月
内容摘要：作为开放式政府动议的一部分，奥巴马政府呼吁要与利益相关者开展新形式的合作，以便提升公共服务的创新性。联邦政府正采用一种新的政策工具（被称为"Challenge. gov"），来落实私营部门发明的开放式创新概念，通过众包形式来获得解决方案，这一过程涉及从先前未被使用的问题解决者到利用集体智慧来处理复杂社会和技术的公共管理问题。本文作者强调了由以下组织所开展的工作，即通用服务管理部中的公民服务与创新技术办公室——Challenge. gov 平台的行政官。特别是，这一行政轮廓是 Tammi Marcoullier 和 Karen Trebon 工作的特色，而前者是 Challenge. gov 的项目经理，后者是项目副经理，他们的角色便是作为变化代理人来调解政策制定者与公共机构之间的合作实践，因为这些公共机构有时会掌控地方部门的政治和法律环境。大致状况使我们得以认识到针对公共管理问题而采用的众包解决方法的实施过程，以及一些可以用于公共部门设计开放式创新过程的经验教训。

Article: Public sector leadership: New perspectives for research and practice
Author: Davide Christian Orazi, Alex Turrini, Giovanni Valotti
Source: International Review of Administrative Sciences, September 2013

Abstract: In this article, we aim to portray the state of the art in public sector leadership in order to recommend directions for research and training practice. To this end, we review the scattered strands of literature on public sector leadership (PSL) and classify them in a single framework. The results of the study suggest that public sector leadership is emerging as a distinctive and autonomous domain in public administration/public management studies, although the debate is still underdeveloped compared to business administration studies. Leadership skills truly do matter in improving the performance of public sector organizations, and it is highly likely that the optimum leadership style is an integrated one: Public sector leaders should behave mainly as transformational leaders, moderately leveraging transactional relationships with their followers and heavily leveraging the importance of preserving integrity and ethics in the fulfillment of tasks.

文章名称：公共部门领导力：关于研究和实践方面的新观点

作者：Davide Christian Orazi, Alex Turrini, Giovanni Valotti

来源：《国际行政科学评论》2013年9月

内容摘要：在本文中，我们试图勾勒公共部门领导力方面的艺术情形，以便于为研究和培训实践提供一些方向指引。为了这个目的，我们回顾了有关公共部门领导力的文献脉络，而且将它们分类置于一个单一架构内。本研究结论认为，在公共行政或公共管理研究中，公共部门领导力正在以一种与众不同的、自主的领域身份而出现，虽然这一争论在与工商行政研究比较时仍然有待发展。在改善公共部门组织绩效方面，领导力技能确实会发挥重要作用，而且最适宜的领导力风格很可能是一种综合领导力：公共部门领导者应该以转型领导者的角色来行动，适当地利用他们与追随者之间的事务性关系，以及在履行任务过程中要好好利用正直和道德的重要性。

Article: Master and Apprentice or Difference and Complementarity? Local Government Practitioners, Doctoral Studies and Co – produced Research

Author: Josie Kelly & Philip Lloyd – Williams

Source: Local Government Studies, 2013

Key Words: Local governance practitioner, co – research, doctoral research

Abstract: In their search for innovative policy solutions to complex social problematics, local governance practitioners will look to synergising specific policy guidance from government departments with conceptual scientific research outputs. UK academics are also now expected to emphasise the relevance of their research and to increase its utilisation by practitioners. Away from utilitarian pressures, academics from applied discipline, such as Public Administration and Local Government Studies are increasingly drawn to the benefits of co – produced research. Despite the pressure for more co – research there are few opportunities for practitioners and academics to nurture relationships that would support close collaboration. This paper looks at the opportunity for closer collaboration when practitioners undertake research degrees, in order to enhance their cognitive skills and develop greater scientific knowledge of particular policy domains. If this route to closer collaboration is to succeed, it will require academics to think differently about their relationship with practitioner – students.

文章名称：大师与学徒还是差异与互补？地方政府实践者、博士研究和合作研究

作者：Josie Kelly & Philip Lloyd – Williams

来源：《地方政府研究》2013 年

内容摘要：当他们就复杂社会问题寻求创新性政策解决方案时，地方治理实践者会注意将政府部门的政策方针与概念性的科学研究成果进行协调。人们期望英国学者注重他们研究的相关性，以及去提升实践者对它们的使用。回避了功利主义的压力，来自应用学科的学者，如公共行政和地方政府研究，这些学者正在被越来越多地吸引到合作研究的好处中来。尽管有更多合作的压力，然而，对于实践者和学者而言，几乎没有什么机会以用来培养那种可以支持密切合作的关系。本文着眼于那种更密切合作的机会，即当实践者从事研究工作，以便去提高他们的认知技能，以及就特定政策领域开发更广的科学知识。如果这一涉及密切合作的路线能够获得成功，那么它将要求学者去就他们与学生实践者之间的关系进行不同的思考。

Article：Reforming Public Services after the Crash：The Roles of Framing and Hoping

Author：Leo Mccann

Source：Public Administration，2013

Abstract：This symposium of Public Administration explores the impact of the 'Great Financial Crisis'（GFC）on public services provision and delivery. This introductory article discusses the political and media 'framing' and 'counter – framing' of what the GFC means for reforming public service bargains. The dominant frame is that service reform and cutbacks to provision are inevitable and unavoidable. This is contrasted with the counter – frame that the GFC is being used as 'cover' for 'ideologically driven' reforms that policymakers would have wanted to introduce even if the crash had not occurred. Reform processes, however, are highly context – specific and frames and counter – frames are rhetorical and subjective. They emanate from deep – seated yet fragile assumptions about the economic, social, and moral capacities of markets and governments, and are therefore best understood as 'mechanisms of hope' rather than distinct and rational policy prescriptions.

文章名称：破产之后来改革公共服务：框架和希望的作用

作者：Leo Mccann

来源：《公共行政》2013年

内容摘要：公共行政讨论会探究"大金融危机"对公共服务提供和交付所带来的影响。这一介绍性文章讨论了政治的和媒体的"构造"与"相对构造"，即"大金融危机"对改革公共服务交易意味着什么。这一支配框架是指，针对提供所进行的服务改革和削减是不可避免的。这与相对框架形成对比，即"大金融危机"正被用来作为政策制定者本将打算引介进来的"受意识形态驱动"的改革借口，哪怕破产没有发生。但是，改革进程是具有高度情境特异性的，而且框架和相对框架是修辞性的和主观性的。它们源自深层的脆弱假设，这些假设涉及市场和政府的经济的、社会的和道德的能力，而且因此它们最好被理解为"希望机制"，而不是独特且理性的政策处方。

Article: Flying Blind? Evidence for Good Governance Public Management Reform Agendas, Implementation and Outcomes in Low Income Countries

Author: Shaun Goldfinch, Karl Derouen Jr., Paulina Pospieszna

Source: public administration and development, 2013

Abstract: Although considerable resources and attention have been allocated to recent 'good governance' public management reform in low income and fragile states, there is little evidence as to what degree this agenda has been implemented nor as to whether it has led to improved services and outcomes for populations. To address this lacuna, we conduct a review of the large but almost entirely qualitative literature on good governance reform in the 49 countries classed as low income by the United Nations. We find only a small number of documents that link good governance public sector reform agendas with implementation. Fewer still assess outcome. We conduct an empirical analysis of the relationship between reform agenda (using data from the literature review), implementation, service delivery and outcomes, as measured by performance on Millennium Development Goals indicators. We report that there is little, if any, empirical evidence that reform enhances service delivery.

文章名称：盲目行动？善治公共管理改革议程的证据、实施，以及低收入国家的产出

作者：Shaun Goldfinch, Karl Derouen Jr., Paulina Pospieszna

来源：《公共行政与发展》2013年

内容摘要：在低收入和脆弱国家，虽然人们对近期的"善治"公共管理改革投入了大量的资源和注意力，但是，几乎没有什么证据表明这一议程已经在多大程度上被实施，也没有什么证据表明它是否已经为大众促进改善了服务和产出。为了填补这一空白，我们针对有关49个国家善治改革的庞大且几乎全部是定性的文献进行了回顾，这49个国家被联合国划分为低收入国家。我们仅发现了少量的文献会将善治公共部门改革议程与实施相互联系。更少的文献则是对产出进行评估。我们对改革议程（使用来自文献回顾的数据）、实施和服务交付与产出之间的关系进行了一个经验分析，同时我们是通过关于千禧年发展目的指标的绩效来测量它们的。我们发现，有一些极为稀少的经验证据表明改革提升了服务交付。

Article: Redesigning Welfare Services for Policies Effectiveness: The Non-profit Organizations (NPOs) Perspective

Author: Laura Mariani & Dario Cavenago

Source: Public Management Review, 2013

Abstract: The relationship between governments and Third Sector is an important subject of public administration studies which attribute nonprofit organizations (NPOs) the double function of welfare service delivery, and – according to a participatory governance model – participation in policies' definition. The aim of this paper is to contribute to the comprehension of the NPOs' approach to addressing human needs through their services, in order to support new ways to promote the citizens' initiative. Through a qualitative services analysis, seven case studies have been assessed. Results suggest that NPOs' approach is characterized by the attention to individual as a whole, networking with other NPOs, and focus on users autonomy. To promote participatory governance models, some suggestions for policy-makers are highlighted.

文章名称：针对政策有效性而重构福利服务：非营利组织的视角

作者：Laura Mariani & Dario Cavenago

来源：《公共管理评论》2013年

内容摘要：政府和第三部门之间的关系是公共行政研究的重要主题，而且在公共行政研究中，非营利组织具有这样一种双重功能：福利服务提供，以及根据一种参与治理模型——政策定义中的参与。本文的目的是促进人们去理解非营利组织通过它们的服务来解决人类需求方面的手段或方法，以便于去支持那些促进公民动议的新路径。通过一种定性的服务分析，我们评估了七个案例研究。结果表明，非营利组织的方法具有以下特征：作为一个整体而对个人的关注、与其他非营利组织的联络，以及聚焦于使用者自治。为了促进参与治理模式，我们也针对政策制定者强调了一些建议。

Article: Remapping the State: Inter – Municipal Cooperation through Corporatisation and Public – Private Governance Structures

Author: Giulio Citroni, Andrea Lippi & Stefania Profeti

Source: Local Government Studies, 2013

Abstract: The institutional setting of regional and local government in Italy appears to be characterised by an ongoing process of reform and adjustment ever since Regions were created in 1970. More recently, provinces and Municipalities gained wide autonomy in 1990, and the constitution itself was revised in 2001 to set up what is sometimes referred to as a 'quasi – federal' system of intergovernmental relations. In this context, inter – municipal cooperation also has witnessed several phases and dynamics, ranging from (very rare) fusions, through single – purpose cooperation, to integrated service management (Public – public partnership, and consortia for the management and/or regulation of public utilities). More recently, and most notably over the past decade, inter – municipal cooperation has taken on a new form, consisting in the shared ownership in joint – stock companies. The so – called 'corporatisation' of public bodies, i. e. the creation of public – owned (or mixed public – private), private – law companies and corporations for the fulfilment of public – interest activities, has come to constitute a network of inter – municipal cooperation that appears to represent a shift from an institutional intergovernmental structure of cooperation, to one that is pre – eminently played out in the arenas of public – private forms of governance. The article analyses the literature and overarching trends in inter – municipal cooperation in Italy, and draws on very rich original data on the companies owned by Municipalities in six Italian regions to show how these companies represent the locus of inter – municipal (and multi – level) relations that go well beyond the formal boundaries of local administrations, and are often brokered by powerful private partners.

文章名称：重新绘制国家：通过公司化和公私治理结构的市际合作

作者：Giulio Citroni, Andrea Lippi & Stefania Profeti

来源：《地方政府研究》2013 年

内容摘要：自从"地区"在 1970 年被创造出来，意大利地区和地方政府的制度情形似乎具有了这样一种特征：改革与调试的一个不间断过程。近期，省和自治市在 1990 年获得了宽泛的自治权，而且宪法自身也在 2001 年被修订以建立起有时被称作一个政府间关系的"准联邦"体制。在这一背景下，市际合作也已经见证了几个阶段和动力机制，从非常稀少的融合，到经历单一目的的合作，再到整合服务管理。在过去十年里最特别的是，市际合作已经呈现出一种新的形式，即在于合资公司中的共享所有制。所谓的公共团体的"公司化"已经开始构成了市际合作的一个网络，这种市际合作似乎代表了一种从一个合作的制度化府际结构到另一种结构的转换，而后一种结构在公—私治理形式的竞技场中被充分用完。本文分析了意大利市际合作方面的文献和包罗万象的趋势，而且，利用非常丰富的关于意大利六个自治市所拥有的公司的原始数据,我们试图展示这些公司是怎样呈现市际关系的轨迹,而这些关系很好地超越了地方行政的正式边界,并且常常由拥有权力的私人伙伴来代理。

Article: Teams in Public Administration: A Field Study of Team Feedback and Effectiveness in the Israeli Public Healthcare System

Author: Dana R. Vashdi

Source: International Public Management Journal, 2013

Abstract: Over recent years, public organizations have increasingly adopted work teams as an organizational tool for improving task coordination, communication, and knowledge transfer. In this research, I discuss action teams in public organizations and the importance of team feedback for the effectiveness of such professionally heterogeneous public teams. I examine two alternative approaches to team feedback, guided team reflexivity and peer assessment, and hypothesize regarding their effects on team processes and performance. Using a field-based, experimental design involving surgical teams in a large public tertiary health care center, I compared the effects of team reflexivity and peer assessment on specific team-related processes and task duration. I found that guided team reflexivity is related to higher levels of team attention to detail, cooperation, and psychological safety than peer assessment, and that team attention to detail mediates the relationship between feedback type and performance.

文章名称：公共行政中的团队：关于以色列公共医疗系统中的团队反馈和效果的田野研究

作者：Dana R. Vashdi

来源：《国际公共管理》2013年

内容摘要：在最近几年里，公共组织已经越来越多地采取了工作组的形式来作为组织工具，以便于协调任务、沟通和知识转移。在本研究中，作者讨论了公共组织中的行动组和组反馈对于一些专业化的异质化公共组的效果的重要性。文章检验了组反馈的两个替代性方法——受指导组反射性和同等人评估，并假设了它们对组过程和绩效所构成的影响效果。利用一个基于现场的、实验的设计（涉及一个大型的、公共的、第三代健康医疗中心的外科团队），文章比较了组反射性和同等人评估对具体相关组过程和任务期间所构成的影响效果。结果发现，与同等人评估相比较，受指导组反射性与组对细节、合作和心理安全的更高水平注意力是相关的，而且组对细节的注意力会在反馈类型和绩效之间发挥调节作用。

Article: Some Ceilings Have More Cracks: Representative Bureaucracy in Federal Regulatory Agencies

Author: Amy E. Smith and Karen R. Monaghan

Source: The American Review of Public Administration, 2013

Abstract: In recent decades, representative bureaucracy has been a core area of interest, both in theory and in practice, in public administration. The focus on representative bureaucracy is important because the characteristics of bureaucrats influence the nature, scope, and implementation of public policies. Integrating management literature on men and women in leadership with existing work on representative bureaucracy, this study constructed a new data set examining the distribution of women in leadership in 118 U. S. federal regulatory organizations. We find that women remain underrepresented in federal regulatory agency leadership but not in the same magnitude as in political representation and private organization leadership. Specifically, women are expected to get into leadership positions in organizations working in "feminine" policy areas and where a woman holds the top level of leadership. In addition, the proportion of women in upper-level leadership positions is expected to increase in agencies with a higher likelihood of failure when such agencies are less visible.

文章名称：一些天花板有更多裂缝：联邦监管机构中的代表性官僚制

作者：Amy E. Smith and Karen R. Monaghan

来源：《美国公共行政评论》2013 年

内容摘要：在最近几十年里，代表性官僚制在公共行政中已经在理论和实践方面成为一个受到关注的核心领域。对代表性官僚制的聚焦是重要的，因为官僚的特点影响着公共政策的性质、范围和实施。通过将有关男性和女性领导的管理文献与关于代表性官僚制的既有文献进行整合，本研究构建了一个新的数据集，用以检验美国 118 个联邦监管组织中的女性领导的分布规律。我们发现，在联邦监管结构的领导岗位中而不是在同样量级的诸如政治代表和私人组织领导岗位那样，女性仍然是没有被充分代表的。特别地，人们期望女性进入那些"妇女"政策领域里的组织工作中的领导岗位，在那里，女性占据了顶层领导岗位。另外，当这样一些机构具有更大的失败且可能这些机构难以被看到时，人们会期待高层领导岗位的女性比例有所增加。

Article: The Rise of Executive Federalism: Implications for the Picket Fence and IGM
Author: Frank J. Thompson
Source: The American Review of Public Administration, 2013

Abstract: The ascendance of federal grants to states and localities as a major tool of government action has fueled scholarly interest in building a better theory of intergovernmental management (IGM). It has also spawned an enduring metaphor, "picket-fence federalism," which has done much to shape thinking about the context and nature of IGM. More recently, however, a competing conceptual lens called "executive federalism" (EF) has emerged. Proponents of this perspective contend that administrative discretion looms increasingly large in shaping who gets what from federal grants, that vastly greater dependence on program waivers has driven this development, and that political executives—both elected and appointed—play a growing role in the administration of grant programs. To the degree that the EF lens accurately captures developments, it challenges the conceptual and empirical underpinnings of both the picket-fence model and IGM. This article provides a preliminary test of the EF perspective by examining the case of Medicaid. It charts a research agenda that would more fully probe the implications of EF for a theory of IGM.

文章名称：行政联邦主义的崛起：栅栏联邦主义和府际管理的含义
作者：Frank J. Thompson
来源：《美国公共行政评论》2013 年

内容摘要：作为一种政府行动的主要工具，给予各州和聚居地的联邦补助金的支配地位已经激发起了这样一种学术上的兴趣，即构建一种更好的府际管理理论（IGM）。它也引起了一个持久的隐喻——"栅栏联邦主义"，而这一点对于形成关于府际管理的背景和性质的思考有很深的关联。但是，近期，一个矛盾的概念——"行政联邦主义"——已经出现了。这一观点的支持者主张，行政自由裁量权在塑造"谁从联邦补助金那里得到什么"这一方面越来越开始显现，以及对项目弃权的更大依赖已经推动了这一发展，而且政治执行官——无论是选举的还是委任的——在拨款项目的执行方面发挥了越来越大的作用。就行政联邦主义镜头能够对发展所准确"拍摄"的程度而言，它对栅栏模式和府际管理的概念性和经验性基础构成了挑战。本文通过检验医疗补助计划而就行政联邦主义观点提供了一个初步的测试。它绘制了一份研究议程，该议程将会更完全地探查行政联邦主义对于一个府际管理理论的含义。

Article: What Makes Governance Networks Work? A Fuzzy Set Qualitative Comparative Analysis of 14 Dutch Spatial Planning Projects

Author: Stefan Verweij, Erik–Hans Klijn, Jurian Edelenbos & Arwin van Buuren

Source: Public Administration, December 2013

Abstract: Many studies have been conducted to determine the conditions that contribute to the satisfactory outcome of decision–making processes in governance networks. In this article, we explore how the interaction of three such conditions – network complexity, network management and stakeholder involvement – results in stakeholder satisfaction. We use fuzzy set qualitative comparative analysis (fsQCA) – a relatively new approach in public administration research – to systematically compare the decision–making processes and outcomes of 14 Dutch spatial planning projects. Our analysis points to three combinations that result in stakeholder satisfaction: network complexity combined with adaptive management, stakeholder involvement combined with adaptive management, and low complexity combined with both limited stakeholder involvement and closed network management.

文章名称：什么使治理网络发挥作用？针对14个荷兰空间规划项目的模糊集合定性比较分析

作者：Stefan Verweij, Erik–Hans Klijn, Jurian Edelenbos & Arwin van Buuren

来源：《公共行政》2013年12月

内容摘要：针对那些有助于达成治理网络中决策过程的满意结果的一些条件因素，人们已经开展了大量研究。在本文中，我们探究了这样三种条件——网络复杂性、网络管理和利益相关者参与——是怎样使利益相关者满意的。我们使用了模糊集定性比较分析——公共行政研究中一个相对比较新的方法——来系统地比较了14个荷兰空间规划项目的决策过程和结果。我们的分析表明了可以使利益相关者满意的三个组合：与适应性管理相结合的网络复杂性、与适应性管理相结合的利益相关者参与，以及与有限利益相关者参与和闭环网络管理相结合的低复杂性。

Article: The Search For A Model of Public Administration Reform in Hong Kong: Weberian Bureaucracy, New Public Management or Something Else?

Author: Wilson Wong

Source: public administration and development, 2013

Abstract: This article examines the limits of Western public administration models and the importance of a contextually embedded and empirically based approach of knowledge building in Asian public administration. It is attainted through a case study of the post – 1997 public administration reform in Hong Kong to illustrate the mismatching between major models of Western public administration and the Asian domestic contexts. There are questions and doubts about both the goals and results of the public management reforms in Hong Kong. This article argues that post – handover reforms in Hong Kong cannot be fully explained by the normative and efficiency – oriented model of new public management self – claimed by the government. They are driven more by the political elite that emerged in the new political order after Hong Kong's transfer of sovereignty in 1997. Using administrative solutions to resolve political problems and address concerns on the domestic agenda has been a character of Hong Kong's administration, which is generalizable to other Asian countries. The article also sheds light on the bigger underlying questions raised in comparative public administration about the inadequate explanatory power of generalized Western public administration models and how the national context of Asian countries is more diverse and complicated from a so – called global model.

文章名称：探寻香港公共行政改革的模式：韦伯官僚制、新公共管理或者其他？

作者：Wilson Wong

来源：《公共行政与发展》2013 年

内容摘要：本文检验了西方公共行政模式的限度，以及在亚洲公共行政中一种嵌入情境的、基于经验的知识建构路径的重要性。为了实现这一目的，我们通过对 1997 年之后香港公共行政改革的一个案例研究，来说明在西方公共行政和亚洲国内背景之间的不匹配。关于香港公共管理改革的目标和结果方面，人们对它仍然存有问题和怀疑。本文认为，在香港，政权移交之后的改革是无法通过规范的且以效能为中心的新公共管理模式被完全解释的，而这一新公共管理模式是该政府自称的。它们更多的是由 1997 年香港主权移交之后的新政治秩序中出现的政治精英来推动的。使用行政手段来解决政治问题和处理关于国内议程的关注，已经成为了香港政府的一个特征，而这一特征能够归纳到其他亚洲国家。本文也揭示了一个更大的潜在问题，该问题在关于广义西方公共行政模式不足解释力方面的比较公共行政中被提出，而且也揭示了亚洲国家背景是多么不同于和复杂于一个所谓的全球模式。

第三章 行政管理学科 2013 年出版图书精选

第一节

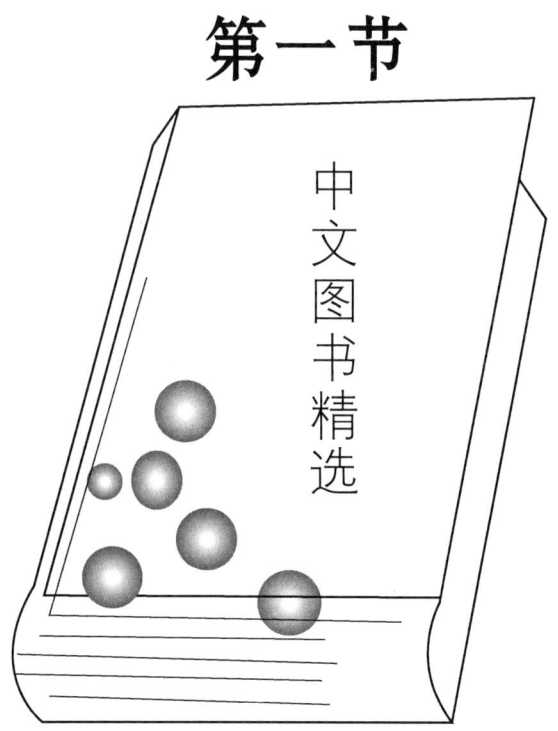

经济管理学科前沿研究报告

书名：中国公共管理年鉴（2013）
作者：编委会主编
出版社：中国财政经济出版社
出版时间：2013年3月

内容简介：

作为当代中国第一部关于行政管理、公共管理、公共行政和公共服务相关领域的综合性大型工具书，《中国公共管理年鉴（2013）》为行政管理学科的学术研究和实践经验积累提供了非常富有价值的指引和总结工作，具有很高的学术价值和实践意义。伴随着中国的全面转型，中国行政管理实践领域也发生了全面的革新，与此呼应，有关于中国行政管理诸多实践问题的学术探讨也逐步增多，并呈现为很多具体的学术活动和研究成果。这些历史经验、现实问题、学术成果亟待被整理和总结，以便为未来的行政管理实践和学科学术发展提供借鉴。

《中国公共管理年鉴（2013）》全书分为综合篇、规划篇、实践篇、研究篇、大事记、统计资料篇六大部分。针对行政管理学科的方方面面，从实践到研究，所涉及的范围十分广泛，有助于研究人员和实务工作者迅速、便捷地对当代中国行政管理问题有大致了解和认识。具体来看，综合篇部分主要包括中国公共管理事业发展报告、重要讲话选编、公共服务政策概览；规划篇部分主要涉及国家行政管理领域中的各类国家治理规划，包括基本公共服务、人口、就业、社会保障、教育、卫生事业、药品安全、食品安全、环境保护、节能减排、现代农业发展、水利、土地、国土资源信息化、通信、扶贫工作等；实践篇主要从进展状况、论坛会议、国外经验引介三个方面来充分展示行政管理或公共管理方面的实践现况，具体问题包括行政体制改革、公共财政、就业与分配、城乡一体化、养老保险、医疗保障、保障房、教育、生态建设、食品和药品安全、基础资源、公益慈善、扶贫与土地确权、城市建设、公共文化等方面；研究篇部分主要从研究报告、政策研究、学术论文三个角度来选择性地呈现行政管理方面的学术研究状况及成果；大事记部分则就公共管理或行政管理方面的重大或重要事件进行了概览和总结，表明了中国行政管理实践的重要发展变化；统计资料篇则就国家经济现况、人口和就业、房地产、价格和旅游、公共财政、城乡居民生活、城市公共服务、资源和环境、运输和邮电、教育和科技、文化和体育、社会保障等方面的统计资料进行整理，有利于相关学者或政府人员等从整体数据角度去了解具体领域的发展状况，以对相关行政管理问题有更为精确的认识。总之，该书的学术价值和实践意义都较高，是对行政管理或公共管理领域发展现况的一次全面总结。

书名：社会管理
作者：汪大海
出版社：中国人民大学出版社
出版时间：2013年3月

内容简介：

汪大海主编的《社会管理》系统阐述了社会管理的基本概念与理论，尝试建立起社会管理研究的基本框架。全书首先论述了社会管理的基础理论，对社会管理的概念、主体、客体进行了详细论述；进而介绍了社会管理的规律与程式、社会管理机制，以及社会管理的条件、途径与方法，并对社会风险管理、社会舆情管理、民生问题社会管理等主要领域的社会管理进行了重点阐述；最后对社会管理的未来发展趋势进行了分析和展望。本书立足于我国社会管理的实践，系统、深刻、多视角地研究社会管理的基本理论和前沿发展趋势，力求凸显中国特色，突出重难点，形成自己的学科特色体系。在教材内容和体系编排上，本书既涵盖了社会管理的基本理论，又阐述了社会管理理论最新发展趋势，凸显本学科的最新学术研究进展，力求内容全面系统、理论联系实际。本书打破传统教材只注重单纯理论介绍的编写体例，在编写过程中，引入了背景知识介绍、相关案例分析、经典读物推介等，让广大读者在读与思、理论与实际的互动中，深刻掌握社会管理的相关理论。

该书分为九个部分：第一章为绪论，主要介绍社会管理的含义，社会管理学的研究对象、意义和方法等；第二章为社会管理的背景，主要从社会管理的经济背景、政治背景、文化背景对社会管理的背景问题给予了展示和分析；第三章主要从社会管理的主体角度对社会管理主体的结构、社会管理多元主体之间的关系进行了讨论；第四章主要从社会管理的客体角度对社会管理客体的特点、内容指向等进行了分析；第五章主要从社会管理的规律与程式方面，讨论了社会管理的规律、基本原则、程式等方面的问题；第六章主要从社会管理的机制角度，对社会管理机制的含义与功能、社会管理机制的转变、社会管理有效机制的构建进行了论述；第七章主要对社会管理的资源、途径、方法与技术进行了分析；第八章主要从社会风险管理、社会舆情管理、民生问题等方面对主要领域的社会管理进行了展示；第九章主要从社会创新与创新型社会管理、全球社会环境的变革与复杂性、战略管理与前瞻性、社会治理与服务型、社会资本与合作型、知识管理与学习型社会管理、虚拟社会与虚拟型等方面对社会管理发展趋势及展望问题进行了讨论。

书名： 国家与社会之间：转型期的中国社会中介组织
作者： 唐兴霖
出版社： 社会科学文献出版社
出版时间： 2013 年 5 月

内容简介：

社会中介组织是社会大系统的重要组成部分，是社会分工精细化的产物和公民社会的重要组成部分，它的产生和发展是现代社会成熟的标志，也是承担现代社会机制作用的重要载体。唐兴霖编著的《国家与社会之间：转型期的中国社会中介组织》研究了政府转型过程中中国社会中介组织功能问题，主要探讨社会中介组织在中国政府转型过程中的功能定位。

该书分为九个部分：第一章主要是对相关重要概念、政府转型逻辑和研究设计进行说明和介绍；第二章对社会中介组织研究方面的主要理论基础进行了比较系统的梳理和阐释；第三章从国际视野对社会中介组织的发展状况进行了介绍，包括法团主义下的欧洲社会中介组织、多元主义下的美国社会中介组织和儒家文化下的东亚社会中介组织；第四章集中讨论了中国社会中介组织的历史发展和现状；第五章主要对中国情境下社会中介组织的功能问题进行了探讨；第六章和七章分别对城市社会和农村社会中的中介组织的问题与发展策略进行了分析；第八章基于之前的分析和讨论，进一步对中国社会中介组织的未来发展及趋势进行了讨论和展望；第九章为结束语。

书名：公共行政的精神（译著）
英文原书名：*The Spirit of Public Administration*
作者：H·乔治·弗雷德里克森
译者：张成福等
出版社：中国人民大学出版社
出版时间：2013年1月

内容简介：
该书是新公共行政学派领军人物弗雷德里克森除《新公共行政》以外的另一部代表作。全书从公共行政的本源——"公共性"谈起，对涉及公共行政领域的公正、公平、公民精神、行政自由裁量权等问题进行了深入细致的分析，指出当代公共行政在动荡的变革环境下，必须在政治、价值与伦理方面进行恰当的定位，从而构建公共行政官员所应遵循的价值规范与伦理准则，以建立现代民主政府，并确保政府治理的有效性。特别需要强调的是，作者在该书最后一章提出的公共行政八原则，值得每一位研究公共行政的专家、学者以及对公共行政感兴趣的读者加以研读与思考。

经济管理学科前沿研究报告

书名：政府未来的治理模式

英文原书名：*The Future of governing：Four Emerging Models*

作者：B·盖伊·彼得斯

译者：吴爱明等

出版社：中国人民大学出版社

出版时间：2013 年 1 月

内容简介：

该书从分析传统行政模式出发，阐明了各国政府竭力建构新治理模式的原因，并从各国政府的革新主张和主要发达国家的政府改革实践中，梳理归纳出四种未来政府治理模式：市场式政府（强调政府管理市场化）、参与式政府（主张对政府管理有更多的参与）、弹性化政府（认为政府需要更多的灵活性）、解制型政府（提出减少政府内部规则）。这四种政府治理模式各有不同的理论基础，适用于不同的政府体制。对每一种政府治理模式，作者都从问题、结构、管理、政策制定和公共利益五个方面进行了深入分析。该书第一次系统评价了席卷全球的行政改革运动，并把各国政府的改革尝试和各种治理的观点有机地结合在一起，是一部行政改革的理论力作，被誉为对全球治理变革进行综合分析的杰出著作。

书名：公民治理：引领 21 世纪的美国社区
英文原书名：*Citizen Governance: Leading American Communities Into the 21st Century*
作者：理查德·C. 博克斯
译者：孙柏瑛等
出版社：中国人民大学出版社
出版时间：2013 年 1 月

内容简介：

社区是沟通公民个人与政府的桥梁和基本单元，我们提出要加强基层社会管理和服务体系建设，增强城乡社区服务功能，其关键落脚点在于社区。该书对美国社区公民治理的经验和教训进行了详尽阐述，对于我们思考我国城乡社区建设极具参考价值，值得广大领导干部，尤其是基层领导干部阅读和思考。

该书围绕社区公民治理这一议题，对公民治理的发展历程做了回顾，并概括了其价值基础、实践原则和不同类型政策导向等环境性因素，在此基础上，淋漓尽致地阐释了公民治理中的公民、代议者和公共服务职业者这三个关键角色的功能、地位及其相互关系，最后给出了地方公民治理的制度创设实施步骤。

书名：后现代公共行政：话语指向
英文原书名：*Postmodern Public Administration toward Discourse*
作者：休·T. 米勒，查尔斯·J. 福克斯
译者：楚艳红等
出版社：中国人民大学出版社
出版时间：2013 年 1 月

内容简介：

《后现代公共行政：话语指向》是先锋派作者写就的先锋派作品。它将公共行政与公共政策研究置于后现代主义的基础之上，批驳了诸如公共管理学、制度主义、社群主义等目前广为流行的理论，致力于建构一种全新的公共行政"话语"理论。作者开阔的视野、犀利活泼的文风以及大胆的理论创新，给人一种前所未有的震撼。《后现代公共行政》不仅为后现代时期的公共行政展现了一种令人振奋的新视角，而且也为当代公共行政学的写作提供了一个新的范本。

该书被称为美国后现代公共行政理论里程碑式的著作，作者在对美国现代和后现代公共行政的现状和理论进行批评性反思的基础上，通过吸收西方现代哲学尤其是现象学与现代物理学的基本概念，以话语理论为立足点，对后现代状况下公共行政的问题逐一进行了分析，并提出要以开发性的对话模式来激发公众的参与意识，以确保公共行政的有效实施。

书名：公共行政学新论：行政过程的政治（第二版）
英文原书名：*The Politics Of The Administrative Process*
作者：詹姆斯·W. 费斯勒
译者：陈振明等
出版社：中国人民大学出版社
出版时间：2013 年 1 月

内容简介：

本书是美国公共行政学领域最有影响力、最具权威性的教科书之一，全书立足于当代西方特别是美国政府管理的实践，用大量现实资料及案例对公共行政学的原理进行深刻的阐述和剖析。书中涉及公共行政学的研究范围、政府的角色、公共组织理论、文官制度、公共政策的制定和执行、民主制中的行政等主题，尤其是强调了政治与行政的密不可分以及民主社会中立法和司法机关对行政机关监控的重要性。该书是美国高校广泛使用的教材或教学参考书，它对我们借鉴西方公共行政学的理论成果，探索具有中国特色的公共行政体制及公共管理模式具有重要的参考价值。

经济管理学科前沿研究报告

书名： 21世纪非营利组织管理

英文原书名： *Managing Nonprofit Organizations in the 21st Century*

作者： 詹姆斯·P. 盖拉特

译者： 邓国胜

出版社： 中国人民大学出版社

出版时间： 2013年1月

内容简介：

该书是当代非营利组织管理方面的经典之作。全书共分12章，分别对非营利组织管理中的若干重要问题进行了论述：非营利组织的使命、战略规划、营销、公共关系、筹款策略、财务管理、人力资源管理、沟通、董事会、志愿者、竞争力等。该书不仅揭示了非营利组织管理的精髓，而且针对非营利组织管理过程中所面临的各种问题进行了剖析；不仅指出了21世纪非营利组织所面临的挑战，而且针对这些挑战提出了应对之策。该书深入浅出、通俗易懂，并附有大量案例，适合作为非营利组织管理相关课程的教材，也可供非营利组织的管理人员和对非营利组织感兴趣的读者参考。

行政管理学学科前沿研究报告

书名：城市管理学（第 2 版）
作者：杨宏山
出版社：中国人民大学出版社
出版时间：2013 年 5 月

内容简介：

作为公共管理的一个具体应用领域，城市管理是指对城市公共事务的管理活动。城市管理的基本使命是，有效提供城市公共产品和公共服务，满足市民的公共需求，提升城市综合竞争力，促进城市可持续发展。传统城市管理把城市政府视为唯一的权威性管理主体，政府既"掌舵"又"划桨"，它依赖于层级节制和金字塔式指挥体系，实行单中心管制，凡事都由政府最后"拍板"。现代城市管理认为，政府并不是唯一的公共事务管理主体，城市管理不应由政府单中心主导，各类企事业单位、非营利组织、行业协会以及广大市民，也是城市管理的参与主体。现代城市管理注重引入市场机制和企业管理方法，调动私人部门和社会力量参与公共事务管理，拓展合作生产途径，提升公共服务供给效率，促进城市可持续发展。

该书共分为十三个章节，各个章节的结构内容主要包括：第一章为导论，主要涉及城市管理的含义、城市管理学的历史发展、城市管理学的研究内容、城市管理学的研究意义；第二章为城市与城市化，主要涉及城市的形成与发展、功能和作用、世界的城市化进程、中国的城市化政策；第三章为城市管理理论，主要涉及私人部门与公共部门、市场失灵与公共管理、城市公共产品的供给、城市管理的理论发展；第四章为城市管理体制，主要涉及国外市政体制概述、国外市政体制比较、中国城市管理体制、城市管理体制改革；第五章为城市政策，主要涉及城市政策的含义、政策制定的模型、政策创新与扩散、政策执行与评估；第六章为城市规划管理，主要涉及城市规划的本质、城市规划理论发展、城市规划编制和实施、城市规划管理变革；第七章为城市公共经济管理，主要涉及城市公共财政管理、采购管理、规制管理、自然垄断管理；第八章为城市基础设施管理，主要涉及城市基础设施概述、基础设施建设、基础设施运营体制、城市交通运输管理；第九章为城市房地产管理，主要涉及城市土地权利制度、土地市场管理、房产市场管理、住房保障制度；第十章为城市社会管理，主要涉及城市人口管理、安全管理、社会保障、社区管理；第十一章为城市公共服务管理，主要涉及公共服务与政府职能、社会公平的制度安排、城市事业单位改革、事业单位分类改革；第十二章为城市环境管理，主要涉及城市环境和环境污染、外部效应与环境保护、城市环境管理体制、城市垃圾收集与管理；第十三章为城市管理创新，主要涉及城市经营理论与实践、城市治理变革、数字化城市管理、城市政府绩效评估。

书名：国有资产与预算管理结合的效率模式
作者：李春龙
出版社：中国水利水电出版社
出版时间：2013年2月

内容简介：

《国有资产与预算管理结合的效率模式》从我国行政事业单位预算管理与国有资产管理历史状况、发展变化及变革着手研究，分析了国有资产管理与预算管理相结合的理论、现实根源以及目标要求，剖析了资产管理与预算管理存在的问题，介绍和借鉴了国外发达国家在这方面的经验和做法，并选取某水利单位进行"以效率为核心的资产管理与预算管理相结合的现实应用"案例分析，创新地提出了我国实行国有资产管理与预算管理相结合的改革路径、方案及具体措施办法等。

全书共分为八个章节，各个章节的内容主要包括：第一章为绪论，主要涉及课题研究意义、过程、方法和主要内容等；第二章为行政事业单位预算管理及资产管理的历史沿革，主要涉及行政事业单位的预算管理沿革、行政事业单位的资产管理沿革、行政事业单位的资产管理与预算相结合的提出及进展；第三章为行政事业单位资产管理与预算管理相结合的现实根源及目标要求，主要涉及行政事业单位资产管理与预算管理相结合的实践根源、资产管理与预算管理相结合的理论根源、行政事业单位资产管理与预算管理相结合的目标要求；第四章为我国行政事业单位资产管理与预算管理相结合的模式现状，主要涉及我国资产管理与预算管理相结合的管理现状、我国各地进行资产管理与预算管理相结合的模式探索、我国资产管理与预算管理模式类型划分；第五章为我国资产管理与预算管理相结合模式存在的问题，主要涉及从资产配置角度分析存在的问题、从资产使用方面分析存在的问题、从资产处置方面分析存在的问题、从资产效益方面分析存在的问题；第六章为国外资产管理与预算管理相结合的模式借鉴，主要涉及澳大利亚模式、美加模式、巴西模式、瑞典模式、法国模式、国外经验借鉴；第七章为建立以效率为核心的资产管理与预算管理相结合的模式，主要涉及提高资产资金的使用效率是公共财政管理的目标和手段、以效率为核心的资产管理与预算管理相结合模式的框架、资产管理与预算管理相结合的管理流程分析、资产管理与预算管理相结合需要建立和完善的制度；第八章为案例分析——建立以效率为核心的资产管理与预算管理相结合的现实应用分析，主要涉及水利资产管理的内容分析、水利预算管理的内容分析、某局资产管理与预算管理现状分析、水利资产管理与预算管理相结合存在的主要问题、某局建立资产管理与预算管理相结合效率模式的有关建议。

书名：绩效导向型公共预算管理研究
作者：蔡军
出版社：中国书籍出版社
出版时间：2013年1月

内容简介：

长期以来，我国财政支出规模持续增长，但与此形成对比的是，我国财政支出的效率却很低，这一状况使财政管理部门面临内部和外部的巨大压力，构建以绩效为导向的公共预算管理体系、全面实施政府公共预算绩效管理迫在眉睫。《绩效导向型公共预算管理研究》认为，建设高效的政府，首先是财政效率的提高，使之适应现代市场经济下公共财政的要求。

该书从讨论财政问题出发，探讨了公共预算绩效的新的管理理论、新的管理体系，系统地论述了公共预算绩效预算原理和方法，并且对公共预算绩效评价的指标体系在实际中的应用进行了阐述和实证研究。全书内容主要包括五个章节：第一章为财政效率与绩效管理；第二章为公共预算绩效管理的理论基础，主要涉及公共选择理论、委托代理理论、新公共管理理论、内部人控制理论；第三章为绩效预算改革，主要涉及绩效预算内涵、绩效预算管理的制度设计、我国绩效预算改革分析等；第四章为公共支出绩效评价制度，主要涉及公共支出绩效评价述评、公共支出绩效评价指标体系设计、公共支出绩效评价指标体系的内容构成、公共支出绩效评价指标权重的确定、公共支出绩效评价方法的选择、平衡计分卡方法的运用、我国公共支出绩效评价的现实意义、实行公共支出绩效评价的障碍及其突破；第五章为我国公共支出绩效评价实证研究，主要涉及科学研究费支出绩效评价、教育经费支出绩效评价、政府行政管理费支出绩效、公共卫生支出绩效评价。

书名： 政府机构成本管理
作者： 王永红
出版社： 中国财政经济出版社
出版时间： 2013 年 10 月

内容简介：

在传统社会，政府机构运营成本并不是一个十分严重和突出的问题。但是，伴随着政府在现代社会发挥越来越重要的作用，政府规模也在急剧扩大，这一扩张的直接后果便是带来了政府机构运营成本的迅速升高。针对这一问题，政府机构成本管理成为了一个十分富于实践意义的研究课题。如何控制政府机构的成本，同时又能保证政府发挥其正常功能？这一问题有待学者及实务工作者们思考和解决。

《政府机构成本管理》共分为十一章，其中包括政府机构成本管理的理论基础、实践探索和主要思路；机构设置成本管理，包含机构边界、横向、纵向方面；机构人力成本管理，包含人员规模、工资津贴、社会保障方面；公务消费成本管理，包含会议消费、公务差旅、公务接待方面；机构资产成本管理，包含办公用房、公务用车、办公设备方面；服务保障成本管理，包含教育培训、电子政务、物业服务方面；公共政策成本管理，包含制定环节、执行环节方面；公共服务成本管理，包含投入环节、监督环节方面；公共设施成本管理，包含投入环节、监督环节方面；机构经费成本管理，包含预算环节、执行环节、决算环节方面。

书名：区别性公共预算模式及其适用性研究
作者：吴美华
出版社：南京大学出版社
出版时间：2013 年 12 月

内容简介：

1994 年分税制改革以来，我国财政收支的预决算偏离度出现持续扩大的态势，这反映出我国公共预算实践中存在着较为严重的问题。《区别性公共预算模式及其适用性研究》作者认为，法治基础上的预算程序和规则并非确保预算绩效的充分条件。任何预算管理模式与技术总是与特定的组织环境相配，不存在所谓"通用"的预算管理模式和技术，一切以时间、地点、条件为转移。因此，交易成本理论的"区别性匹配"观点应得到重视。但是，与威廉姆森强调事后治理不同的是，笔者认为，对公共官僚组织而言，事前治理更重要，若不如此，事后的治理不仅代价高昂且成效甚微。当然，作者对相关问题的讨论内容十分丰富，更多的相关细节论述可以参见原书。

该书共分为七个章节，各个章节的主要内容包括：第一章为导论，主要涉及研究问题及意义、相关研究述评等；第二章为区别性公共预算模式之分析模型建构，主要涉及基本概念诠释及核心概念界定、作为分析工具的交易成本理论、交易成本分析范式在公共预算领域的适用性分析、基于交易成本最小化的分析模型建构；第三章为官僚组织异质性及预算交易类型分析，主要涉及官僚组织异质性研究述评、刻画官僚组织交易类型的维度选择等；第四章为公共预算管理模式的绩效特征分析，主要涉及公共预算的基本功能概述、公共预算原则及管理模式理论述评、公共预算管理模式绩效特征变量识别、不同公共预算管理模式的绩效差异分析；第五章为区别性公共预算模式，主要涉及公共预算管理的目标概述、"区别性匹配"研究述评、公共预算交易的事前治理、区别性匹配模式的经验验证；第六章为区别性公共预算模式的适用性分析，主要涉及区别性公共预算模式适用性的经济约束、区别性公共预算模式适用性的政治约束；第七章为主要结论及研究展望。

第二节

英文图书精选

书 名：*Local Government and Strategic Choice: An Operational Research Approach to the Processes of Public Planning*

书 名：地方政府与战略选择：公共规划过程的运作研究路径

作 者：John Friend，Neil Jessop

出版社：劳特利奇出版社（*Routledge*）

出版时间：2013 年 10 月

内容简介：

该书主要关注地方政府的政策制定和规划过程。作者试图在民主制当中探究规划的基本挑战：我们选举出来的那些人是如何保存和拓展他们进行区别选择的能力的，尤其是当他们面对一些具有纯粹复杂性的问题使他们不得不去更加依赖专业咨询人员的技能和判断时？在有关于规划过程的许多不同的且相互依赖的方面里，该问题受到关注，而且这些规划过程会影响任何地方社区，特别涉及住房规划、交通规划、教育规划、购物规划、土地使用规划和地方政府财政规划。该书是一个四年期研究项目的成果，而且受到了纳菲尔德基金会的赞助，在该项目期间，一个研究实施团队和社会科学家们获得了一个可以观察决策制定方法和规划形成方式的独特机会，该调查是在考文垂这个城市进行的。作者们所描述的"战略选择过程"涵盖了英国地方政府从专业的到政治的方方面面。基于他们的经验，作者表达了对公共规划过程的性质和不同类别的挑战（方法论的或组织的）的一般性鉴别。之后，通过地方和区域规划中的一系列相关案例，他们提供了一系列建议，许多建议都是具有原创性的，而且涉及了复杂战略情形中为"选择"发展出更有效帮助措施的可能性。但是，他们承认，实施方面的压力可能不会总能允许一些深入的或严格的分析，而这样的分析是管理学家所希望的。最后，作者关注了这样一个重要问题：地方政府如何调整他们的内部组织以适应和迎接战略选择的挑战，特别是当考虑到由英国创生的变迁机会。

行政管理学学科前沿研究报告

书名： *Can Russia Modernise?: Sistema, Power Networks and Informal Governance*
书名： 俄罗斯能现代化吗？体系、权力网络和非正式治理
作者： Alena V. Ledeneva
出版社： 剑桥大学出版社（*Cambridge University Press*）
出版时间： 2013年2月

内容简介：

在当代俄罗斯独创的、自下而上的演变故事中，作者试图揭示非正式权力是如何运作的。聚焦于弗拉基米尔·普京的治理体制，作者辨识了四种关键的网络类型：他的核心集团、有用处的朋友、核心联系人、更加弥散的纽带或联系。这些网络服务于整个体系，但是也服务于他们自身。对网络的依靠和信赖使领导者们能够去动员和控制，而且这些网络也将政治家们、官僚们和商人们因于非正式的交易、被调解的利益和个人化的效忠之中。这是"非正式的现代化陷阱"：对于制度发展而言，人们对非正式网络的使用会对制度发展构成负面的长期影响。作者有关于非正式权力的观点是建立在与体系内成员进行深入访谈的基础上的，而且得到了一些法院案例方面证据的佐证，使作者能够得出有关于俄罗斯制度前景的大致结论。

书名：*The Limits of Institutional Reform in Development：Changing Rules for Realistic Solutions*

书名：发展中的制度改革限度：针对现实解决方案的变化规则

作者：Matt Andrews

出版社：剑桥大学出版社（Cambridge University Press）

出版时间：2013 年

内容简介：

该书解释了这样一个问题：为什么在许多发展中国家里，许多的制度改革至今只是取得了有限的成功？基于对这一问题的分析和回答，作者进一步提出了一些建议，用以克服这些限制。作者认为，诸多改革之所以常常未能使政府变得更好，是因为这些被介绍或引进的改革是作为获得短期支持这一动机而被推行的。这些动机引入了各种不切实际的、最好的实践方案，而这些方案其实与发展中国家的国情并不匹配，而且实施部门认为这些实践是无关痛痒的或作用有限。于是，以上种种就促成了这样一种结果：一系列新的改革并没有发挥应有的作用或效果。但是，在一些发展中国家，出现于制度改革中的一些现实性解决方案也是存在的。从这些经验中所获得的教训表明了，虽然采纳这些建议并不容易，但是改革的限度确实可以通过以下方法而被克服，即通过一个涉及多重代理的渐进过程，将变化聚焦于问题解决方面。

行政管理学学科前沿研究报告

书名：*The Challenge of Local Government Size：Theoretical Perspectives，International Experience and Policy Reform*

书名：地方政府规模的挑战：理论视角、国际经验与政策改革

作者：Santiago Lago–Penas，Jorge Martinez–Vazquez

出版社：爱德华·埃尔加出版有限公司（*Edward Elgar Publishing Ltd*）

出版时间：2013年5月

内容简介：

在地方公共服务的有效供给方面，规模问题是至关重要的。全世界许多国家拥有垂直的政府结构，这样的一种垂直结构被人们认为是低效的，因为它们具有很高水平的管辖权碎片化特点。该书及时地对用于解决地方政府碎片化及其后果的诸多不同策略进行了检验和思考。在经济学和政治学方面具备专家级水平的参编者对地方管辖权碎片化问题进行了一个复杂的分解，同时为成功的政策改革提供了很多建议。所讨论的主题包括了规模经济、自愿性和强迫性混合项目的成本与收益、政府规模和腐败之间的关联、私有化、市际合作。通过将理论和经验证据相互结合，该书更加有深度，同时该书也为相关领域中的文献添砖加瓦，成为了非常重要的一份贡献。经济学家、公共行政人员和政治科学家将会对这本具有创新性的著作产生极大的兴趣，同时，对地方政府结构和改革具有浓厚兴趣的教授、学生和国际机构也将会发现此书的重大价值。

291

经济管理学科前沿研究报告

书名：*Project Management in Health and Community Services: Getting Good Idea to Work*
书名：健康与社区服务中的项目管理：寻求好的主意来指导工作
作者：Judith Dwyer, Zhanming Liang, Valerie Thiessen, Angelita Martini
出版社：艾伦＆乌文出版公司（*Allen & Unwin*）
出版时间：2013 年

内容简介：

在健康和社会服务部门，人们正建立起和使用着项目管理。在那样一种复杂环境中，项目管理者需要变得有决心、灵活且时刻准备着去回应呈现出的迹象和利益相关者需求。《健康与社区服务中的项目管理：寻求好的主意来指导工作》挑战了来自其他领域项目管理方法的智慧，而这些智慧已经被很多人接受了。该书还针对在健康和社区服务背景中成功实施好的想法而提供了一些工具和技术。从一个好的想法开始，到说服你的主管去支持你的项目，再到总结一个成功的结果和吸取所学到的教训，《健康与社区服务中的项目管理：寻求好的主意来指导工作》提供了非常实际的问题解决策略，同时也对管理项目提供了一个综合性的指导。该书利用案例研究和来自现实中的例子去说明诸如项目生命周期、项目规划、执行和评估、风险管理、变化和有效的团队等主题。项目模板和一份术语表是该版本的新特色。在多年实践经验和近期研究的基础上，该书得以写作完成，这对于任何一位研究或致力于健康与社区服务领域的人来说都是一份有价值的资源。

行政管理学学科前沿研究报告

书名： *Understanding Regulation: Theory, Strategy, and Practice*
书名： 理解规制：理论、战略和实践
作者： Robert Baldwin，Martin Cave，Martin Lodge
出版社： 牛津大学出版社（Oxford University Press）
出版时间： 2013 年 1 月

内容简介：

规制对于产业、消费者、公民和政府来说均是一个十分重要的关注点。建立在第一版成功的基础上，该书第二版为读者们提供了来自诸多学科的、有关于规制方面的关键分歧和讨论的介绍，面向法律、经济学、商业、政治科学、社会学和社会行政领域。该书已经被大范围地修订和更新了，以便于充分考虑到过去十年来的一些重要发展和事件。在包括了几个新章节的同时，它已经完全被重构为七个部分，包括关于规制的一些基础性问题、不同类型的规制策略、规则和执行、质量和评估、不同政府层级中的规制、网络问题、最后的思考或结语。借助于跨部门和跨国家的例子，该书回顾了规制的核心问题，而且对这些会影响到规制制度的设计和运行的争议性问题进行了反思。在其他主题之中，该书讨论了"更好的规制"、执行、自我规制、风险规制、成本——效益分析，以及其他更实用的、以规制为核心的主题，如定价。对于那些跨越社会科学的且研究规制的学者、研究人员和大学生们，该书将成为一个十分有价值的资源。

书名：*Recognizing Public Value*
书名：辨识公共价值
作者：Mark H. Moore
出版社：哈佛大学出版社（*Harvard University Press*）
出版时间：2013年2月

内容简介：

该书作者的这一经典著作向公共管理者提供了关于如何创造公共价值的建议。但是，这本书也遗留了一个关键性的未被解决的问题：一个人是如何能够意识到公共价值在什么时候被创造的？在这里，作者通过提出一个绩效测量的哲学来弥补这一差距，而这一绩效测量思路将帮助公共管理者命名、观察和计算他们所生产的价值，不管是在教育、公共卫生、安全、犯罪预防、住房或其他领域。通过结合案例研究和相关理论，作者认为，建立在客户满意度和底线基础上的私人部门模型不能被转移到政府机构。公共价值解释被作者发展成为一种替代选择，它概括了公民们想要通过机构运作所生产和反映出来的价值。这些包括了集体意义上被定义的任务的完成、机构运行的公平性、雇员和其他利益相关者的满意度。但是，战略公共管理者也不得不想象和执行这样一些战略，而这些战略可以维持或提升他们所创造出来的价值。在这些任务领域，为了帮助公共管理者，作者提供了一个公共价值计分卡，该卡聚焦于这样一些活动，这些活动对于为所设想的价值建立合法性和支持来说是至关重要的，此外还聚焦于一些改革创新，而这些改革创新必须要在现存运行能力中进行。使用该计分卡，作者评估了一些真实世界的管理战略，相关案例分析可在原书中看到。

书名：*Growing the Productivity of Government Services*
书名：提升政府服务的生产效率
作者：Patrick Dunleavy，Dr. Leandro Carrera
出版社：爱德华·埃尔加出版有限公司（*Edward Elgar Publishing Ltd*）
出版时间：2013 年 3 月

内容简介：

在本质上，生产率是指一个组织的产出和它的投入之间的比率。在很多年的时间里，生产率在政府机构中总是被看作静态的。事实上，因为数字变革和新管理方法，政府服务方面的生产率应该是在快速地上升着，而且它的这样一种状态也存在于一些机构之中。但是，这本书的两位作者第一次表明了政府组织中那些影响生产率提高的因素是有多么复杂，特别是管理实践、信息技术应用、组织文化、战略的错误决策和政治与政策变动等方面。在许多国家里，随着政府预算面临着压力，在政府服务效率方面，这一先驱性著作向专业学者、分析家和官员们展示了如何在细节上测量产出和生产率，如何处理质量差异问题，如何取得同比的、可持续的改善。

书名：*A Country of Cities: A Manifesto for an Urban America*
书名：一个城市的国家：对一个美国城市的宣言
作者：Vishaan Chakrabarti，Sir Norman Foster
出版社：分散艺术出版商（*Distributed Art Publishers*）
出版时间：2013 年 7 月

内容简介：

在该书中，作者认为，被合理设计的城市是解决美国大国挑战的关键点，而这些挑战包括：环境退化、不可持续的消费、经济停滞、上升的公共卫生成本和降低的社会流动性。如果我们能够在未来明智地处理它们，我们的城市将能够成为领导我们步入一个新时代的力量，而这样一个新时代意味着我们国家拥有先进的、繁荣的管理工作。在一些有趣的章节里，查克拉巴蒂为我们提供了大量丰富的有关城市、城郊和城市远郊的信息，同时，在涵盖 50 个州和它们在繁荣与全球化、可持续性和弹性、健康和快乐中的角色作用等内容下，该书着眼于这些城市是如何发展的。与你可能认为的观点相反，比起它们的郊区部分，今天的美国城市正在以更快的速度发展和成长，而且这是自 20 世纪 20 年代以来的第一次。当城市成长时，如果我们能够明智地提高我们的城市密度，并且建立快速客运系统、学校、公园和其他基础设施以支持城市，查克拉巴蒂向我们表明了：工作机会和一个改善的且可持续的环境是真的可以获得的。在对一个美国城市所进行的呼吁中，作者利用大量信息图表来阐明他的观点，这些信息图表针对很多问题进行了说明，这些问题涉及了上升的肥胖率、一直延长的汽车通勤、政府津贴等。该书以一个有力的宣言而结束，该宣言试图团结我们去建设一个城市的国家，去将一个拥有高速路、房子和树篱的国家转变成一个拥有火车、塔和树木的国家。

行政管理学学科前沿研究报告

书名：*The Public Sector：Managing the Unmanageable*
书名：公共部门：管理那些难以管理的
作者：Alexander Stevenson
出版社：*Kogan Page Ltd*
出版时间：2013 年 7 月

内容简介：

《公共部门：管理难以管理的》为公共部门管理者如何利用技术来处理他们所面对的挑战提供了实践性建议，特别是在回应性、设定目标、风险管理或鼓励创新、管理大众、决策制定和与政治家合作等领域。基于与政治家和高级公共部门管理者的原始访谈，该书充满了很多奇趣的教训和洞见。每一章都针对一个特定的管理方面，而且每章开始时都是解释它在公共部门为什么是不同的，然后为公共部门管理者陈述了一些用于处理这些差异的方法，最后以一个概要和清单来做结尾以便促进管理者去思考他们可以如何改变他们目前所做的。该书前言部分由彼得·曼德尔森所写，而相关的真知灼见则是建立在对六十多位成功的公共部门管理者所进行的访谈的基础上，这些公共部门管理者的名单在此不再赘述，可在原书中查找得到。

书名：*The Paradox of Regulation: What Regulation Can Achieve and What it Cannot*
书名：规制的悖论：何种规制可以成功或难以成功
作者：Fiona Haines
出版社：爱德华·埃尔加出版有限公司（*Edward Elgar Publishing Ltd*）
出版时间：2013年2月

内容简介：

该书对规制和风险进行了一番新颖的思考，而且认为规制的诱惑力在于它能够减少风险，同时保留交易、交往和商业的利益。作为一个政治上有吸引力的、目的明确且有效的方法，规制看起来似乎能确保过去的灾难不会重复出现。各种挑战被通过规制手段来处理，包括产业的、财政的和书中所分析到的与恐怖主义有关的危险。但是，作者的经验研究表明，规制试图在超越他们所阐明的防止未来灾难的范围之外而减少风险，分析揭示，在那些规制潜能能够实现的地方存在着风险与规制之间的一个复杂关联，而这一关联依赖于对三个根本不同类型的风险所进行的管理：保险精算的、社会文化的和政治的。这一复杂的风险管理任务不仅影响了改革，而且也影响了服从努力，产生了紧张和矛盾的结果。然而，作者认为，对于成功的规制而言，提高政治合法性和公共再保证是核心性的，不是次要的。这一富有见地的著作将会对从事跨越法律、政治、社会学、犯罪学和公共管理的规制领域研究的学术界人士、研究者和研究生们有吸引力。公共管理硕士、工商管理专业学生、公共行政人员和管理者，以及政治评论员，也将会发现这本书的价值。

书名：*Nation of Devils: Democratic Leadership and the Problem of Obedience*
书名：魔鬼国家：民主制的领导力与顺从的问题
作者：Stein Ringen
出版社：耶鲁大学出版社（Yale University Press）
出版时间：2013 年 9 月

内容简介：

牛津大学政治理论家施泰因·瑞根针对民主统治的艺术，提出了一个发人深省的思考：一个政府是如何说服人们去接受它的权威的？每个政府都不得不完成一些不受公民们欢迎的需求，如从征税到执行法律法规、监督人们对规章的顺从情况。作者认为，这其中的挑战是：仅依靠权力是不够的，民众也必须是愿意被领导的。瑞根使用美国和英国作为他的主要案例来大胆地处理这一政治难题，同时就国家顺从的文化是如何被创造和培育的提供了尖锐的观点和强有力的分析。当领导们希望通过权威而非权力去统治时，这些领导必须选择什么样的路径，而这些路径便是作者所要探讨的。

书名：*Branding the Nation：The Global Business of National Identity*
书名：打造国家品牌：民族认同的全球事务
作者：Melissa Aronczyk
出版社：牛津大学出版社（*Oxford University Press*）
出版时间：2013 年 12 月

内容简介：

全世界各国政府正在求助于品牌顾问人员、公共关系顾问和战略沟通专家，以便于去帮助他们打造其"权力"品牌。人们认为，使用商业品牌的这一工具、技术和专门知识可以帮助国家去明确表达更为一致且具有凝聚力的身份认同，以及吸引外国资本和维持公民效忠。简而言之，国家品牌的目标将会使相关国家在世界上变得更加重要，而且在这样一个世界里，边界和界线看起来似乎更加陈旧。但是，实际上，当它被视作为一个品牌时，该国家会发生什么呢？在一个全球化的世界里，国家品牌是如何改变政治和文化这些术语的？通过对 12 个国家所做的案例研究与对国家品牌专家和他们的国家客户所进行的深入访谈，作者认为相关国家的社会、政治和文化话语要素已经被以新的和有问题的方式来治理了，并且对我们的国家概念和我们的国家公民理想造成了深远的后果。对国家进行品牌化挑战了这样一个被广为接受的、关于品牌改变世界的力量的智慧，而且还在全球化的 21 世纪提供了一个批评性观点，该观点是针对这些新的构想价值和认同的新方法。该书主要是关于国家品牌是如何变成了一个世界性的现象和一个专业化的跨国实践。它也涉及国家品牌已经如何变成了当代问题的一个解决方案，而这些问题影响了民族国家的距离：经济发展问题、民主沟通，以及特别是在后现代性的多重全球流动中的国家的能见度和合法性。在这本书里，作者描绘了政治、文化和经济的基本原理，通过这些，相关国家在全球整合的 21 世纪背景下已经变得更为重要。

书名：*Preventing Regulatory Capture: Special Interest Influence and How to Limit It*
书名：防止规制俘获：特殊利益影响及如何限制
作者：Daniel Carpenter, David A. Moss
出版社：剑桥大学出版社（*Cambridge University Press*）
出版时间：2013 年 12 月

内容简介：

当规制似乎减损了公益时，批评家常常将规制俘获指责为元凶。在一些学术和政策圈中，它似乎已经假定了一个不可变的法律状态。然而，对于所有那些描述和谴责规制的被打翻的墨水，这一概念在实践中仍然是难以明确的。俘获真的是像人们所认为的知情舆论那样具有强大力量和不可阻挡吗？该书汇集了来自横跨诸多社会科学的 17 位学者的思考和观点，以解决这一问题。他们的研究表明，人们对俘获所进行的分析常常是错误的，而且事实上，俘获是可以被阻止的和可被管理的。聚焦于"阻止"这一目标，该书提出了一个更加严格和经验性的标准，以便诊断和测量俘获，为新的学术探究路线和更加准确细微的改革铺设了一条道路。

经济管理学科前沿研究报告

书名：*Crossing Boundaries in Public Management and Policy：The International Experience*
书名：公共管理与政策中的跨界：国际经验
作者：Janine O'Flynn，Deborah A. Blackman，John Halligan
出版社：泰勒弗朗西斯有限公司（Taylor & Francis Ltd）
出版时间：2013年7月

内容简介：
在21世纪，各国政府正对实现目标的跨界连接的设计方法和手段投注更多的注意。不管问题是复杂且具有挑战性的（如气候变化、国际恐怖主义、代际贫穷），还是更加明确的，实践者和学者们都越来越提倡使用那些需要跨越各种边界的连接的路径方法。世界各国政府继续试验着各种路径方法，但是他们仍然面对着各种障碍，并且导致了一个普遍的观点，即在跨界工作方面存在着很大的前景，但是也承认目前有很多方面还没有实现。为了对跨界工作的国际经验开展一个丰富的调查，该书探索了各种主题，对一些基本问题进行了探讨，例如：通过跨界概念，我们究竟在指涉什么？为什么这个会出现？跨界工作涉及哪些方面的内容？等等。通过检查这些问题，作者试图检验：前景、障碍、有利因素、持久的张力和跨界工作的潜在解决方案。同样地，对于那些涉及公共行政、管理和政策方面的各种问题，该书将是一个基本参考资料。

第四章 行政管理学科 2013年会议综述

第一节 国内行政管理会议纪要

一、亚洲公共支出管理网络2013年全会

会议背景：

亚洲公共支出管理网络（The Public Expenditure Management Network in Asia, PEMNA）是东亚和太平洋区域公共支出管理人员间相互学习和交流的一个网络平台。它建立于2012年，该组织为公共官员们提供了一个分享知识和经验的独特平台，致力于在该区域内去建设更强大的国家预算和国库体制。通过向其他国家学习经验，以及通过持续的交流，成员们帮助他们的政府去更高效地管理公共资源，以便向公民提供富有价值的服务，同时推动东亚和太平洋区域持续的经济增长和发展。

召开时间及地点：

2013年5月23日，上海

承办单位：

上海市政府

支持单位：

世界银行

会议概况：

2013年5月23日，亚洲公共支出管理网络（PEMNA）2013年全会在上海召开。当前国际金融危机影响尚未消除，世界经济正处于深度转型调整期。各国代表结合当前世界经济形势和未来发展趋势，就公共财政管理改革的一些重要问题进行了深入讨论，分享各国公共财政管理改革的成功经验。中国财政部党组成员刘昆、世界银行高级顾问奥塔维亚诺·卡努托出席了本次会议。在该次会议中，刘昆指出，2000年以来，中国政府开始构建公共财政管理体系，实施了部门预算改革、国库集中收付制度改革、政府采购制度改革

等一系列公共财政管理体制机制创新,以保证财政资金使用的公平、公开、透明和效益。下一步,中国将加强和改善财政宏观调控,继续实施积极的财政政策,进一步优化财政支出结构,促进经济持续健康发展。深化财政体制改革,建立健全适应社会主义市场经济的政府间财政关系。完善预算管理制度,推动建立公开、透明、规范、完整的预算体制。深化国库集中收付制度改革,加快建设功能完善的现代国库管理制度。进一步推进政府采购制度改革,完善政府采购公开透明和公平竞争机制。建立政府财务报告制度,全面、真实、准确反映政府财务状况。奥塔维亚诺·卡努托高级顾问在会上致辞,并对亚洲公共支出管理网络(PEMNA)有关情况进行了介绍。来自世界银行以及中国、韩国、印度尼西亚等14个亚洲公共支出管理网络成员国的代表参加了会议。会议期间,与会代表将围绕预算管理和国库管理有关议题展开深入研讨与交流。

二、"劳工领域的企业社会责任与公共政策"国际研讨会

会议背景:

企业社会责任要求企业在实现经济利益,为股东和投资者创造利润的同时,也要对企业的其他利益相关群体,如雇员、社区、国家和公众等负责,创造更大的社会效益。这些年来,企业社会责任问题已经逐渐引起了我国政府和全社会的关注。针对该问题,南京财经大学与联合国国际劳工组织培训中心合作,举办了以劳工保护为核心的"劳工领域的企业社会责任与公共政策"国际研讨会。国际劳工组织在推动企业社会责任中一直扮演着积极重要的角色。国际劳工标准和社会对话方面的公约是企业社会责任的重要内容。本次研讨会旨在通过专家和与会代表的交流和讨论,全面了解企业社会责任中劳动层面的责任,并寻求将社会责任理念转化为有效的行动方式和方法。探讨如何理解企业社会责任与政府公共政策的关系,如何发挥企业的利益相关群体在推动和监督企业社会责任中的作用。

召开时间及地点:
2013年5月11~12日、南京财经大学

承办单位:
南京财经大学公共管理学院,南京财经大学企业社会责任与可持续发展研究中心

支持单位:
联合国国际劳工组织都灵培训中心

会议主题:
劳工领域的企业社会责任与公共政策

会议概况:
本次会议由南京财经大学公共管理学院等主办,并于2013年5月11~12日正式召开。这次研讨会的参会对象包括大学和学术机构的理论研究工作者,政府主管部门和企业的高层管理人员。在会议开幕式中,南京财经大学校领导、国际劳工组织国际培训中心项

目部主任汤姆尼森、江苏省人力资源与社会保障厅周英副厅长分别致辞，南京财经大学公共管理学院院长胡永远主持。本次会议主要涉及如下主题：从微观视角看劳工领域的企业社会责任、从宏观角度看劳工领域的企业社会责任、中国的劳动力市场建设问题。在各主题下，来自不同组织或单位的人员发表了自己的研究成果或观点，并进行了充分交流。在"从微观视角看劳工领域的企业社会责任"分议题下，理查德·布鲁巴克教授做了题为"通过案例学习，培养具有高度社会责任感的领袖人物"的主题演讲，而勒纳·施密德彼得博士做了题为"企业社会责任：一种可持续的管理方法"的主题演讲；在"从宏观视角看劳工领域的企业社会责任"分议题下，萨姆尔·伊道武教授做了题为"企业社会责任是一种修辞还是事实"的主题演讲，祖良荣博士做了题为"国际劳工组织有关企业社会责任的使命与措施"的主题演讲，程延园教授做了题为"集体协商与集体谈判制度的发展"的主题演讲；在"中国的劳动力市场建设问题"分议题下，李海峥教授做了题为"中国劳动力的人力资本研究"的主题演讲，乔健教授做了题为"中国特色的和谐劳动关系新政探讨"的主题演讲；等等。此次会议就相关议题进行深入探讨，且视角多样，促进了学者们就相关问题的进一步认识。闭幕会由南京财经大学城市发展研究院院长兼公共管理学院副院长林挺进主持，国际劳工组织国际培训中心项目官员祖良荣和南京财经大学公共管理学院院长胡永远教授分别做了致辞和大会总结。

三、"中国公共管理改革与创新"高层学术研讨会

会议背景：
召开时间及地点：
2013年6月20日，南京师范大学
承办单位：
南京师范大学
支持单位：
中国行政管理学会、新华文摘杂志社等
会议主题：
中国公共管理改革与创新
会议概况：

为顺应时代发展，以"中国公共管理改革与创新"为主题的学术研讨会于2013年6月20日在南京师范大学召开。莅临此次大会的有来自中国行政管理学会、中国人民大学、北京大学、复旦大学、浙江大学、南京大学、北京师范大学、苏州大学、南京航空航天大学、宁波大学、江苏省委党校等知名高校和学术机构的专家学者，以及《新华文摘》《中国行政管理》等八家著名媒体杂志社。

会议由南京师范大学公共管理学院副院长钱再见教授主持，南京师范大学公共管理学院院长赵晖教授致开幕词。此次研讨会分三个阶段进行：第一阶段由中国人民大学公共管

理学院副院长、博士生导师张成福教授主持并点评,中国行政管理学会副会长高小平教授就"统筹型绩效"做了大会发言,北京大学政府管理学院博士生导师周志忍教授就"政府机构改革"做了大会发言。第二阶段由南京大学政府管理学院党委书记、博士生导师闫小波教授主持并点评,复旦大学国际关系与公共事务学院竺乾威教授就"改革的逻辑:机构改革的回顾与展望"做了大会发言,南京农业大学公共管理学院刘祖云教授就"行政管理研究的技术路径"做了大会发言。第三阶段由苏州大学政治与公共管理学院院长金太军教授主持并点评。在此阶段,浙江大学公共管理学院副院长郁建兴教授做了题为"如何推进人的城市化"的报告、北京师范大学管理学院汪大海教授做了题为"新型城镇化背景下的社会管理体系转型与升级"的报告、北京航空航天大学公共管理学院副院长胡象明教授做了题为"协商治理:理论基础、特点及重要性"的报告、《新华文摘》杂志社编审胡元梓教授做了题为"冲突范式与协商管理"的报告。研讨会关注面向现实的、绩效的公共管理,专家学者就如何应对公共管理变革提出建设性对策。大会围绕"绩效管理在政府管理中的创新突破""关注社会需要推进机构改革的创新""行政管理中理论创新与技术路径的突破""新型城镇化管理中的创新与突破"四个议题展开讨论。与会专家认为,机构改革是推进政府有效管理的重要举措,解决当前机构改革的深层问题,有必要在目标定位、步骤方式、顶层设计与过程管理等方面做出积极探索。

四、第八届中德公共管理国际研讨会

会议背景:

中德公共管理国际研讨会启动于 2006 年,至今已成功举办了七届,会议旨在通过国际学术界的交流和合作,提升相关学校学术研究和人才培养的国家化水平,扩大相关学校在国际学术界的声誉和影响。

召开时间及地点:

2013 年 9 月 24 日,西南财经大学

承办单位:

西南财经大学公共管理学院

支持单位:

西南财经大学公共管理学院、德国柏林经济与政法大学、西南财经大学科研处、国际合作交流处

会议主题:

社会改革与社会政策

会议概况:

本次论坛的主题是社会改革与社会政策,中外参会学者主要围绕五个议题进行了充分讨论,包括"社会创新——理念""方法与政策""变革社会的社会问题与社会政策""中德社会政策比较""转型期中国的社会冲突与社会管理""中德社会改革与整体社会政

行政管理学学科前沿研究报告

策协调"。从讨论的议题及具体问题来看，这一会议的内容十分丰富，涉及中国特色社会主义社会管理体系的构建、农民"非制度化政治参与"、养老保障服务体系建设、政策工具理论研究、农村人口空心化治理模式与实现机制研究、行政自由裁量权问题、NGO 组织、社区治理、农产品质量安全应急管理问题等。中国社会正处于大变革时期，经济发展所带来的环境问题、社会两极分化等社会问题日益突出，因而社会改革、社会建设和社会政策整体协调就成为中国目前亟待解决的重要问题。与历次大会相比，本次会议学者人数更多、主题明确具体、研讨内容前言、学术研讨深入。大会的成功举行也将对促进公共管理研究和实践方面的国际交流做出重要的贡献。

五、广东省行政管理学会 2013 年年会暨深化行政审批制度改革研讨会

会议背景：

广东省行政管理学会成立于 1989 年，是整合各界行政管理资源、研究行政管理理论和实践、发展行政管理科学、为政府改进行政管理服务的全省性学术机构。成立以来，该学会对行政管理中的重点、难点、热点问题积极开展研究，为广东省行政体制改革、领导决策科学化及行政管理现代化做出了应有的贡献。作为我国成立最早的省级行政管理学会之一，学会多次被中国行政管理学会、省民政厅和省社科联评为"全国先进学会""省级社会团体先进单位""广东省十大最具影响力学术组织"，2004 年和 2010 年连续两届被国家民政部评为"全国先进社会组织"，还荣获了"改革开放 30 年广东社会科学理论创新贡献奖""优秀决策咨询成果奖"和"工作创新奖"。目前，学会已发展理事 200 多人、会员 800 多人。

召开时间及地点：
2013 年 12 月 24 日，广州

承办单位：
广东行政学院

支持单位：
广东省行政管理学会、广东省行政体制改革与机构编制管理研究会

会议主题：
深化行政审批制度改革

会议概况：

2013 年 12 月 24 日，广东省行政管理学会 2013 年年会暨"深化行政审批制度改革"研讨会在广州召开。本次会议由广东省行政管理学会主办，广东行政学院承办，广东省行政体制改革与机构编制管理研究会协办。与会专家分别就"行政审批制度改革""广东行政审批制度改革存在的问题与应对之策""我国行政审批制度的改革及其法律规制""行政审批改革与行政效能提升的重点及难点""行政审批改革与地方创新""深化行政审批制度改革必须破除部门利益的樊篱"等专题做了发言。研讨会突出了深化行政审批制度

改革的热点难点问题，分别从国家层面、法律层面、广东改革先行先试层面进行探讨，提出了具有时效性的战略和对策建议，对广东省乃至全国进一步转变政府职能，推进行政审批制度改革具有重要的意义。

第二节 国际行政管理会议纪要

一、国际行政科学学会（IIAS）及国际行政院校联合会（IASIA）/2013年国际行政科学学会（IIAS）年会

会议背景：

国际行政科学学会成立于1930年，总部设在比利时的布鲁塞尔。国际行政科学学会是一个促进公共行政科学发展的国际性学术组织。基于这样一个组织平台，来自不同国家或地区的行政科学研究者或实践者可以相互交流与借鉴，共同促进行政科学的知识增长与实践探索。通过在公共行政或公共管理领域方面的不断努力，推进各国和地区的治理实践，同时也促进各个国家的行政科学发展，这是国际行政科学学会的宗旨。

召开时间及地点：

2013年6月1~6日，巴林麦纳麦

承办单位：

国际行政科学学会（IIAS）、国际行政院校联合会（IASIA）与巴林公共管理研究院（BIPA）

会议主题：

公共行政的未来：职业化与领导力

会议概况：

本年度大会聚焦公共行政前景的方方面面。各国各级政府面临着从地方到国家以及全球性的许多挑战。危机迫使我们的公众领导人重新审视改革的现状，同时寻找积极变革和进步的方法。此外，我们的未来社会也面临着全球互通所带来的风险，包括经济、政治、地缘政治、安全、社会和环境等。要防止和管理这些风险，必须制定战略性规划、风险管理和适当的公共政策。公共行政在此方面的作用至关重要，需要在人力资本、储备、职业化和特别的领导能力方面具备更高的能力或技术。同时，通过一套适应当今发展形势的新政策、策略和创新服务提供的方法，它能够创造出新的有针对性、设计合理的制度设施。但是这要求开发新的行政能力和人力资本。因此，本届大会的讨论主题将反映创造性的政策回应，以及新的领导能力，使政府提供更好的公共服务，照顾公民需求和期望值，特别是在最有挑战的时机。

二、2013 连氏公共管理国际学术会议

会议背景：

在新加坡，南洋公共管理研究生院是为地区和国际组织提供公共治理和行政培训项目的主要机构。该中心在培训方面表现出色，并促进了善治和公共服务、知识交流，以及加强全球不同国家之间的合作。在众多校友之中，许多人身处于他们国家政府各层级中的决策位置上。另外，该中心提供了研究生学位项目和行政培训项目，以便于培养和提升学生在专业化的、管理的和领导性的位置上所需要的各类能力。在连氏基金的支持下，该中心还进行了很多富有价值的研究项目，并聚焦于公共行政、经济政策、环境问题、健康护理等。

召开时间及地点：
2013年11月15~16日，新加坡南洋理工大学
承办单位：
新加坡南洋理工大学南洋公共管理研究生院，上海交通大学国际与公共事务学院
支持单位：
连氏基金
会议主题：
国际视角下的公共服务提供与测评
会议概况：

紧紧围绕"国际视角下的公共服务提供与测评"这一主题，新加坡南洋理工大学公共管理研究生院于2013年11月15~16日在新加坡召开了"2013连氏公共管理国际会议"。来自18个国家和地区的与会专家学者围绕公共服务提供的创新与改革、比较公共服务提供、公共服务绩效测量与管理、公众参与与公共服务满意度、公共服务合作与治理、公共服务的社会影响等议题展开热烈讨论。这些观点与洞见为我们进一步理解公共服务提供的体制与机制、利益相关者参与、绩效与影响等提供了崭新视角，也为未来公共服务提供的研究探索方向。

另外，本次会议得到了连氏基金的赞助支持，同时还得到了美国公共行政学会、《亚洲公共政策期刊》、新华网新加坡频道等多个组织的支持。另外，新加坡前总统纳丹先生作为主宾出席了本次会议，会议受到了广泛的社会关注。

三、2013 公共管理国际会议（第九届）

会议背景：

2005年至今，公共管理国际会议已连续在中外多个国家成功举办了八届，在中外公共管理学界产生了较大影响，成为一个知名的国际学术会议品牌，累计有60多个国家和

地区的 2000 余名代表参会，前八届会议公开出版的会议论文均被国际著名检索平台 ISTP 或 ISSHP 检索。公共管理国际会议的连续举办，层次越来越高、学术影响力越来越大，已成为各国公共管理学者相互了解的窗口、共同探讨交流学术问题的平台，在中外公共管理学界产生了较大影响。

召开时间及地点：
2013 年 11 月 1～2 日，南非开普半岛科技大学

承办单位：
南非开普半岛科技大学商学院、电子科技大学政治与公共管理学院

支持单位：
美国行政管理学会、《中国行政管理》杂志社

会议主题：
全球治理中的公共管理创新

会议概况：
来自中国、美国、南非、澳大利亚、加拿大、日本、巴西、英国、北爱尔兰、波兰、印度等世界五大洲近 30 个国家和地区的近 200 名公共管理学者参加了本届会议。其中中国参会代表 60 余人，主要来自中国人民大学、上海交通大学、南开大学、四川大学、东北大学、哈尔滨工业大学、大连理工大学、中国地质大学、对外经济贸易大学、西南交通大学等 20 多所高校。

本届会议主题为"全球治理中的公共管理创新"，中外学者提交会议论文共 695 篇，录用 321 篇；学术委员会评选出 5 篇最佳论文及 7 篇最佳提名论文。本届会议设立了大会主题报告会、分组讨论会和专题圆桌会。来自南非开普半岛科技大学商学院的 Harry Herbert Ballard 教授，美国公共管理管理学会主席（2007～2008 年）、美国匹兹堡大学 Harvey L. White 教授，中国南开大学周恩来政府管理学院副院长孙涛教授分别就"提升基本公共供水和卫生服务系统的运行与维护——基于对欠发达国家城市贫民区的案例分析""人才、安全与技术——新公共服务传递的范式""中国城市化进程中的地方行政改革和区域协调发展"做大会主题报告。围绕信息化时代的公共管理改革与创新、公共伦理理论与实践、政府治理与区域经济发展、政府绩效管理实践与创新、领导力提升五大议题，举行了 14 场分组讨论，会议特设"国际高等教育发展"圆桌会议，近 20 名中外高校公共管理学院院长参与研讨。本届会议还举行了优秀论文颁奖仪式。

四、第二届公共管理国际会议：区域变革时代的公共行政

会议背景：
对于亚太地区，特别是对于东南亚国家联盟中的国家来说，巨大的社会文化、经济和政治差异既带来了挑战，也带来了机遇。正是出于对这些问题的考量，该公共管理国际会议被召集起来，以对这些问题进行研究和解决。从这样一个角度来看，该会议活动可以被

行政管理学学科前沿研究报告

看作东南亚主要国家之间就具体公共行政问题开展交流和合作的一个互动平台，而相关的大学组织则提供了具体的筹备服务。

召开时间及地点：

2013年5月30日至6月1日，泰国芭提雅

承办单位：

云南财经大学公共管理学院、泰国东方大学行政管理学院、印度尼西亚 Jenderal Soedirman 大学公共管理学院

支持单位：

云南财经大学、泰国东方大学、印度尼西亚 Jenderal Soedirman 大学

会议主题：

区域变革时代的公共行政

会议概况：

第二届公共管理国际会议以"区域变革时代的公共管理"为主题，来自中国、美国、澳大利亚、瑞典、新西兰、泰国等国家公共管理学界的专家学者150余人参加会议。中央民族大学公共管理学院院长、全国 MPA 教育指导委员会委员李俊清等来自中国的学者参加会议。李俊清做了题为"民族地区差异与融合：中国面临的挑战和回应"的主题发言。他认为，向国民提供大致均等的基本公共服务，统筹城市与农村、经济与社会、人与自然的和谐发展，是公共管理的基本职责。要推动这一进程，必须妥善处理好国家与社会、政府与市场的关系，不断推动行政改革，从传统性的政府管理向公共治理迈进，达到善治目标，以实现社会公平和正义。要实现上述目标，既需要公共管理理论的进步，更需要政府体系在实践中的探索。

五、2013 美国公共行政学会年会

会议背景：

美国公共行政学会（American Society of Public Administration）是美国公共行政学界最重要的学术专业化组织之一，成立于1939年。美国公共行政学年会是美国公共行政学界最重要和最负盛名的学术盛会，知名学者云集，公共行政学界大家齐聚一堂，共同探讨公共行政学的重大理论问题和热点实践问题，以促进公共行政学科发展、知识增长，推动公共行政实践向良性发展。

召开时间及地点：

2013年3月16～19日，美国新奥尔良

承办单位：

美国公共行政学会

会议主旨：

治理与可持续性：地方关注和全球挑战

会议概况：

2013年3月15~19日，美国公共行政学会年会在美国路易斯安那州的新奥尔良市举行。本次会议的主题为"治理与可持续性：地方关注和全球挑战"。拥有一种能够负责任地维护我们全球社会的能力一直以来都有着环境的、经济的、社会的和治理的含义。2013年美国公共行政学会年会便是为了解决无数的这样一类问题，即这些问题涉及对于我们多样的、互相关联的资源进行责任管理和组织。针对这些资源所进行的管理是一个复杂的社会挑战，涉及对于领导问题、道德问题、经济问题、规划问题、社会平等、合作与技术等方面的考虑。在这次会议中，学者们探讨了我们是否已经达到或超过了我们民主国家针对这些挑战的治理含义和针对公共管理和公共政策的含义的限度。本次会议涉及诸多方面，包括：社会平等、性别和多样性，道德、信任和腐败，健康服务，可持续的城市和社区、财政和环境可持续性等。

第五章 行政管理学科 2013 年文献索引

本书的文献索引包括中文期刊和英文期刊两大部分，其中中文期刊引自 2013 年度《中国行政管理》（30 篇）、《公共管理学报》（40 篇）、《公共行政评论》（40 篇）、《政治学研究》（20 篇），以及其他一些涉及行政管理主题的期刊（35 篇），如《中国社会科学》《管理世界》《社会学研究》《开放时代》等。英文期刊引自 2013 年度 *Public Administration Review*（59 篇）、*Public Administration*（31 篇）、*Public Administration and Development*（35 篇）、*Local Government Studies*（50 篇）。本书总共收录中英文文献 325 篇。

第一节 中文期刊索引

1. 2013 年度《中国行政管理》文献索引

《中国行政管理》简介：该杂志由国务院办公厅主管、中国行政管理学会主办，是中华人民共和国成立后创办的第一本研究行政管理的专业刊物，是反映政府行政管理理论与实践的全国中文核心期刊，也是目前我国行政（公共）管理学科大型综合性期刊，被全国中文核心期刊要目总览列为"政治学类"第一位、"管理学类"第一位。2012 年入选国家社科基金学术期刊首批资助名单（批准号 12QKA095）。本刊为全国中文核心期刊、中国人文社会科学核心期刊、中国权威学术期刊（RCCSE）、中国社会科学引文索引（CSSCI）来源刊、中国期刊全文数据库（CJFD）收录刊，在学术界和实践界享有盛誉。

［1］政府购买公共服务的现实困境与路径创新：上海的实践/徐家良，赵挺/行政管理第 8 期．

［2］协同治理：社会管理创新之道——基于国家与社会关系的理论思考/燕继荣/中国行政管理第 2 期．

［3］由集中审批到集成服务——行政审批制度改革的路径选择与政务服务中心的发展趋势/艾琳，王刚，张卫清/中国行政管理第 4 期．

［4］行政审批制度改革：从碎片政府到整体政府/骆梅英/中国行政管理第 5 期．

［5］论社会管理体制中的社会协同/严国萍，任泽涛/中国行政管理第 4 期．

［6］合作共强：公共服务领域政府与社会组织关系的中国经验/张文礼/中国行政管

理第6期.

[7] 精英俘获与财政扶贫项目目标偏离的研究/邢成举,李小云/行政管理第9期

[8] 重建政府信任/张成福,边晓慧/行政管理9期.

[9] 网络时代政策议程设置机制研究/陈姣娥,王国华/中国行政管理第1期.

[10] 政府公共政策绩效评估研究/中国行政管理学会课题组,贾凌民/中国行政管理第3期.

[11] 政府绩效管理:目标、定位与顶层设计/郑方辉,廖鹏洲/中国行政管理第5期.

[12] 标准化与行政审批制度改革:意义、问题与对策/唐明良/中国行政管理第5期.

[13] 空气污染治理中的政府间关系——以美国加利福尼亚州为例/蔡岚/中国行政管理第10期.

[14] 中国社区发展历程的回顾与展望/李东泉/中国行政管理第5期.

[15] 程序理性视角下的行政审批制度改革/朱新力,石肖雪/中国行政管理第5期.

[16] 基于因子分析与聚类分析的中国地方财政支出结构的实证研究/匡小平,杨得前/中国行政管理第1期.

[17] 当前我国腐败与反腐败的六个发展趋势/过勇/中国行政管理第1期.

[18] 论高校人事档案管理面临的新问题与改革路径/武志芳/中国行政管理第6期.

[19] 公共对话式政策执行:建设服务型政府的重要突破口/刘晶,陈宝胜/中国行政管理第1期.

[20] 我国志愿服务发展:成就、问题与展望/魏娜/中国行政管理第7期.

[21] 政府购买公共服务与行政法规制/王丛虎/中国行政管理第9期.

[22] 社会组织参与社会管理创新的基本经验/王名,丁晶晶/中国行政管理第4期.

[23] 走向服务型政府的"大部制"改革/张康之/中国行政管理第5期.

[24] 为全面法治重构政策与法律关系/肖金明/中国行政管理第5期.

[25] 中国省域生态文明建设的进展与评价/严耕,林震,吴明红/中国行政管理第10期.

[26] 公共治理:概念与内涵/余军华,袁文艺/中国行政管理第12期.

[27] 我国政府预算公开的实践进展、现实差距与提升路径/王洛忠,李帆/中国行政管理第1期.

[28] 政府创新的前沿路向:从目标考核走向绩效评估/卓萍,卓越/中国行政管理第1期.

[29] 论食品安全监管中的政府信息公开/潘丽霞,徐信贵/中国行政管理第4期.

[30] 社会稳定风险评估机制中的问题及完善建议/常健,许尧,张春颜/中国行政管理第4期.

2. 2013年度《公共管理学报》文献索引

《公共管理学报》简介:该杂志是由哈尔滨工业大学管理学院主办的学术性期刊,面向全国发行。办刊原则是"求道无篱,经世致用"。该刊刊载公共管理领域的论文,主要研究范围包括政府管理、公共政策分析、公共部门管理、公共卫生管理、社会保障等。在

研究方法上注重以事实为基础的经验研究，强调文章在中国场景的适用性和应用价值。

［1］公共舆论危机中的地方政府微博回应与网络沟通——基于深圳"5.26 飙车事件"的个案分析/钟伟军/公共管理学报第 1 期.

［2］官员晋升激励与政府绩效目标设置——中国省级面板数据的实证研究/马亮/公共管理学报第 2 期.

［3］公共价值的研究路径与前沿问题/王学军，张弘/公共管理学报第 2 期.

［4］再组织化与中国社会管理创新——以浙江舟山"网格化管理、组团式服务"为例/胡重明./公共管理学报第 1 期.

［5］政府绩效评价的价值载体模型构建研究/包国宪，周云飞/公共管理学报第 2 期.

［6］问责、惯性与公开：基于 97 个公共危机事件的地方政府行为研究/赖诗攀/公共管理学报第 2 期.

［7］网络围观下的政府效率：从睡狗行政到非满意——基于 50 个网络焦点案例的探索/尚虎平，惠春华/公共管理学报第 1 期.

［8］网络参与下地方政府决策回应的逻辑分析——以宁波 PX 事件为例/翁士洪，叶笑云/公共管理学报第 4 期.

［9］中国城市居民政府信任研究——基于社会资本视角的实证分析转型期/刘米娜，杜俊荣/公共管理学报第 2 期.

［10］央地关系视阈下的软政策执行——基于成都市 L 区土地增减挂钩试点政策的实践分析/李元珍/公共管理学报第 3 期.

［11］"扩权强镇"改革的绩效研究——基于对绍兴市 28 个中心镇的实证调查/胡税根，刘国东，舒雯/公共管理学报第 1 期.

［12］中央政府主导下的地方政府竞争机制——解释中国经济增长的制度视角/傅强，朱浩/公共管理学报第 1 期.

［13］可追溯食品市场消费需求研究——以可追溯猪肉为例/吴林海，王淑娴，徐玲玲/公共管理学报第 3 期.

［14］环境污染群体性突发事件的协同演化机制——基于信息传播和权利博弈的视角/刘德海/公共管理学报第 4 期.

［15］中国应急预案体系：结构与功能/张海波/公共管理学报第 2 期.

［16］"扩权强县"改革效果的比较研究——以浙江省县政扩权为样本/樊勇，王蔚/公共管理学报第 1 期.

［17］基于公共价值的生态建设政策绩效评价及比较/樊胜岳，陈玉玲，徐均/公共管理学报第 2 期.

［18］消费者食品安全信息需求与支付意愿研究——基于可追溯猪肉不同层次安全信息的 BDM 机制研究/朱淀，蔡杰，王红纱/公共管理学报第 3 期.

［19］中国干部管理体制减少了地方政府教育支出吗？——来自省级官员的证据/杨良松/公共管理学报第 2 期.

[20] 从自发到工具——当前网络围观现象的行为逻辑分析/文宏/公共管理学报第3期.

[21] 审议民主的地方性实践——广州垃圾焚烧议题的政策倡议/黄岩，杨方/公共管理学报第1期.

[22] 经济发展、社会公正与环境保护：基于政府整体绩效的视野——以2008—2010年广东省为例/郑方辉，李燕/公共管理学报第1期.

[23] 网络世界的合作治理：服务型政府的选择——以南京市的调查为例/梁莹/公共管理学报第1期.

[24] 以用户为中心的信息构建与网络治理——信息构建理论视野下的政府网站信息资源"去孤岛化"研究/赵慧，刘君/公共管理学报第1期.

[25] 二元困境下的失地农民土地换保障问题分析——基于NJ市D拆迁社区的调查研究/杨文健，仇凤仙，李潇/公共管理学报第1期.

[26] 城镇适应性、技能型收益、精神收益与农村劳动力转移——基于2291份调查问卷的实证分析/程名望，史清华，潘烜/公共管理学报第1期.

[27] 依赖与自治：防艾草根NGO的二维运行困境/乜琪/公共管理学报第2期.

[28] 城乡预期、长期保障和迁移劳动力的城市融入/石智雷/公共管理学报第2期.

[29] 我国公共管理研究方法的统计分析及演进路径研究/范柏乃，楼晓靖/公共管理学报第2期.

[30] 衡量政府绩效的信任范式和效率范式——对地方政府领导和决策的启示/道格拉斯·摩根，李一男，魏宁宁/公共管理学报第2期.

[31] 实施食品可追溯体系对社会福利的影响研究——基于垂直差异化博弈的视角/山丽杰，徐旋，谢林柏/公共管理学报第3期.

[32] 消费者对安全认证食品信任评价及其影响因素——基于有序Logistic模型的实证分析/尹世久，陈默，徐迎军，李中翘/公共管理学报第3期.

[33] 基于SNA视角的政府投资项目合谋关系研究/乐云，张兵，关贤军，李永奎/公共管理学报第3期.

[34] 城乡统筹下"村改社区"村民意愿、满意度及期望——基于成渝两市郊村民的微观调查分析/韦吉飞，刘义兵，王建华/公共管理学报第3期.

[35] 利益相关者对企业环境信息披露的驱动机制研究——以H石油公司渤海漏油事件为例/孟晓华，张曾/公共管理学报第3期.

[36] 国家—市场—社会三维视野下的业委会研究——以B市商品房社区为例/陈鹏/公共管理学报第3期.

[37] 综合危机应对模式构建与组织声誉修复——基于两个案例的研究/汪峰，魏玖长，赵定涛/公共管理学报第3期.

[38] 跨部门协同中非营利组织自主性的形成机制——来自政治关联的解释/宋程成，蔡宁，王诗宗/公共管理学报第4期.

[39] "示范": 中国式政策执行的一种核心机制——以 XZ 区的新农村建设过程为例/叶敏,熊万胜/公共管理学报第 4 期.

[40] 公共危机管理领域中的社会网络分析——现状、问题与研究方向/康伟,陈波/公共管理学报第 4 期.

3. 2013 年度《公共行政评论》文献索引

《公共行政评论》简介：该杂志是经国家新闻出版总署批准（刊号为 ISSN 1674-2486/CN 44-1648D），由广东人民出版社有限公司、广东省治理现代化研究所主办,教育部人文社会科学重点研究基地——中山大学行政管理研究中心、广东省行政管理学会协办的公共行政类专业学术期刊,双月刊,逢双月 15 日出版。《公共行政评论》的办刊宗旨为：倡导规范严谨的研究方法,提升公共行政研究质量；回应公共行政实践,建构公共行政学本土化理论；跟踪国际公共行政理论前沿,展开建设性的学术对话；弘扬公共精神,服务我国公共行政实践。

[1] 中国政府跨部门协同机制探析——一个叙事与诊断框架/周志忍,蒋敏娟/公共行政评论第 1 期.

[2] 嵌入式控制：对社团行政化现象的一种阐释——基于 A 机构的个案研究/吴月/公共行政评论第 6 期.

[3] 中国的财政分权与地方教育供给——省内分权与财政自主性的视角/杨良松/公共行政评论第 2 期.

[4] 政治信任、人际信任与非传统政治参与/王思琦/公共行政评论第 2 期.

[5] 中国政策执行力研究评估：2003~2012 年/丁煌,李晓飞/公共行政评论第 4 期.

[6] 工作—生活平衡：欧洲探索与中国观照/岳经纶,颜学勇/公共行政评论第 3 期.

[7] 以"治权改革"创新地方治理模式——2009 年以来顺德综合改革的理论分析/肖滨,郭明/公共行政评论第 4 期.

[8] 环境管理的范式变迁：管理、参与式管理到治理/杨立华,张云/公共行政评论第 6 期.

[9] 政府质量：国家治理结构性指标研究的兴起/臧雷振,徐湘林/公共行政评论第 5 期.

[10] 公共服务绩效主客观评价的契合性研究——来自 H 市基层警察服务的实证分析/曾莉,李佳源./公共行政评论第 2 期.

[11] "选择性回应"：网络条件下的政策参与——基于留言版型网络问政的个案研究/张华,仝志辉,刘俊卿/公共行政评论第 3 期.

[12] "选择式强镇"：顺德简政强镇改革路径研究/叶贵仁,钱蕾/公共行政评论第 4 期.

[13] 参与并非领导：公共组织中女性地位的"三低"循环及其成因/郭夏娟/公共行政评论第 4 期.

[14] 谁更重要？——政治参与行为和主观绩效对政治信任影响的比较分析/杨鸣宇/

公共行政评论第2期.

[15] 激励设计、上下级互动和政企关系/练宏/公共行政评论第1期.

[16] 中国公共行政学的中国性与公共性/何艳玲/公共行政评论第2期.

[17] 中国的"工作—家庭"冲突：表现、特征与出路/刘云香，朱亚鹏/公共行政评论第3期.

[18] 废除官僚制：后现代公共行政理论述评/宋锦洲/公共行政评论第3期.

[19] 跨越参与鸿沟：数字不平等下的在线政治参与/陈福平/公共行政评论第4期.

[20] 功能性联邦主义的中国型态及其代价/孔卫拿，张光/公共行政评论第5期.

[21] 基于脆弱性视角的灾害管理整合研究/陶鹏/公共行政评论第2期.

[22] 支出竞争理论：来自公共预算和政治经济学的共同关注/石慧/公共行政评论第2期.

[23] 从批判思维看公民参与——评理查德·博克斯的《公共管理中的批判理论》/陈纲/公共行政评论第2期.

[24] 美国联邦财政的制度起源——评《美国公共财政的起源：立宪时期关于货币、债务和税收的争论，1776~1836》/张鹏举/公共行政评论第2期.

[25] 公共行政学发展绕不开的几个问题/周志忍/公共行政评论第2期.

[26] 行政学研究的中国化/竺乾威/公共行政评论第1期.

[27] 中国公共行政学研究的未来：本土化、对话和超越/于文轩/公共行政评论第1期.

[28] 不丹的治理与发展：小国经验的大启示/马骏/公共行政评论第1期.

[29] 治理、政策与美好生活：不丹经验/马骏/公共行政评论第1期.

[30] 基于善治的"主动民主建设"：以不丹为例/何建宇/公共行政评论第1期.

[31] 参与式决策、可持续发展和创造幸福生活的不丹经验/李万新/公共行政评论第1期.

[32] 中国政策变迁中的专家参与模式——评《政策变迁中的专家参与》/杨立华，申鹏云/公共行政评论第3期.

[33] 企业政治战略、政治性社会资本与政治资源获取——政府俘获微观机理的实证分析/李健/公共行政评论第4期.

[34] 国家为什么需要预算？——《塔夫脱委员会报告》百年纪念/陈立齐/公共行政评论第5期.

[35] 科技政策的决策科学化是科技体制改革的一个重要课题/朱春奎/公共行政评论第5期.

[36] 科技创新中的政府与市场：来自英国牛津郡的经验/叶林，赵旭铎/公共行政评论第5期.

[37] 中国农村居民的社会资本与捐赠行为/胡荣，沈珊/公共行政评论第5期.

[38] 认真对待民主治理中的注意力——评《再思民主政治中的决策制定：注意力、选择和公共政策》/王家峰/公共行政评论第5期.

[39] 民主崩溃的政治学——选民分裂、政治制度与民主崩溃/包刚升/公共行政评论第5期.

[40] 台湾公务人员退休保障制度的发展与挑战/傅从喜/公共行政评论第6期.

4. 2013年度其他期刊文献索引

这些期刊文献索引主要选自《中国社会科学》《管理世界》《社会学研究》《开放时代》等。

[1] 加快推进新型城镇化：对若干重大体制改革问题的认识与政策建议/中国金融40人论坛课题组，周诚君/中国社会科学第7期.

[2] 政府卫生支出对中国农村居民健康的影响/李华，俞卫/中国社会科学第10期.

[3] 社会变迁中行政授权的法理基础/关保英/中国社会科学第10期.

[4] 户籍改革、劳动力流动与城市层级体系优化/梁琦，陈强远，王如玉/中国社会科学第12期.

[5] 项目制与基层政府动员——对社会管理项目化运作的社会学考察/陈家建/中国社会科学第2期.

[6] 土地财政与分税制：一个实证解释/孙秀林，周飞舟/中国社会科学第4期.

[7] 中国城乡居民的教育机会不平等及其演变（1978—2008）/吴愈晓/中国社会科学第3期.

[8] 国家治理逻辑与中国官僚体制：一个韦伯理论视角/周雪光/开放时代第3期.

[9] "回归社会"：中国社会建设与国家治理结构调适/何艳玲/开放时代第3期.

[10] 规划：中国政策过程的核心机制/韩博天，奥利佛·麦尔敦，石磊/开放时代第6期.

[11] 论中国的"共识型"体制/樊鹏/开放时代第3期.

[12] 集体的重构：珠江三角洲地区农村产权制度的演变——以"外嫁女"争议为例/柏兰芝/开放时代第3期.

[13] 从"小仁政"到"大仁政"——新中国成立初期毛泽东与中央领导人在农民粮食问题上的态度异同与变化/杨奎松/开放时代第6期.

[14] 乡土意识与国家建构——以新中国成立初期江西瑞金土改为中心的考察/张宏卿/开放时代第4期.

[15] 中国发展模式及其理论体系构建/林毅夫，玛雅/开放时代第5期.

[16] 政企合谋下的土地出让/张莉，高元骅，徐现祥/管理世界第12期.

[17] 政治不确定性、政治关联与民营企业投资——来自市委书记更替的证据/徐业坤，钱先航，李维安/管理世界第5期.

[18] 政治权力转移与公司投资：中国的逻辑/曹春方/管理世界第1期.

[19] 构建协同公共服务：政府信息化顶层设计方法研究/张铠麟，王娜，黄磊，王英，张汉坤/管理世界第8期.

[20] 我国公务员激励机制存在的问题与对策研究/赵驹/管理世界第4期.

[21] 县级政府管理创新的财力保障：相关性与对策思路/刘桂芝，张赫，韦红云/管理世界第 3 期.

[22] 嵌入中的专业社会工作与街区权力关系——对一个政府购买服务项目的个案分析/朱健刚，陈安娜/社会学研究第 1 期.

[23] 从关系研究到行动策略研究——近年来我国非营利组织研究述评/陈为雷/社会学研究第 1 期.

[24] 地方政府的非正式权力结构及其经济影响/刘明兴，张冬，钱滔，章奇/社会学研究第 5 期.

[25] 基层政府的文件治理——以县级政府为例/李林倬/社会学研究第 4 期.

[26] 当代中国的社会组织：理论视角与经验研究/纪莺莺/社会学研究第 5 期.

[27] 科层结构与政策执行/陈家建，边慧敏，邓湘树/社会学研究第 6 期.

[28] 社会政策中的互依三角——以村民自治制度为例/赵蜜，方文/社会学研究第 6 期.

[29] 城市化中的"撤并村庄"与行政社会的实践逻辑/王春光/社会学研究第 3 期.

[30] 城市政府结构与社会组织发育/管兵/社会学研究第 4 期.

[31] 中国新型城镇化理论与实践创新/张鸿雁/社会学研究第 3 期.

[32] 中国农村社会救助制度改革的顶层设计/马静/学术月刊第 4 期.

[33] 城乡发展一体化：战略特征、战略内容、战略目标/吴丰华，白永秀/学术月刊第 4 期.

[34] 地方政府社会管理的测量与制度化/郁建兴，关爽/学术月刊第 6 期.

[35] 社会管理创新与法治发展模式变革/崔浩，孙祥生/学术月刊第 10 期.

第二节　英文期刊索引

1. 2013 年度 *Public Administration Review* 文献索引

[1] Experimental Evidence on the Relationship between Public Service Motivation and Job Performance/Belle，Nicola/JAN – FEB 2013，Vol. 73 Issue 1.

[2] A Three – Stage Adoption Process for Social Media Use in Government/Mergel，Ines；Bretschneider，Stuart I. /MAY – JUN 2013，Vol. 73 Issue 3.

[3] Local E – Government in the United States：Transformation or Incremental Change？/Norris，Donald F. ；Reddick，Christopher G. /JAN – FEB 2013，Vol. 73 Issue 1.

[4] The Effect of Transparency on Trust in Government：A Cross – National Comparative Experiment/Grimmelikhuijsen，Stephan；Porumbescu，Gregory；Hong，Boram. /JUL 2013，Vol. 73 Issue 4.

[5] Designing Public Participation Processes/Bryson，John M. ；Quick，Kathryn S. ；Slot-

terback, Carissa Schively. /JAN – FEB 2013, Vol. 73 Issue 1.

[6] You Can't Make Me Do It: State Implementation of Insurance Exchanges under the Affordable Care Act/Haeder, Simon F. ; Weimer, David L. /SEP 2013, Vol. 73 Issue 1.

[7] Lessons from Leadership Theory and the Contemporary Challenges of Leaders/Van Wart, Montgomery/JUL 2013, Vol. 73 Issue 4.

[8] Leadership and Meaningful Work in the Public Sector/Tummers, Lars G. ; Knies, Eva/NOV 2013, Vol. 73 Issue 6.

[9] Evaluating Urban Public Schools: Parents, Teachers, and State Assessments/Favero, Nathan; Meier, Kenneth J. /MAY – JUN 2013, Vol. 73 Issue 3.

[10] Understanding the Complex Dynamics of Transparency/Meijer, Albert/MAY – JUN 2013, Vol. 73 Issue 3.

[11] Collaborative Innovation: A Viable Alternative to Market Competition and Organizational Entrepreneurship/Hartley, Jean; Sorensen, Eva; Torfing, Jacob/NOV 2013, Vol. 73 Issue 6.

[12] Coproduction of Government Services and the New Information Technology: Investigating the Distributional Biases/Clark, Benjamin Y. ; Brudney, Jeffrey L. ; Jang, Sung – Gheel/SEP 2013, Vol. 73 Issue 5.

[13] Does Performance Management Lead to Better Outcomes? Evidence from the US Public Transit Industry/Poister, Theodore H. ; Pasha, Obed Q. ; Edwards, Lauren Hamilton/JUL 2013, Vol. 73 Issue 4.

[14] Employee Empowerment, Employee Attitudes, and Performance: Testing a Causal Model/Fernandez, Sergio; Moldogaziev, Tima/MAY – JUN 2013, Vol. 73 Issue 3.

[15] The Other Type of Performance Information: Nonroutine Feedback, Its Relevance and Use/Kroll, Alexander/MAR – APR 2013, Vol. 73 Issue 2.

[16] Citizen, Customer, Partner: Rethinking the Place of the Public in Public Management/Thomas, John Clayton/NOV 2013, Vol. 73 Issue 6.

[17] Coproduction and Equity in Public Service Delivery/Jakobsen, Morten; Andersen, Simon Calmar/SEP 2013, Vol. 73 Issue 5.

[18] Motivated to Adapt? The Role of Public Service Motivation as Employees Face Organizational Change/Wright, Bradley E. ; Christensen, Robert K. ; Isett, Kimberley Roussin/SEP 2013, Vol. 73 Issue 5.

[19] Goal Setting in the Australian Public Service: Effects on Psychological Empowerment and Organizational Citizenship Behavior/Taylor, Jeannette/MAY – JUN 2013, Vol. 73 Issue 3.

[20] Place Marketing as Governance Strategy: An Assessment of Obstacles in Place Marketing and Their Effects on Attracting Target Groups/Eshuis, Jasper; Braun, Erik; Klijn, Erik – Hans/MAY – JUN 2013, Vol. 73 Issue 3.

[21] Implementing Open Innovation in the Public Sector: The Case of Challenge. gov/Mergel, Ines; Desouza, Kevin C. /NOV 2013, Vol. 73 Issue 6.

[22] Shifting Administrative Burden to the State: The Case of Medicaid Take – Up/Herd, Pamela; DeLeire, Thomas; Harvey, Hope. /SEP 2013, Vol. 73 Issue 1.

[23] Government Reform, Political Ideology, and Administrative Burden: The Case of Performance Management in the Bush Administration/Lavertu, Stephane; Lewis, David E.; Moynihan, Donald P. /NOV 2013, Vol. 73 Issue 6.

[24] Contemporary Challenges in Local Government: Evolving Roles and Responsibilities, Structures, and Processes/Nalbandian, John; O'Neill, Robert, Jr.; Wilkes, J. Michael. / JUL 2013, Vol. 73 Issue 4.

[25] Does Deployment to War Affect Public Service Motivation? A Panel Study of Soldiers Before and After Their Service in Afghanistan/Braender, Morten; Andersen, Lotte Bogh/MAY – JUN 2013, Vol. 73 Issue 3.

[26] Invitation Phone Calls Increase Attendance at Civic Meetings: Evidence from a Field Experiment/Hock, Scott; Anderson, Sarah; Potoski, Matthew/MAR – APR 2013, Vol. 73 Issue 2.

[27] Repositioning American? Citizen Estrangement, Administrative Reform, and the Disarticulated State/Durant, Robert F.; Ali, Susannah Bruns/MAR – APR 2013, Vol. 73 Issue 2.

[28] The Patient – Centered Medical Home: A Future Standard for American Health Care? /Klein, David B.; Laugesen, Miriam J.; Liu, Nan/SEP 2013, Vol. 73 Issue 1.

[29] The Adoption and Abandonment of Council – Manager Government/Choi, Cheon Geun; Feiock, Richard C.; Bae, Jungah/SEP 2013, Vol. 73 Issue 5.

[30] Collaborative Procurement: A Relational View of Buyer – Buyer Relationships/Walker, Helen; Schotanus, Fredo; Bakker, Elmer. /JUL 2013, Vol. 73 Issue 4.

[31] Road User Fees Instead of Fuel Taxes: The Quest for Political Acceptability/Duncan, Denvil; Graham, John/MAY – JUN 2013, Vol. 73 Issue 3.

[32] Simulation and Managerial Decision Making: A Double – Loop Learning Framework/ Kim, Hyunjung; MacDonald, Roderick H.; Andersen, David F. /MAR – APR 2013, Vol. 73 Issue 2.

[33] On the Development of Public – Private Partnerships in Transitional Economies: An Explanatory Framework/Yang, Yongheng; Hou, Yilin; Wang, Youqiang/MAR – APR 2013, Vol. 73 Issue 2.

[34] A Contingent Approach to the Organization and Management of Public – Private Partnerships: An Empirical Study of English Health Care/Waring, Justin; Currie, Graeme; Bishop, Simon/MAR – APR 2013, Vol. 73 Issue 2.

[35] Social and Political Consequences of Administrative Corruption: A Study of Public

Perceptions in Spain/Villoria, Manuel; Van Ryzin, Gregg G. ; Lavena, Cecilia F. /JAN – FEB 2013, Vol. 73 Issue 1.

[36] Unionization and Work Attitudes: How Union Commitment Influences Public Sector Job Satisfaction/Davis, Randall S. /JAN – FEB 2013, Vol. 73 Issue 1.

[37] Examining Policy Implementation in Health Care: Rule Abidance and Deviation in Emergency Medical Services/Henderson, Alexander C. /NOV 2013, Vol. 73 Issue 6.

[38] The Health Care Safety Net and the Affordable Care Act: Implications for Hispanic Immigrants/Liebert, Saltanat; Ameringer, Carl F. /NOV 2013, Vol. 73 Issue 6.

[39] Strategic Management and Performance in Public Organizations: Findings from the Miles and Snow Framework/Walker, Richard M. /SEP 2013, Vol. 73 Issue 5.

[40] The Rise and Fall of Radical Civil Service Reform in the US States/McGrath, Robert J. /JUL 2013, Vol. 73 Issue 4.

[41] Contracting Revisited: Determinants and Consequences of Contracting Out for Public Education Services/Rho, Eunju/MAR – APR 2013, Vol. 73 Issue 2.

[42] Public Engagers and the Political Craft of Participatory Policy Making/Escobar, Oliver/JAN – FEB 2013, Vol. 73 Issue 1.

[43] Evolutionary Psychology: A Fresh Perspective for Understanding and Changing Problematic Behavior/Tybur, Joshua M. ; Griskevicius, Vladas/JAN – FEB 2013, Vol. 73 Issue 1.

[44] Personnel Constraints in Public Organizations: The Impact of Reward and Punishment on Organizational Performance/Brewer, Gene A. ; Walker, Richard M. /JAN – FEB 2013, Vol. 73 Issue 1.

[45] Interorganizational Mobility within the US Federal Government: Examining the Effect of Individual and Organizational Factors/Wynen, Jan; Op de Beeck, Sophie; Hondeghem, Annie/NOV 2013, Vol. 73 Issue 6.

[46] FDA Decisions and Public Deliberation: Challenges and Opportunities/Gusmano, Michael K. /SEP 2013, Vol. 73 Issue 1.

[47] Defining Medical Necessity under the Patient Protection and Affordable Care Act/Skinner, Daniel/SEP 2013, Vol. 73 Issue 1.

[48] Cost Control after the ACA/White, Joseph/SEP 2013, Vol. 73 Issue 1.

[49] Assessing Regulatory Participation by Health Professionals: A Study of State Health Rulemaking/Yackee, Susan Webb/SEP 2013, Vol. 73 Issue 1.

[50] The Importance of Role Clarification in Workgroups: Effects on Perceived Role Clarity, Work Satisfaction, and Turnover Rates/Hassan, Shahidul/SEP 2013, Vol. 73 Issue 5.

[51] Cops, Teachers, and the Art of the Impossible: Explaining the Lack of Diffusion of Innovations That Make Impossible Jobs Possible/Maranto, Robert; Wolf, Patrick J. /MAR – APR 2013, Vol. 73 Issue 2.

[52] Managerial Networking in Nonprofit Organizations: The Impact of Networking on Organizational and Advocacy Effectiveness/Johansen, Morgen; LeRoux, Kelly/MAR – APR 2013, Vol. 73 Issue 2.

[53] No Solutions, Only Trade – Offs? Evidence about Goal Conflict in Street – Level Bureaucracies/Resh, William G.; Pitts, David W./JAN – FEB 2013, Vol. 73 Issue 1.

[54] Collaborative Governance for Innovation in the National Health Service: Early Reflections on the Development of Academic Health Science Networks/Fairman, Steve/NOV 2013, Vol. 73 Issue 6.

[55] Performance Management: The Real Research Challenge/Metzenbaum, Shelley H./NOV 2013, Vol. 73 Issue 6.

[56] Medicaid's Next Metamorphosis/Brecher, Charles; Rose, Shanna/SEP 2013, Vol. 73 Issue 1.

[57] Pay for Performance in Five States: Lessons for the Nursing Home Sector/Miller, Edward Alan; Doherty, Julia; Nadash, Pamela/SEP 2013, Vol. 73 Issue 1.

[58] Implementing the Affordable Care Act: A Historic Opportunity for Public Administrators/Sebelius, Kathleen/SEP 2013, Vol. 73 Issue 1.

[59] Mandarins versus Machiavellians? On Differences between Work Motivations of Administrative and Political Elites/van der Wal, Zeger/SEP 2013, Vol. 73 Issue 5.

2. 2013 年度 *Public Administration* 文献索引

[1] Administrative Leadership Theory: A Reassessment After 10 Years/Van Wart, Montgomery/Sep 2013, Vol. 91 Issue 3.

[2] A Model of Cost – Cutting in Government? The Great Management Revolution in UK Central Government Reconsidered/Hood, Christopher; Dixon, Ruth/2013/Vol. 91 Issue 1.

[3] Gender and The Hidden Life Of Institutions/Chappell, Louise; Waylen, Georgina/Sep 2013, Vol. 91 Issue 3.

[4] Political Opportunities, Resource Constraints and Policy Advocacy of Environmental Ngos in China/Zhan, Xueyong; Tang, Shui – Yan/2013, Vol. 91 Issue 2.

[5] Reducing Costs In Times of Crisis: Delivery Forms in Small and Medium Sized Local Governments'Waste Management Services/Luis Zafra – Gomez, Jose; Prior, Diego; Plata Diaz, Ana Maria. /2013, Vol. 91 Issue 1.

[6] America's Debt Safety – Net/Montgomerie, Johnna/Dec 2013, Vol. 91 Issue 4.

[7] Reforming Public Services after the Crash: The Roles of Framing and Hoping/Mccann, Leo/2013, Vol. 91 Issue 1.

[8] What Makes Governance Networks Work? A Fuzzy Set Qualitative Comparative Analysis of 14 Dutch Spatial Planning Projects/Verweij, Stefan; Klijn, Erik – Hans; Edelenbos, Jurian. /Dec 2013, Vol. 91 Issue 4.

[9] Can the Same Key Open Different Locks? Administrative Values Underlying Performance Measurement In China/Chan, Hon S.; Gao, Jie/2013, Vol. 91 Issue 2.

[10] A Lever for Improvement or A Magnet for Blame? Press and Political Responses to International Educational Rankings in Four Eu Countries/Dixon, Ruth; Arndt, Christiane; Mullers, Manuel./2013, Vol. 91 Issue 2.

[11] The (Golden) Age of the Welfare State: Interrogating A Conventional Wisdom/Wincott, Daniel/Dec 2013, Vol. 91 Issue 4.

[12] Regulatory Opportunism: Cross-National Patterns in National Banking Regulatory Responses Following the Global Financial Crisis/Young, Kevin L.; Park, Sung Ho/Sep 2013, Vol. 91 Issue 3.

[13] Taxing Times: Lean Working and the Creation of (In) Efficiencies in Hm Revenue And Customs/Carter, Bob; Danford, Andy; Howcroft, Debra./2013, Vol. 91 Issue 1.

[14] Innovation in The Chinese Public Sector: Typology and Distribution/Wu, Jiannan; Ma, Liang; Yang, Yuqian/2013, Vol. 91 Issue 2.

[15] Public-Private Interaction in Contracting: Governance Strategies in the Competitive Dialogue of Dutch Infrastructure Projects/Lenferink, Sander; Tillema, Taede; Arts, Jos/Dec 2013, Vol. 91 Issue 4.

[16] Working for Europe? Socialization in the European Commission and Agencies of the European Union/Suvarierol, Semin; Busuioc, Madalina; Groenleer, Martijn/Dec 2013, Vol. 91 Issue 4.

[17] Towards An Open Functional Approach to Welfare State Change: Pressures, Ideas, and Blame Avoidance/Vis, Barbara; Van Kersbergen, Kees/Dec 2013, Vol. 91 Issue 4.

[18] Networking for Autonomy? National Agencies in European Networks/Bach, Tobias; Ruffing, Eva/Sep 2013, Vol. 91 Issue 3.

[19] Leading Reform Amidst Transboundary Crises: Lessons from Greece/Zahariadis, Nikolaos/Sep 2013, Vol. 91 Issue 3.

[20] Public Agency Leadership: The Impact of Informal Understandings with Political Appointees on Perceived Agency Innovation in Taiwan/Berman, Evan; Chen, Don-Yun; Jan, Chung-Yuang./2013, Vol. 91 Issue 2.

[21] The Ghost of Crises Past: Analyzing Reform Sequences to Understand Italy's Response to the Global Crisis/Di Mascio, Fabrizio; Natalini, Alessandro; Stolfi, Francesco/2013, Vol. 91 Issue 1.

[22] The Politics of Politicization in Sweden/Dahlstrom, Carl; Niklasson, Birgitta/Dec 2013, Vol. 91 Issue 4.

[23] Advocacy Coalitions in Crisis Resolution: Understanding Policy Dispute in the European Volcanic Ash Cloud Crisis/Nohrstedt, Daniel/Dec 2013, Vol. 91 Issue 4.

[24] Rethinking E‑Government Performance Assessment from a Citizen Perspective/Barbosa, Alexandre Fernandes; Pozzebon, Marlei; Diniz, Eduardo Henrique/Sep 2013, Vol. 91 Issue 3.

[25] Personal Experience and the Evaluation of Participatory Instruments in Spanish Cities/Font, Joan; Navarro, Clemente/Sep 2013, Vol. 91 Issue 3.

[26] Public Encounters: The History and Future of Face‑To‑Face Contact Between Public Professionals and Citizens/Bartels, Koen P. R. /2013, Vol. 91 Issue 2.

[27] A New Politics of Governance or an Old Politics of Centrallocal Relations? Labour's Reform of Social Housing Tenancies in England/Laffin, Martin/2013, Vol. 91 Issue 1.

[28] Drowning the Deadweight in the Rhetoric of Economism: What Sport Policy, Free Swimming, and Ema Tell Us About Public Services after the Crash/O'brien, Dave/2013, Vol. 91 Issue 1.

[29] Exploring the Limits to Local Authority Social Care Commissioning: Competing Pressures, Variable Practices, and Unresponsive Providers/Rubery, Jill; Grimshaw, Damian; Hebson, Gail/2013, Vol. 91 Issue 2.

[30] Research in Mainland China and Taiwan: An Assessment of Journal Publications, 1998–2008/Wu, Xun; He, Yan‑Ling; Sun, Milan Tung‑Wen/2013, Vol. 91 Issue 2.

[31] Economic Rationales, Learning, and Regulatory Policy Instruments/Coletti, Paola; Radaelli, Claudio M. /Dec 2013, Vol. 91 Issue 4.

3. 2013 年度 *Public Administration and Development* 文献索引

[1] Aid Effectiveness and the Paris Declaration: A Mismatch Between Ownership and Results‑Based Management? /Sjostedt, Martin/May 2013, Vol. 33 Issue 2.

[2] Flying Blind? Evidence for Good Governance Public Management Reform Agendas, Implementation and Outcomes in Low Income Countries/Goldfinch, Shaun; Derouen, Karl, Jr. ; Pospieszna, Paulina/Feb 2013, Vol. 33 Issue 1.

[3] Revisiting Confucian Bureaucracy: Roots of the Korean Government's Culture and Competitiveness/Im, Tobin; Campbell, Jesse W. ; Cha, Seyeong/Oct 2013, Vol. 33 Issue 4.

[4] Local Government Discretion and Accountability in Turkey/Yilmaz, Serdar; Guner, Ayse/May 2013, Vol. 33 Issue 2.

[5] Rising With the Tide Without Flipping the Boat Analyzing the Successes and Challenges of Fiscal Capacity Building in China/Ho, Alfred Tat‑Kei; Niu, Meili/Feb 2013, Vol. 33 Issue 1.

[6] Why is it So Difficult to Reform Some Asian Bureaucracies? Building Theory from Cambodian Evidence/Turner, Mark/Oct 2013, Vol. 33 Issue 4.

[7] Expectations and Capacity of Performance Measurement in Ngos in the Development Context/Newcomer, Kathryn; El Baradei, Laila; Garcia, Sandra/Feb 2013, Vol. 33 Issue 1.

[8] Fighting Corruption with Social Accountability: A Comparative Analysis of Social Ac-

countability Mechanisms' Potential to Reduce Corruption In/Schatz, Florian/Aug 2013, Vol. 33 Issue 3.

[9] Planning and Participation in Cities that Move: Identifying Obstacles to Municipal Mobility Management/Landau, Loren B. ; Segatti, Aurelia; Misago, Jean Pierre/May 2013, Vol. 33 Issue 2.

[10] Reform in Post - Conflict Societies: Lessons from Aceh, Indonesia/Hillman, Ben/Feb 2013, Vol. 33 Issue 1.

[11] The Design and Use of Performance Information in Indonesian Local Governments Under Diverging Stakeholder Pressures/Mimba, Ni Putu S. H. ; Van Helden, G. Jan; Tillema, Sandra/Feb 2013, Vol. 33 Issue 1.

[12] What Shapes Citizens' Evaluations of their Public Officials' Accountability? Evidence from Local Ethiopia/Jilke, Sebastian/Dec 2013, Vol. 33 Issue 5.

[13] From Donorship to Ownership? Budget Support and Donor Influence in Rwanda and Tanzania/Swedlund, Haley J. /Dec 2013, Vol. 33 Issue 5.

[14] Danger Zones of Corruption: How Management of the Ministerial Bureaucracy Affects Corruption Risks in Poland/Heywood, Paul; Meyer - Sahling, Jan - Hinrik/Aug 2013, Vol. 33 Issue 3.

[15] Balancing Research and Organizational Capacity Building in Front - End Project Design: Experiences from Danida's Enreca Programme/Hjortso, Carsten Nico; Meilby, Henrik/Aug 2013, Vol. 33 Issue 3.

[16] Is All Corruption Dysfunctional? Perceptions of Corruption and its Consequences in Papua New Guinea/Walton, Grant W. /Aug 2013, Vol. 33 Issue 3.

[17] Analyzing Self - Organized Local Governance Initiatives: Are there Insights for Decentralization Reforms? /Wunsch, James S. /Aug 2013, Vol. 33 Issue 3.

[18] Differences in Learning Practices and Values in Northsouth City Partnerships: Towards a Broader Understanding of Mutuality/Bontenbal, Marike C. /May 2013, Vol. 33 Issue 2.

[19] Translating Development Aid into City Management: The Barrio Acahualinca Integrated Development Programme in Managua, Nicaragua/Campos, Maria Jose Zapata; Zapata, Patrik/May 2013, Vol. 33 Issue 2.

[20] The Limits of Institutional Reform in Development: Changing Rules for Realistic Solutions. /Klitgaard, Robert/Dec 2013, Vol. 33 Issue 5.

[21] Differing Opinions Do Not Spoil Friendships: Managing Public - Private Partnership (Ppp) Infrastructure Projects in Jordan/Mistarihi, Ali; Hutchings, Kate; Shacklock, Arthur/Dec 2013, Vol. 33 Issue 5.

[22] Prelude the Conference on "Knowledge - Building in Asian " /Haque, M. Shamsul; Ko, Kilkon/Oct 2013, Vol. 33 Issue 4.

[23] Knowledge – Building in Asian: An Introductory Overview/Haque, M. Shamsul; Turner, Mark/Oct 2013, Vol. 33 Issue 4.

[24] Npm, 'Die Hard' Legacy? Npm Reform and Administrative Law in Korea/Hong, Joon – Hyung/Oct 2013, Vol. 33 Issue 4.

[25] Knowledge Accumulation in Asian Research: A Critical Review/Ko, Kilkon/Oct 2013, Vol. 33 Issue 4.

[26] The Search for a Model of Reform in Hong Kong: Weberian Bureaucracy, New Public Management or Something Else? /Wong, Wilson/Oct 2013, Vol. 33 Issue 4.

[27] Development on My Terms: Development Consultants and Knowledge for Development/Borda – Rodriguez, Alexander; Johnson, Hazel/Dec 2013, Vol. 33 Issue 5.

[28] The International Handbook of Public Financial Management/Guess, George M. /Dec 2013, Vol. 33 Issue 5.

[29] Towards "Unity In Diversity" in European Development Aid Through Donor Harmonization And Decentralized Cooperation? A Case Study of Flanders and Belgium/Waeterloos, E-vert; Renard, Robrecht/Dec 2013, Vol. 33 Issue 5.

[30] In a Globalized Asia: Intellectual Identities, Challenges, and Prospects/Haque, M. Shamsul/Oct 2013, Vol. 33 Issue 4.

[31] Interpreting Corruption: Culture and Politics in the Pacific Islands/Doig, Alan/Aug 2013, Vol. 33 Issue 3.

[32] Annual Review of United Nations Affairs 2010/2011/Aginam, Obijiofor/May 2013, Vol. 33 Issue 2.

[33] Collaborative Governance in the Usa And Korea/Francesch – Huidobro, Maria/Feb 2013, Vol. 33 Issue 1.

[34] Comparative Public Budgeting: Global Perspectives on Taxing and Spending/Tassonyi, Almos T. /Feb 2013, Vol. 33 Issue 1.

4. 2013 年度 *Local Government Studies* 文献索引

[1] Endogenous Determinants for Renegotiating Concessions: Evidence from Local Infrastructure/Cruz, Carlos Oliveira; Marques, Rui Cunha/JUN 1 2013, Vol. 39 Issue 3.

[2] Why Do Municipalities Cooperate to Provide Local Public Services? An Empirical Analysis/Bel, Germa; Fageda, Xavier; Mur, Melania/JUN 1 2013, Vol. 39 Issue 3.

[3] Public – Private Partnerships: Infrastructure, Transportation and Local Services/Bel, Germa; Brown, Trevor; Marques, Rui Cunha/JUN 1 2013, Vol. 39 Issue 3.

[4] Municipalities' Contracting Out Decisions: An Empirical Study on Motives/Wassenaar, Mattheus; Groot, Tom; Gradus, Raymond/JUN 1 2013, Vol. 39 Issue 3.

[5] Management Discretion and Political Interference in Municipal Enterprises. Evidence from Italian Utilities/Garrone, Paola; Grilli, Luca; Rousseau, Xavier/AUG 1 2013, Vol. 39

Issue 4.

[6] Electoral Cycles And Local Government Debt Management/Bastida, Francisco; Beyaert, Arielle; Benito, Bernardino/FEB 1 2013, Vol. 39 Issue 1.

[7] Recovery Risk and Labor Costs in Public – Private Partnerships: Contractual Choice in the US Water Industry/Albalate, Daniel; Bel, Germa; Geddes, R. Richard/JUN 1 2013, Vol. 39 Issue 3.

[8] The Not So Good, the Bad and the Ugly: Over Twelve Years of PPP in Ireland/Reeves, Eoin/JUN 1 2013, Vol. 39 Issue 3.

[9] Tracing the Democratic Narrative: Big Society, Localism and Civic Engagement/Buser, Michael/FEB 1 2013, Vol. 39 Issue 1.

[10] Budget Transparency in Local Governments: An Empirical Analysis/Caamano – Alegre, Jose; Lago – Penas, Santiago; Reyes – Santias, Francisco./APR 1 2013, Vol. 39 Issue 2.

[11] Place – Based Leadership and Public Service Innovation/Hambleton, Robin; Howard, Joanna/FEB 1 2013, Vol. 39 Issue 1.

[12] What Can Social Capital Tell Us About Planning Under Localism? /Holman, Nancy; Rydin, Yvonne/FEB 1 2013, Vol. 39 Issue 1.

[13] Public – Private Partnerships in Urban Regeneration: Democratic Legitimacy and its Relation with Performance and Trust/Kort, Michiel; Klijn, Erik – Hans/FEB 1 2013, Vol. 39 Issue 1.

[14] Remapping the State: Inter – Municipal Cooperation through Corporatisation and Public – Private Governance Structures/Citroni, Giulio; Lippi, Andrea; Profeti, Stefania/APR 1 2013, Vol. 39 Issue 2.

[15] Local Political Leadership: The Art of Circulating Political Capital/Kjaer, Ulrik/APR 1 2013, Vol. 39 Issue 2.

[16] Size and Local Democracy: the Case of Czech Municipal Representatives/Rysavy, Dan; Bernard, Josef/DEC 1 2013, Vol. 39 Issue 6.

[17] Councillors' Notions of Democracy, and their Role Perception and Behaviour in the Changing Context of Local Democracy/Heinelt, Hubert/OCT 1 2013, Vol. 39 Issue 5.

[18] Gap Analysis: Participatory Democracy, Public Expectations and Community Assemblies in Sheffield/Flinders, Matthew; Dommett, Katharine/AUG 1 2013, Vol. 39 Issue 4.

[19] (De –) Centralisation and Attribution of Blame and Credit/Mortensen, Peter B./APR 1 2013, Vol. 39 Issue 2.

[20] How Should Local Government Be Organised? Reflections from a Swedish Perspective/Erlingsson, Gissur O.; Odalen, Jorgen/FEB 1 2013, Vol. 39 Issue 1.

[21] Interorganisational Relations and Goal Consensus: An Exploratory Study in Two Local

Dutch Service Delivery Networks/Schalk, Jelmer/DEC 1 2013, Vol. 39 Issue 6.

[22] Citizen Democracy and the Responsiveness of Councillors: The Effects of Democratic Institutionalisation on the Role Orientations and Role Behaviour of Councillors/Denters, Bas; Klok, Pieter – Jan/OCT 1 2013, Vol. 39 Issue 5.

[23] The Hidden Constitutions: How Informal Political Institutions Affect the Representation Style of Local Councils/Karlsson, David/OCT 1 2013, Vol. 39 Issue 5.

[24] The Market Structure of Urban Solid Waste Services: How Different Models Lead to Different Results/Simoes, Pedro; Cavalho, Pedro; Marques, Rui Cunha/JUN 1 2013, Vol. 39 Issue 3.

[25] Does an Active Use of Mechanisms of Direct Democracy Impact Electoral Participation? Evidence from the U.S. States and the Swiss Cantons/Altman, David/DEC 1 2013, Vol. 39 Issue 6 739 – 755.

[26] Exits, Voices and Social Investment: Citizens' Reactions to Public Services/Clarke, John/DEC 1 2013, Vol. 39 Issue 6.

[27] The Contingent Nature of Local Party System Nationalisation: The Case of Austria 1985 – 2009Ennser – Jedenastik, Laurenz; Hansen, Martin Ejnar//DEC 1 2013, Vol. 39 Issue 6.

[28] Why Does Citizens' Knowledge of New Policy Vary Between Municipalities? The Case of the Social Support Act/Hoff, Jelle; Cardol, Mieke; Friele, Roland/DEC 1 2013, Vol. 39 Issue 6.

[29] Introduction: The Role Perception and Behaviour of Municipal Councillors in the Changing Context of Local Democracy/Heinelt, Hubert/OCT 1 2013, Vol. 39 Issue 5.

[30] New Public Management Reforms and Democratic Legitimacy: Notions of Democratic Legitimacy among West European Local Councillors/Vabo, Signy Irene; Aars, Jacob/OCT 1 2013, Vol. 39 Issue 5.

[31] Crossing Boundaries: Action Networks, Amalgamation and Inter – Community Trust in a Small Rural Shire/Alexander, Damon/AUG 1 2013, Vol. 39 Issue 4.

[32] Local Government Policy Diffusion in a Decentralised System: Childbirth Support Policy in South Korea/Kim, Doo – Rae/AUG 1 2013, Vol. 39 Issue 4.

[33] Necessary Asymmetry or Undemocratic Imbalance? Professionalisation in the Recruitment and Career of Belgian Local Councillors/Verhelst, Tom; Reynaert, Herwig; Steyvers, Kristof/APR 1 2013, Vol. 39 Issue 2.

[34] Principles for Local Government Legislation: Lessons from the Commonwealth Pacific/Crawford, Colin/DEC 1 2013, Vol. 39 Issue 6.

[35] Registration Fees for Same – Sex Unions, Local Party Politics and Societal Demand/Debus, Marc; Knill, Christoph; Tosun, Jale/DEC 1 2013, Vol. 39 Issue 6.

[36] Implementation of CRM systems in Portuguese Municipalities/Duque, Jorge; Varajao, Joao; Vitor, Filipe./DEC 1 2013, Vol. 39 Issue 6.

[37] Economic Crisis and Sub-national Elections in Selected European Countries. Three Types of Possible Relationships/Galuszka, Jolanta; Galuszka, Ireneusz; Libor, Grzegorz/DEC 1 2013, Vol. 39 Issue 6.

[38] Research and Evaluation for Busy Practitioners: A Time-Saving Guide/Hussain, Nasreen/DEC 1 2013, Vol. 39 Issue 6.

[39] Urban Governance and its Impact on the Role Perception and Behaviour of European City Councillors/Pluess, Larissa/OCT 1 2013, Vol. 39 Issue 5.

[40] Education for Modernisation? The Impact of Higher Education Member Development Programmes on Councillors' Perception and Performance of their Roles/Hale, Sarah/AUG 1 2013, Vol. 39 Issue 4.

[41] Public Sector Risk Financing: Exploring the Potential Use of Weather Derivatives by Fire and Rescue Services/Hood, John; Stein, Bill; Jarman, Mark/AUG 1 2013, Vol. 39 Issue 4.

[42] Public Service on the Brink/Newman, Janet/AUG 1 2013, Vol. 39 Issue 4.

[43] The Oxford Handbook of Urban Politics/Skelcher, Chris/AUG 1 2013, Vol. 39 Issue 4.

[44] Experiencing Multi-Level Meta-Governance/Thuesen, Annette Aagaard/AUG 1 2013, Vol. 39 Issue 4.

[45] Local Public-Services Provision under Public-Private Partnerships: Contractual Design and Contracting Parties Incentives/Athias, Laure/JUN 1 2013, Vol. 39 Issue 3.

[46] Governance in Public and Private Management/Martinez-Lacambra, Albert/JUN 1 2013, Vol. 39 Issue 3.

[47] Performance Auditing: Contributing to Accountability in Democratic Government/Herbert, Daniel/APR 1 2013, Vol. 39 Issue 2.

[48] Rethinking Public Service Delivery: Managing with External Providers/Hughes, Michael/APR 1 2013, Vol. 39 Issue 2.

[49] Master and Apprentice or Difference and Complementarity? Local Government Practitioners, Doctoral Studies and Co-produced Research/Kelly, Josie; Lloyd-Williams, Philip/APR 1 2013, Vol. 39 Issue 2.

本卷后记

　　作为一本关于行政管理学科研究领域的前沿报告，本书试图从一个宏观性的全局视角来呈现中国行政管理学科在2013年的研究图景。但是，当我们在进行编写过程中，正如行政管理学科本身所涉及的驳杂主题、万千内容一样，仅靠一本报告书籍是难以全面呈现这一研究细况的。出于对学科研究特征和人的有限理性的认识，我们尽可能在该书中展现出2013年行政管理学科研究的多元化特征，这些特征既体现于研究主题、问题和方法等学术本身方面，也体现在研究者学科背景和地域分布方面的多样性、成果出版或公开形式的多样性、来源期刊的多样性等。在呈现出学科研究多样性的同时，我们也侧重呈现一些重要的研究成果和研究趋势，它们体现了行政管理学科的最新学术发展和趋势。

　　在编写该书过程中，我们借鉴和采纳了大量的学术文献和资料，以对2013年行政管理学科研究状况进行总结和补充。在此，我们向相关文献材料的作者表示衷心的谢意。必须承认，尽管我们尽了很多努力，但仍然可能有一些不足之处，敬请批评指正。

后 记

　　一部著作的完成需要许多人的默默奉献，闪耀着的是集体的智慧，其中铭刻着许多艰辛的付出，凝结着许多辛勤的劳动和汗水。

　　本书在编写过程中，借鉴和参考了大量的文献和作品，从中得到了不少启悟，也汲取了其中的智慧菁华，谨向各位专家、学者表示崇高的敬意——因为有了大家的努力，才有了本书的诞生。凡被本书选用的材料，我们都将按相关规定向原作者支付稿费，但因为有的作者通信地址不详或者变更，尚未取得联系。敬请您见到本书后及时函告您的详细信息，我们会尽快办理相关事宜。

　　由于编写时间仓促以及编者水平有限，书中不足之处在所难免，诚请广大读者指正，特驰惠意。